D1695710

Die Reihe
„Internationale Beziehungen"
wird herausgegeben von

Prof. Dr. Thomas Diez (geschäftsführend), Tübingen
Prof. Dr. Philipp Genschel, Florenz
Prof. Dr. Andrea Liese, Potsdam
Prof. Dr. Antje Wiener, Hamburg

Band 27

Stephan Engelkamp | Katharina Glaab
Antonia Graf [Hrsg.]

Kritische Normenforschung in den Internationalen Beziehungen

Neue Wege und metatheoretische Perspektiven

Nomos

Die Veröffentlichung der Druckausgabe dieses Werkes wurde ermöglicht mit Unterstützung durch die Thyssen Stiftung.

Die Deutsche Nationalbibliothek verzeichnet diese Publikation in der Deutschen Nationalbibliografie; detaillierte bibliografische Daten sind im Internet über http://dnb.d-nb.de abrufbar.

1. Auflage 2021

© Stephan Engelkamp | Katharina Glaab | Antonia Graf

Publiziert von
Nomos Verlagsgesellschaft mbH & Co. KG
Waldseestraße 3-5 | 76530 Baden-Baden
www.nomos.de

Gesamtherstellung:
Nomos Verlagsgesellschaft mbH & Co. KG
Waldseestraße 3-5 | 76530 Baden-Baden

ISBN (Print): 978-3-8487-7947-5
ISBN (ePDF): 978-3-7489-2331-2

DOI: https://doi.org/10.5771/9783748923312

Onlineversion
Nomos eLibrary

Vorwort

Die Normenforschung in den Internationalen Beziehungen (IB) hat über die letzten Jahre verstärkt eine ‚kritische' Richtung eingeschlagen. In den deutschsprachigen IB zeigt sich dies unter anderem in der Gründung des *Netzwerkes Kritische Normenforschung*, das aus der IB-Nachwuchstagung 2010 hervorgegangen ist, um sich kritisch mit der konstruktivistischen Forschung zu Normen auseinanderzusetzen und neue Perspektiven aufzuzeigen. Bei der Organisation des 4. Workshop des Netzwerkes war es unser Ziel, den fruchtbaren und kritischen Austausch der vorherigen Workshops des Netzwerkes weiterzuführen. Während frühere Netzwerktreffen sich mit empirischen und methodischen Beiträgen sowie der Auseinandersetzung mit Normalität und Normativität beschäftigten, legten wir einen Fokus auf die metatheoretische Betrachtung von Normen. Eine metatheoretische Herangehensweise sollte es uns ermöglichen, die Unterschiede und auch Gemeinsamkeiten zwischen verschiedenen Ausprägungen der Normenforschung zu erfassen und somit die oftmals überzeichneten wissenschaftlichen Grenzziehungen zu Gunsten des Erkenntnisgewinns zu überwinden. Der Workshop im Landhaus Rothenberge brachte unterschiedliche kritische Perspektiven und eine Gruppe von Teilnehmenden zusammen, die noch lange in wissenschaftlichen Zusammenhängen verbunden bleiben sollten.

Dieses Buch ist das Resultat dieses langjährigen produktiven Austausches des Netzwerks. Die einzelnen Beiträge des Buches basieren auf den beim Workshop gehaltenen Vorträgen und Diskussionen. Dieser Sammelband war für uns immer mehr als nur ein Buch, sondern auch eine Herzensangelegenheit – spiegelt sie doch unseren wissenschaftlichen Sozialisations- und Entwicklungsprozess wider.

Unser herzlicher Dank gilt der Fritz Thyssen Stiftung, deren generöse finanzielle Unterstützung den Normenworkshop im Landhaus Rothenberge der Westfälischen Wilhelms-Universität und die Veröffentlichung des Bandes in Druck und Open Access ermöglicht hat. Den AutorInnen dieses Bandes danken wir für ihr Engagement, konstruktive Mitwirkung und insbesondere für ihren langen Atem und ihre Geduld. Wir danken Doris Fuchs für ihre ungebrochene Förderung und den wissenschaftlichen Freiraum, in dem sich dieses Projekt entwickeln konnte. Jos Platenkamp sei für seine kritische ethnologische Perspektive auf das Projekt beim AutorInnenworkshop gedankt. Des Weiteren möchten wir uns bei Marilyn Brämer und den studentischen MitarbeiterInnen in Münster bedanken, die das Buchprojekt in seinen unterschiedlichen Stadien tatkräftig bei Recherche oder organisatorischer und redaktioneller Arbeit unterstützt haben.

Wir danken ebenso den HerausgeberInnen der Nomos-Reihe Internationale Beziehungen für ihre Ermutigung und gute Zusammenarbeit sowie den anonymen GutacherInnen für ihre hilfreichen Kommentare bei der Überarbeitung des Buches. Zu guter Letzt bedanken wir uns bei Beate Bernstein vom Nomos Verlag für ihre engagierte und kompetente Betreuung im Veröffentlichungsprozess.

Stephan Engelkamp, Katharina Glaab und Antonia Graf
London, Oslo und Münster, Dezember 2020

Inhalt

Teil 2: *Neue Ansätze der konstruktivistischen Normenforschung*

Lagerbildung und Verständigung in der kritischen Normenforschung.
Eine Einleitung

Katharina Glaab, Antonia Graf und Stephan Engelkamp

1. Von Lagerfeuern und Rauchzeichen

Betrachtet man die Entwicklung der Internationalen Beziehungen (IB) anhand ihrer großen Debatten, kann man den Eindruck einer in verschiedene (wissenschaftliche) Lager gespaltenen Disziplin gewinnen (Lapid 1989; Wæver 2010). So macht Christine Sylvester einen ausgeprägten Hang zur Lagerbildung in den IB aus: demnach differenzieren sich unterschiedliche Ansätze der IB nicht nur immer weiter intern aus, sie grenzen sich dabei auch deutlich – wie an Lagerfeuern einzelner Lager – voneinander ab. An diesen Lagerfeuern erzählen sich WissenschaftlerInnen Geschichten darüber, wie die eigene Gruppe entstanden ist und inwiefern sie sich von den anderen unterscheidet (Sylvester 2007, 2013). Diese Erzählungen wirken überaus identitätsstiftend. Sie ermöglichen den Mitgliedern eines Lagers die Identifizierung mit und Abgrenzung zu einer Gruppe akademischer (Gegen-)SpielerInnen. Zuweilen erscheinen die zugeschriebenen Unterschiede zwischen diesen Gruppen wie tiefe Gräben, aber gelegentlich kommt es zwischen den Lagern auch zu Austauschprozessen und zur Brückenbildung (siehe etwa die Versuche, einen *middle ground* zwischen rationalistischen und konstruktivistischen Ansätzen zu finden, vgl. Adler 1997; Checkel 1997; Risse 2003; Zürn/Checkel 2005). Die Lagerbildung kann demnach auch als Zwischenstufe zur Weiterentwicklung einer Disziplin gelesen werden, die vor allem dann zu einem Erkenntnisfortschritt beiträgt, wenn die »Rauchzeichen« des jeweils anderen Lagerfeuers gedeutet und verstanden werden können.[1]

Als Beispiel für Deutungsschwierigkeiten mag der Austausch zu kritischer Normenforschung im Forum der *Zeitschrift für Internationale Beziehungen* dienen (Engelkamp et al. 2012; Ulbert 2012; Deitelhoff/Zimmer-

---

1 Den Hinweis auf Christine Sylvesters Lager-Metapher und ihr Bild vom Dialog zwischen IB-Ansätzen als Deuten von Rauchzeichen verdanken wir Sassan Gholiagha.

mann 2013; Engelkamp et al. 2013; Hofius et al. 2014). Hier scheint es nicht nur um die Bewertung der Stärken und Schwächen konstruktivistischer Normenforschung an sich zu gehen, sondern auch um die Frage, was kritische politikwissenschaftliche Forschung ausmacht. Selbst innerhalb des breiten Feldes der konstruktivistischen Forschungen, also all denjenigen Ansätzen, die globale Politik als durch Normen, Ideen oder Kultur sozial konstruiert verstehen, zeigen sich Tendenzen zu einer zunehmenden Lagerbildung, die neben den Verständigungsschwierigkeiten aber auch die Möglichkeit zum Erkenntnisgewinn birgt, wenn die Rauchzeichen gelesen werden.

Dementsprechend sind konstruktivistische Ansätze zur Normenforschung, so unsere Annahme, immer auch ein Ort des Austausches zwischen verschiedenen methodologischen Forschungsparadigmen gewesen. Gerade konstruktivistische NormenforscherInnen haben versucht, Rauchzeichen auszusenden, um mit ihren KollegInnen aus dem rationalistischen Forschungsprogramm im Gespräch zu bleiben (vgl. etwa Klotz 1995; Finnemore/Sikkink 1998). Der Aufgabe des Lesens von Rauchzeichen als Voraussetzung für die Suche nach Verständigungsmöglichkeiten, aber auch für die Identifizierung von Unterschieden ist der vorliegende Band gewidmet. NormenforscherInnen aus unterschiedlichen Lagern betreiben zum einen Forschung über die empirische Wirkungsweise von Normen, aber auch metatheoretische Forschung über Normenforschung selbst. Für beide Perspektiven und die voranschreitende Verständigung darüber gibt es einen großen Bedarf, da sich gerade die Normenforschung in den letzten 30 Jahren als eine wichtige Perspektive konstruktivistischer Forschung entwickelt hat. Allerdings kann angesichts der Bandbreite unterschiedlicher Ansätze, die im weiteren Sinne zu Normen in der internationalen Politik forschen, kaum von ‚der' Normenforschung im Singular gesprochen werden. Stattdessen scheinen sich gerade bei diesem Forschungsfeld unterschiedliche Konstruktivismen und verschiedene Verständnisse davon, was (kritische) Forschung über Normen ausmacht, zu versammeln (vgl. hierzu den Befund von Bastian Loges in diesem Band).

Diese Heterogenität von Normenforschung*en* im Plural wurde uns an dem Rücklauf auf unseren *Call for Paper* zum 4. Workshop des *Netzwerks Kritische Normenforschung*[2] anhand der Vielfalt theoretischer, methodischer und thematischer Zugänge besonders deutlich. Die Bandbreite reichte da-

---

2 Das Netzwerk Kritische Normenforschung ist aus der IB-Nachwuchstagung im Mai 2010 hervorgegangen. Die Workshops in Frankfurt (2010), Duisburg (2011) und Hamburg (2011) gingen dem vierten Treffen in Rothenberge bei Münster vor-

bei von neo-institutionalistischen Ansätzen über wissens- und raumsoziologische Untersuchungen bis zu von Foucault oder Laclau und Mouffe inspirierten poststrukturalistischen Vorschlägen. Zudem wiesen die Beiträge die von Sylvester konstatierten Merkmale der Lagerbildung auf: den Bezug auf jeweils eigene Gründungstexte und AutorInnen, unterschiedliche Interpretationen derselben und die Pflege der eigenen Konzepte und Begrifflichkeiten. Die Lagerbildung führte zu spezifischen Nuancierungen etablierter Lesarten bis hin zu teilweise diametral entgegengesetzten Interpretationen derselben Texte und Wissensbestände. NormenforscherInnen scheinen sich – zumindest im deutschen Kontext – gleich an mehreren dieser akademischen Lagerfeuer eingerichtet zu haben. Zugleich wurden auf dem Workshop in Rothenberge in unterschiedlichen Lagern oftmals ähnliche Probleme verhandelt, wobei die konkreten Antworten – trotz terminologischer Unterschiede – häufig nicht so sehr voneinander abwichen, wenn es um die konkrete empirische Umsetzung ging (vgl. hierzu auch Risse 2003).

Wie im Folgenden gezeigt wird, wendet sich die Kritik, die in der *Zeitschrift für Internationale Beziehungen* an IB-Normenforschung formuliert wurde, oftmals gegen funktionalistische und eurozentrische Vorstellungen von normativem Wandel, die Vernachlässigung der Entstehungsbedingungen von normativen Ordnungen, die Ausblendung von Historizität und Macht sowie eine mangelnde Reflexion der Normativität der Normenforschung als politischer Praxis. Kritische Interventionen in Auseinandersetzung mit frühen Arbeiten konstruktivistischer NormenforscherInnen wurden zuvor vor allem im anglo-amerikanischen Raum geäußert und waren ebenfalls noch relativ stark in der Lagerfeuer-Logik verhaftet (vgl. auch Berenskötter 2014: 134; Stritzel 2014: 143 sowie Wiener 2014: 151).

Diese Kritik verweist auf eine ganze Reihe von möglichen Entwicklungspfaden, die NormenforscherInnen einschlagen können, wenn ihre Forschung durch metatheoretische Reflexion einen konstruktiven Dialog ermöglicht (Kratochwil 2007). Bislang werden diese kritischen Diskussionen in der deutschen IB jedoch kaum rezipiert. Ausnahmen davon bilden hegemoniekritische Ansätze von feministischer Seite (vgl. Brabandt et al. 2002) und eben die Diskussion unterschiedlicher Forschungsperspektiven zu kritischer Normenforschung in der ZIB. Gerade in der ZIB-Diskussion

aus, aus dem der vorliegende Band entstanden ist. Die gemeinsame Arbeit und Diskussionen aller Treffen waren grundlegend für diesen Band. Unser Dank gilt allen Beteiligten, insbesondere Doris Fuchs, und der Fritz Thyssen Stiftung für die finanzielle Unterstützung des Workshops und dieses Bandes.

und den Repliken von Cornelia Ulbert, Nicole Deitelhoff und Lisbeth Zimmermann sowie Maren Hofius, Jan Wilkens, Hannes Hansen-Magnusson und Sassan Gholiagha zeigt sich jedoch, dass große Uneinigkeit darüber besteht, was kritische und insbesondere reflexive Forschung ausmacht (Deitelhoff/Zimmermann 2013; vgl. auch Koddenbrock 2015 sowie Anderl/Wallmeier 2018). An dieser Stelle möchten wir als HerausgeberInnen deutlich machen, dass wir in diesem Band nicht festlegen, was als kritisch anzusehen ist. Dies kann und soll nicht Anspruch eines Sammelbands über Normenforschungen im Plural sein. Wie die LeserInnen in den folgenden Kapiteln sehen werden, betreten die AutorInnen dieses Bandes durchaus unterschiedliche Pfade und diese Pluralität wird von uns begrüßt.

Vor diesem Hintergrund stellten sich uns als HerausgeberInnen des vorliegenden Sammelbands zwei zentrale Fragen: Wie verhält sich Forschung über Normen zu reflexiven und eher metatheoretischen Arbeiten über Normenforschung? In welcher Weise lässt sich auf dieser metatheoretischen Basis eine Verständigung über unterschiedliche kritische Ansätze der Normenforschung bezeichnen, die neue Wege abbildet?

2. *Frühe konstruktivistische Normenforschung als Ort des Austausches*

Die frühe konstruktivistische Normenforschung erschien in den späten 1980er und 1990er Jahren als eine reizvolle Alternative im Hinblick auf die Auslassungen eines im weitesten Sinne als rationalistisch geprägten IB-Forschungsprogramms (Keohane 1988). Indem KonstruktivistInnen Normen als bislang vernachlässigten Einflussfaktor zur Erklärung von Akteurshandeln in klassische Forschungsprogramme einbezogen, bereiteten sie der Weiterentwicklung einer ganzen Reihe von Forschungsansätzen den Weg. Die Normenforschung konnte sich so als fester Bestandteil des Mainstreams in den Internationalen Beziehungen etablieren (Guzzini 2000). Sie wird heute weitgehend als Teil einer konstruktivistischen Perspektive wahrgenommen, welche sich Ende der 1980er Jahre als Kritik an rationalistischen Ansätzen in den IB entwickelte (vgl. etwa Adler 1997; Checkel 1998; Fearon/Wendt 2008; Widmaier/Park 2012 geben einen Überblick über neuere konstruktivistische Beiträge; vgl. aber auch die eher rationalistisch angelegten Studien von Schimmelfennig 2001, 2005). Nach dem Ende des Ost-West-Konflikts und dem Zusammenbruch der Sowjetunion zeigte sich, dass die bestehenden rationalistischen Erklärungsangebote von globalem Wandel anhand von strukturellen und materiellen Bedingungen an ihre konzeptionellen Grenzen gelangt waren. Konstruktivistische Forschung betonte demgegenüber die kausale Bedeutung ideeller Faktoren (Goldstein/Keohane 1993), etwa bei der Definition politikrelevanter Probleme oder bei der Wahl von Lösungsstrategien, wie Ulbert (1997) in ihrer Studie zur Einrichtung der internationalen Klimarahmenkonvention zeigte. Das Handeln von AkteurInnen in der globalen Politik wurde somit als durch soziale Konstruktionen wie Identität, Kultur oder Ideen beeinflusst verstanden (Klotz 1995; Katzenstein 1996b).

Insbesondere die konstruktivistische Forschung in den IB entwarf mit dem Fokus auf Normen, verstanden als »standard of appropriate behaviour for actors with a given identity« (Finnemore/Sikkink 1998: 891, vgl. auch Katzenstein 1996a: 5), ein differenzierteres Bild von politischem Wandel als dies rationalistische Ansätze bis dato leisteten. Normen spielen dabei eine maßgebliche Rolle, indem sie die Identität und die damit zusammenhängenden Interessen eines Akteurs konstituieren und gleichzeitig einschränken (Kratochwil 1991; Wendt 1999; Krasner 1999). Während jedoch die regulierende Wirkung von Normen insbesondere in die rationalistische Institutionentheorie Einzug gehalten hat, beschäftigt sich die konstruktivistisch orientierte Normenforschung vornehmlich mit der konstituierenden Wirkung von Normen auf die Interessen und Identitäten von AkteurInnen, die einer Logik der Angemessenheit folgt (March/Olson 1998, Risse 2003). Hier wird insbesondere die Rolle von Normen für die Herausbildung globaler Ordnungsstrukturen, etwa im Bereich der Menschenrechte, der Sicherheits- oder der Umweltpolitik untersucht (Zürn et al. 2007, Wallbott/Schapper 2017).

Frühe konstruktivistische Erklärungen von Entstehung und Wandel internationaler normativer Ordnungen setzen dabei nicht alleine auf struktureller Ebene an, sondern betrachten auch die Rolle von lokalen und transnationalen AkteurInnen (Keck/Sikkink 1998; Checkel 1999; Acharya 2004; Risse 2006). Die Entstehung von Normen wird somit durch das aktive Handeln von AkteurInnen ermöglicht, den sogenannten NormunternehmerInnen (Finnemore/Sikkink 1998). Transnational organisierte Nichtregierungsorganisationen bringen in dieser Lesart politischen Wandel hervor, indem sie Öffentlichkeit her- und Informationen bereitstellen, erfolgreich ihre Themen auf die internationale Agenda setzen, aber auch durch Ausübung von politischem Druck in Form von *Naming-and-Shaming*-Strategien (Deitelhoff 2006). In diesen Ansätzen wird die Institutionalisierung von Normen auf internationaler und nationaler Ebene als Lern- und Überzeugungsprozesse konzeptualisiert, wobei diese Mechanismen zumeist zu einer Internalisierung globaler Normen in verschiedenen lokalen Kontexten führen (Finnemore/Sikkink 1998; Risse et al. 1998).

Konstruktivistische Normenforscher wie Jeffrey Checkel oder Amitav Acharya, die stärker die Rolle von AkteurInnen in den Blick nehmen, weisen in diesem Zusammenhang auf die Frage nach der konsensualen Anbindung einer internationalen Norm an lokale Werte und Normen hin (Checkel 1997; Acharya 2004; 2011a). Risse und Sikkink (1999) begegnen diesem Hinweis mit einem Fokus auf kommunikative Praktiken der Überzeugung, die eine Norm diskursiv legitimieren. Dieser Ansatz hat insbesondere in der deutschsprachigen konstruktivistischen Normenliteratur weiten Anklang gefunden, so etwa in viel rezipierten Studien zur Verbreitung von Menschenrechten (Risse et al. 1999) oder zum Internationalen Strafgerichtshof (Deitelhoff 2006). So entstand ein fruchtbares Forschungsprogramm, in dem ideelle Faktoren wie Ideen, Identität und Kultur eine wichtige Rolle für die Erklärung internationaler Politik spielten. Dabei blieb gerade konstruktivistische Normenforschung immer auch anschlussfähig an den rationalistischen Mainstream der Internationalen Beziehungen. Diese »Brückenstellung« zwischen rationalistischen und konstruktivistischen Ansätzen hat zu neuen und innovativen theoretischen Erkenntnissen in den Internationalen Beziehungen geführt (Risse 2003).

3. *Kritische Ansätze konstruktivistischer Normenforschung*

Das integrative Potenzial von Normen in Auseinandersetzung mit der rationalistischen IB-Forschung lässt Konfliktlinien zwischen KonstruktivistInnen in der Normenforschung besonders deutlich werden (Wiener 2003). Mit der zunehmenden Öffnung der IB für postpositivistische Ansätze und dem damit einhergehenden Import von Theorien und interpretativen Verfahren wurden den frühen konstruktivistischen Arbeiten über Normen immer wieder Auslassungen und Inkonsistenzen vorgehalten, die dazu geführt haben, dass sich eine Reihe von unterschiedlichen konstruktivistischen Normenforschungen etabliert haben.[3] Die Weiterentwicklung des konstruktivistischen Normenforschungsprogramms durch ForscherIn-

---

3 Zu einer Auseinandersetzung siehe hierzu aktuell die bereits erwähnten ZIB-Beiträge zu kritischer Normenforschung für den deutschsprachigen Bereich (Engelkamp et al. 2012; Ulbert 2012; Deitelhoff/Zimmermann 2013; Engelkamp et al. 2013; Hofius et al. 2014) sowie die Foren in *International Studies Perspectives* (Epstein 2012a; Widmaier/Park 2012; Epstein 2012b; MacKenzie/Sesay 2012; Inayatullah/Blaney 2012) und *International Theory* (Epstein et al. 2014; Epstein 2014; Zarakol 2014; Gallagher 2014; Shilliam 2014; Jabri 2014) sowie von Hofferberth/Weber 2015.

nen in Auseinandersetzung mit frühen Arbeiten, die sich in unserer Lesart eher dem konstruktivistischen Mainstream der IB zuordnen lassen, drückt sich – wenig verwunderlich – zunächst einmal in Form einer breiten Bandbreite ontologisch, epistemologisch und methodologisch informierter Kritik aus. Die Auslassungen, die von kritischen Ansätzen in diesem Zusammenhang problematisiert werden, beziehen sich auf den Status des Lokalen in internationalen Normen, einen potenziellen Eurozentrismus, die Vernachlässigung von Sprache und den darin materialisierten Machtbeziehungen, die Unterschätzung andauernder Umstrittenheit von Normen und das Fehlen einer reflexiven Perspektive im Hinblick auf die Diskurspositionen der Forschenden und der eigenen Normativität.

Normen zwischen internationaler und lokaler Adaption

Ein erster Kritikpunkt kritischer konstruktivistischer Ansätze in den IB an der frühen konstruktivistischen Normenliteratur bemängelt, dass der analytische Fokus auf der bloßen Verbreitung internationaler Normen liege (Wiener 2004, 2009). Normativer Wandel wird dabei – so die Kritik – zumindest implizit als dichotome Normenübernahme oder -ablehnung konzeptualisiert (Zimmermann 2016). Kritische KonstruktivistInnen argumentieren weiter, dass diese Forschungsperspektive lokale Kontexte in Adaptionsprozessen vernachlässige und insbesondere Fragen von Macht kaum behandelt werden. Sozialisierungs- (Risse et al. 1999), Diffusions- (Holzinger et al. 2007) oder Überzeugungsprozesse (Deitelhoff 2006) erfassen somit nur unzureichend den Austausch, der zwischen internationalen Normen und lokalen Vorstellungen und Praktiken bestehe (Fuchs/Glaab 2011; MacKenzie/Sesay 2012).

Dieser Kritikpunkt ist häufig verbunden mit dem Vorwurf, dass weite Teile der IB-Normenforschung oftmals funktionalistische und eurozentrische Vorstellungen von normativem Wandel aufweisen und dabei die Entstehungsbedingungen von normativen Ordnungen vernachlässigen (vgl. etwa Engelkamp et al. 2012; Epstein 2012b, 2014). Jüngere Arbeiten der konstruktivistischen Normenforschung haben diese Kritikpunkte aufgegriffen und argumentieren, dass Normen nicht einfach diffundieren, sondern in nationale und lokale Kontexte übersetzt werden (Zwingel 2011; 2016; Wiener/Liste 2014). Hierbei verweist zum Beispiel Susanne Zwingel auf die Arbeiten von Acharya, der zeigt, dass Normen immer auch in Lokalisierungsprozesse eingebunden sind (Acharya 2004, 2011b). Ausgehend von dieser Kritik haben sich AutorInnen mit der Aushandlung der Bedeutungen von Normen nach ihrer formalen legalen Übernahme beschäftigt (van Kersbergen/Verbeek 2007; Zimmermann 2017). Die postkoloniale Kritik wird insbesondere von Lokalisierungsansätzen aufgegriffen, die etwa Erkenntnisse aus der Sozialanthropologie einbeziehen und explizit nach lokaler *agency*, epistemologischer Gewalt und den komplexen Austauschbeziehungen fragen, die mit eurozentrischen Konzeptualisierungen von normativem Wandel aus dem Blick geraten (Platenkamp 2007; 2013; Zimmermann 2016).

Umstrittenheit von Normen

Ein zweiter Kritikpunkt greift die den Modellen inhärente Konzeptualisierung von normativem Wandel auf und kritisiert, dass die erste Generation der konstruktivistischen Normenforschung von einem weitgehend stabilen Konzept von Normen ausgeht, die von einem Staat zum nächsten diffundieren. Normen werden in dieser Perspektive, so Krook und True (2012), als »Dinge« betrachtet. Dagegen betonen eher prozess-orientierte ForscherInnen wie Antje Wiener, dass Normen immer umstritten und veränderlich sind (Wiener 2009, 2010; vgl. auch Sandholtz 2008, van Kersbergen/Verbeek 2007 und Niemann/Schillinger 2017). In dieser Sicht stellt sich der Aushandlungsprozess zwischen globalen und lokalen Normen als ein diskursiver Re-Konstituierungsprozess dar, in dem die Konstruktion von Bedeutungen durch soziale Praktiken, also »meaning-in-use« (Milliken 1999; Wiener 2009; Hansen-Magnusson et al. 2020; Hansen-Magnusson 2020) betrachtet werden müsse.[4]

Sprache und Macht als konstituierendes Merkmal

Ein dritter Kritikpunkt an konstruktivistischen Beiträgen zielt auf die methodologischen Grundlagen empirischer Normenforschung. So betonen ForscherInnen jenseits der sogenannten Via Media des moderaten Konstruktivismus die zentrale Bedeutung von Sprache (Engelkamp/Glaab 2015). Maja Zehfuss (1998; 2002) argumentiert, dass ihr wesentlicher Unterschied in der Zuordnung und Würdigung des theoretischen Rangs von Sprache besteht. So differenziert sie in Bezug auf Wendt, Onuf und Kratochwil zwischen denjenigen konstruktivistischen Ansätzen, in denen Wirk-

---

4 Vgl. hierzu auch Holzscheiter (2018) sowie das Forum zu Normrobustheit und Umstrittenheit im *Journal of Global Security Studies*, Band 4, Heft 1, Januar 2019.

lichkeit durch symbolische Handlungen (Wendt) geschaffen wird, und denen, die die Produktion von Bedeutung durch Sprechakte (Onuf und Kratochwil) untersuchen (Zehfuss 1998, 2002). Mit dem Fokus auf Sprechakte gehen eher poststrukturalistisch orientierte AutorInnen davon aus, dass alles Soziale diskursiv vermittelt ist. Entsprechend liegt hier der Analysefokus auf der Untersuchung von performativen und symbolischen Handlungen als diskursive Praktiken. Dabei stellt sich die Frage, wie ein bestimmtes Wissen über die Welt als wahr anerkannt wird. So thematisieren AutorInnen wie Der Derian und Shapiro (1989), Campbell (1992), Walker (1993), Doty (1996) oder Zehfuss (2002) in ihren Arbeiten die zentrale Bedeutung von Macht für die soziale Konstruktion von Wirklichkeit. Sie fragen explizit nach den Interaktionen zwischen Erkenntnistheorie und Handlungserklärung und nehmen somit den Wissens-Macht-Nexus in den Blick. Aufgabe der kritischen Analyse ist es, die Entstehung von Wissensbeständen innerhalb eines Diskurses aufzudecken, mit denen eine bestimmte Lesart der Realität denkbar und sagbar wird, während andere Interpretationen marginalisiert werden. Für die Normenforschung bedeutet dies zu hinterfragen, wessen Normen als gültig anerkannt werden und warum (Epstein 2008, 2011). Poststrukturalistische Ansätze setzen hier an und zeigen sowohl die Kontingenz normativer Gefüge als auch alternative Handlungsmöglichkeiten auf (Renner 2013).

Reflexivität in der Normenforschung

Ein letzter Kritikpunkt, der insbesondere von feministischen IB-ForscherInnen (Sylvester 2000; Brabandt et al. 2002; Ackerly/True 2008a, 2008b) und kritischen ForscherInnen aus dem Bereich der postkolonialen Studien (vgl. Inayatullah/Blaney 2004; Agathangelou/Ling 2009; Grovogui 2010) aufgebracht wurde, fragt nach der kritischen Rolle der Wissenschaft selbst. Hier geraten Forschungsfragen nach Artikulation und Widerstand in den Blick, die direkt auf die normative Selbstposition der Forschenden zielen (vgl. etwa Diez 2005 zur »normative power Europe«) und die Ausblendung von Historizität und Macht sowie eine mangelnde Reflexion der Normativität der Normenforschung selbst thematisieren (Epstein 2014). Zudem hinterfragen eher poststrukturalistisch inspirierte kritische Ansätze die Dispositionen, die der IB-Normenforschung zugrunde liegen (Neumann/Sending 2010; Epstein 2012a; Engelkamp et al. 2012, Graf 2016). Sie weisen darauf hin, dass eine Tendenz zur Beschäftigung mit liberalen Normen wie Menschen- oder Frauenrechten herrsche, während deren historische Möglichkeitsbedingungen wie Sklaverei oder Kolonialismus kaum betrachtet werden (Rosert/Schirmbeck 2007; Panke/Petersohn 2012; Shilliam 2014; Vitalis 2015, Henderson 2015). Eine kritische Reflexion der eigenen wissenschaftlichen Normativität der Normenforschung und ihrer Geschichtlichkeit erfolge kaum (Inayatullah/Blaney 2012; Weber 2014).

Tatsächlich haben sich in letzter Zeit konstruktivistische NormenforscherInnen jedoch zunehmend selbst-reflexiv gegenüber der eigenen Forschung gezeigt (Price 2008a). So halten im Herausgeberband von Richard Price *Moral Limit and Possibility in World Politics* (2008b) unter anderem Kathryn Sikkink, Martha Finnemore oder Chris Reus-Smit dazu an, die Normativität ihrer eigenen Forschung kritisch zu reflektieren. Jedoch kann Prices Fokus auf moralischen Fortschritt durch die Etablierung von Normen einer postkolonialen Kritik (Inayatullah/Blaney 2012) oder den Anforderungen normativer Theorie (Weber 2014) nicht standhalten. Die Frage nach der Umstrittenheit des moralischen Fortschritts unterstreicht den Stellenwert von Normenforschung selbst als politische Praxis (Engelkamp et al. 2013, 2016). Somit hat die Art der praktizierten Forschung nicht nur Einfluss auf den Untersuchungsgegenstand, sondern reflektiert auch eine dezidiert normative Position mit realen politischen Konsequenzen (Engelkamp et al. 2012).

4. Neue Wege in der Normenforschung durch metatheoretische Reflexion

Wie der vorangegangene Abschnitt zeigt, haben die Auseinandersetzungen mit frühen Arbeiten der Normenforschung insbesondere durch unterschiedliche konstruktivistische Lesarten bislang vernachlässigte Perspektiven explizit gemacht. Gleichzeitig steigt damit der Bedarf an Verständigung zwischen unterschiedlichen kritischen Lesarten. Kritische Ansätze bergen dann großes Potenzial für theoretische Weiterentwicklung, wenn sie ihre eigenen theoretischen und methodischen Herangehensweisen metatheoretisch reflektieren und somit ihre Wissensbestände kritisch hinterfragen, so dass konstruktivistische Normenforschung zu einem wirklichen Ort des Austausches verschiedener Lager werden kann. Dies ist insbesondere für die eigene Normativität kritischer Normenforschung relevant, da sie sich mit Fragen des normativen Wandels und der Herausbildung legitimer Formen von politischer Ordnung befasst. Wie im vorhergehenden Abschnitt dargestellt, sind die Bedingungen, unter denen Wissen über normativen Wandel entsteht, keine bloßen Repräsentationen einer Wirklichkeit »da draußen«. Vielmehr beeinflusst der analytische Fokus der WissenschaftlerInnen ihre Konzepte, ihre methodologische Verortung, ihre Weltsicht und die Art und Weise, wie Bedeutungen über die soziale Wirklichkeit erst zum Gegenstand der Forschung gemacht werden.

Eine solche reflexive Wendung hin zu mehr Transparenz der eigenen Diskursposition, wie sie beispielsweise von Neumann und Neumann (2015) gefordert wird, würde innerhalb kritischer Normenforschungsansätze eine präzisere Beschreibung der Schnittstellen zwischen internationaler und lokaler Ebene erlauben. Praktiken des Widerstands und der Aushandlung von Normen sowie die Konstitution und Reproduktion unterschiedlicher Machtstrukturen, die normativen Wandel beeinflussen, würden in den Fokus rücken. Um diesen neuen Pfaden in der Normenforschung Raum zu geben, sollen sowohl die metatheoretischen Forschungsperspektiven als auch die normativen Implikationen einer theoretisch-pluralistischen Normenforschung im Zentrum dieses Bandes stehen (vgl. für diese Herangehensweise auch Albert/Lapid 1997; Jackson/Nexon 2013). Daher setzt der Band zwei inhaltliche Schwerpunkte, um die eingangs formulierten Fragen nach der Forschung über und zu Normen sowie der Möglichkeiten zur Verständigung aufzugreifen: zum einen betrachten wir Normenforschung aus einer metatheoretischen Perspektive, um zu einer Verständigung über wissenschaftstheoretische Grundlagen der IB-Normenforschung beizutragen. Zum anderen widmet sich der Band theoretischen Alternativen zur bestehenden konstruktivistischen Normenforschung.

Der Sammelband bringt erstmals verschiedene konstruktivistische Ansätze aus den deutschsprachigen IB zusammen, die sich kritisch damit auseinandersetzen, wie über Normen in den IB geforscht und wie Normenforschung konkret betrieben wird. Der vorliegende Band hat zum Ziel, die Diskussion zu neuen Wegen in der deutschen IB-Forschung zu bereichern. Für das Schlusskapitel nehmen wir daher die Metapher des Lagerfeuers wieder auf und benennen Wege, die zwischen den unterschiedlichen Feuern sichtbar werden. Mit Hilfe einer metatheoretischen Perspektive können wir die Kritikpunkte an der IB Normenforschung wieder aufgreifen und beschreiben, in welcher Weise unterschiedliche Konstruktivismen so zueinander sprechen, dass sie im Hinblick auf den Erkenntnisgewinn künftiger Forschung vielversprechend sind.

Neben einer Bestandsaufnahme der IB-Normenforschungen widmen sich die hier versammelten Beiträge den neueren Entwicklungen und insbesondere kritischen Ansätzen. Hier fällt auf, dass viele AutorInnen neben den bislang vorherrschenden handlungstheoretischen oder neo-institutionalistischen Theoriemodellen alternative, eher soziologisch inspirierte Zugänge gewählt haben. Diese Beiträge werfen kritische Fragen nach Macht und Widerstand, Umstrittenheit und Hegemonie, Artikulation und Performanz auf, die in bisherigen konstruktivistischen Ansätzen oftmals unzureichend thematisiert wurden. Hiermit geraten metatheoretische Aspekte wie die reflexive Frage nach der Normativität von Wissen und Wissenschaft, aber auch die Problematisierung der Rolle des Subjekts bei der Entstehung und Verhandlung von Normen in den Blick.

Die Beiträge schließen damit an aktuelle Entwicklungen der internationalen Forschung an und ermöglichen zudem eine Neubewertung von zentralen Problemen der konstruktivistischen Normenforschungen wie der Frage der Bedeutungskonstitution durch Praktiken oder der analytischen Fassung von normativem Wandel und Normenlokalisierung. So lässt sich – im Zuge der sogenannten *linguistic* und *practice turns* in den Sozialwissenschaften (Neumann 2002; Adler/Pouliot 2011) – eine stärkere Untersuchung der Rolle von Diskursen und diskursiven Praktiken in der Normenforschung beobachten. Methodisch und methodologisch zeigt sich diese kritische Wendung vor allem in einem stärkeren Einsatz von interpretativen Techniken wie der Diskursanalyse, Genealogie, Dekonstruktion sowie hermeneutischen oder ethno-methodologischen Ansätzen. Vor diesem Hintergrund bringt der Sammelband unterschiedliche Perspektiven auf kritische Normenforschung zusammen, um über die eigenen Forschungsperspektiven zu reflektieren und zu einem Austausch verschiedener Lager beizutragen.

5. Die Beiträge dieses Sammelbandes

Die Verständigung im vorliegenden Band formiert sich entlang der beiden oben formulierten Schwerpunkte, entsprechend gehen wir in zwei Schritten vor: Teil 1 leistet eine Verständigung über metatheoretische Grundlagen und versammelt Beiträge über Normen*forschung*, während sich Teil 2 mit neueren Ansätzen in der *Normen*forschung beschäftigt und theoretische Alternativen zum Normenkonzept präsentiert. Der erste Teil behandelt insbesondere die Frage, wie theoretische Konzepte und metatheoretische Annahmen ihren Analysegegenstand prägen und welche unterschiedlichen epistemologischen Perspektiven, ontologischen Annahmen und methodologischen Divergenzen sich in der Normenforschung verbergen.

In seinem Beitrag gibt Bastian Loges zunächst einen Überblick über metatheoretische Zugänge, um so unterschiedliche »Normenforschungen« entlang ihrer jeweiligen ontologischen und methodologischen Schwerpunktsetzungen verorten zu können. Aus einer wissenschaftstheoretischen Perspektive weist er auf das Auseinanderklaffen von ontologischen Annahmen und methodologischer Umsetzung in der Normenforschung hin. Seine Bestandsaufnahme zeigt, dass trotz einer großen Offenheit gegenüber verschiedenen Forschungsperspektiven die Heterogenität der metatheoretischen Grundlagen einer Kanonisierung der Normenforschung im Weg steht.

Der Beitrag von Antonia Graf, Katharina Glaab und Stephan Engelkamp unternimmt den Versuch, das Verhältnis von drei unterschiedlichen Konzepten – Norm, Diskurs, Praktik – metatheoretisch zu vergleichen. Mit Hilfe des Begriffs des Vehikels argumentieren sie, dass in allen drei Ansätzen Bedeutungen auf unterschiedliche Art und Weise fixiert werden. Dies hat erhebliche Konsequenzen für Versuche, Dialoge zwischen den Lagerfeuern unterschiedlicher Ansätze fruchtbar zu machen.

Daniel Jacobi und Friederike Kuntz hinterfragen in ihrem Beitrag die »dualistischen Beschreibungen des Sozialen« und unterbreiten den Vorschlag, die Norm unabhängig von klassischen Intentionalitätsverständnissen zu konzipieren. Normen werden dann als ein historisch-dynamisches Produkt der Verwendung von Sprache begriffen, die als ein sowohl singulärer als auch kumulativer Effekt der Ausübung von Macht erscheinen. Normen können aus einer solchen Perspektive nicht länger als ein geteilter Standard der Angemessenheit verstanden werden, sondern müssen vielmehr als kontingente, historisch bestimmte Matrix der (Re-)Produktionsmöglichkeiten von sinnhafter Wirklichkeit konzeptionell reformuliert werden. Auf diese Weise entwickeln sie mit ihrem performativen Begriff des Sozialen eine alternative Beobachtungsperspektive, in der Normen als »ein historisch-dynamischer Effekt der Ausübung von Macht« erscheinen.

Hier knüpfen Eva Herschinger und Frank Sauer an, die sich in ihrem Beitrag mit dem Spiel von Agency und Struktur beschäftigen, das gerade in der konstruktivistischen Normenforschung von zahlreichen AutorInnen betrieben worden ist. Aufbauend auf einer Kritik dieser Forschung schlagen die AutorInnen eine »Kombination aus Elementen pragmatistisch inspirierter Handlungstheorie und poststrukturalistisch informierter Diskurstheorie« vor, um über die Konzepte *Dislokation* und *Krise* das Wechselspiel von AkteurIn und Struktur genauer in den Blick nehmen zu können. Sie verweisen darauf, dass Struktur und Agency niemals als abgeschlossen zu betrachten sind; vielmehr konstituieren sich beide wechselseitig durch die Verbindungen, die zwischen ihnen in ihrer jeweiligen, temporär stabilen, stets prozesshaften Gestalt entstehen.

Henrik Schillinger und Holger Niemann treten in ihrem Beitrag in einen kritischen Dialog mit Antje Wieners Vorschlag eines konsistent-konstruktivistischen Normenkonzepts, der den Fokus auf die Praktiken der Bedeutungsgenerierung und die Umstrittenheit von Normen legt. Dabei verweist ihre Untersuchung »mit Wiener über Wiener hinaus« sowohl auf die Stärken als auch auf Herausforderungen von *meaning-in-use*. In diesem Sinne verstehen die Autoren Wieners *Unsichtbare Verfassung der Politik* als einen geeigneten Ausgangspunkt für das Projekt einer kritischen Normenforschung und verbinden ihre Kritik einer impliziten »Politik der Realität« mit dem Ziel, Wege zu deren Weiterentwicklung hin zu einem dynamischen, intersubjektiven und politischen Verständnis von Normen aufzuzeigen.

Die Beiträge im zweiten Teil des Bandes stellen neuere Ansätze innerhalb der Normenforschung vor und zeigen Alternativen auf, die sich häufig – aber nicht nur – an sprachlich-diskursiven und praxeologisch inspirierten Zugängen orientieren. So entwickelt Lisbeth Zimmermann die Fragestellung, inwiefern es vor dem Hintergrund der lokalen Adaption von Normen wie Demokratie und Rechtstaatlichkeit darum gehe, diese möglichst vollständig zu verbreiten oder ob nicht auch Spielräume für den Streit um und für die Aneignung von globalen Normen geschaffen werden sollten. Wenn dies der Fall sei, ergäbe sich daraus die Frage, wie weit eine lokale Aneignung von Normen gehen könne und wie diese zu bewerten sei. Mit Bezug auf demokratietheoretische Arbeiten von Seyla Benhabib und James Tully argumentiert Zimmermann für eine Perspektive, die den Blick auf den prozeduralen Aspekt lokaler Aneignungsprozesse richtet, da diese die demokratische Legitimität von Aneignungen durch die beteiligten AkteurInnen erhöhen könne.

Linda Wallbott behandelt in ihrer soziologisch-institutionalistischen Analyse die Verhandlungsfrage globaler Normen. Ihr Beitrag verbindet einen konzeptionellen Fokus auf diskursive Aushandlung mit einer »prozessualen und relationalen raumsoziologischen Perspektive« zum Management institutioneller Interdependenz. Sie argumentiert, dass die intentionale Konstruktion von Räumen institutioneller Wechselwirkung durch AkteurInnen nicht nur die Ausgestaltung internationaler Institutionen beeinflusst, sondern auch dominante Ordnungsvorstellungen herausfordert und Normenwandel initiiert. Die Neugestaltung von Räumlichkeit und die Verschiebung institutioneller wie normativer Grenzen in sozialen Praktiken ist dabei ein Ausdruck der kontingenten und unabgeschlossenen Natur von Normen.

Sassan Gholiagha, Hannes Hansen-Magnusson und Maren Hofius fragen in ihrem Beitrag nach dem Verhältnis von Normalität und Normativität. Dabei gehen sie von einer Perspektive aus, die die Umstrittenheit von Normbedeutungen in den Mittelpunkt des Interesses stellt. Anhand zweier Fallstudien zur Folterverbotsnorm illustrieren die AutorInnen den erkenntnistheoretischen Mehrwert des *meaning-in-use* Konzepts für die Normenforschung: ihr Beitrag zeigt, wie sich Bedeutungszuschreibungen durch soziale Praktiken vor dem Hintergrund von scheinbar eindeutig kodifizierten (Rechts-)Normen wandeln und sich Normenwandel durch eine Perspektive auf Mikrophänomene erschließt.

Judith Renner und Kai Koddenbrock schlagen jeweils alternative theoretische Herangehensweisen zum Normenkonzept vor, die eine Verständigung zwischen jüngeren heterogenen Konzeptionen, Begrifflichkeiten und Methoden ermöglichen kann. Judith Renner wählt in diesem Sinne einen poststrukturalistischen Ansatz zur Untersuchung der globalen Versöhnungsnorm. Normen sind in ihrem Beitrag Ergebnis hegemonialer diskursiver Formationen, deren Wirklichkeitspolitik es in einem ersten Schritt zu dekonstruieren gilt, um danach alternative diskursive Artikulations- und Handlungsmöglichkeiten zu rekonstruieren, wodurch eine größere Handlungsmöglichkeit der durch die Norm adressierten Subjekte erreicht werden könne.

Kai Koddenbrock widmet sich in seinem Beitrag ebenfalls der Dekonstruktion einer normalisierten diskursiven Formation: dem Staat. Am Beispiel von semistrukturierten Interviews mit Interventionspersonal rekonstruiert der Beitrag den Staat als performativen Effekt sozialer Praktiken, aber auch als wirkmächtige Norm. Koddenbrock geht dabei in seiner Analyse über die Feststellung der Wirkmächtigkeit der Staatsnorm hinaus, indem er alternative Erzählungen über den Staat im Kongo aufzeigt, die quer zu westlichen Souveränitätsnarrativen und ihren Interventionslogiken liegen.

Im abschließenden Kapitel fassen Katharina Glaab, Antonia Graf und Stephan Engelkamp die Ergebnisse der vorhergehenden Beiträge zusammen und stellen sie in einen weiteren forschungsprogrammatischen Zusammenhang. Die HerausgeberInnen gehen in dem Kapitel darauf ein, inwiefern die Beiträge in metatheoretischer Hinsicht so zueinander sprechen, dass Verständigung möglich wird. Gemeinsam eruieren sie, inwiefern diese Verständigungen als neue Wege in der Normenforschung verstanden werden können und geben einen Ausblick darauf, welche Fragen angesichts politischer und gesellschaftlicher Herausforderungen neu oder anders gestellt werden können.

Literatur

Acharya, Amitav 2004: How Ideas Spread: Whose Norms Matter? Norm Localization and Institutional Change in Asian Regionalism, in: International Organization 58: 2, 239–275.

Acharya, Amitav 2011a: Norm Subsidiarity and Regional Orders: Sovereignty, Regionalism, and Rule-Making in the Third World, in: International Studies Quarterly 55: 1, 95–123.

Acharya, Amitav 2011b: Dialogue and Discovery. In Search of International Relations Theories Beyond the West, in: Millennium - Journal of International Studies 39: 3, 619–637.

Ackerly, Brooke/True, Jacqui 2008a: Critical Perspectives on Gender and Politics. An Intersectional Analysis of International Relations: Recasting the Discipline, in: Politics & Gender 4: 1, 156–170

Ackerly, Brooke/True, Jacqui 2008b: Reflexivity in Practice. Power and Ethics in Feminist Research on International Relations, in: International Studies Review 10: 4, 693–707.

Adler, Emanuel 1997: Seizing the Middle Ground. Constructivism in World Politics, in: European Journal of International Relations 3: 3, 319–363.

Adler, Emanuel/Pouliot, Vincent (Hrsg.) 2011: International Practices, Cambridge.

Agathangelou, Anna M./Ling, L. H. M. 2009: Transforming World Politics. From Empire to Multiple Worlds, London.

Albert, Mathias/Lapid, Yosef 1997: On Dialectic and IR Theory. Hazards of a Proposed Marriage, in: Millennium - Journal of International Studies 26: 2, 403–415.

Anderl, Felix/Wallmeier, Philip 2018: Modi der Kritik des internationalen Regierens. Ein Plädoyer für immanente Kritik, in: Zeitschrift für Internationale Beziehungen 25: 1, 65-89.

Berenskötter, Felix 2014: Mehr Kreativität wagen, in: Zeitschrift für Internationale Beziehungen 21: 2, 133–139.

Brabandt, Heike/Locher, Birgit/Prügl, Elisabeth 2002: Normen, Gender und Politikwandel. Internationale Beziehungen aus der Geschlechterperspektive, in: Welttrends: 36, 11–26.

Campbell, David 1992: Writing Security. United States Foreign Policy and the Politics of Identity, Manchester.

Checkel, Jeffrey 1997: International Norms and Domestic Politics. Bridging the Rationalist-Constructivist Divide, in: European Journal of International Relations 3: 4, 473–495.

Checkel, Jeffrey 1998: The Constructivist Turn in International Relations Theory, in: World Politics 50: 2, 324–348.

Checkel, Jeffrey 1999: Norms, Institutions, and National Identity in Contemporary Europe, in: International Studies Quarterly 43: 1, 83–114.

Deitelhoff, Nicole 2006: Überzeugung in der Politik. Grundzüge einer Diskurstheorie internationalen Regierens, Frankfurt am Main.

Deitelhoff, Nicole/Zimmermann, Lisbeth 2013: Aus dem Herzen der Finsternis. Kritisches Lesen und wirkliches Zuhören der konstruktivistischen Normenforschung. Eine Replik auf Stephan Engelkamp, Katharina Glaab und Judith Renner, in: Zeitschrift für Internationale Beziehungen 20: 1, 61–74.

Der Derian, James/Shapiro, Michael J. (Hrsg.) 1989: International/Intertextual Relations. Postmodern Readings of World Politics, Lexington.

Diez, Thomas 2005: Constructing the Self and Changing Others: Reconsidering 'Normative Power Europe', in: Millennium - Journal of International Studies 33: 3, 613–636.

Doty, Roxanne L. 1996: Imperial Encounters. The Politics of Representation in North-South Relations, Minneapolis.

Engelkamp, Stephan/Glaab, Katharina 2015: Writing Norms: Constructivist Norm Research and the Politics of Ambiguity, in: Alternatives: Global, Local, Political 2015: 40 (3-4), 201–218.

Engelkamp, Stephan/Glaab, Katharina/Renner, Judith 2012: In der Sprechstunde. Wie (kritische) Normenforschung ihre Stimme wiederfinden kann, in: Zeitschrift für Internationale Beziehungen 19: 2, 101–128.

Engelkamp, Stephan/Glaab, Katharina/Renner, Judith 2013: Ein Schritt vor, zwei Schritte zurück? Eine Replik auf Nicole Deitelhoff und Lisbeth Zimmermann, in: Zeitschrift für Internationale Beziehungen 20: 2, 105–118.

Engelkamp, Stephan/Glaab, Katharina/Renner, Judith 2016: Normalising Knowledge? Constructivist Norm Research as Political Practice, in: European Review of International Studies 2016: 3: 3, 52–62.

Epstein, Charlotte 2008: The Power of Words in International Relations. Birth of an Anti-Whaling Discourse, Cambridge, Massachusetts.

Epstein, Charlotte 2011: Who Speaks? Discourse, the Subject and the Study of Identity in International Politics, in: European Journal of International Relations 17: 2, 327–350.

Epstein, Charlotte 2012a: Interrogating the Use of Norms in International Relations. An Introduction, in: International Studies Perspectives 13: 2, 121–122.

Epstein, Charlotte 2012b: Stop Telling Us How to Behave. Socialization or Infantilization?, in: International Studies Perspectives 13: 2, 135–145.

Epstein, Charlotte 2014: The Postcolonial Perspective: An Introduction, in: International Theory 6: 2, 294–311.

Epstein, Charlotte/Zarakol, Ayse/Gallagher, Julia/Shilliam, Robbie/Jabri, Vivienne 2014: Forum: Interrogating the Use of Norms in International Relations. Postcolonial Perspectives, in: International Theory 6: 2, 293.

Fearon, James/Wendt, Alexander 2008: Rationalism v. Constructivism. A Skeptical View, in: Carlsnaes, Walter/Risse, Thomas/Simmons, Beth A. (Hrsg.): Handbook of International Relations, London, 52–72.

Finnemore, Martha/Sikkink, Kathryn 1998: International Norm Dynamics and Political Change, in: International Organization 52: 4, 887–917.

Fuchs, Doris/Glaab, Katharina 2011: Material Power and Normative Conflict in Global and Local Agrifood Governance: The Lessons of 'Golden Rice' in India, in: Food Policy 36: 6, 729–735.

Gallagher, Julia 2014: Chopping the World into Bits. Africa, the World Bank, and the Good Governance Norm, in: International Theory 6: 2, 332–349.

Goldstein, Judith/Keohane, Robert O. (Hrsg.) 1993: Ideas and Foreign Policy. Beliefs, Institutions, and Political Change, Ithaca.

Graf, Antonia 2016: Diskursive Macht. Transnationale Unternehmen im Nachhaltigkeitsdiskurs, Baden-Baden.

Grovogui, Siba N. 2010: Postcolonialism, in: Dunne, Timothy/Kurki, Milja/Smith, Steve (Hrsg.): International Relations Theories. Discipline and Diversity, Oxford, 238–256.

Guzzini, Stefano 2000: A Reconstruction of Constructivism in International Relations, in: European Journal of International Relations 6: 2, 147–182.

Hansen-Magnusson, Hannes 2020: International Relations as Politics Among People: Hermeneutic Encounters and Global Governance, London and New York.

Hansen-Magnusson, Hannes/Vetterlein, Antje/Wiener, Antje 2020. The Problem of Non-Compliance: Knowledge Gaps and Moments of Contestation in Global Governance, in: Journal of International Relations and Development: 23: 3, 636-656.

Henderson, Errol A. 2015: Hidden in Plain Sight: Racism in International Relations Theory, in: Anievas, Alex/Manchanda, Nivi/Shilliam, Robbie (Hrsg.): Race and Racism in International Relations: Confronting the Global Colour Line, London and New York, 19–43. *Hofferberth, Matthias/Weber, Christine* 2015: Lost in Translation. A Critique of Constructivist Norm Research, in: Journal of International Relations and Development: 18: 1, 75-103.

Hofius, Maren/Wilkens, Jan/Hansen-Magnusson, Hannes/Gholiagha, Sassan 2014: Den Schleier lichten? Kritische Normenforschung, Freiheit und Gleichberechtigung im Kontext des »Arabischen Frühlings«. Eine Replik auf Engelkamp/Glaab/ Renner, Ulbert und Deitelhoff/Zimmermann, in: Zeitschrift für Internationale Beziehungen 21: 2, 85–105.

Holzinger, Katharina/Knill, Christoph/Jörgens, Helge (Hrsg.) 2007: Transfer, Diffusion und Konvergenz von Politiken (PVS-Sonderheft), Wiesbaden.

Holzscheiter, Anna. 2018: Affectedness, Empowerment and Norm Contestation – Children and Young People as Social Agents in International Politics, in: Third World Thematics 3: 5-6, 645–663.

Inayatullah, Naeem/Blaney, David L. 2004: International Relations and the Problem of Difference, New York.

Inayatullah, Naeem/Blaney, David L. 2012: The Dark Heart of Kindness: The Social Construction of Deflection, in: International Studies Perspectives 13: 2, 164–175.

Jabri, Vivienne 2014: Disarming Norms. Postcolonial Agency and the Constitution of the International, in: International Theory 6: 2, 372–390.

Jackson, Patrick T./Nexon, Daniel H. 2013: International Theory in a Post-Paradigmatic Era. From Substantive Wagers to Scientific Ontologies, in: European Journal of International Relations 19: 3, 543–565.

Katzenstein, Peter J. 1996a: Introduction. Alternative Perspectives on National Security, in: Katzenstein, Peter J. (Hrsg.): The Culture of National Security. Norms and Identity in World Politics, New York, 1–32.

Katzenstein, Peter J. (Hrsg.) 1996b: The Culture of National Security. Norms and Identity in World Politics, New York.

Keck, Margaret W./Sikkink, Kathryn 1998: Activists Beyond Borders. Advocacy Networks in International Politics, Ithaca.

Keohane, Robert O. 1988: International Institutions: Two Approaches, International Studies Quarterly 32: 4, 379–396.

Klotz, Audie 1995: Norms in International Relations. The Struggle Against Apartheid, Ithaca; London.

Koddenbrock Kai 2015: Strategies of Critique in IR: From Foucault and Latour towards Marx, in: European Journal of International Relations 21: 2, 243-266.

Krasner, Stephen D. 1999: Sovereignty. Organized Hypocrisy, Princeton.

Kratochwil, Friedrich 1991: Rules, Norms, and Decisions. On the Conditions of Practical and Legal Reasoning in International Relations and Domestic Affairs, Cambridge.

Kratochwil, Friedrich 2007: Of False Promises and Good Bets: A Plea for a Pragmatic Approach to Theory Building, in: Journal of International Relations and Development 10: 1, 1-15.

Krook, Mona L./True, Jacqui 2012: Rethinking the Life Cycles of International Norms. The United Nations and the Global Promotion of Gender Equality, in: European Journal of International Relations 18: 1, 103–127.

Lapid, Yosef 1989: The Third Debate: On the Prospects of International Theory in a Post-Positivist Era, in: International Studies Quarterly 33: 3, 235–254.

MacKenzie, Megan/Sesay, Mohamed 2012: No Amnesty from/for the International. The Production and Promotion of TRCs as an International Norm in Sierra Leone, in: International Studies Perspectives 13: 2, 146–163.

March, James G./Olsen, Johan P. 1998: The Institutional Dynamics of International Political Orders. In: International Organization 52: 4, 943-969.

Milliken, Jennifer 1999: The Study of Discourse in International Relations. A Critique of Research and Methods, in: European Journal of International Relations 5: 2, 225–254.

Neumann, Cecilie B./Neumann, Iver B. 2015: Uses of the Self: Two Ways of Thinking about Scholarly Situatedness and Method, in: Millennium: Journal of International Studies 43: 3, 798-819.

Neumann, Iver B. 2002: Returning Practice to the Linguistic Turn. The Case of Diplomacy, in: Millennium: Journal of International Studies 31: 3, 627–651.

Neumann, Iver B./Sending, Ole J. 2010: Governing the Global Polity. Practice, Mentality, Rationality, Ann Arbor.

Niemann, Holger/Schillinger, Henrik 2017: Contestation 'All the Way Down'? The Grammar of Contestation in Norm Research, in: Review of International Studies 43: 1, 29–49.

Panke, Diana/Petersohn, Ulrich 2012: Why International Norms Disappear Sometimes, in: European Journal of International Relations 18: 4, 719–742.

Platenkamp, Josephus 2007: Cultural Values, Human Rights and Peacekeeping Tasks. Some Anthropological Considerations, in: Militaire Spectator 176: 3, 96–104.

Platenkamp, Josephus 2013: Sovereignty in the North Moluccas. Historical Transformations, in: History and Anthropology 24: 2, 206–232.

Price, Richard M. 2008a: Moral Limit and Possibility in World Politics, in: International Organization 62: 2, 191–220.

Price, Richard M. (Hrsg.) 2008b: Moral Limit and Possibility in World Politics, Cambridge.

Renner, Judith 2013: Discourse, Normative Change, and the Quest for Reconciliation in Global Politics, Manchester.

Risse, Thomas 2003: Konstruktivismus, Rationalismus und Theorien Internationaler Beziehungen - warum empirisch nichts so heiß gegessen wird, wie es theoretisch gekocht wurde, in: Hellmann, Gunther/Wolf, Klaus Dieter/Zürn, Michael (Hrsg.): Die neuen internationalen Beziehungen. Forschungsstand und Perspektiven in Deutschland, Baden-Baden, 99–132.

Risse, Thomas 2006: Transnational Actors and World Politics, in: Carlsnaes, Walter/Risse, Thomas/Simmons, Beth A. (Hrsg.): Handbook of International Relations, London, 255–274.

Risse, Thomas/Gränzer, Sieglinde/Jetschke, Anja/Schmitz, Hans P. 1998: Internationale Menschenrechtsnormen, transnationale Netzwerke und politischer Wandel in den Ländern des Südens, in: Zeitschrift für Internationale Beziehungen 5: 1, 5–41.

Risse, Thomas/Ropp, Stephen C./Sikkink, Kathryn (Hrsg.) 1999: The Power of Human Rights. International Norms and Domestic Change, Cambridge.

Risse, Thomas/Sikkink, Kathryn 1999: The Socialization of International Human Rights Norms into Domestic Practices: Introduction, in: Risse, Thomas/Ropp, Stephen C./Sikkink, Kathryn (Hrsg.): The Power of Human Rights. International Norms and Domestic Change, Cambridge, 1–38.

Rosert, Elvira/Schirmbeck, Sonja 2007: Zur Erosion internationaler Normen. Folterverbot und nukleares Tabu in der Diskussion, in: Zeitschrift für Internationale Beziehungen 14: 2, 253–287.

Sandholtz, Wayne 2008: Dynamics of International Norm Change. Rules against Wartime Plunder, in: European Journal of International Relations 14: 1, 101–131.

Schimmelfennig, Frank 2001: The Community Trap. Liberal Norms, Rhetorical Action, and the Eastern Enlargement of the European Union, in: International Organization 55: 1, 47–80.

Schimmelfennig, Frank 2005: Strategic Calculation and International Socialization. Membership Incentives, Party Constellations, and Sustained Compliance in Central and Eastern Europe, in: International Organization 59: 4, 827–860.

Shilliam, Robbie 2014: "Open the Gates Mek We Repatriate". Caribbean Slavery, Constructivism, and Hermeneutic Tensions, in: International Theory 6: 2, 349–372.

Stritzel, Holger 2014: Zwischen Internationalisierung, Nationalisierung und Europäisierung. Das zweite Jahrzehnt der ZIB (auf Deutsch), in: Zeitschrift für Internationale Beziehungen 21: 2, 141–145.

Sylvester, Christine 2000: Feminist Theory and International Relations in a Postmodern Era, Cambridge.

Sylvester, Christine 2007: Whither the International at the End of IR, in: Millennium: Journal of International Studies 35: 3, 551–573.

Sylvester, Christine 2013: Experiencing the End and Afterlives of International Relations/Theory, in: European Journal of International Relations 19: 3, 609–626.

Ulbert, Cornelia 1997: Ideen, Institutionen und Kultur. Die Konstruktion (inter-)nationaler Klimapolitik in der BRD und in den USA, in: Zeitschrift für Internationale Beziehungen 4: 1, 9–40.

Ulbert, Cornelia 2012: Vom Klang vieler Stimmen: Herausforderungen 'kritischer' Normenforschung. Eine Replik auf Stephan Engelkamp, Katharina Glaab und Judith Renner, in: Zeitschrift für Internationale Beziehungen 19: 2, 129–139.

van Kersbergen, Kees/Verbeek, Bertjan 2007: The Politics of International Norms. Subsidiarity and the Imperfect Competence Regime of the European Union, in: European Journal of International Relations 13: 2, 217–238.

Vitalis, Robert 2015: White World Order, Black Power Politics: The Birth of American International Relations, Ithaca.*Waever, Ole* 2010: Still a Discipline After All These Debates?, in: Dunne, Timothy/Kurki, Milja/Smith, Steve (Hrsg.): International Relations Theories. Discipline and Diversity, Oxford, 297–318.

Walker, R. B. J. 1993: Inside/Outside. International Relations as Political Theory, Cambridge.

Wallbott, Linda/Schapper, Andrea 2017: Negotiating by Own Standards? The Use and Validity of Human Rights Norms in UN Climate Negotiations, in: International Environmental Agreements: Politics, Law and Economics: 17: 2, 209–228.

Weber, Martin 2014: Between "Isses" and "Oughts". IR Constructivism, Critical Theory, and the Challenge of Political Philosophy, in: European Journal of International Relations 20: 2, 516-543.

Wendt, Alexander 1999: Social Theory of International Politics, Cambridge.

Widmaier, Wesley W./Park, Susan 2012: Differences Beyond Theory. Structural, Strategic, and Sentimental Approaches to Normative Change, in: International Studies Perspectives 13: 2, 123–134.

Wiener, Antje 2003: Die Wende zum Dialog. Konstruktivistische Brückenstationen und ihre Zukunft, in: Hellmann, Gunther/Wolf, Klaus Dieter/Zürn, Michael (Hrsg.): Die neuen internationalen Beziehungen. Forschungsstand und Perspektiven in Deutschland, Baden-Baden, 133–159.

Wiener, Antje 2004: Contested Compliance. Interventions on the Normative Structure of World Politics, in: European Journal of International Relations 10: 2, 189–234.

Wiener, Antje 2009: Enacting Meaning-in-use. Qualitative Research on Norms and International Relations, in: Review of International Studies 35: 1, 175–193.

Wiener, Antje 2010: Zur normativen Wende in den IB. Triangulation of a Different Kind, in: Zeitschrift für Internationale Beziehungen 17: 2, 335–354.

Wiener, Antje 2014: Kontestation in verknüpften Diskursräumen, in: Zeitschrift für Internationale Beziehungen 21: 2, 147–154.

Wiener, Antje/Liste, Philip 2014: Lost Without Translation? Cross-Referencing and a New Global Community of Courts, in: Indiana Journal of Global Legal Studies 21: 1, 263-296.

Zarakol, Ayşe 2014: What Made the Modern World Hang Together. Socialisation or Stigmatisation?, in: International Theory 6: 2, 311–332.

Zehfuss, Maja 1998: Sprachlosigkeit schränkt ein. Zur Bedeutung von Sprache in konstruktivistischen Theorien, in: Zeitschrift für Internationale Beziehungen 5: 1, 109–137.

Zehfuss, Maja 2002: Constructivism in International Relations. The Politics of Reality, Cambridge.

Zimmermann, Lisbeth 2016: Same Same or Different? Norm Diffusion between Resistance, Compliance, and Localization in Post-Conflict States, in: International Studies Perspectives 17: 1, 98–115.

Zimmermann, Lisbeth 2017: Global Norms with a Local Face. Rule-of-Law Promotion and Norm Translation. Cambridge.

Zürn, Michael/Binder, Martin/Ecker-Ehrhardt, Matthias/Radtke, Katrin 2007: Politische Ordnungsbildung wider Willen, in: Zeitschrift für Internationale Beziehungen 14: 1, 129–164.

Zürn, Michael/Checkel, Jeffrey 2005: Getting Socialized to Build Bridges. Constructivism and Rationalism, Europe and the Nation-State, in: International Organization 59: 4, 1045–1079.

Zwingel, Susanne 2011: How Do Norms Travel? Theorizing International Women's Rights in Transnational Perspective, in: International Studies Quarterly 56: 1, 115–129.

Zwingel, Susanne 2016: Translating International Women's Rights. The CEDAW Convention in Context. London.

Teil 1:
Meta-theoretische Perspektiven auf Normenforschung

Von der Normenforschung zu den Normenforschungen – Metatheoretische Reflexionen zur Einheit und Vielfalt eines Forschungsfeldes

Bastian Loges

1. Einleitung

"To state that norms matter is no longer controversial" (Björkdahl 2002: 9). Dieser Befund aus einem ersten großen Bericht zur Normenforschung kann auch fünfzehn Jahre später bestätigt, vielleicht sogar insofern erweitert werden, als dass er nicht allein für den Forschungsgegenstand zutrifft, sondern auch für das gesamte Forschungsfeld. Bereits ein oberflächlicher Blick in die Inhaltsverzeichnisse internationaler Zeitschriften, die Programme von IB-Konferenzen sowie auf die aktuelle Forschungslandschaft (insbesondere der deutschen IB) zeigen: *To state that norm research matters is no longer controversial.* So ist derzeit eine Institutionalisierung der Normenforschung zu beobachten, die sich jenseits der Fülle von empirischen Studien zu normativen Dynamiken an mindestens drei Entwicklungen ablesen lässt: Erstens wird durch State-of-the-Art-Artikel in Form von Literaturberichten bzw. Handbucheinträgen (u.a. Björkdahl 2002, Hurrell/Macdonald 2013, Rosert 2012, Wunderlich 2013, Sandholtz 2017) der Stand normtheoretischer Beschäftigung gebündelt sowie durch eigenes NormunternehmerInnentum dazu beigetragen, dass sich verschiedene Ansätze und Konzeptionen unter dem Etikett der Normenforschung versammeln können. Zweitens thematisiert die Normenforschung über veröffentlichte Debatten aufeinander bezugnehmend Vorzüge und Nachteile verschiedener Zugänge zum Begriff und Wesen der Norm und benennt darüber hinaus die Implikationen unterschiedlicher Perspektiven auf das Selbstverständnis der Normenforschung. Drittens organisiert sich die Normenforschung auch als Gemeinschaft von ForscherInnen zunehmend sichtbar, wie etwa das Netzwerk Kritische Normenforschung oder mittlerweile auch die Themengruppe der DVPW zeigen. Somit kann zwar von einer institutionellen Disziplinierung des Forschungsfeldes ausgegangen werden, die jedoch durch eine inhaltliche Diversität herausgefordert wird. Angesichts einer Vielfalt neuerer Zugänge, Konzeptionen und Kritiken könnte gar gefragt werden, was Normenforschung eigentlich ausmacht, was die verschiedenen Perspektiven noch eint und was sie möglicherweise trennt?

So zeigt ein eher inhaltlich orientierter Blick in die Veröffentlichungen von NormenforscherInnen daher auch, dass das Feld mittlerweile empirisch wie theoretisch eine kaum mehr zu überschauende Breite bekommen hat.[1] Hier lassen sich drei große Trends ausmachen: a) empirische Analysen von (neuen) Normen, b) theoretisch-konzeptionelle Verfeinerungen oder gar explizite Alternativvorschläge sowie c) explizite Kritik innerhalb und/oder an einzelnen Strängen der Normenforschung. Zur empirischen Analyse von Normen: Standen lange Zeit vor allem Menschenrechte allgemein, internationale Wahlbeobachtung oder humanitäre Interventionen im Fokus der Normenforschung der 2000er Jahre, so wurden in den letzten Jahren auch Entwicklung, LGBTI-Rechte oder Rüstungskontrolle thematisiert. Insbesondere die Forschung zum Folterverbot sowie zur Responsibility to Protect (R2P) scheint sich zum empirischen Dauerbrenner der Normenforschung zu entwickeln. Neben dieser Vielzahl von neuen Anwendungen, also der Sichtbarmachung neuer Normen, haben sich diverse Studien auch mit neuen NormunternehmerInnen sowie mit Prozessen und Praktiken des Normunternehmertums beschäftigt. Dabei wurden unterschiedliche einzelstaatliche Akteure,[2] formelle wie informelle Staatengruppen,[3] internationale oder regionale Organisationen,[4] Unternehmen,[5] zivilgesellschaftliche Gruppen[6] oder gar einzelne Individuen[7] untersucht. Darüber hinaus wurden auch diverse Arenen der Normierung analysiert, sowohl konzeptionell und empirisch vergleichend (Coleman 2011) als auch an konkreten historischen Konferenzen (Acharya 2014) ausgerichtet. Ein zweiter Trend geht über eine reine Anwendung bekannter Konzeptionen auf neue Empirie hinaus. So hat zumindest ein Teil der aktuelleren Beiträge bestehende Heuristiken der Normenforschung wie Phaseneinteilungen, Akteurskonzeptionen und Systematisierungen situativ verfeinert, verändert oder weitergedacht. Wie an späterer Stelle ausgeführt wird,

---

1 Im Rahmen der folgenden Überlegungen sind damit solche Texte gemeint, die selbst Teil der Normenforschung sein wollen und dies durch den Begriff »Norm« im Titel auch anzeigen.

2 Statt vieler: Brosig 2015, Capie 2016, Wunderlich 2019.

3 Statt vieler: Towns 2012.

4 Siehe unter anderem: Capie 2008, Jakobi 2013, Karlsrud 2016.

5 Flohr et al. 2010.

6 Für Professionen: Efrat 2015, für Eliten: Lantis 2016, für Generationen: Steele/Heinze 2014.

7 Für den UN-Generalsekretär: Johnstone 2010, Madokoro 2015, für Sonderbeauftragte der UN: Karlsrud 2014, für Prominente: Budabin 2015.

können dadurch Normdynamiken (Müller/Wunderlich 2013), Normlokalisierung (Acharya 2014), Normübersetzung (Zimmermann 2016), Normerosion (Rosert/Schirmbeck 2007), Normkollision (Cadenas 2004), Normherausforderung (Panke/Petersohn 2016) oder „Norm antipreneur" (Bloomfield 2016) als konzeptionelle Begriffe gelten, mit denen ein „Mehr" an Dynamik innerhalb der Normierung internationaler Politik abgebildet werden soll und die damit Alternativvorschläge in konzeptioneller Hinsicht machen. Hier schließt auch der dritte aktuelle Trend an: Die Kritik an sowie innerhalb der Normenforschung. Wie die Debatten der letzten Jahre zeigen, erscheint NormenforscherInnen oftmals die Forschung der KollegInnen als wahlweise zu akteursfixiert, zu strukturorientiert, zu positivistisch, zu teleologisch, zu konsensorientiert, zu machtvergessen, zu kolonial, zu unpolitisch und vieles mehr (vgl. Bucher 2014, Engelkamp/Glaab/Renner 2012, Hofferberth/Weber 2015, Niemann/Schillinger 2017, Wiener 2007a, Wolff/Zimmermann 2016). Diese Kritik ermöglichte Zugänge, die dezidiert neue Perspektiven in der Normenforschung aufzeigten – nicht zuletzt, weil sie sich mit ontologischen wie epistemologischen Grundlagen ihrer Forschung auseinandersetzten, dazu den bisherigen (moderat) sozialkonstruktivistisch geprägten Grundkonsens der Normenforschung explizit oder implizit in Frage stellten und schließlich problematisierten, wie Normen eigentlich angemessen(er) zu erforschen seien. Letztlich spiegelt dieser Trend ein zunehmendes Interesse an metatheoretischen Überlegungen innerhalb der Internationalen Beziehungen generell wider, das sich an verschiedenen *turns* und kritischen Post-Ansätzen oder am verstärkten Bezug auf Diskurs- oder Praxistheorien ablesen lässt und das nun auch die Normenforschung erreicht hat.

Damit sieht sich jeder Ordnungsversuch innerhalb der Normenforschung zunächst mit der Herausforderung konfrontiert, dass bereits die schiere Fülle der empirischen Beiträge eine vergleichende Bestandsaufnahme schwierig macht; erst recht, wenn sie die Komplexität des Feldes in deskriptiver Hinsicht repräsentieren und zugleich in analytischer Hinsicht reduzieren möchte. Gegen eine rein inhaltliche Inventarisierung spricht vor allem, dass zwar auf den ersten Blick vieles kompatibel erscheint, bei näherem Hinschauen allerdings deutlich wird, dass viele Studien und AutorInnen dieselben Begriffe nutzen, jedoch oftmals etwas sehr Unterschiedliches meinen oder umgekehrt diverse Begriffe eingeführt werden, um letztlich etwas nur graduell Anderes zu benennen. Eine inhaltliche Bestandsaufnahme gelangt somit aus kapazitären Gründen an ihre Grenzen. Auch eine chronologische Positionsbestimmung erscheint nur bedingt geeignet, um den (Zu-)Stand des Forschungsfelds angemessen zu umreißen. Weder kann von verschiedenen Generationen der Normenforschung, die sich aus einer kollektiv prägenden intellektuellen Quelle speisen, noch von einer klassischen und einer modernen Variante der Beschäftigung mit Normen gesprochen werden. Im Gegenteil: Eine Vielzahl von Studien setzt auch heute noch ohne größere Veränderungen bei Konzeptionen der Normenforschung aus den 1990er Jahren an, wohingegen einzelne KollegInnen auch vor fünfzehn Jahren bereits vermeintlich „moderne" Fragen nach Auslassungen der individuellen Perspektive oder nach den (politischen) Implikationen der eigenen Forschung gestellt haben. Somit wird deutlich: Soll die erörterte Diversität der Normenforschung angemessen dargestellt und zugleich geordnet werden, sind inhaltliche wie chronologische Bestandsaufnahmen dazu ungeeignet. Dabei bietet sich eine Ordnungslogik bereits durch die zu ordnende Literatur selbst an, nämlich der metatheoretische Zugriff aufs Feld. Denn, ob die letzte „ZIB-Debatte"[8] als Auseinandersetzung über Normen oder über Metatheorie gelten muss, bleibt wohl letztlich eine Frage der Lesart. Beide Thematiken werden hier aufs Engste miteinander verknüpft. Obgleich in der Normenforschung begründet, entfalten die Beiträge über ihren Forschungsgegenstand hinaus auch eine Debatte über politische und wissenschaftliche Praxis sowie deren Zusammenhang. Eine solch metatheoretisch gewendete Normenforschung wirft nicht nur für das gesamte Feld grundsätzlichere Fragen auf, sondern aus ihr folgt vor allem, dass eine ordnende Bestandaufnahme, die neben den Unterschieden und/oder Gemeinsamkeiten der Forschung zu Normen, auch deren Implikationen fassen möchte, metatheoretische Überlegungen nicht mehr ausblenden kann. Vor diesem Hintergrund verfolgt der vorliegende Beitrag drei miteinander verzahnte Aufgaben. Er will:

(1) Metatheoretische Fundierungen der Normenforschung transparenter machen;
(2) durch eine metatheoretische Einordnung zugleich Diversität wie Kanonisierung innerhalb der Normenforschung aufzeigen;
(3) zur Reflexion über Implikationen von Metatheorie für die Einheit und Vielfalt von Normenforschung(en) anregen.

Dazu wird zunächst ein knapper Einblick in die metatheoretischen IB-Kontroversen der letzten Jahre gegeben, bei dem es um die Herausstellung zentraler Schlüsselkonzepte und Schlüsselbegriffe geht, die sich insbesondere auf Arbeiten von Patrick Thaddeus Jackson und Peter Howard beziehen. Anhand dieser Zugänge werden folgend ausgewählte normtheoreti-

---

8 Engelkamp/Glaab/Renner 2012; Ulbert 2012; Deitelhoff/Zimmermann 2013; Hofius/Wilkens/Hansen-Magnusson/ Gholiagha 2014.

sche Texte im metatheoretischen Feld verortet,[9] wobei sich – wie zu zeigen sein wird – verschiedene »Normenforschungen« unterscheiden lassen: Der dritte Abschnitt stellt die Forschung der 1990er Jahre als Versuch vor, konstruktivistische Perspektiven im IB-Mainstream zu verankern, für dessen Erfolg allerdings der Preis eines Auseinanderklaffens von ontologischen Annahmen und methodologischer Umsetzung entrichtet werden musste. Wie der vierte Abschnitt verdeutlicht, wird dieses Problem durch Ansätze aufgriffen, die die reflexive Ontologie des Sozialkonstruktivismus wieder stärker fokussieren, indem sie konzeptionelle und/oder methodische Alternativen unterbreiten und dabei Konzepte wie Lokalisierung, Kontestation oder Alternativmodelle diskutieren. Abschließend präsentiert der fünfte Abschnitt eine weitere Neuerung, die sich als kritische Lesart praktischer Normenformung verstehen lässt. Im letzten Abschnitt werden schließlich die Überlegungen im Lichte der oben genannten Aufgaben zusammengefasst und reflektiert. Dabei zeigt sich, dass aller Vielfalt zum Trotz das gemeinsame Band der Normenforschung offensichtlich Bestand hat, diese Beständigkeit sich aber vielleicht gar nicht mehr auf die Erforschung von Normen im engeren Sinne zurückführen lässt.

2. *Von Welt, Wissen und Forschenden: Metatheoretische Zugänge zur Normenforschung*

In ihrer Einführung zur Wissenschaftstheorie in den Internationalen Beziehungen kommen Milja Kurki und Colin Wight zu dem Ergebnis, dass Metatheorie als theoretische Überlegung zu den Grundlagen aller Theorie verstanden werden könne, sie somit Theorie über Theorien sei. Dabei würden metatheoretische Debatten üblicherweise zwischen Ontologie als Theorie des Seins, Epistemologie als Theorie des Wissens und Methodologie als Theorie von den Methoden verortet (Kurki/Wight 2016: 13). Allerdings scheint es abseits einer grundlegenden Akzeptanz dieser Trias kaum Einigkeit zu geben. Dies zeigen zum einen die intensiv geführten Debatten darüber, wie die drei Dimensionen zueinander ins Verhältnis gesetzt wer-

---

9 Nicht zuletzt um den Zugang zum Text zu erleichtern, werden zum einen die meisten metatheoretischen Überlegungen aus IB-Texten übernommen, wodurch sie bereits eine sozialwissenschaftliche Interpretation erlebten und somit auch nicht mehr die Fülle wissenschafts- oder erkenntnistheoretischer Debatten in der Philosophie repräsentieren. Zum anderen wurde auch bei den Texten aus der Normenforschung selektiert und nur mit wenigen Beispieltexten gearbeitet, um das Potential einer metatheoretischen Ordnung aufzuzeigen.

den müssen.[10] Zum anderen verweist auch die IB-Einführungsliteratur auf eine grundsätzliche Vielstimmigkeit bei der Benennung verschiedener ontologischer wie epistemologischer Positionen und legt somit nahe, dass die Vorstellungen über metatheoretische Konzepte bisweilen kontingent sind.[11]

Verdeutlicht werden kann dies am Begriff der Ontologie, der in der Literatur eigentlich auf zwei unterschiedliche Perspektiven verweist, nämlich auf eine »philosophical ontology« (Patomäki/Wight 2000: 215), die sich aus der (Wissenschafts-)Philosophie speist, und eine nachgelagerte „scientific or social ontology" (Patomäki/Wight 2000: 215), die sich eher mit den inhaltlichen Fundamenten von wissenschaftlichen Theorien beschäftigt (Hay 2006: 80). Der philosophischen Perspektive geht es um die Grundsatzfrage, ob es *da draußen* eine Welt abseits unserer Vorstellungen gibt und ob sie uns in Gänze zugänglich ist oder nicht. Ontologische Positionen wie der Realismus oder auch der Objektivismus gehen davon aus, dass die Welt „existent" ist. Sie wird als vom Akteur unabhängig angenommen, weshalb ihre Phänomene durch den Akteur erkennbar und ihm zugänglich sind. Dem entgegnen andere Anschauungen wiederum, dass die Welt und ihre Phänomene stets Interpretation und Sinnzuschreibungen benötigen, um erfahrbar und somit „real" zu werden. Eine solche konstruktivistische Ontologie steht folglich im Gegensatz zu Objektivismus und Realismus (Bryman 2012: 32-34). Nun ist die zweite der beiden Perspektiven diesen philosophischen Überlegungen insofern logisch nachgelagert, als es wissenschaftlichen Ontologien nicht mehr abstrakt um die Frage nach der *Realität der Welt* geht. Stattdessen fokussieren sie jenseits grundlegender philosophischer Diskussionen auf die relevanten Entitäten und Objekte, die die unhinterfragbaren Bestandteile bestimmter theoretischer Perspektiven bilden. Sie machen somit inhaltliche Aussagen über die Beschaffenheit der Welt (Jackson 2011: 28).

Bereits die dargestellten Auszüge der Debatte zeigen, dass hier wohl kaum ein Konsens zu erwarten ist, der die in der Trias angesprochenen Begriffe verbindlich definieren und ihr Verhältnis in eine allgemein akzeptierte Reihung bringen könnte. Dabei zeigen die Diskussionen der letzten

---

10 Bereits Anfang der 2000er Jahre hatten zwei State-of-the-Art-Artikel (Wight 2002; Mayer 2003) die Spannbreite festgehalten, mit der sich die metatheoretischen Diskussionen innerhalb der IB und dabei vor allem bezüglich der Abgrenzung der Begriffe Ontologie und Epistemologie auffächern (siehe auch Hollis/Smith 1992).

11 Vgl. etwa Bryman (2012: 27-35); Daddow (2013: 22-28); della Porta/Keating (2008: 22-25); Jackson/Sørenson (2016: 275-304); Jørgenson (2010: 15-17); Lawson (2015: 7-10); Monteiro/Ruby (2009: 33).

Jahre um erkenntnistheoretische Fundamente und neue Kausalbeziehungen, dass das Ziel akzeptierter und kritisierbarer Forschung viele Forschende umtreibt.[12] All dies sei vorausgeschickt, um zu verdeutlichen, warum auch ein metatheoretisch ausgerichteter Ordnungsversuch nicht zwangsläufig ein einfaches Unterfangen darstellt. Deshalb werden zwei Vorschläge aus der Literatur zu Hilfe genommen, die sich quer zu den genannten Überlegungen verorten, aber als Schlüsselkonzepte und Schlüsselbegriffe für die metatheoretische Einordnung normtheoretischer Ansätze nutzbar sind und somit als Ordnungslogiken fungieren.

2.1 Metatheoretische Schlüsselkonzepte: Dualismus und Monismus

Patrick Thaddeus Jackson legt in seinen wissenschaftsphilosophischen Beiträgen eine äußerst anregende Perspektive auf metatheoretische Fragen (und „Wissenschaft"/Science im Allgemeinen) vor, indem er anhand der Verortung von Forschenden in Relation zur Welt die Begriffe *Dualismus* und *Monismus* einführt und infolgedessen eindeutige Abgrenzungen zwischen Ontologie, Epistemologie und Methodologie auflöst (Jackson 2008: 132). An den Schnittstellen von Forschenden und Zu-Erforschendem sowie von Wissen und Beobachtung zeige sich, dass die Notwendigkeit einer Trennung dieser Dimensionen nicht prinzipiell gedacht werden müsse, sondern konkreten Vorstellungen über das Verhältnis von Welt, Wissenschaft und ihren Ergebnissen geschuldet ist. Problematisch sei aber nun, dass in der Debatte nur selten zwischen den bereits dargestellten Verständnissen von Ontologie unterschieden werde, sondern zumeist die wissenschaftliche oder soziale Ontologie der philosophischen Ontologie vorgezogen würde. Dies führe angesichts der disziplinären Dominanz einer neopositivistisch geprägten Methodologie dazu, dass es vorschnell um Umsetzungsfragen gehe, aber die Konsequenz für das philosophische Verständnis von Ontologie aufgrund ihrer scheinbaren Selbstverständlichkeit gar nicht mehr hinterfragt werde. Als Voraussetzung für ein solches Wissenschaftsverständnis benötige es nämlich eine klare Trennung von Forschungssubjekt und -objekt oder in Jacksons Worten einen Dualismus von Welt und Geist, also„things" und „thoughts" (Jackson 2008: 132). Letztlich, so Jackson, sei es die Vorstellung dieses Dualismus, der historisch überhaupt zur

---

12 Statt vieler: Hamati-Ataya (2012); Kurki (2008); Lake (2011); Monteiro/Ruby (2009); Sil/Katzenstein (2010) sowie das Symposium der *International Theory* 1: 3 (2009) zum Beitrag von Monteiro/Ruby (2009).

„Erfindung" der Epistemologie geführt habe, weil diese nun gebraucht werde, um eine belastbare Brücke zwischen Geist und Welt zu schlagen. Doch sei dies kein Selbstzweck, sondern als Bemühen zu verstehen, die eigenen Ergebnisse als Wissenschaft *in der und durch die Welt* bestätigen zu lassen. Da somit Wissen nur als Repräsentation der Welt *da draußen* gelte, müsse valides Wissen sich in ihr spiegeln (lassen), so das dualistische Argument (Jackson 2008: 132-133; Jackson 2011: 30-32).

Forschungspraktisch führt dies zur Überlegung, welche Techniken dazu geeignet seien, eine solche Korrespondenz von Wissen und Welt herzustellen. Ein erster Weg sei der *Neopositivismus*, denn erst durch die dualistische Vorstellung von Welt und Geist bekäme das Testen von Hypothesen sowie die Praxis der Falsifikation ihren Sinn. Verbunden sei damit zudem der Glaube, dass Wissenschaft dem Fortschritt dienen könne, indem sie sich immer mehr an die externe Welt annähere (Jackson 2008: 134-137). Ein zweiter Weg zwischen Welt und Geist eine Brücke zu schlagen und „wissenschaftliches Wissen" zu generieren stellt aus der Sicht von Jackson der Kritische Realismus dar, der ebenfalls auf der philosophisch-ontologischen Vorstellung des Dualismus basiere. Allerdings unterscheide sich der Kritische Realismus von neopositivistischen Vorüberlegungen vor allem dahingehend, dass nicht sämtliche Phänomene und Entitäten der äußeren Welt beobachtbar sein müssen. Gerade aber bei nicht zu beobachtenden Phänomenen stoßen mehr oder weniger klassische Ideen des Wissenszugangs an ihre Grenzen, denn weder Beobachten noch die Entwicklung eines Detektors, um Unsichtbares sichtbar zu machen, erscheinen als mögliche Lösung. Somit wird *Transfaktualismus* statt Phänomenalismus zur Technik der Wahl. Hinter diesem von Roy Bhaskar (1975) geprägten Begriff verbirgt sich das Zusammenspiel von real beobachtbaren und nicht beobachtbaren Objekten, das im Mittelpunkt von Erklärungen durch den Kritischen Realismus steht. Um Wissen über die Kausalkräfte nicht sichtbar zumachender Phänomene zu generieren, seien theoretische Innovationen durch transzendentale Argumente und abduktives Schließen nötig. Zuletzt müssten diese an die Phänomene zurückgeführt werden und möglicherweise vergleichend geprüft werden, um eine durch die Empirie bestätigbare Erklärung vorlegen zu können (Jackson 2011: 74-77, 102-104). Damit sind die beiden großen methodologischen Projekte genannt, die auf einer dualistischen Vorstellung des Verhältnisses von Welt und Geist beruhen.

Wie bereits angemerkt, hält Jackson diese Vorstellungen keineswegs für unumgänglich, wobei aber eine Alternative zum Dualismus logischerweise auch eine Alternative zur klassischen Vorstellung von Ontologie und Epistemologie bedeuten würde. Dementsprechend unterstellt der sogenannte Monismus keine Trennung von Welt und Geist, von *things* und *thoughts*, sondern konzentriert sich auf die praktischen Aktivitäten, die beides (re)produzieren. Dabei stelle sich für Monisten nicht die Frage, ob und wie Wissen mit der Welt korrespondiert, da sie in Wissen und Welt keine grundsätzlich unterschiedlichen oder unterscheidbaren Entitäten sähen (Jackson 2008: 133; Jackson 2011: 116). Auch innerhalb der monistischen Perspektive lotet Jackson erneut zwei grundsätzliche Wege der Wissensaneignung über die Welt aus. Der erste sei wiederum insofern durch den Phänomenalismus geprägt, als er von einer sich erschließenden Welt ausgehe, in die aber Forschende mit allen durchzuführenden Operationen und sämtlichen Erkenntnissen unauflösbar eingebunden seien. Wird Einbettung im Monismus, aber auch phänomenalistischer Zugang zur Welt ernst genommen, so seien Idealtypen oder idealtypische Annahmen als Methoden der Wissensaneignung das Mittel der Wahl. Ihre Korrespondenz ergebe sich, da die ihr eigene logische Abstraktion nicht nur auf „realen" Erfahrungen basiere, sondern diese Erfahrung zudem notwendigerweise kulturell, standort- und wertgebunden geprägt sei. Ein solches Zusammenspiel von Phänomenalismus und Monismus nennt Jackson mangels eines besseren Begriffs *Analytizismus* und sieht hier eine Forschungstradition, die auf so unterschiedlichen Denkern wie Max Weber, Kenneth Waltz oder Ludwig Wittgenstein gründet (Jackson 2011: 141-146). Als zweite idealtypische Perspektive verweist Jackson auf *Reflexivität*, die im Nexus von ontologischem Monismus und transfaktualem Wissen verortet werden könne und sich damit klar zum Analytizismus einerseits und zum Kritischen Realismus andererseits abgrenze: Anders als beim Analytizismus stelle sich aus reflexiver Perspektive auch die Frage nach nicht einfach zugänglichen Phänomenen; entgegen den Überlegungen des Wissenschaftlichen Realismus müsse dabei die monistische Relation zwischen Wissen und Forschendem als zentral erachtet werden. Somit stünden Situationen und Praktiken der Wissensaneignung an sich sowie die kulturelle und soziale Standortgebundenheit der Forschenden im Fokus des Interesses, über die transfaktual reflektiert werden müsse. Durch diese Perspektive öffneten sich Wissen wie Wissenschaft für Kritik am eigenen (und kollektiven) Tun; es würden darüber hinaus die eigenen Praktiken und ihre sozialen Konsequenzen bei der Aufrechterhaltung von Strukturen reflektiert (Jackson 2011: 156-59).[13] Die Gesamtheit seiner Überlegungen kulminiert bei Jackson in einer Vier-Felder-Typologie, die metatheoretische Schlüsselkon-

---

13 Jacksons Monographie hat u.a. ein Symposium in *Millennium* 41: 2 (2013) nach sich gezogen, bei dem die KollegInnen neben Kritik viel Lob vorgebracht haben.

zepte bereitstellt, welche im Folgenden als Ordnungslogiken genutzt werden können.

Schaubild 1: *Philosophische Ontologien und ihre methodologischen Bekenntnisse (Jackson 2011: 37).*

		Relationship between knowledge and observation	
		phenomenalism	*transfactualism*
Relationship between the knower and the knowing	*mind-world dualism*	**neopositivism**	**critical realism**
	mind-world monism	**analyticism**	**reflexity**

2.2 Metatheoretische Schlüsselbegriffe: Kausalität, Kontext und Essentialismus

Der zweite Ansatz zur metatheoretischen Durchleuchtung der Normenforschung ist weit weniger konzeptionell orientiert, sondern nähert sich Metatheorie anhand von drei Schlüsselbegriffen. Zwar liegt Peter Howards' Fokus vor allem auf der Methodologie, allerdings zeigt sich, dass er eine Integration von methodologischen und epistemologischen Fragen vornimmt, die darüber hinaus auch ontologische Implikationen haben, da er am Ende seiner Überlegungen (Neo)positivismus, Interpretativismus und Relationalismus als drei *methodologische* Positionen vorstellt (Howard 2010: 399-401). Was aber den Text von Howard auszeichnet und vor allem für das Vorhaben einer Verortung der Normenforschung interessant macht, ist der innovative Zugang zu metatheoretischen Problemen über drei sogenannte *große Debatten.* Anhand der Begriffe *Kausalität, Kontext* und *Essentialismus* weist Howard jeweils drei verschiedene Positionen aus, wodurch folgendes Bild entsteht:

Kausalität wird zwischen den Extrempositionen *keine Kausalität* und *generelle Kausalkräfte* diskutiert, wobei sich unter Ersterem eine letztlich postmoderne, von der Kontingenz des Sozialen ausgehende Position verstehen lässt, während Letztere in naturwissenschaftlich orientierter Terminologie nach Gesetzmäßigkeiten und Generalisierungen suche. Als alternative Perspektive skizziert Howard hier die Annahme von kausalen Mechanismen und Prozessen, die auf einzelne oder wenige Fälle fokussiert und eher an der Frage nach dem *wie* als nach dem *warum* interessiert sei (Howard 2010: 395-397).

Ähnlich verschieden werden die Positionierungen auch zum Begriff des *Kontextes* dargestellt. Die Charakterisierungen variieren hier zwischen der Einschätzung, dass Phänomene objektiv und somit unabhängig von einem spezifischen Kontext existierten, und der Überlegung, dass Kontext nur bedingt relevant sei, da er sich für Individuen sehr subjektiv darstelle und somit nur durch Perspektivübernahme oder Interpretation erschließbar sei – so das überhaupt in angemessener Weise möglich ist. Die dritte Position rückt demgegenüber das geteilte, intersubjektive Verständnis von Kontext in den Mittelpunkt und setzt über gemeinsame Praktiken und Regeln die Forschenden und das Erforschte in eine Beziehung zueinander (Howard 2010: 397f.).

Als dritte große Debatte kennzeichnet Howard verschiedene Haltungen zur Wesenshaftigkeit von Phänomenen und AkteurInnen, die bei ihm unter dem Begriff *Essentialismus* firmiert. Zwei von drei Positionen teilen dabei die grundsätzliche Überzeugung, dass Entitäten einen eindeutigen und stabilen *Kern* besäßen, verorten diese Wesenseigenschaften aber grundsätzlich verschieden. Eine objektivistische Lesart geht davon aus, dass die Essenz der Dinge materiell sei, wodurch sich auch ihre Objekthaftigkeit erkläre, während die andere Lesart einen ideellen Essentialismus annimmt, der zudem subjektiv geprägt oder allein subjektiv erfahrbar und wahrnehmbar sei. Von solchen essentialistischen Vorstellungen löst sich die dritte Position und verweist darauf, dass Sozialwissenschaften sich nicht mit *Dingen* beschäftigen. Dementsprechend müssten Prozesse und Praktiken untersucht werden, die entsprechende Entitäten überhaupt konstituieren (Howard 2010: 399).

Schaubild 2: Schlüsselkonzepte und Schlüsselbegriffe zur metatheoretischen Einordnung der Normenforschung.

Schlüsselkonzepte	Schlüsselbegriffe
Dualismus	*Kausalität*
Monismus	*Kontext*
	Essentialimus

Ausgehend von den hier dargestellten Schlüsselkonzepten und Schlüsselbegriffen soll nun in einem weiteren Schritt die metatheoretische Fundierung der Normenforschung transparenter gemacht werden. Als Problem stellt sich dabei aber heraus, dass in vielen Fällen die metatheoretische Verortung nicht explizit gemacht wird. Vereinzelt ist sie selbst durch detektivisches Gespür, also anhand der Interpretation von Argumentation des Textes und dessen verwendeter Literatur, nicht ganz eindeutig herauszulesen. Somit bilden Uneindeutigkeiten die Ausgangslage. Allerdings lässt sich der Zusammenhang von metatheoretischer Verortung und dem Blick der Forschenden auf die Welt (und ihre Rolle in dieser Welt) durchaus nutzen. Denn letztlich, so die Literatur, impliziere bereits die Anlage wie auch die verwendete Begrifflichkeit einer Studie, was die jeweiligen AutorInnen als grundlegende Entitäten, dominante Wirkkräfte, relevante Fragen, legitime Perspektiven etc. erachten; deshalb eröffne sich hier ein Einblick in die Realität der Forschenden. Dabei gehe es jedoch nicht um die jeweiligen Untersuchungsgegenstände im engeren Sinne. Im Gegenteil: Ontologische Grundannahmen einer Arbeit zeichne gerade aus, dass sie prinzipiell innerhalb der Untersuchung nicht testbar seien (Hay 2006: 82). Weil sich aber auf empirischem Wege nicht klären lasse, ob etwa Individuen, Kollektive oder Strukturen das wichtigste Element sozialer Ordnung darstellen oder wie die Beziehung von Forschenden und Welt verlaufe, handele es sich bei ontologischen Annahmen letztlich um Grundannahmen, die einen normativen Kern des Überzeugtseins beinhalten. Demnach dürfte kaum zu erwarten sein, dass Forschende ihre ontologischen Überzeugungen von Projekt zu Projekt fundamental ändern: „They are like a skin, not a sweater: they cannot be put on and taken off whenever the researcher sees fit" (Marsh/Furlong 2002: 17). Und somit bietet sich prinzipiell die Möglichkeit, nach diesen Anhaltspunkten der Überzeugung in den normtheoretischen Texten der letzten Jahre Ausschau zu halten, um so die metatheoretischen Fundierungen transparenter zu machen.

3. Von Phasen, NormunternehmerInnen und Kausalität: Die frühe Normenforschung

Dass die Bedeutung von Normen und ihre Relevanz als Gegenstand von IB-Forschung nicht mehr in Zweifel gestellt wird, begreift die Literatur als Folge des *social constructivist turns* (Rosert 2012: 599f.), dessen Mainstream-Variante sich metatheoretisch wie folgt verorten lässt: Mit reflexiven Ansätzen wie Kritischer Theorie oder Poststrukturalismus teilt der Sozialkonstruktivismus die Annahme, dass auch ideellen Phänomenen ein ontologischer Status zukomme. Diesbezüglich steht er somit in Abgrenzung zum Rationalismus, während er hingegen mit seinen Kausalitätsvorstellungen und seinem Konzept von Wissenschaftlichkeit dem Rationalismus viel näher sei als den reflexiven Theorien (Björkdahl 2002: 10). Wie im Folgenden in aller Kürze zu verdeutlichen sein wird, bewegte sich die frühe Normenforschung der 1990er Jahre tatsächlich zwischen ideeller Ontologie auf sozialtheoretischer Ebene und einer wenig korrespondierenden, weil kaum reflexiven, Epistemologie. Aus sozialontologischer und -theoretischer Sicht orientierten sich die meisten Studien an konstruktivistischen Grundüberzeugungen, die wie folgt zusammengefasst werden können:

(1) *Wechselseitige Konstitution von Akteur und Struktur*: Ontologisch gesehen stehen AkteurInnen und Strukturen in einem nicht-konsequentialistischen Wechselverhältnis, verhalten sich also relational zueinander. Keine der beiden Entitäten ist ohne die andere denkbar, sie sind aus dieser Perspektive füreinander konstitutiv.

(2) *Intersubjektivität*: AkteurInnen sind bei der Sinngebung und Interpretation ihrer Umwelt nicht atomistisch, sondern in soziale Strukturen eingebettet, welche den Bezugsrahmen für jegliche Deutung darstellen. Dieser soziale Raum des überindividuell geteilten Sinns wird durch Intersubjektivität abgesteckt.

(3) *Kommunikative Prozesshaftigkeit*: Das Wechselverhältnis von Struktur und Akteur wie auch die Herstellung und Aufrechterhaltung intersubjektiver Bedeutungen benötigt zwingend Kommunikation und/oder Sprachlichkeit, da durch diese Interaktionsprozesse die soziale Welt und eben Normen erst konstituiert und rekonstruiert werden (Loges 2013: 146).

Umgesetzt wurden diese grundsätzlichen Überlegungen in konkrete Annahmen über Normen, denen, obgleich reflexiv und prozessorientiert theoretisiert, ein stabiler, zumeist moralisch geprägter Verpflichtungscharakter zugeschrieben wurde. Die Macht von Normen vermittelt sich aus dieser Perspektive idealtypisch über zwei Prozesse, die verschiedene Phasen des Normierungsprozesses berühren und hierbei unterschiedlichen Logiken folgen: Aus einer *Logik der Überzeugung* (Risse 2000) sollte es zu Kommunikationsprozessen zwischen AkteurInnen kommen, bei denen sogenannte *NormunternehmerInnen* ihr Gegenüber von der Güte bestimmter Normen argumentativ überzeugen. Bei erfolgreicher Übernahme und Akzeptanz des normativen Arguments könne dann im Sinne einer *Logik der Angemessenheit* (March/Olsen 1998), in der die AkteurInnen als RollenspielerInnen fungieren, via Sozialisation oder Internalisierung die Einhaltung von Normen erklärt werden.

Unter diesen theoretischen Vorzeichen entstanden eine Vielzahl von Beiträgen zur Normenforschung wie etwa der Sammelband von Peter Katzenstein zur Kultur der nationalen Sicherheit (Katzenstein 1996), aber auch Arbeiten, die die Ausbreitung von bestimmten Normen untersuchten wie etwa zur Apartheitsnorm (Klotz 1995), zur Dekolonisation (Crawford 2002) oder zur humanitären Intervention (Finnemore 1996). Andere Studien konturierten hingegen das Konzept der NormunternehmerIn wie etwa Margaret Keck und Kathryn Sikkink für transnationale Aktivistennetzwerke (Keck/Sikkink 1998), während weitere AutorInnen Modelle und Heuristiken anboten, die die Rolle von NormunternehmerInnen mit einer Phaseneinteilung der Normierung verschränkten, wie das mittlerweile klassische Modell des „Norm Life Cycle" (Finnemore/Sikkink 1998) oder das *Spiralmodell* der Normübernahme (Risse et al. 1999). Im Hinblick auf die Relevanz von Normen in diesen Studien kann zusammenfassend formuliert werden: Hatten rationalistische Ansätze internationalen Normen zunächst nur eine intervenierende oder bestenfalls eine begrenzte kausale Rolle zugeschrieben, forderte der Sozialkonstruktivismus diese Vorstellungen heraus, indem er Kausalität behauptete und zu belegen suchte.

Aus epistemologischer Sicht ergab sich hierbei eine gewisse Aufteilung innerhalb der frühen Normenforschung: Einige Arbeiten legten eine Neufassung von Kausalität als *konstitutiv* vor, indem sie die Frage stellten, wie die Macht von Normen ermöglicht wurde und dabei eben nicht nach dem auf Generalisierung zielenden *Warum* fragten. Andere hingegen blieben zumindest implizit bei einer klassischeren Kausalitätsvorstellung und Variablenorientierung, indem sie Normen abseits von ihren beobachtbaren Effekten zu konzeptualisierten suchten (Björkdahl 2002: 12).

Was ergibt sich nun für eine Einbettung dieser frühen Phase der Normenforschung in metatheoretische Diskussionen? Insgesamt folgte diese erste Welle der Normenforschung in ihrer methodologischen Ausrichtung nur selten der grundsätzlich monistischen Perspektive ihrer Sozialontologie, die die Einheit von Welt und Geist als zentral formuliert, indem sie reflexiv und relational argumentiert. Stattdessen galt es zunächst auch empirisch darzustellen, dass die konstruktivistischen KollegInnen überzeugende *wissenschaftliche* Ergebnisse zur Relevanz von Normen vorlegen konnten. Daher entstand eine Vielzahl von Studien, die sich an spezifischen Dimensionen von Normen, einzelnen Phasen oder relevanten AkteurInnen des Normierungsprozesses empirisch abarbeiteten, dabei aber über eine Variablenorientierung die theoretisch angenommene Prozesshaftigkeit für die empirische Analyse aufbrach. Letztlich führte die empirische Beschäftigung mit Normen so zu einem impliziten Abrücken von einer Ko-Konstitution von Akteur und Struktur, da entweder Strukturen oder AkteurInnen forschungspraktisch bevorzugt und in den Mittelpunkt der jeweiligen Studie gestellt wurden. Deshalb entstand abseits der sozialontologischen Perspektive letztlich doch ein vorgelagerter *Dualismus* zwischen Welt und Geist, der schleichend und oft unbemerkt über die forschungspraktische Umsetzung der konstruktivistischen Grundideen in die Normenforschung herein transportiert wurde. Nur in den seltensten Fällen korrespondierte eine ausformulierte Epistemologie direkt mit diesem Dualismus, obgleich die methodologische Verortung vieler Arbeiten nahe legt, dass sich die KollegInnen mehr oder weniger auf eine im weitesten

Sinne *postpositivistische Erkenntnistheorie* einließen. Unterstrichen wird diese Einschätzung zudem durch die fast kanonische Bezugnahme auf Alexander Wendt und dessen Kritischen Realismus. Zu diesem gehört jedoch auch eine kontextsensible Form der *Kausalität*, die konstitutive Erklärung, die so eindeutig bei jenen Studien der frühen Normenforschung nicht unterstellt werden kann. Stattdessen dominiert eine klassischere Kausalität abseits spezifischer Kontextbedingungen die Beziehungen zwischen dem Wirken von AkteurInnen (NormunternehmerIn/NormgeberIn) auf andere AkteurInnen (NormnehmerIn) oder dem Einfluss von Normen auf AkteurInnen (Logik der Angemessenheit). Diese (Un)Eindeutigkeit bezüglich der Kausalität mag nicht zuletzt daran liegen, dass Normen hier überwiegend *essentiell* gedacht werden. Sie sind in ihrem Kern bestimmt und in ihrem Wesen stabil, weshalb es zwar Annäherungen an sowie Ablehnung von Normen geben kann, beides aber letztlich keinerlei Auswirkung auf die Norm an sich zeitige. Die Norm selbst ändert sich während eines Normierungsprozesses also nicht.

Analog verhält es sich auch mit dem *Kontext*. Schon allein aus wissenschaftspolitischer Sicht, also um als HerausforderIn eines rationalistischen wie neopositivistischen Mainstreams ernst genommen zu werden, musste die Relevanz von Normen jenseits bestimmter Kontexte festgestellt werden. Es ging zuvorderst darum, aus der Forschung theoretische Konzepte abzuleiten bzw. Konzepte an der Empirie zu prüfen. Zusammenfassend bedeutet dies aber: Die Dynamik und Prozesshaftigkeit, die konstruktivistische NormenforscherInnen dem Verhältnis von Akteur und Struktur theoretisch zuschreiben, endete bei den Forschungsdesigns zur Analyse von Normen.

4. Von Dynamik, Kontestation und Alternativen: Die Ausdifferenzierung der Normenforschung

Seit dem Erscheinen des Artikels von Annika Björkdahl (2002) hat sich in der Erforschung von Normen einiges getan – und andererseits fast wieder gar nichts. Dieser Doppelbefund lässt sich wie folgt auflösen: Verändert hat sich insofern wenig, weil sich die meisten seit 2002 erschienenen Artikel im weitesten Sinne an der frühen Normenforschung orientieren. Zumeist geht es auch diesen Ausarbeitungen darum, die Relevanz bestimmter Normen in der internationalen Politik nachzuzeichnen oder die Rolle von bestimmten AkteurInnen im Normierungsprozess herauszuarbeiten. Dabei sind neue Konzepte entstanden, etwa um die Begriffe von Diffusion (vgl. Gurowitz 2006; Park 2006; Prantl/Nakano 2011), Lokalisierung (vgl.

Acharya 2004; Acharya 2010; Capie 2008) oder Erosion (vgl. Bailey 2008; McKeown 2009; Panke/Petersohn 2012), welche den bestehenden Rahmen der frühen Normenforschung wie etwa des Modells von Martha Finnemore und Kathryn Sikkink zwar nicht verlassen, aber erweitert und ausdifferenziert haben. Vorrangig ging es weiterhin um den Normtransfer, allerdings wurden die Endpunkte dieses Transfers ansatzweise prozesshaft aufgelöst: hier durch die Eigenlogik von internationalen Organisationen und deren Auswirkungen auf die Normierung, dort durch die lokale Ebene als für globale Normen fremdes System. Andere Ansätze dachten hingegen den Normierungsprozess weiter, indem auch ein Scheitern des Normtransfers und somit das Ende des *Life Cycles* integriert wurden. Daher lässt sich insgesamt für eine metatheoretische Verortung mit den bereits bekannten Schlüsselbegriffen/-konzepten feststellen, dass die hier genannten Konzeptionen eine weitaus größere Offenheit gegenüber den verschiedenen *Kontexten* aufweisen. Zudem begannen sie, den *Essentialismus* der frühen Normenforschung zumindest teilweise aufzulösen, auch wenn Normen an sich stabil gesetzt wurden.[14] Allerdings zeigt sich, dass letztlich die Monismus/Dualismus-Problematik zwischen konstruktivistisch-monistischer Sozialontologie und dualistisch geprägtem Forschungsdesign übernommen wurde. Nur wenige Vorschläge unterscheiden sich qualitativ vom Status quo, indem sie nicht allein an der untersuchten Norm und deren Existenz bzw. Nichtexistenz interessiert sind, sondern auch das theoretische Wissen über Normen an sich zu vermehren und vor allem zu erweitern suchen. Im Folgenden können auch aus dieser kleineren Gruppe nicht alle Beiträge angemessen gewürdigt und besprochen werden. Stattdessen werden zwei Beiträge exemplarisch dargestellt, um die (meta)theoretischen Neuerungen dieser Beiträge abzubilden. Dabei lassen sich *Alternativmodelle* und *Umstrittenheit/Kontestation* als neue Etiketten vorläufig gebrauchen.

4.1 Mehr Dynamik: Normenforschung und Alternativmodelle

Die unter dem Etikett *Alternativmodelle* subsumierten Beiträge werden anhand des Artikels „Misrepresenting R2P and Advancing Norms: An Alternative Spiral?" von Cristina Badescu und Thomas Weiss (2010) vorge-

---

14 Dieser Essentialismus trifft für verschiedene Texte in unterschiedlicher Stärke zu; dennoch konzipieren auch Studien zur Diffusion, Lokalisierung und Erosion ihre Normen grundsätzlich als Essenz, wenn z.B. eine implizit stabile lokale Norm auf eine implizit stabile globale Norm in Konkurrenz tritt.

stellt.[15] Bereits der Titel verdeutlicht, dass die AutorInnen nicht nur die Normierung der *Responsibility to Protect* (R2P) beleuchten möchten, sondern darüber hinaus auch ein theoretisches Argument machen, indem sie eine bekannte Überlegung der Normenforschung umdrehen: Nicht allein erfolgreiche Fälle von NormunternehmerInnentum führen in dieser Lesart zur Normanerkennung. Auch der bewusste wie unbewusste Missbrauch von normativen Begründungen könne zur Durchsetzung neuer Normen beitragen, da durch die Reaktion anderer DiskursteilnehmerInnen die soziale Geltung jener Normen (wieder) deutlich werde. Dahinter verbirgt sich die Idee, dass hoch umstrittene Fälle von vermeintlicher Normanwendung für die Diskutierenden aufzeigen, wie breit die entsprechende Norm ist und wo ihre Grenzen liegen (sollen). Über Debattieren, Leugnen und durch taktische Manöver entstehe letztlich eine Dynamik, die, wenngleich auch oft unbeabsichtigt, in einer besseren Normeinhaltung resultieren könne (Badescu/Weiss 2010: 355).

Der hier gemachte Vorschlag steht somit zwar in der Tradition des Norm Life Cycles von Finnemore und Sikkink oder des Spiralmodells von Risse/Ropp/Sikkink, ist aber gleichermaßen der völkerrechtlichen Debatte um die Entstehung von Völkergewohnheitsrecht verpflichtet. Dementsprechend wird davon ausgegangen, dass Regelbrüche und folgende Rechtfertigungsdiskurse ebenso normative Dynamiken entfalten können wie allseits akzeptierte Praxis. Mit Finnemore und Sikkink sei feststellbar, dass die R2P bereits den *tipping point* der Kaskade, also die Anerkennung durch eine Mehrheit der Staaten, überschritten habe und demnach auf dem Weg in die dritte Phase sei, in der sich die Norm zunehmend setzt und internalisiert wird. Gleichwohl aber lasse sich die R2P auch im Rahmen des Spiralmodells bei den Anfangsstufen des *Leugnens* und der *taktischen Zugeständnisse* verorten, da die Auseinandersetzung über die Schutzverantwortung immer noch durch Umstrittenheit gekennzeichnet und sich Normunternehmer immer noch durch Adaption, Dialog und strategisches Verhandeln um ein moralisches »conscious raising« (Badescu/Weiss 2010: 359) bemühen müssten. Um ihre These zu erhärten, untersuchen die AutorInnen drei Fälle, in denen Staaten die R2P rhetorisch bemüht haben, um ihr Handeln zu rechtfertigen. In allen drei Beispielen waren jedoch die handelnden Staaten mit ihrer Lesart allein; vielmehr kritisierten alle anderen AkteurInnen die Deutung der jeweiligen Situation als außerhalb dessen, was durch die R2P abgedeckt werde. Konkret handelt es sich um die

---

15 Weitere Alternativmodelle finden sich etwa in Krook/True (2012) oder Sandholtz (2008).

USA und ihre Rechtfertigung des Irakkriegs, um Frankreich und die Beschreibung der Situation in Myanmar nach dem Zyklon Nargis und um Russland und seine Argumentation im Georgienkrieg. Wie Badescu und Weiss verdeutlichen, wurde auf die jeweilige Rechtfertigung durch ein Auditorium reagiert, das die behauptete Kongruenz zwischen der Situation vor Ort und der Anwendbarkeit der R2P als Norm anzweifelte. Zusammenfassend sehen die AutorInnen ihre theoretischen Überlegungen deshalb gestärkt: Im Sinne eines alternativen Spiralprozesses war es nicht so sehr Überzeugungsarbeit durch NormunternehmerInnen, die eine erfolgreiche Normierung ermöglichte, sondern es waren andere argumentative Prozesse, die schließlich die Konturen der Norm veränderten oder schärften (Badescu/Weiss 2010: 369).

4.2 Weniger Essentialismus: Normenforschung und Umstrittenheit/Kontestation

Während die zuvor vorgestellte Position vornehmlich aus der empirischen Arbeit ihre konzeptionelle Innovation bezieht, schlagen Vertreter des zweiten Etiketts, der *Kontestation* (früher: Umstrittenheit), vor allem aufgrund theoretischer Überlegungen eine Reformulierung normentheoretischer Wissensbestände vor.[16] Unterstrichen wird dazu erneut, dass sich die konstruktivistische Perspektive auf Normen an der sozialtheoretischen Idee der *Strukturation* von Anthony Giddens orientiert. Folglich sei das Handeln der AkteurInnen durch Strukturen begrenzt, werde aber durch sie erst sinnhaft möglich. Strukturen hingegen leiten Handeln an, selbige können aber gleichwohl durch eben dieses Handeln verändert werden. Somit interagieren AkteurInnen und Strukturen aus Sicht der Strukturation permanent und sind deshalb prinzipiell wandelbar (Giddens 1988: 77). Diese Deutung und gleichzeitige Auflösung des Struktur-Akteur-Problems setzen letztlich keine Einheit der anderen ontologisch voraus, sondern verorten beide in einer Wechselbeziehung auf derselben Ebene. Allerdings lässt die frühe Phase der konstruktivistischen Normenforschung diese Reflexivität in ihren empirischen Beiträgen vermissen: Im Bemühen, eine Lücke der rationalistischen Kooperationsforschung zu schließen, versuch-

---

16 Mittlerweile gibt es recht unterschiedliche Texte, die trotz verschiedener theoretischer Grundlagen jedoch mit ähnlicher Begrifflichkeit operieren: Contestation, Contestedness, Umstrittenheit und Kontestation. Komplexer wird das Bild der Kontestationsforschung außerdem durch die beobachtbare Verschiebung von Begriffen/Begriffsbedeutungen über die Zeit sowie durch eine gewisse Übersetzungsproblematik.

ten konstruktivistische Studien zu belegen, dass Normen relevant sind und einen signifikanten Unterschied in den Politikergebnissen machen, also eigenständige Effekte haben. Dies führte zu einer gewissen Überbetonung der Kausalität von Normen für das Handeln der AkteurInnen.

KritikerInnen solcher Forschung, zumeist ebenfalls aus dem konstruktivistischen Lager, stellten eine schleichende »Ontologisierung von Normen« (Wiener 2003: 149) fest. Wenn der Akteur als Rollenspieler gelte und Normen habituell befolge, dann zeichne sich eben jene Determinierung der Strukturen ab, die aus konstruktivistischer Perspektive kritisiert werden soll und die letztlich inkonsistent mit der Grundannahme der Ko-Konstitution ist. Somit kämen der konstruktivistischen Normenforschung zentrale Vorstellungen des Sozialkonstruktivismus abhanden und infolgedessen gerate sie – vor allem in ihrer Konzeptualisierung von Handeln – der rationalistischen Perspektive ähnlicher. Denn letztlich werde soziales Handeln »auf eine bloße Anpassung an [...] gesellschaftliche Normen reduziert. Eine nicht-reduktionistische Konzeptualisierung sozialen Handelns wäre aber Bedingung, um die Idee wechselseitiger Konstituiertheit von Struktur und Handeln begrifflich fassen zu können« (Herborth 2004: 62). Dementsprechend müsse die Strukturation empirisch ernster genommen werden, indem Giddens' *doppelte Qualität* von sozialen Strukturen wie Normen stärker in den Fokus rücke. Aus dieser Sicht sind Normen sowohl stabil als auch flexibel und liefern Orientierung für das Handeln der AkteurInnen, obgleich sie durch eben diese sozialen Praxen konstituiert werden oder veränderbar sind (Wiener 2003: 148-149). Daraus ergebe sich eine fundamentale Konsequenz für die Normenforschung, die ein kommunikatives und intersubjektives Moment unterstreicht und darüber hinaus auf die prinzipielle Kontingenz und Allgegenwärtigkeit von (kulturellen) Deutungen verweist: Normen sind immer umstritten. Ihr normativer Gehalt könne sich im globalen Kontext nicht aus kategorischen Imperativen oder autoritativen Institutionen speisen, sondern basiere auf Interaktion in der sozialen Praxis.

Hier setzt der erste große Vorschlag zur Kontestation an: Mit dem Bezug auf *meaning-in-use* betont Antje Wiener, dass der Sinn einer Norm immer nur kontextabhängig konstruiert werden kann und bedeutsam ist. Der Strukturationsansatz wird damit um eine praxistheoretische Komponente erweitert, da Praktiken der Sinngebung in den Mittelpunkt rücken. In diesem erweiterten Feld der Interaktionen gelte das Prinzip der Umstrittenheit, das umso mehr zunehme, je interkultureller dieses Feld sei (Wiener 2007a: 55; 2007b: 6; 2009: 176). Allerdings erscheint es bei Wiener zeitweise unklar, woraus der umstrittene Charakter von Normen eigentlich erwächst: aus der eher empirischen Feststellung, dass ein globaler Konstitutionalismus auf ein interkulturelles Feld trifft, in dem nur kulturelle Validierung zur Normdurchsetzung führen könne, oder aus der Strukturation, die eine gewisse Umstrittenheit allem Sozialen beimisst und auch bei Normen keine Ausnahme macht. Mittlerweile liegt durch zwei Monographien (Wiener 2014, 2018) eine umfassende Theoretisierung zur Kontestation vor, die Beiträge zu einem neuen Feld zu sein scheinen, das mangels passender Alternativen hier erst einmal „Kontestationsforschung" genannt werden soll und das nicht nur (und nicht einmal vorrangig) mit der Normenforschung, sondern auch mit „Public Philosophy", Praxistheorie und der Forschung zu globalem Konstitutionalismus kommuniziert.

Neben dieser Forschung, die die Begriffe Contestedness, Contestation und Umstrittenheit etablierte, hat sich in den letzten Jahren eine zweite, anders gelagerte Auseinandersetzung mit dem empirischen Problem der Kontestation entwickelt. In ihrem Zugang setzen Nicole Deitelhoff und Lisbeth Zimmermann zwar an ähnlicher Stelle an, in dem sie das Unbehagen an einer gewissen Statik der konventionellen Normenforschung teilen, aber zugleich auch der oben genannten Normenforschung mindestens ein relevantes Versäumnis bescheinigen: Die Kritische Normenforschung mache in ihren Arbeiten nicht deutlich, was eigentlich die konkrete Konsequenz von Umstrittenheit für die Norm(befolgung) sei (Deitelhoff/Zimmermann 2020: 52, 56).[17] Um diese Auslassungen in Bezug auf die Frage zu thematisieren, wann Kontestation zu einer Stärkung und wann zu einer Schwächung von Normen führt, beziehen sich Deitelhoff und Zimmermann auf die Unterscheidung zwischen Anwendungs- und Geltungsdiskursen bei Jürgen Habermas und Klaus Günther (Deitelhoff/Zimmermann 2020: 56-58). Im Ergebnis führt diese Konzeption von Kontestation zu zwei unterschiedlichen Pfaden der politischen Umstrittenheit, wobei der Anwendungsdiskurs lediglich hinterfragt, ob ein spezifischer Fall in den Geltungsbereich einer Norm fällt und somit die Stärke der Norm nicht in Frage stellt. Explizite Kontestation im Sinne eines Geltungsdiskurses hingegen radikalisiert Kritik und spricht der betreffenden Norm ihre generelle Geltung ab. Eine anhaltende Kontestationsdynamik, die die Geltung kontinuierlich hinterfragt, führt somit zu einer erheblichen Schwächung der Norm (Deitelhoff/Zimmermann 2020: 71).

---

17 Allerdings hat sich Antje Wiener bereits in ihrer Monographie zur Kontestation positioniert: Kontestation, so sie institutionell abgesichert werden kann, stärke grundsätzlich eine Norm, da sie die kulturelle Validierung zulasse (Wiener 2014).

4.3 Mehr Kontext: Metatheoretische Verortung von Alternativmodellen und Kontestationsperspektiven

Wie fällt nun eine metatheoretische Verortung der hier vorgestellten neueren Entwicklungen aus? Zunächst muss dargelegt werden, inwiefern die als Alternativmodelle etikettierten Ansätze sich maßgeblich von der frühen Normenforschung, aber auch von Konzepten der Diffusion und Lokalisierung unterscheiden. Sie teilen mit dem *Norm Life Cycle* und konstruktivistischen Ansätzen der frühen Normenforschung bis zu einem gewissen Grad die Monismus/Dualismus-Problematik, die durch das Auseinanderklaffen von zugrunde liegender Sozialtheorie und praktischer Forschungsanlage entstehen kann, auch wenn Badescu und Weiss dies im vorgestellten Text augenscheinlich nicht als Problem erachten. Denn sie konzentrieren sich vielmehr auf den Normierungsprozess als solchen, der gerade im Falle des alternativen Spiralmodells als kommunikativ vermittelter Verlauf mit Schleifen und Brüchen anstelle eines mehr oder weniger linearen Prozesses gedacht ist. Somit ist auch jegliche Form einer transitiven *Kausalität* zwischen NormgeberInnen und NormnehmerInnen sowie zwischen Norm und Befolgung nicht mehr im Fokus der Überlegungen, sondern die (kommunikativen) *Kontexte* werden als entscheidend für das mögliche Potential der betrachteten Norm erachtet. Umstrittenheit, Widerspruch und taktische Zugeständnisse tragen situativ, aber dennoch nachhaltig zum Normierungsprozess bei und verändern so prinzipiell – und das scheint der erhebliche Unterschied zu den Ansätzen der Diffusion etc. zu sein – die Norm an sich. Ob diese Position noch von einem festen Wesenskern einer Norm ausgeht, der nun im Zuge der kommunikativen Auseinandersetzung lediglich transformiert wurde oder ob *Essentialismus* generell abgelehnt wird, kann zwar auf der Grundlage des Textes nicht abschließend entschieden werden, allerdings wohnt dem Argument implizit die Annahme inne, dass sich durch die kommunikativen Auseinandersetzungen nach und nach der intersubjektiv geteilte oder teilbare Normkern herausschäle.

Die auf Umstrittenheit/Kontestation bezogene Normenforschung, wie sie hier von Antje Wiener vertreten wurde, geht den Alternativmodellen gegenüber in einigen Punkten noch weiter, weil hier die monistische Perspektive der Strukturation unterstrichen und für den gesamten Forschungsprozess explizit eingefordert wird. Somit müsste die Ablehnung von statischen Beziehungen auf der Ebene der Sozialtheorie mit einer Prozessperspektive auf sämtliche sozialen Phänomene einhergehen, die auch die Interaktion zwischen Forschenden und Erforschtem einschließt. Wahrscheinlich ist der größte metatheoretisch deutbare Unterschied zwischen der Wiener'schen Kontestationsperspektive und der frühen Normenforschung, dass Erstere einen kulturell differierenden *Kontext* von Beginn an mitdenkt und Normen per Definition *anti-essentialistisch* als Prozess von Umstrittenheit denkt, weshalb sämtliche generellen Kausalitätsüberlegungen der frühen Normenforschung theoretisch hintangestellt werden müssen.[18] Dies unterstreicht den Anspruch, Normenforschung nicht allein als empirische Bestandsaufnahme und theoretische Begleitung normativer Entwicklung zu sehen, sondern auch deren metatheoretische Dimension mitzudenken. An dieser Stelle öffnet sich die Normenforschung zur metatheoretischen Diskussion, auch wenn noch viele Fragen ungeklärt bleiben. Vor allem wie die Umsetzung des monistischen, anti-essentialistischen Anspruchs in ein konkretes Forschungsdesign gelingen kann, ohne damit einen impliziten Dualismus einzukaufen, diskutiert dieser Vorschlag zur Kontestation nur in Ansätzen.[19] Etwas anders gelagert erscheint die Einordnung des Vorschlags von Nicole Deitelhoff und Lisbeth Zimmermann: Zwar teilen die Autorinnen die Kritik an der statischen Ausrichtung der frühen Normforschung, begreifen aber die Notwendigkeit einer stärkeren Berücksichtigung von Dynamik eher empirisch, denn als konzeptionell oder gar metatheoretisch geboten. Somit erfolgt zumindest keine explizite Übernahme einer monistischen Perspektive. Normen werden eher als *Gegenstand der Welt da draußen* dynamisiert. Dies impliziert auch einen *gewissen Essentialismus* in der Konzeption von Normen und ihren Dynamiken: Solange nicht durch einen Geltungsdiskurs an der Normenessenz gekratzt wird, wird diese stabil letztlich gesetzt und entfaltet *kausale* Effekte. Dennoch öffnet sich auch dieser Vorschlag gegenüber verschiedenen *Kontexten*, indem er nicht nur den theoretischen Verweis auf Habermas (und damit implizit auch auf transfaktuales Schließen), sondern auch auf die Varianz der empirischen Kontestationsbeispiele in Anschlag bringen kann.

---

18 Allerdings scheint die Behandlung des für Wieners Argument zentralen Begriffs der Kultur eine gewisse Essenz zu besitzen. Zumindest wird Kultur nicht so dynamisch wie Normen dargestellt, sondern sie stellt – ganz im Gegenteil – ein argumentatives Fundament im Sinne einer Voraussetzung für Kontestation dar. Vgl. hierzu auch Niemann/Schillinger 2016.

19 Innerhalb Jacksons Typologie erscheinen Antje Wieners frühe Arbeiten nicht zuletzt durch ihren Fokus auf Kultur und Praktiken des *meaning-in-use* sowie ihre theoretischen Bezüge (etwa auf Wittgenstein) als in der Tradition eines methodologischen Analytizismus stehend und basieren somit auf dem Zusammenspiel von Monismus und Phänomenalismus.

5. Von Mittäterschaft, Bewusstsein und Reflexivität: Die Kritische Wende in der Normenforschung

Möglicherweise kann ein letzter Forschungszusammenhang von norm-theoretischen Ansätzen das oben aufgeworfene Umsetzungsproblem bearbeiten, zumindest verortet sich die Kritische Normenforschung explizit innerhalb einer monistischen Perspektive auf Welt und Forschende. Bislang gab es allerdings nur wenig kritische Beiträge, die sich als Normenliteratur verstehen. Den Anstoß gab ein von Charlotte Epstein herausgegebenes Symposium der *International Studies Perspectives*, in dem vier Artikel aus unterschiedlichen Perspektiven die dunklen Seiten der Normenforschung wie etwa ihre Auslassungen, Verkürzungen und Normalisierungspotentiale beleuchten (Epstein 2012; Inayatullah/Blaney 2012; MacKenzie/Sesay 2012; Widmaier/Park 2012).[20] Exemplarisch wird hier der Text von Naeem Inayatullah und David Blaney besprochen, die gleich zu Beginn ihres Artikels feststellen, dass auch AkademikerInnen an der Entstehung und Aufrechterhaltung von Strukturen globaler Ungerechtigkeit beteiligt sind. Diese *Mittäterschaft* gelte es zu verstehen, um ein vertieftes ethisches Verständnis sowie Engagement zu ermöglichen. Aus einer postkolonialen Perspektive setzen sie sich mit der konstruktivistischen Normforschung in Form von zwei Texten auseinander, die sie als Gegengewichte zueinander in Stellung bringen.

Ihr Ausgangspunkt ist dabei eine Kritik am Unverständnis, das Richard Price als Autor des ersten Textes gegenüber jenen kritischen Stimmen äußert, die seiner Meinung nach die Verdienste konstruktivistischer Normenforschung nicht anerkennen. In einem ersten Schritt unterziehen die beiden Autoren Prices Text einer internen Kritik, indem sie dessen „Moral Limit and Possibility in World Politics" (Price 2008) einem *„genauen Lesen"* unterziehen. In seinem Aufsatz fragt sich Price, warum die kritische Forschung sich so schwertue, die Ergebnisse der konstruktivistischen Normenforschung zu würdigen und dementsprechend ähnlich positiv in die Zukunft zu schauen, da doch ein progressiver moralischer Wandel erkennbar sei. Denn, so Price, wenn Forschende ein Teil von Unterdrückung sein könnten, dann müsse es ebenso möglich sein, Fortschritt zu initiieren. Das Beispiel für diese Kontroverse sind die Normen des humanitären Völkerrechts, die nach Meinung kritischer VölkerrechtlerInnen vor allem eine Legalisierung von Gewalt darstellen und darüber ihre humanitäre Rheto-

---

20 Siehe aber auch das Forum "Interrogating the Use of Norms in International Relations: Postcolonial Perspectives" in *International Theory* 6: 2 (2014).

rik ad absurdum führten, wohingegen Price wiederum das einhegende Potential der Normen zu erkennen glaubt. Konkret bezieht sich die unterschiedliche Betrachtung auf die Bewertung des Irakkriegs von 1991, bei der Inayatullah und Blaney eine unkritische, lediglich problemlösungsorientierte Haltung bei Price feststellen, da er die gegebenen Strukturen insgesamt nicht hinterfrage. Letztlich müsse deshalb festgehalten werden, dass Prices Text einer postkolonialen Kritik nicht standhalten könne, weil sie jene ethische Heroisierung gefährde, die für Price (und die konstruktivistische Normforschung) so wichtig sei (Inayatullah/Blaney 2012: 165-170). In einem zweiten Schritt werden die Ausführungen von Price neben Adam Hochschilds Studie zur kolonialen Praxis Belgiens unter König Leopold II. gestellt (Hochschild 1999), die hier als Gegengewicht, quasi als alternativer Mythos fungiert. Hochschild zeichnet diese Praxis anhand von zwei Protagonisten nach, die gemeinsam, aber doch auf recht unterschiedlichen Wegen, versuchten, eine kritische Öffentlichkeit gegen das belgische Vorgehen im Kongo zu schaffen. Bemerkenswert aus postkolonialer Sicht erscheint den beiden Autoren das politische Bewusstsein der beiden Helden einerseits wie auch die umsichtige Argumentation Hochschilds andererseits, die nicht nur die tiefe Verstrickung der europäischen Staaten in die afrikanischen Verhältnisse, sondern auch die *Politiken des Vergessens* oder *Vergessenwollens* thematisiert (Inayatullah/Blaney 2012: 170-174). Eine Einbettung und Relativierung von Standpunkten sei letztlich nötig, um eine Verbindung zur eigenen Mittäterschaft herzustellen, selbst bei Ungerechtigkeiten, die man prinzipiell verurteile. Wenn aber Mythen nur einseitig argumentierten, dann nutzten sie die Praxis des Vergessens aktiv und eröffneten kaum Möglichkeit, das „eigene dunkle Herz" (Inayatullah/Blaney 2012: 174) zu erkennen.

Wie können kritische Ansätze der Normenforschung nun innerhalb der metatheoretischen Schlüsselbegriffe und -konzepte verortet werden? Mit Jacksons Konzeption über den Zusammenhang von Welt und Geist kann eindeutig von einem ontologischen Monismus ausgegangen werden, was aber bei den anderen Normenforschungen ähnlich war, da die zugrundeliegende Sozialtheorie in sämtlichen Fällen zumindest der Absicht nach den konstruktivistischen Mainstream der Strukturation bediente. Was allerdings als Novum bei kritischen Ansätzen auffällt, ist, dass auch die Umsetzung dieses sozialontologischen Anspruchs in die Forschungspraxis als monistische Anstrengung geschultert werden soll, indem die Rolle der Forschenden als Teil der Forschung einbezogen wird. Der Text von Inayatullah und Blaney liest sich deshalb als mustergültiges Beispiel dessen, was Jackson als *reflexiv* bezeichnet. Zudem zeigt sich diese Reflexivität bezüglich der Schlüsselbegriffe erneut. So wird der spezifische *Kontext* als äußerst relevant für die Erkenntnis mit abgebildet, um zunächst die Normierung zu verstehen und sie darüber hinaus für Kritik zu öffnen, was ein durchaus (selbst)bewusst vorgetragenes Ziel dieser Forschung ist. Demgegenüber ist klassische transitive *Kausalität* wenig wichtig bis irrelevant, weil allein aus ontologischen Überlegungen heraus eine kontextsensible Kausalität angemessen erscheint. Lediglich die Frage nach einer möglichen *Essenz* von Normen müsste hier umfassender diskutiert werden als es dieser Beitrag auf der Basis eines Einzeltextes zu leisten vermag.

Allerdings zeigt sich gerade bezüglich des Essentialismus' eine mögliche Blindstelle kritischer Ansätze, die verdeutlicht werden kann, wenn etwa der Aufsatz von Megan MacKenzie und Mohamed Sesay (2012) herangezogen wird, dem es um die Normalisierung bestimmter Praktiken geht. Am Beispiel der gesellschaftlichen Aufarbeitung von möglichen Kriegsverbrechen in Sierra Leone thematisieren sie das Zusammenspiel von globaler und nationaler Ebene und die daraus erwachsenen Spannungen. Während die internationale Gemeinschaft in diesem Fall auf Versöhnung und *Transitional Justice* drängte, favorisierten lokale AkteurInnen eine begrenzte Amnestie als vermeintlich erfolgreicheren Weg in den Frieden, was aber durch den Einfluss der globalen Aussöhnungsnorm verhindert werde (MacKenzie/Sesay 2012: 147f.). Es ist dieser konflikthafte Moment zwischen globaler und lokaler Ebene, der eine essentialistische Lesart wiedereröffnet, da hier scheinbar zwei voneinander eindeutig abgrenzbare Normen in einen Konflikt geraten, was die Annahme eines Kerns insbesondere der globalen Norm nahelegt. Gleiches ließe sich im Übrigen auch für die theoretischen Bezugspunkte der kritischen Ansätze konstruieren, ganz gleich, ob es sich beispielsweise um feministische, postkoloniale oder neogramscianische Referenzrahmen handelt. All diese Perspektiven arbeiten notwendigerweise mit Differenzen, um Verborgenes sichtbar zu machen und diese Differenz benötigt letztlich einen Kern und somit Grenzen. Dies führt zu einem zweiten Punkt aus normtheoretischer Sicht: Durch den Bezug auf Sozialtheorien, zu deren Vokabular oder Perspektive *Normen* nur am Rande gehören, rückt auch die Forschung von einer Normentheorie im klassischen Sinne ab, weil hierbei die Theoretisierung und Erforschung von Normen nur eines von mehreren Zielen darstellt. Dies soll nicht kritisiert, sondern es soll lediglich darauf verwiesen werden, dass es sich hierbei um eine weite Form von Normentheorie handelt, die unter Meta-Perspektiven erforscht wurde und wird. Normen im klassischen Sinne sind nur noch eine davon.

6. *Von Einheit und Vielfalt der Normenforschungen: Ein Ausblick*

Um den in der Einleitung selbst gestellten Aufgaben nachzukommen, werden im Folgenden die Ergebnisse einer metatheoretisch orientierte Bestandaufnahme zur Normenforschung zusammengefasst, die die Komplexität des Feldes deskriptiv repräsentieren und dabei zugleich analytisch reduzieren möchte. Für den ersten Versuch einer solchen Verortung wurde auf Schlüsselkonzepte wie Dualismus und Monismus sowie auf Schlüsselbegriffe wie Kontext, Kausalität und Essentialismus zurückgegriffen, um anhand dieser die metatheoretischen Fundierungen der Normenforschung transparenter zu machen. Im Ergebnis muss zunächst eingestanden werden, dass kein umfassendes Gesamtbild des Verhältnisses von Normenforschung und Metatheorie nachgezeichnet werden konnte. Dies liegt an zwei Gründen: Erstens handelte es sich bei den länger besprochenen Texten lediglich um ausgesuchte Beispiele, die zwar einen größeren Diskussionszusammenhang repräsentieren sollen, aber durch eben diese Auswahl zwangsläufig den Blick verengen und somit interne Debatten ausblenden. Damit verliert aber das Abbild des Feldes seine Weite und Tiefe. Zweitens musste die Verortung der Texte innerhalb des metatheoretischen Felds interpretativ vorgenommen werden, da sich nur wenige AutorInnen in ihrem Verhältnis zu Dualismus und Monismus oder zu Kontext, Kausalität und Essentialismus explizit und eindeutig positionieren. Auch durch diese Interpretationen ist möglicherweise eine Engführung auf bestimmte Begrifflichkeiten erfolgt, die nicht allen besprochenen Texten und AutorInnen gerecht werden kann. Dementsprechend zeigt der Versuch, Transparenz herstellen zu wollen, anstatt eines Gesamtbildes auch eher einen Umriss der Relation von Normenforschung und Metatheorie an.

Dennoch erscheint das Unterfangen geglückt, da es durch seinen metatheoretischen Zugang eine Reihe relevanter Erkenntnisse über den aktuellen Zustand der Normenforschung generieren konnte: So stellt sich, erstens, die Diversität des Forschungsfeldes als so heterogen und ausdifferenziert bezüglich ihrer metatheoretischen Grundlagen dar, dass im Endeffekt eigentlich nicht mehr von *der* Normenforschung, sondern von *den* Normenforschun*gen* im Plural gesprochen werden sollte. Dieses Ergebnis lässt sich vor allem auf die metatheoretischen Unterschiede zwischen den vier methodologischen Ansätzen in der Rekonstruktion von Jackson zurückführen. Dabei darf die Beschäftigung mit Metatheorie von Teilen der Normenforschung, oder nun: Normenforschungen, nicht als Selbstzweck verstanden werden. Sie ist das organische Ergebnis der Schwierigkeit, theoretisch anspruchsvolle Konzepte in praktische Forschung zu übersetzen. Allerdings, und auch das zeigt die vorliegende Positionsbestimmung, entwickelt diese Wende möglicherweise Fliehkräfte, die die Ausdifferenzierung und die damit verbundenen Desintegrationstendenzen des Feldes noch beschleunigen.

Zweitens lassen sich aber als Gegentendenz auch kleine Inseln der Kanonisierung innerhalb der Normenforschung ausmachen, jenseits der beträchtlichen Diversität und der aktuellen Tendenz zur weiteren Ausdifferenzierung. Hierbei basiert das Argument auf der doppelten Beobachtung einer gewissen Standardisierung normtheoretischer Referenzquellen sowie von Sammlungsbewegungen innerhalb der unterschiedlichen Normenforschungen. Zwar mögen sich vordergründig Heterogenität und Pluralismus einer bewussten Kanonisierung durch wissenschaftliche bzw. wissenschaftspolitische NormunternehmerInnen sperren, doch kann etwa im Bereich der normtheoretischen Grundlagenliteratur beobachtet werden, dass insbesondere einige Texte aus der frühen Phase der Normenforschung mittlerweile zu Klassikern avancierten. Der Aufsatz von Finnemore und Sikkink (1998) fällt sicherlich in diese Kategorie. Im Bereich der kritischen Normenforschung sind es wohl die Texte von Antje Wiener aus den frühen 2000er Jahren, die in fast keinem Literaturverzeichnis fehlen und so zusammen mit den frühen Klassikern einen Kanon der Normenforschung bilden. Eine weitere Kanonisierungsdynamik lässt sich eher innerhalb der verschiedenen Normenforschungen beobachten, wo sich immer wieder Diskussionsprozesse samt ihren Thematiken und Fragen vom größeren Diskurs abkoppeln und dynamisieren, obgleich sie außerhalb des jeweiligen Feldes eher als Lagerbildung zur Kenntnis genommen werden. Ob die Grenzziehung dieser Inklusions-/Exklusionsprozesse allein dort verläuft, wo Jackson sie vermutet, ist klärungsbedürftig. Allerdings belegen die Cluster innerhalb der Normenliteratur eindeutig, dass mit seinen metatheoretischen Vorschlägen etwas „Typisches" getroffen wurde.

Nicht zuletzt unterstreicht, drittens, die vorgelegte Bestandsaufnahme auch das Potential der eingebrachten Schlüsselkonzepte und -begriffe als produktive Ordnungslogiken. Nicht nur konnte mit ihrer Hilfe ein Umriss des Zustands aktueller Normenforschung(en) präsentiert werden. Auch stellen die genutzten Instrumente über die ausgewählten Beispieltexte hinaus ein praktikables Vorgehen für die Einordnung weiterer Texte aus der Normenforschung bereit. Im Sinne einer Prüfliste lassen sie sich nutzen, um metatheoretische Fragen nach Monismus und Dualismus, nach Phänomenalismus und Transfaktualismus sowie zu Kausalität, Kontext und Essentialismus stellen. Die Beantwortung liefert so ein Profil des jeweiligen Normentextes und zeigt zugleich mögliche Verbindungen zu anderen normtheoretischen Perspektiven, aber auch zu metatheoretischen Positionen des breiten IB-Universums auf.

Was bedeuten die oben gemachten Einschränkungen, aber auch die dargelegten Erkenntnisse nun für Fragen von Einheit und Vielfalt innerhalb der Normenforschung? Aus dem aufgezeigten Wechselspiel von Diversität und Kanonisierung ergibt sich in Summe eine Herausforderung für die Kommunikationsfähigkeit innerhalb der bzw. zwischen den Normenforschung(en). Wie es angesichts einer beträchtlichen Ausdifferenzierung von Konzepten, Perspektiven und Theorien überhaupt zu Austausch und Debatten zwischen verschiedensten Zugängen kommen kann und soll, erscheint fraglich. Deutlich wird somit, dass etwa die Normenforschungen zur R2P als Gegenstand oder zur Kontestation als Phänomen eine Verständigung mit anderen normtheoretischen Arbeiten zur selben Thematik nicht voraussetzen können. Viel eher muss davon ausgegangen werden, dass z.b. unterschiedliche Kontestationsansätze aneinander vorbeireden, wenn die metatheoretischen Positionen nicht mitgedacht oder nicht mitgeteilt werden. Dass eine drohende Sprachlosigkeit das noch immer bestehende Band zwischen den Normenforschungen dünner werden lässt, vielleicht sogar brüchiger macht, belegt nichts so eindeutig wie die metatheoretische Debatte um Begriff und Wesen der Norm. Normenkonzeptionen, die von Normen als geteilten Überzeugungen und Verhaltenserwartungen ausgehen, auf die sich möglicherweise in einem Konsens geeinigt wurde und die nun als normative Essenz eine Angemessenheitslogik anleiten, sind weit entfernt von solchen Konzeptionen, die in ihrer Forschung Normen zwar noch als Phänomen benennen, ihnen aber nur noch situativ Beständigkeit und kollektive Verbindlichkeit beimessen und in einer Umstrittenheit „all the way down" ihre empirische wie sozialtheoretische Natur vermuten. Spätestens mit dieser Radikalisierung des Normbegriffes öffnen sich die Normenforschungen zunehmend anderen sozialen Phänomenen wie Diskursen, Praktiken oder Narrativen, die ebenfalls das Soziale, die Ordnung, das Normale erklären oder verstehbar machen wollen. Damit werden aber letztlich fundamental differierende Konzepte gegeneinander ausgetauscht, mit der möglichen Folge von wahlweise Stille oder babylonischem Sprachgewirr zwischen diesen Forschungen.

Deshalb sollen nun zwei letzte Implikationen zukünftige Wege zur Stärkung des Bandes zwischen den Normenforschungen im Sinne eines Ausblicks skizzieren. Die erste Möglichkeit zu einem „Mehr" an potenzieller Verständigung führt über die Metatheorie selbst. Denn: Wer mit wem über welche Phänomene wie in einen Austausch treten kann und wo die Kommunikation zwischen Normenforschungen schwierig wird, kann im Zuge der metatheoretischen Wende sichtbar und damit auch verstehbar gemacht werden. Dieses Wissen ist praktisch im Sinne der Kommunikationsfähigkeit nutzbar, selbst wenn inhaltlicher Austausch ins Leere laufen sollte. Insgesamt täte aber metatheoretischer Austausch wohl sämtlichen Normenforschungen gut, weil sie zumeist das praktische Problem miteinander teilen, einen ontologischen Monismus in konkrete Forschungsdesigns übersetzen zu müssen und damit sogar ein gemeinsames metatheoretisches Thema haben. Der zweite Pfad, eine drohende Sprachlosigkeit zwischen den Normenforschungen zu umgehen, führt über konzeptionelles Terrain. Wenn bestimmte Normenforschungen mittlerweile Normen nur noch am Rande erforschen und eher andere, teilweise ähnliche, normtheoretisch anschlussfähige Phänomene in den analytischen Fokus nehmen, dann könnte auch gefragt werden, ob gemeinsame Reflexion über konzeptionelle Unterschiede und Gemeinsamkeiten neue Sprachimpulse generieren. Vielleicht treffen sich hier bereits Perspektiven: Ob es den Normen-, Diskurs-, Praxis- oder NarrativforscherInnen wirklich nur darum geht, ihren social stuff als solchen zu untersuchen, kann zumindest im Lichte der Forschungsergebnisse hinterfragt werden. Vielmehr nutzen die meisten Forschungen ihren Zugang auch, weil sie ihn implizit oder explizit als ein Vehikel (Engelkamp/Glaab/Graf in diesem Band) sehen, über das Normativität in die Welt kommt. Somit böte sich auch ein Gespräch über die gemeinsame, arbeitsteilige Erforschung von Normativität an, um ein neues Band zu spinnen oder das alte zu verstärken. Schlussendlich könnte es noch ein ganz praktisches, aber zum Glück relativ einfach zu bearbeitendes Sprachproblem geben: Möglicherweise resultiert diese sich verstetigende Ausdifferenzierung und Lagerbildung, die jene der größeren IB-Gemeinde nachahmt, aus einem „Zu wenig" an Gelegenheit zum Austausch. Insofern ist der auch durch die DVPW-Themengruppe in Gang gekommene Diskussionszusammenhang ein kostbarer neuer Schritt, der zum Austausch, zur Debatte genutzt werden sollte. Ob die zukünftige Perspektive der Normenforschung(en) dann eher in Einheit oder Vielfalt, im direkten Austausch oder in teilnehmender Beobachtung samt friedlicher Koexistenz liegen wird, bleibt abzuwarten.

Literatur

Acharya, Amitav 2004: How Ideas Spread: Whose Norms Matter? Norm Localization and Institutional Change in Asian Regionalism, in: International Organization 58: 2, 239-275.

Acharya, Amitav 2011: Norm Subsidiarity and Regional Orders: Sovereignty, Regionalism, and Rule-Making in the Third World, in: International Studies Quarterly 55: 1, 95–123.

Acharya, Amitav 2014: Who Are the Norm Makers? The Asian-African Conference in Bandung and the Evolution of Norms, in: Global Governance 20: 3, 405-417.

Badescu, Cristina G./Weiss, Thomas G. 2010: Misrepresenting R2P and Advancing Norms: An Alternative Spiral?, in: International Studies Perspectives 11: 4, 354–374.

Bailey, Jennifer L. 2008: Arrested Development: The Fight to End Commercial Whaling as a Case of Failed Norm Change, in: European Journal of International Relations 14: 2, 289-318.

Bhaskar, Roy 1975: A Realist Theory of Science, Leeds.

Björkdahl, Annika 2002: Norms in International Relations: Some Conceptual and Methodological Reflections, in: Cambridge Review of International Affairs 15: 1, 9-23.

Bloomfield, Alan 2016: Norm Antipreneurs and Theorising Resistance to Normative Change, in: Review of International Studies 42: 2, 310-333.

Brosig, Malte/Zähringer, Nathalie 2015: Norm Evolution a Matter of Conformity and Contestedness: South Africa and the Responsibility to Protect, in Global Responsibility to Protect 7: 3-4, 350-375.

Bryman, Alan 2013: Social Research Methods, 4. Auflage, Oxford.

Bucher, Bernd 2014: Acting Abstractions: Metaphors, Narrative Structures, and the Eclipse of Agency, in: European Journal of International Relations 20: 3, 742 – 765.

Budabin, Alexandra Cosima 2015: Celebrities as Norm Entrepreneurs in International Politics: Mia Farrow and the 'Genocide Olympics' Campaign, in: Celebrity Studies 6: 4, 399-413.

Capie, David 2008: Localization as Resistance: The Contested Diffusion of Small Arms Norms in Southeast Asia, in: Security Dialogue 39: 6, 637-658.

Capie, David 2016: Indonesia as an Emerging Peacekeeping Power: Norm Revisionist or Pragmatic Provider?, in: Contemporary Southeast Asia 38: 1,1-27.

Cardenas, Sonia 2004: Norm Collision: Explaining the Effects of International Human Rights Pressure on State Behavior, in: International Studies Review 6: 2, 213-231

Crawford, Neta C. 2002: Argument and Change in World Politics: Ethics, Decolonialization, and Humanitarian Intervention, Cambridge.

Coleman, Katharina P. 2011: Locating Norm Diplomacy: Venue Change in International Norm Negotiations, in: European Journal of International Relations 19: 1, 163–186.

Daddow, Oliver 2013: International Relations Theory, The Essentials, 2. Auflage, London.

Deitelhoff, Nicole/Zimmermann, Lisbeth 2013: Aus dem Herzen der Finsternis: Kritisches Lesen und wirkliches Zuhören der konstruktivistischen Normenforschung. Eine Replik auf Stephan Engelkamp, Katharina Glaab und Judith Renner, in: Zeitschrift für Internationale Beziehungen 20: 1, 61-74.

Deitelhoff, Nicole/Zimmermann, Lisbeth 2020: Things We Lost in the Fire. Types of Contestation Affect the Robustness of International Norms, in: International Studies Review 22: 1, 51–76.

Della Porta, Donatella/Keating, Michael 2008: How Many Approaches in the Social Sciences? An Epistemological Introduction, in: della Porta, Donatella (Hrsg.): Approaches and Methodologies in the Social Sciences: A Pluralist Perspective, Cambridge, 19-39.

Efrat, Asif 2015: Professional Socialization and International Norms: Physicians against Organ Trafficking, in: European Journal of International Relations 21: 3, 647–671.

Engelkamp, Stephan/Glaab, Katharina/Renner, Judith 2012: ‚In der Sprechstunde‘: Wie (kritische) Normenforschung ihre Stimme wiederfinden kann, in: Zeitschrift für Internationale Beziehungen 19: 2,, 101-129.

Epstein, Charlotte 2012: Stop Telling Us How to Behave: Socialization or Infantilization?, in: International Studies Perspectives 13: 2, 135-145.

Finnemore, Martha 1996: National Interests in International Society, Ithaca, NY.

Finnemore, Martha/Sikkink, Kathryn 1998: International Norm Dynamics and Political Change, in: International Organization 52: 4, 887-917.

Flohr, Annegret/Rieth, Lothar/Schwindenhammer, Sandra/Wolf, Klaus Dieter 2010: The Role of Business in Global Governance, Basingstoke.

Giddens, Anthony 1988: Die Konstitution der Gesellschaft. Grundzüge einer Theorie der Strukturierung, Frankfurt a. M..

Gurowitz, Amy 2006: The Diffusion of Norms: Why Identity Matters, in: International Politics 42: 3, 305-341.

Hamati-Ataya, Inanna 2012: Reflectivity, Reflexivity, Reflexivism: IR's 'Reflexive Turn' – and Beyond, in: European Journal of International Relations 19: 4, 669-694.

Hay, Colin 2006: Political Ontology, in: Goodin, Robert E./Tilly, Charles (Hrsg.): The Oxford Handbook of Contextual Political Analysis, Oxford, 78-96.

Herborth, Benjamin 2004: Die via media als konstitutionstheoretische Einbahnstraße. Zur Entwicklung des Akteur-Struktur-Problems bei Alexander Wendt, in: Zeitschrift für Internationale Beziehungen 11: 1, 61-88.

Hochschild, Adam 1999: King Leopold's Ghost: A Story of Greed, Terror, and Heroism in Colonial Africa, New York, NY.

Hofferberth, Matthias/Weber, Christian 2015: Lost in Translation: A Critique of Constructivist Norm Research, in: Journal of International Relations and Development 18: 1, 75-103.

Hofius, Maren/Wilkens, Jan/Hansen-Magnusson, Hannes/Gholiagha, Sassan 2014: Den Schleier lichten? Kritische Normenforschung, Freiheit und Gleichberechtigung im Kontext des »Arabischen Frühlings« in: Zeitschrift für Internationale Beziehungen 21: 2, 85 – 105.

Hollis, Martin/Smith, Steve 1992: Explaining and Understanding International Relations, Oxford.

Howard, Peter 2010: Triangulating Debates Within the Field: Teaching International Relations Research Methodology, in: International Studies Perspectives 11: 4, 393-408.

Hurrell, Andrew/Macdonald, Terry 2013: Ethics and Norms in International Relations, in: Carlsnaes, Walter/Risse, Thomas/Simmons, Beth A. (Hrsg.): Handbook of International Relations, 2nd Edition, Los Angeles, 57-84.

Inayatullah, Naeem/Blaney, David L. 2012: The Dark Heart of Kindness: The Social Construction of Deflection, in: International Studies Perspectives 13: 2, 164-175.

Jackson, Patrick Thaddeus 2008: Foregrounding Ontology: Dualism, Monism and IR Theory, in: Review of International Studies 34: 1, 129-153.

Jackson, Patrick Thaddeus 2011: The Conduct of Inquiry in International Relations: Philosophy of Science and its Implications for the Study of World Politics, London.

Jackson, Robert/Sørenson, Georg 2016: Introduction to International Relations: Theories and Approaches, Oxford.

Jakobi, Anja P. 2011: International Organizations and Policy Diffusion: The Global Norm of Lifelong Learning. In: Journal of International Relations and Development 15: 1, 31-64.

Jørgenson. Knud Erik 2010: International Relations Theory, A New Introduction, Basingstoke.

Johnstone, Ian 2007: The Secretary-General as Norm Entrepreneur, in: Chesterman; Simon (Hrsg.): Secretary or General? The UN Secretary-General in World Politics, Cambridge, 123-138.

Karlsrud, John 2013: Special Representatives of the Secretary-General as Norm Arbitrators? Understanding Bottom-up Authority in UN Peacekeeping, in: Global Governance 19: 4, 525-544.

Karlsrud, John 2016: Norm Change in International Relations, Linked Ecologies in UN Peacekeeping Operations, Abingdon.

Katzenstein, Peter (Hrsg.) 1996: The Culture of National Security, Ithaca, NY.

Keck, Margaret E./Sikkink. Kathryn 1998: Activists Beyond Borders: Advocacy Networks in International Politics, Ithaca, NY.

Klotz, Audie 1995: Norms in International Relations: The Struggle against Apartheid, Ithaca, NY.

Krook, Mona Lena/True, Jacqui 2012: Rethinking the Life Cycles of International Norms: The United Nations and the Global Promotion of Gender Equality, in: European Journal of International Relations 18: 1, 103-127.

Kurki, Milja 2008: Causation in International Relations: Reclaiming Causal Analysis, Cambridge.

Kurki, Milja/Wight, Colin 2010: International Relations and Social Science, in: Dunne, Tim/Kurki, Milja/Smith, Steve (Hrsg.): International Relations Theories: Discipline and Diversity, Oxford, 14-35.

Lake, David A. 2011: Why 'Isms' Are Evil: Theory, Epistemology, and Academic Sects as Impediments to Understanding and Progress, in: International Studies Quarterly 55: 2, 465-480.

Lantis, Jeffrey S. 2016: Agentic Constructivism and the Proliferation Security Initiative: Modeling Norm Change, in: Cooperation and Conflict 51: 3, 384-400.

Lawson, Stephanie 2015: Theories of International Relations, Contending Approaches to World Politics, Cambridge.

Loges, Bastian 2013: Schutz als neue Norm in den internationalen Beziehungen. Der UN-Sicherheitsrat und die Etablierung der Responsibility to Protect, Wiesbaden.

MacKenzie, Megan/Sesay, Mohamed 2012: No Amnesty from/for the International: The Production and Promotion of TRCs as an International Norm in Sierra Leone, in: International Studies Perspectives 13: 2, 146–163.

Madokoro, Daisuke 2015: How the United Nations Secretary-General Promotes International Norms: Persuasion, Collective Legitimisation, and the Responsibility to Protect, in: Global Responsibility to Protect 7: 1, 31-55.

March, James G./Olsen, Johan P. 1998: The Dynamics of International Political Orders, in: International Organization 52: 4, 943-969.

Marsh, David/Furlong, Paul 2002: A Skin, not a Sweater: Ontology and Epistemology in Political Science, in: Stoker, Gerry/Marsh, David Marsh (Hrsg.): Theory and Methods in Political Science, Basingstoke, 17-41.

Mayer, Peter 2003: Die Epistemologie der Internationalen Beziehungen. Anmerkungen zum Stand der »Dritten Debatte«, in: Hellmann, Gunther/Wolf, Klaus Dieter/Zürn, Michael (Hrsg.): Die neuen Internationalen Beziehungen, Baden-Baden, 47-97.

McKeown, Ryder 2009: Norm Regress: US Revisionism and the Slow Death of the Torture Norm, in: International Relations 23: 1, 5-25.

Monteiro, Nuno P./Ruby, Kevin G. 2009: IR and the False Promise of Philosophical Foundations, in: International Theory 1: 1, 15-48.

Niemann, Holger/Schillinger, Henrik 2017: Contestation 'All the Way Down'? The Grammar of Contestation in Norm Research, in: Review of International Studies 43: 1, 29-49.

Panke, Diana/Petersohn, Ulrich 2012: Why International Norms Disappear Sometimes, in: European Journal of International Relations 18: 4, 719-742.

Panke, Diana/Petersohn, Ulrich 2016: Norm Challenges and Norm Death: The Inexplicable? in: Cooperation and Conflict 51: 1, 3-19.

Park, Susan 2006; Norm Diffusion within International Organisations: A Case Study of the World Bank, in: Journal for International Relations and Development 8: 2, 114-141.

Patomäki, Heikki/Wight, Colin 2000: After Postpositivism? The Promises of Critical Realism, in: International Studies Quarterly 44: 2, 213-237.

Prantl, Jochen/Nakano, Ryoko 2011: Global Norm Diffusion in East Asian: How China and Japan Implement the Responsibility to Protect, in: International Relations 25: 2, 204-223.

Price, Richard 2008: Moral Limit and Possibility in World Politics, in: International Organization 62: 2, 191-220.

Risse, Thomas 2000: ‚Let's Argue!' Communicative Action in World Politics, in: International Organization 54: 1, 1-39.

Risse, Thomas/Ropp, Stephen C./Sikkink, Kathryn (Hrsg.) 1999: The Power of Human Rights: International Norms and Domestic Change, Cambridge.

Rosert, Elvira 2012: Fest etabliert und weiterhin lebendig: Normenforschung in den Internationalen Beziehungen, in: Zeitschrift für Politikwissenschaft 22: 4, 599-623.

Rosert, Elvira/Schirmbeck, Sonja 2007: Zur Erosion internationaler Normen, Folterverbot und nukleares Tabu in der Diskussion, in: Zeitschrift für Internationale Beziehungen 14: 2, 253-288.

Sandholtz, Wayne 2008: Dynamics of International Norm Change: Rules against Wartime Plunder, in: European Journal of International Relations 14: 1, 101-131.

Sandholtz, Wayne 2017: International Norm Change. Oxford Research Encyclopedia of Politics. https://doi.org/10.1093/acrefore/9780190228637.013.588

Sil, Rundra/Katzenstein, Peter J. 2010: Analytic Eclecticism in the Study of World Politics: Reconfiguring Problems and Mechanisms across Research Traditions, in: Perspectives on Politics 8: 2, 411-431.

Steele, Brent J./Heinze, Eric A. 2014: Norms of Intervention, R2P and Libya: Suggestions from Generational Analysis, in: Global Responsibility to Protect 6:1, 88-112.

Suganami, Hidemi 2013: Meta-Jackson: Rethinking Patrick Thaddeus Jackson's Conduct of Inquiry, in: Millennium 41: 2, 248-269.

Towns, Ann E. 2012: Norms and Social Hierarchies: Understanding International Policy Diffusion "From Below", in: International Organization 66: 2, 179-209.

Ulbert, Cornelia 2012: Vom Klang vieler Stimmen: Herausforderungen »kritischer« Normenforschung. Eine Replik auf Stephan Engelkamp, Katharina Glaab und Judith Renner, in: Zeitschrift für Internationale Beziehungen, 19: 2, 129-139.

Widmaier, Wesley W./Park, Susan 2012: Differences Beyond Theory: Structural, Strategic, and Sentimental Approaches to Normative Change, in: International Studies Perspectives 13: 2, 123-134.

Wiener, Antje 2003: Die Wende zum Dialog. Konstruktivistische Brückenstationen und ihre Zukunft, in: Hellmann, Gunther/Wolf, Klaus Dieter/Zürn, Michael (Hrsg.): Die neuen Internationalen Beziehungen, Baden-Baden, 133-159.

Wiener, Antje 2004: Contested Compliance: Interventions on the Normative Structure of World Politics, in: European Journal of International Relations 10: 2, 189-234.

Wiener, Antje 2007a: The Dual Quality of Norms and Governance Beyond the State: Sociological and Normative Approaches to ‚Interaction', in: Critical Review of International Social and Political Philosophy 10: 1, 47-69.

Wiener, Antje 2007b: Contested Meanings of Norms: A Research Framework, in: Comparative European Politics 5: 1, 1-17.

Wiener, Antje 2009: Enacting Meaning-In-Use: Qualitative Research on Norms and International Relations, in: Review of International Studies 35: 1, 175–193.

Wiener, Antje 2014: A Theory of Contestation, Berlin.

Wiener, Antje 2018: Contestation and Constitution of Norms in Global International Relations, Cambridge.

Wight, Colin 2002: Philosophy of Social Science and International Relations, in: Carlsnaes, Walter/Risse, Thomas/Simmons, Beth A. (Hrsg.): Handbook of International Relations, London, 23-51.

Wolff, Jonas/Zimmermann, Lisbeth 2016: Between Banyans and Battle Scenes: Liberal Norms, Contestation, and the Limits of Critique, in: Review of International Studies 42: 3, 513-534.

Wunderlich, Carmen 2013: Theoretical Approaches in Norm Dynamics, in: Müller, Harald/Wunderlich, Carmen (Hrsg.): Norm Dynamics in Multilateral Arms Control, Athens, 20-47.

Wunderlich, Carmen 2019: „Schurkenstaaten" als Normunternehmer? Iran und die Kontrolle von Massenvernichtungswaffen, Wiesbaden.

Zimmermann, Lisbeth 2016: Same Same or Different? Norm Diffusion between Resistance, Compliance, and Localization in Post-Conflict States, in: International Studies Perspectives 17: 1. 98-115

Normen und andere Vehikel:
Wie untersuchbar gemacht wird, was sich der Beobachtung entzieht

Antonia Graf, Katharina Glaab und Stephan Engelkamp

1. Einleitung

Die Disziplin der Internationalen Beziehungen (IB) wird seit Jahrzehnten von theoretischen Debatten geprägt, die sich mit dem Unterschied zwischen Erklären und Verstehen und der Erklärungskraft von eher akteur- oder strukturfokussierten Ansätzen beschäftigen. Diese Debatten wurden von Robert Keohane (1988) unter dem Label des rationalistischen vs. reflexiven Institutionalismus zusammengebracht (Kurki/Wight 2010). Zu Letzterem zählte Keohane dabei sowohl moderate KonstruktivistInnen als auch poststrukturalistische Ansätze. Seitdem hat es immer wieder Versuche gegeben, Brücken zwischen diesen theoretischen Perspektiven zu schlagen (Wendt 1992; Adler 1997; Checkel 1997; Zürn/Checkel 2005). Unterschiedliche ontologische, epistemologische und methodologische Perspektiven auf empirische Forschungsgegenstände haben eine Vielzahl von Ansätzen hervorgebracht, die zwischen poststrukturalistischen und positivistischen Forschungsprogrammen changieren. Insbesondere der konzeptionelle Fokus auf ideelle Faktoren machte die Normenforschung in den IB zu einem wichtigen Schauplatz theoretischer Debatten.[1]

Normenforschung in den IB ist in den letzten Jahren einer zunehmenden Kritik ausgesetzt gewesen, insbesondere aus dem poststrukturalistischen Lager. Deren VertreterInnen kritisieren einerseits einen Hang der Normenforschung zur Essentialisierung des Normenbegriffs (vgl. etwa Renner 2013, 2014), andererseits sei der Forschungsgegenstand durch den

---

[1] Man kann wohl kaum die Normenforschung und den Konstruktivismus in den IB synonym gebrauchen. Jedoch finden wichtige theoretische und empirische Weiterentwicklungen des Konstruktivismus im Sinne einer wissenschaftstheoretischen Diskussion innerhalb der IB unter dem Dach der Normenforschung statt (Deitelhoff 2006; Neumann/Sending 2010; Wiener 2010).

Fokus auf die Norm zu weit: so reiche die Bandbreite in ihrer Heterogenität von Rechtsnormen in Form von Gesetzen bis hin zu wesentlich diffuseren Formen des Wissens über angemessenes Verhalten oder Glaubenssysteme (Wiener 2009). Feministisch, postkolonial und poststrukturalistisch ausgerichtete KritikerInnen hinterfragen dabei nicht nur die ontologischen, erkenntnistheoretischen oder methodologischen Grundannahmen konstruktivistischer Normenforschung (Epstein 2012a/b), sondern bemängeln auch eine fehlende Reflexion der eigenen SprecherInposition innerhalb dieser Forschung (Engelkamp et al. 2012).

Im Zuge der sogenannten *linguistic* und *practice turns* in den Sozialwissenschaften (Neumann 2002; Adler/Pouliot 2011a) haben sich eine ganze Reihe von alternativen Heuristiken zur Bearbeitung empirischen Materials herausgebildet, die neben den Normenbegriff treten.[2] Die zunehmende Anreicherung des IB-Konstruktivismus mit interpretativen Konzepten sorgt für ein Potpourri theoretisch grundsätzlich verschiedener Heuristiken. Bastian Loges spricht in diesem Zusammenhang von »größeren Sammlungsbewegungen [...], die allerdings wenig arbeitsteilig, sondern eher als Lagerbildung wahrnehmbar« seien. Diese Lagerbildung werde rhetorisch durch die Verwendung und/oder Auslassung bestimmter Begriffe wie Diskurs oder Praktik deutlich gemacht (Loges, in diesem Band; vgl. hierzu auch die Einleitung). Jedoch weisen diese Begriffe – auch aufgrund der methodologischen Nähe zueinander – zumindest nominell Überlappungen auf und steuern vielfach sogar auf eine epistemologische Annäherung zu. Inwiefern die heutige Pluralität qualitativer und interpretativer Konzepte in den Internationalen Beziehungen den stärkeren Dialog oder Lagerbildung zwischen den Ansätzen fördert, ist also zunächst einmal eine offene Frage. Zumindest rücken durch thematische Überschneidungen vormals (jedenfalls in den IB) eher randständige Perspektiven zunehmend in den Fokus der politikwissenschaftlichen Aufmerksamkeit.

Die konstruktivistische Normenforschung spielt dabei als ein in der Disziplin fest etabliertes Forschungsfeld eine wichtige Rolle, indem sie Anschlusspunkte an bestehende Wissensvorräte ermöglicht und so den Import neuer Konzepte und Ansätze legitimiert. Oftmals artikulieren diese neuen Ansätze ihre Argumente in Abgrenzung zur IB-Normenforschung: so wird etwa der Begriff der Norm gegenüber alternativen theoretischen Konzepten problematisiert. In der Tat lässt sich innerhalb der und bezo-

---

2 Es hat stets sprachwissenschaftlich, interpretativ und diskursanalytisch inspirierte Ansätze in den Sozialwissenschaften gegeben, auch wenn diese (noch) nicht unter dem Label eines kanonischen *turns* in den *Mainstream* eingeordnet worden waren.

gen auf die konstruktivistische/n Normenforschung/en eine verstärkte Hinwendung zu alternativen Konzepten wie Diskurs oder Praktik beobachten (siehe z.b. Epstein 2008, Neumann/Sending 2010, Joachim/Schneiker 2012 oder Krook/True 2012). Dies ist zum einem relevant, weil sich die Genese der Normenforschung – wenn auch meist implizit – aus diesen theoretischen Konzepten speist und zum anderen auch das innovative Potenzial zur Weiterentwicklung des Forschungsprogramms nicht selten von diesen alternativen Konzepten inspiriert ist. Doch bleibt das Potenzial für eine solche Annäherung ungenutzt, wenn die metatheoretische Betrachtung als Grundlage für eine reflexive Perspektive ausbleibt.

Der Beitrag setzt an dieser Stelle an und fragt, wie *Bedeutungen* durch unterschiedliche Konzepte wie Diskurs und Praktik konstruiert werden und inwiefern dabei Überschneidungen und Abweichungen zum Konzept der Norm bestehen. Wir schlagen im Folgenden den Begriff des *Vehikels* als Metapher für den Transport von Bedeutung vor, um sichtbar zu machen, wie durch die jeweiligen theoretischen Konzepte auf unterschiedliche Weise Sinn zugeschrieben und Bedeutungen fixiert werden. Ein Vehikel ist in unserem Verständnis ein Signifikant, der je nach Erkenntnisinteresse und theoretischer Verortung mit Bedeutung gefüllt wird und Wissen vom ontologischen Status des Nicht-Seins in die empirische (Operations-)Wirklichkeit überführt. Das Vehikel fixiert Wissen insofern, als dass Bedeutungszuschreibung im Interpretationsakt durch die forschende Person erfolgt. Soll mit dem Vehikel der relevante Gegenstandsbereich sozialwissenschaftlicher Forschung beschrieben werden, wird der Transport zum konstitutiven Bestandteil dessen, was seiend gemacht wird.[3] Bedeutung, so unser Argument, muss zunächst mit Hilfe eines Vehikels erfasst und fixiert werden, um in den Bereich des empirisch Beobachtbaren gelangen zu können. Offen ist dabei, ob der jeweilige Forschungsgegenstand je nach verwendetem Vehikel differiert und der theoretischen Perspektive entsprechend andere Realitäten und Erkenntnisse hervorbringt.

Zur Operationalisierung unserer Fragestellung skizzieren wir im Folgenden zunächst unseren metatheoretischen Rahmen: hierbei unterscheiden wir ontologische und epistemologische Kategorien, die wir jeweils von Schaber/Ulbert und Jackson übernehmen. Um die Wirkungsweise die-

---

3 Im Gegensatz zum politikwissenschaftlichen Konzept (Wonka 2007) bildet das Vehikel nicht bloß empirische Wirklichkeit ab, sondern erschafft diese im Akt des Bedeutungstransportes. Das Vehikel beschreibt die performative Herstellung von Bedeutung und weniger die Repräsentanz von Wirklichkeit, sodass es als Oberbegriff für Heuristiken dienen kann, die sich in einer reflexiven und interpretativen Tradition verorten.

ser Bedeutungsgenese zu veranschaulichen, diskutieren wir in einem weiteren Schritt *Norm, Diskurs* und *Praktik* als Vehikel für Bedeutungen anhand einflussreicher konzeptioneller Schlüsseltexte. Danach plausibilisieren wir unsere metatheoretischen Ergebnisse am Beispiel der Sicherheitsratsresolution 1325, indem wir aufzeigen, wie die jeweiligen Vehikel ihren Gegenstandsbereich auf unterschiedliche Weise konstituieren. Abschließend fragen wir nach den Konsequenzen, die sich aus diesen Formen der Bedeutungsfixierung für die Forschenden ergeben können.

2. Wie Vehikel Bedeutung schaffen: ein metatheoretischer Rahmen

Eine metatheoretische Perspektive interessiert sich für die Annahmen, die den theoretischen Konzepten zugrunde liegen und fragt, welche Auswirkungen diese auf Theorie und Praxis unserer Forschung haben (Kurki/Wight 2010: 15). Generell basiert die Wahl unserer Theorien und Konzepte auf bestimmten ontologischen, epistemologischen und methodologischen Annahmen, die Forschungspraxis in unterschiedlicher Art und Weise beeinflussen. Innerhalb der Normenforschung ermöglichen diese metatheoretischen Annahmen jeweils bestimmte Ausrichtungen und Schwerpunktsetzungen. Sie explizit zu machen und kritisch zu reflektieren ist einerseits wichtig, um die blinden Stellen der Normenforschung aufzuzeigen. Andererseits ermöglicht eine metatheoretische Betrachtung alternativer Vehikel wie Diskurs und Praktik, ihren Mehrwert zu eruieren und ihr Potenzial für eine Weiterentwicklung der Normenforschung aufzuzeigen.

Die Frage nach dem metatheoretischen Gehalt wissenschaftstheoretischer Debatten in den IB hat schon Thomas Schaber und Cornelia Ulbert (1994) in einem Beitrag für die ZIB beschäftigt, in dem sie die ontologischen und epistemologischen Grundlagen verschiedener kognitiver, reflexiver oder interpretativer Ansätze untersuchten. Hierzu schlagen sie zur metatheoretischen Betrachtung eine Heuristik vor, wonach auf der

> »ontologischen Ebene, die sich auf das Erkenntnisobjekt internationaler Politik und auf die inhaltliche Unterscheidung der zugrunde liegenden Weltbilder bezieht, die Frage nach dem jeweiligen Akteurs- und Handlungskonzept und den leitenden Ordnungsvorstellungen im Vordergrund stehen [soll]. Die Untersuchung der epistemologischen Ebene erfolgt hinsichtlich der Methoden und Verfahren der Erkenntnisgewinnung und hinsichtlich des Wissenschaftsverständnisses der behandelten Autoren [sic]« (Schaber/Ulbert 1994: 141).

Während sich die ontologische Ebene bei Schaber und Ulbert relativ gut in konkrete Subfragen untergliedern lässt (siehe untenstehende Tabelle), erscheint die epistemologische Dimension dort noch recht abstrakt. Auch lassen sich diese beiden Dimensionen in der Forschungspraxis nicht unbedingt immer eindeutig voneinander trennen (vgl. hierzu auch Jackson 2011, die Beiträge von Kuntz und Jakobi sowie Loges in diesem Band). Um unseren metatheoretischen Rahmen handhabbar zu machen, orientieren wir uns deshalb zudem an der Typologie von Patrick T. Jackson (2011). Darin ordnet Jackson unterschiedliche methodologische Ansätze entlang der Dimensionen (1) Geist-Welt-Dualismus vs. Geist-Welt-Monismus und (2) Phänomenalismus vs. Transfaktualismus. Mit Hilfe dieser Dimensionen arbeitet Jackson metatheoretische Weltsichten wissenschaftsphilosophischer Perspektiven heraus. Theoretische Ansätze lassen sich demnach in der ersten Dimension in Hinblick darauf unterscheiden, wie die Beziehung der Forschenden zur Welt theoretisiert wird: während eine dualistische Sichtweise eine prinzipielle Trennung (und Trennbarkeit) zwischen Geist und Welt annimmt, verorten Ansätze in der monistischen Perspektive die Forschenden als Teil der sozialen Wirklichkeit. Geist und Welt lassen sich in dieser Lesart nicht strikt voneinander trennen, da sie sich gegenseitig konstituieren. In der zweiten Dimension geht es um die Beziehung zwischen theoretischem Wissen und empirischer Beobachtung: während Ansätze des Phänomenalismus annehmen, dass Wissen nur auf Grundlage der Analyse von empirisch erfahrbaren und messbaren Beobachtungen valide ist, erlaubt der Transfaktualismus auch die Möglichkeit, Wissen aus der Untersuchung selbst prinzipiell nicht beobachtbarer Phänomene zu generieren (Jackson 2011: 35-36).[4] Mittels der Perspektiven von Schaber/Ulbert und der Ausdifferenzierung mit Jackson ergeben sich sechs Leitfragen, die unseren metatheoretischen Rahmen konstituieren und jeweils einen Zugang zu den ontologischen und epistemologischen Prämissen der Vehikel Norm, Diskurs und Praktik bieten.

---

4 Eine transfaktualistische Schlussfolgerung rekurriert auf Kausalkräfte nicht beobachtbarer Phänomene. Erkenntnisse, die durch diese Form abduktiven Schließens gewonnen werden (vgl. auch Glynos/Howarth 2007: 24-27), müssen wieder an empirische Beobachtungen angebunden und etwa durch vergleichende Untersuchungen geprüft werden können (Jackson 2011: 102-104). Da Jacksons metatheoretischer Rahmen bereits im vorhergehenden Kapitel von Bastian Loges ausführlich dargestellt wurde, verzichten wir an dieser Stelle darauf, die inhaltliche Einordnung der methodologischen Ansätze bei Jackson im Detail zu wiederholen.

Ontologische Ebene	Epistemologische Ebene
Was ist das Erkenntnisobjekt internationaler Politik?	*Wie wird die Beziehung des Forschenden zur Welt theoretisiert?* (*dualistisch vs monistisch*)
Welches Akteurs- und Handlungskonzept liegt der Untersuchung zugrunde?	*Wie ist die Beziehung zwischen theoretischem Wissen und empirischer Beobachtung?* (*phänomenologisch vs. transfaktualistisch*)
Welche Vorstellungen von Ordnung leiten die Untersuchung an?	*Welche Methoden und Verfahren der Erkenntnisgewinnung lassen sich identifizieren?*

Quelle: eigene Darstellung

Die Konzepte Norm, Diskurs und Praktik werden im Folgenden als Vehikel für Bedeutungen untersucht, die auf jeweils unterschiedliche Weise Wirklichkeit hervorbringen. Wenn wir diese Konzepte gewissermaßen als Idealtypen diskutieren und sie im metatheoretischen Rahmen verorten, sind wir uns natürlich bewusst, dass auch andere Konzeptualisierungen der betreffenden Vehikel denkbar wären. Das Heranziehen von drei kanonischen Texten ermöglicht es uns jedoch, jeweils besonders einflussreiche und wirkmächtige Lesarten der jeweiligen Konzepte zu identifizieren.[5]

3. Normenvehikel und alternative Formen des Transports

3.1 Norm als Vehikel

Die Normenforschung beschreibt ein inzwischen breites Feld unterschiedlicher Ansätze, die sich seit der konstruktivistischen Wende in den IB ab den 1980er Jahren anhand des Begriffs der Norm mit globalem und politischem Wandel auseinandergesetzt haben. Trotz der gemeinsamen Einordnung unter dem Sammelbegriff der konstruktivistischen Normenforschung weist die Bandbreite an konstruktivistischen Positionen deutliche Unterschiede auf. Normen werden dabei jeweils als kollektive Verhaltenserwartungen (Wendt) oder sprachlich vermittelter intersubjektiver Kontext (Onuf/Kratochwil) verstanden (Zehfuss 1998: 127–128). In der konstruktivistischen Normenforschung hat jedoch insbesondere der behavio-

---

5 Da das Vehikel (Operations)wirklichkeit konstituiert und seine Kontextsensitivität daher geradezu programmatisch ist, wird die Möglichkeit von einem idealtypischen Vehikel zu sprechen erschwert. Entlang dieser Bedeutungspluralität formiert sich jedoch auch die erwähnte Lagerbildung, was zusätzlich dafür spricht, den abstrakten Charakter des Vehikels mit Hilfe unseres metatheoretischen Rahmens zu konkretisieren.

ristische Aspekt von Normen in Rekurs auf den Wendt'schen Konstruktivismus gegenüber der sprachlichen Dimension von Normen große Aufmerksamkeit erhalten. Im Folgenden werden wir exemplarisch anhand der
einschlägigen Forschungsarbeit von Martha Finnemore und Kathryn Sikkink (1998) in ihrem Beitrag *International Norm Dynamics and Political
Change* die Funktion von Normen als Mittel des Transports von Bedeutungen diskutieren (für eine detaillierte Diskussion des Artikels vgl. Engelkamp/Glaab 2015).

In dem Text besprechen Finnemore und Sikkink den Stand der IB-Normenliteratur, um die Wirkungsweise von Normen zu beschreiben und die
Möglichkeit eines Austausches zwischen Normenforschung und dem rationalistischen Forschungsprogramm zu skizzieren. Auf ontologischer
Ebene verorten sich die Autorinnen im Sozialkonstruktivismus. Als Erkenntnisobjekt fingiert die Norm, deren zentrale Attribute als ein »standard of appropriate behavior for actors with a given identity« (1998: 891)
definiert werden. Diese oft rezipierte Definition ermöglicht es, über das
Vehikel der Norm zwei wesentliche Aspekte in den ontologischen Status
des Seins zu führen: die zentralen Eigenschaften einer Norm werden zum
einen durch das behavioristische Element der Verhaltensstandards und
zum anderen durch die Festlegung einer bestimmten Identität beschrieben. Gleichzeitig werden diese beiden Aspekte miteinander verknüpft.
Verhalten und Identität sind konstitutiv füreinander, da erst angemessenes
Handeln das Wissen über die eigene Identität ausmacht und eine Identitätszuschreibung erst normgerechtes Verhalten ermöglicht. Die begrifflichen Festlegungen des Normenvehikels umreißen zugleich eine bestimmte Vorstellung von Ordnung, in der moralische Annahmen und Werte als
intersubjektiv geteilte Standards gesetzt werden. Diese induzieren kollektive Verhaltenserwartungen, die als angemessen und normgerecht betrachtet werden.

Die mit diesen Attributen ausgestattete Norm wird in die empirische
Operationswirklichkeit transportiert, indem das Akteurs- und Handlungskonzept des *homo sociologicus* eingeführt wird. Das Handeln des sozialen
Akteurs wird an Erwartungen geknüpft, die sich aus der Zugehörigkeit zu
einer Identität und Kenntnis einer Ordnung ergeben. Das Wissen über die
Zugehörigkeit zu einer kollektiven Identität definiert, wer zu der Gruppe
der Staaten gehört, die eine bestimmte Norm befolgen. Im Text von Finnemore und Sikkink wird das soziale Handeln von Staaten durch das sogenannte Normenlebenszyklusmodell empirisch sichtbar gemacht. Im Zuge
dessen setzen sich bestimmte Werte durch, die Erwartungen an sozial angemessenes Verhalten mit sich bringen und deren Angemessenheit zunehmend als gesellschaftlich akzeptiert wahrgenommen wird. Der Normenle-

benszyklus soll den Prozess beschreibbar machen, in dem geteilte Verhaltenserwartungen sich verbreiten und einen kollektiven Charakter bekommen. Das in dem Text definierte Normenvehikel transportiert dann kollektive Verhaltensstandards auf die epistemologische Ebene. Gleichzeitig stabilisiert es dabei die zuvor vorgenommenen definitorischen Festlegungen auf ontologischer Ebene, indem die bezeichnete Norm von einem ideellen Phänomen zu einem konstitutiven, faktischen Handlungsmotiv wird.

Zur Erforschung von Normen schlagen Finnemore und Sikkink *process tracing* oder genealogische Methoden vor (Finnemore/Sikkink 1998: 896), die dabei helfen sollen, stringente empirische Forschung zu sozialen Konstruktionsprozessen und Normen durchzuführen. Der Text argumentiert somit, dass sich mittels empirischer Studien die Wirklichkeit von Normen aufzeigen lässt. Auf epistemologischer Ebene gehen die Autorinnen davon aus, dass theoretische Annahmen sich erst durch Beweise, die sich aus historischer und empirischer Forschung ergeben, validieren lassen (ibid., 890). Ausgehend von der Annahme, dass Normen eine empirische Faktizität aufweisen, werden Bedeutungen in diesem Sinne erst durch empirische Beobachtung in die Wirklichkeit in Form von theoretischem Wissen transportiert. Insbesondere der angestrebte Dialog mit rationalistischen Ansätzen unterstützt dieses erkenntnistheoretische Interesse, da instrumentelle Rationalität und strategische Konstruktionen in der Empirie eine wichtige Rolle spielen (ibid., 110). Erkenntnisgewinn ist demnach durch sorgfältige Beobachtung in empirischen Studien grundsätzlich möglich. Nach diesem dualistischem Wissenschaftsverständnis sind Welt und Geist also trennbar. Nach der Einordnung von Jackson verfolgen die Autorinnen in diesem Aufsatz einen phänomenologischen Ansatz, der davon ausgeht, dass Wissen aus beobachtbaren Phänomenen generiert wird.

3.2 Diskurs als Vehikel

Diskurse im Foucault'schen Sinne sind »geordnete und geregelte (Re-)produktionsprozesse von Aussagesystemen, in und mit denen die gesellschaftliche Sicherung von Wahrheit im Sinne geltenden Wissens über die Wirklichkeit erfolgt« (Bührmann/Schneider 2008: 26). Sie sind »Ausdruck und Konstitutionsbedingung des Sozialen zugleich« (Bublitz 1999: 13), »eine artikulatorische Praxis, [...] die soziale Verhältnisse nicht passiv repräsentiert, sondern diese als Fluss von Wissensvorräten durch die Zeit aktiv konstituiert und organisiert« (Jäger 2001: 23).

Das enge Verhältnis von Diskurs und Macht und die grundlegende Dialektik von zerstörerischem und generierendem Potenzial sind charakteristische Merkmale des Foucault'schen Diskursbegriffes.

»*Der Diskurs befördert und produziert Macht, er verstärkt sie, aber er unterminiert sie auch, er setzt sie auf Spiel, macht sie zerbrechlich und aufhaltsam. [...] Die Diskurse sind taktische Elemente oder Blöcke im Feld der Kraftverhältnisse [...]*« *(Foucault 1983: 95–96).*

Während überwiegend Einigkeit über Realität als Konstruktion im ontologischen Sinne besteht, differieren die Diskursbegriffe trotz des gemeinsamen Rekurses auf Foucault in ihren weiteren theoretischen Anleihen und damit auch im Hinblick auf die Möglichkeiten zum Erkenntnisgewinn (Fairclough 1995; Berger/Luckmann 1966; Laclau/Mouffe 1985). Zudem unterscheiden sie sich in Hinsicht auf das empirische Material und die Forschungsfragen, die sich aus dem jeweiligen Erkenntnisinteresse ergeben.[6]

Für die metatheoretische Betrachtung von Diskurs als Vehikel wird exemplarisch der Text von Milliken (1999) herangezogen. Zum einen ist die Autorin explizit in der Normenforschung verankert und wird in diesem Kontext rezipiert, rekurriert aber zum anderen auch auf ein Foucault'sches diskursanalytisches Programm. Zudem steht Milliken beispielhaft für die Entwicklung einer diskursanalytischen Tradition in den IB, denn sie fokussiert im Zuge der Etablierung postpositivistischer Ansätze auf die Diskursanalyse als *normal science* (Milliken 1999: 230). Der Text von Milliken, *The Study of Discourse in IR (1999)*, eruiert, wie ein diskursanalytisches Vorgehen aussehen kann und illustriert dazu die Diskursanalyse als wissenschaftskritisches, empirisches Forschungsprogramm. In ontologischer Hinsicht hängt Milliken der konstruktivistischen Einsicht der sozialen Konstruktion von Wirklichkeit an. Der Ausdruck eines wissenschaftskritischen Weltbildes wird bei Milliken in der Beschreibung der Diskursanalyse als *Haltung gegen den Szientismus* deutlich, wonach es DiskursanalytikerInnen auch stets um die kritische Theoretisierung gehe (Milliken 1999: 225, 227). Dieser Haltung entsprechend ist das Interesse von Diskursforschung in den IB auf den Nexus zwischen Macht und Wissen gerichtet (Milliken 1999: 225). Macht und Wissen werden im Diskurs gleichermaßen transpor-

---

6 Der Erforschung von Diskursen im Hinblick auf die Nähe zum Foucault'schen Diskursbegriff widmen sich Studien zu Gender und Sicherheit (Enloe 1990; Tickner 1992; Elshtain 1995), Gouvernementalität (Neumann/Sending 2007, 2010), Dekonstruktionen von Akteur-Struktur-Analysen (Doty 1997), aber auch wissenschaftskritische Arbeiten mit größerem sprachlichen Fokus (Ashley/Walker 1990; Zehfuß 2002).

tiert. Ihr Verhältnis ist damit ebenso ko-konstitutiv, wie das von Akteur und Struktur, die dem unaufhörlichen und instabilen Prozess der Signifikation unterworfen sind (Milliken 1999: 229).

Die Frage nach der Vorstellung von Ordnung, die dem Diskursvehikel inhärent ist, wird bei Milliken implizit im Rekurs auf David Campbell deutlich. Demnach ist Ordnung eine Frage der Priorisierung von Repräsentationen, die sprachlich abbilden, was als Erkenntnisgegenstand wahrgenommen wird (Milliken 1999: 225f). Der ontologische Status des Diskurses ist somit einer, der geschaffen wird, während und indem er repräsentiert, obschon er den essentialistischen Kern gänzlich entbehrt.

Milliken stellt konkrete Methoden zur Analyse von Diskursen in den Mittelpunkt ihres Texts. Hierzu gehören die Prädikatsanalyse, die Dekonstruktion – etwa von dichotomen Strukturen und unhinterfragten Wissensbeständen –, die Gegenüberstellung, das Aufdecken marginalisierten Wissens und die Genealogie (Milliken 1999: 242f). Diese Methoden dienen dazu, den Transport von Bedeutung im Diskurs »als 'a structure of meaning-in-use'« (Milliken 1999: 231) zu erforschen. Die epistemologische Ebene ist des Weiteren dadurch gekennzeichnet, dass die Beziehung der Forschenden zur Welt über deren Ideen und Meinungen erfolgt. Milliken hebt hervor, dass nicht die Dinge an sich, sondern die Menschen, die Dinge betrachten, Sinn konstituieren und Bedeutung zuschreiben (Milliken 1999: 226). Welt und Geist sind im Diskursbegriff Millikens demnach in der Terminologie Jacksons monistisch, da sie nicht voneinander trennbar sind und sich gegenseitig bedingen.[7] Indem Milliken diskursanalytische Methoden ins Zentrum des Textes stellt und zudem konstatiert, dass systematische Analysen beim Lesen und Sehen (Milliken 1999: 235) helfen, macht sie deutlich, dass sie prinzipiell von der Möglichkeit eines Erkenntniszuwachses ausgeht. Wissen kann demnach gewonnen werden, auch wenn (oder gerade weil) es sich auf eine außerdiskursive Wirklichkeit bezieht, die sich grundsätzlich der Erkenntnis entzieht. Im Gegensatz zur phänomenologischen Tradition (nach Jackson), die Milliken als Szientismus kritisiert, ist sie somit dem transfaktualistischen Lager zuzuordnen.

---

7   Die monistische Orientierung im Diskursbegriff wird von Milliken selbst in dem Text stellenweise gebrochen. Die (analytische) Trennung des Diskurses in theoretische Felder ist dafür bereits ein Indiz (Signifikation, Produktion und Handlung, 229ff). Deutlicher wird das Aufbrechen der monistischen Struktur im Bereich der policy practices (240f). Indem Milliken die Artikulation von der Implementation der policies trennt, spaltet sie gleichermaßen die Praktik vom Diskurs ab, was als eher dualistische Orientierung gelesen werden kann.

3.3 Praktiken als Vehikel

Der jüngst ausgerufene *practice turn* in den IB gleicht in mancher Hinsicht einem gelungenen terminologischen PR-Gag. Zwar gibt es weder ein eindeutiges Verständnis darüber, was eine Praktik eigentlich definiert, noch handelt es sich um eine neue Entwicklung in den IB, Praktiken in den Blick zu nehmen (vgl. etwa Wendt 1992; Doty 1997; Reckwitz 2002, 2003, 2008; Neumann 2002; Kratochwil 2007; Büger/Gadinger 2008). Der Praxisansatz fokussiert darauf, »what practitioners do« (Adler/Pouliot 2011b: 3). Adler und Pouliot (2011b; 2011c) stellen mit ihrer kulturtheoretisch inspirierten Praxistheorie ein offen formuliertes Vehikel der *international practices* bereit, das Praktiken als kompetente Performanzen definiert:

> »practices are socially meaningful patterns of action, which, in being performed more or less competently, simultaneously embody, act out, and possibly reify background knowledge and discourse in and on the material world« (Adler/Pouliot 2011b: 6).

Als Erkenntnisgegenstand internationaler Politik bietet der Praxisansatz einen analytischen Mittelweg zwischen Akteur und Struktur an: Praktiken werden als Suspension zwischen Akteur und Struktur konzipiert[8] (Adler/Pouliot 2011b: 18), die es einerseits Strukturen ermöglichen sollen, stabil zu sein oder sich zu entwickeln, und die andererseits Akteure diese Strukturen reproduzieren oder verändern lassen (Adler/Pouliot 2011b: 6). In Abgrenzung zu bloßem materiellen Verhalten und subjektiv und intersubjektiv bedeutungsvollem Handeln konzeptualisieren Adler und Pouliot den Praxisbegriff darüber hinaus als in einem organisierten und strukturierten Kontext eingebettet, der von den Autoren auf der internationalen Ebene lokalisiert wird. Dabei berücksichtigt ihr Ansatz nicht nur den Staat als zentralen Akteur, sondern alltägliche Praktiken der internationalen Politik von Individuen oder sozialen Gruppen.

In vielerlei Hinsicht lassen sich internationale Praktiken als eine Art analytisches Sowohl-als-auch beschreiben (Akteur/Struktur; materiell/ideell; lokal/global; individuell/kollektiv). Entsprechend haben Praktiken hier keinen eigenständigen ontologischen Status. Ihre Untersuchung kann nur interpretativ durch eine Analyse der ihr zu Grunde liegenden Wissens- und Machtstrukturen erfolgen; insofern bestehen an dieser Stelle auch klare Parallelen zum oben diskutierten Diskursbegriff. Adler und Pouliot un-

---

8 Für einen de-zentrierten Praxisbegriff, vgl. Doty 1997; siehe auch Frost/Lechner 2016 und Lechner/Frost 2018.

terstreichen die Kontingenz von Bedeutungen: demnach seien internationale Praktiken je nach Forschungsfrage auf allen möglichen Aggregationsebenen untersuchbar (Adler/Pouliot 2011b: 9).

Wandel kann dabei auf drei Ebenen stattfinden: in Subjektivitäten (also etwa Präferenzbildungen, Dispositionen), in den Praktiken selbst oder auf der Ebene der sozialen Ordnung. Adler und Pouliot konzipieren die Dynamik von Praktiken als normales Ergebnis sozialen Lebens. Zwar sei Stabilität ebenfalls Ergebnis von Praktiken, jedoch eher die Ausnahme als die Regel. Dem hier vorgestellten Ansatz liegt also eine Vorstellung von Ordnung zu Grunde, die je nach Untersuchungsfokus sowohl Stabilität als auch Wandel eines Forschungsgegenstands betrachten kann. Wie genau die Analyse methodisch erfolgen soll, wird von den Autoren nicht vorgeschrieben. Vielmehr befürworten sie einen methodologischen Pluralismus und – wo möglich – Methodentriangulation (Adler/Pouliot 2011b: 21-23).

Dies hat Konsequenzen für die Rolle des/r Forschenden: Wissenschaft selbst ist im Praxisansatz eine reflexive Praxis, die nicht von ihrem Analysegegenstand getrennt werden kann. Somit lässt sich der Praxisansatz innerhalb eines monistischen Wissenschaftsverständnisses verorten (Adler/Pouliot 2011b: 12). Die Autoren schreiben ihrem Vehikel damit nicht nur eine physikalische Qualität zu, ihre Fähigkeit zu verbinden erstrecke sich auch auf die epistemologische Dimension, und dies selbst bei meta-theoretisch – nach Jackson (2011) – eigentlich unvereinbaren Wissenschaftsverständnissen. Für Adler und Pouliot scheint diese Verbindung evident, was auf ihre metatheoretische Verortung im Transfaktualismus hinweist. Hier unterscheiden sich die Autoren von Doty (1997), die mit ihrem dekonstruktiven Zugang zu Praktiken die ontologische Frage suspendiert.

3.4 UNSCR 1325 als Norm, Diskurs und Praktik

Die unterschiedlichen Funktionen der drei Vehikel lassen sich anhand der Resolution 1325 des UN-Sicherheitsrates für Frauen, Frieden und Sicherheit (UNSCR 1325) verdeutlichen. Sie wurde im Jahr 2000 verabschiedet und fordert die stärkere Berücksichtigung geschlechterspezifischer Aspekte im Bereich der Sicherheitspolitik durch die Einbeziehung geschlechtersensibler Themen in gewalttätigen Konflikten und Friedensprozessen sowie den Schutz vor sexualisierter Gewalt. Zudem beinhaltet die Resolution die Forderung, dass Personal im Wiederaufbau und in der Konfliktprävention geschlechtergerecht verteilt sein muss. Außerdem thematisiert sie die egalitäre Beteiligung von Männern und Frauen im Militär.

Bereits die Convention on the Elimination of All Forms of Discrimination against Women (CEDAW), die 1979 von der Generalversammlung verabschiedet wurde, ist aus einer Normenperspektive analysiert worden (Zwingel 2012; 2016). UNSCR 1325 wird ebenfalls mit den Vehikeln Norm, Diskurs und Praktik bearbeitet (etwa Shepherd 2008, Tryggestad 2009; Joachim/Schneiker 2012; Jenichen et al. 2019; Kunz 2020; Singh 2020), was einen wichtigen Grund für ihre Wahl zur Illustration der Vehikel darstellt. Joachim und Schneiker (2012) betrachten etwa die Resolution 1325 als internationale und zum *Gender Mainstreaming* gehörende Norm. Sie untersuchen ihre Implementation in vergleichender Perspektive, unterstreichen dabei die Wandlungsfähigkeit der Norm auf nationaler Ebene und führen die divergenten Entwicklungen in Großbritannien, Schweden und Deutschland auf die normative Ausgangssituation zurück, die zu unterschiedlichen Interpretationen der Norm auf nationalstaatlicher Ebene führen (Joachim und Schneiker 2012: 554f).

In unserer idealtypischen Lesart des Normenvehikels im Sinne der von Finnemore und Sikkink vorgenommenen Beschreibung wird die Verabschiedung und Durchsetzung der Resolution als ein Prozess normativen Wandels verstanden. Auf der ontologischen Ebene legt das Normenvehikel einen Gegenstandsbereich fest, der klar beschriebene und als angemessen betrachtete kollektive Verhaltenserwartungen bezeichnet. Die Gender Mainstreaming-Norm beruht dabei auf intersubjektiv geteiltem Wissen um unterschiedliche Möglichkeiten für Männer und Frauen aufgrund ihrer sozialen Geschlechterrollen und deren unterschiedliche Betroffenheit im Bereich der Sicherheitspolitik. Gleichzeitig hat das Wissen von geschlechterspezifischen Diskriminierungen eine ordnende, handlungssteuernde Funktion, die die soziale Rolle der (staatlichen) Akteure anspricht. Deren soziales Handeln wird von als angemessen wahrgenommenen Werten von Geschlechtergerechtigkeit bestimmt, die einen konstitutiven Teil der eigenen (staatlichen) Identität bilden. So steht auch bei Joachim und Schneiker die Norm und damit verbundene nationale Politiken im Mittelpunkt, wenn auch deren Wandelbarkeit und Fluidität betont werden (Joachim und Schneiker 2012: 534f).[9] Die Norm wird quasi als Instrument

---

9 Zwar unterstreichen Joachim und Schneiker, dass es sich bei *Gender Mainstreaming* um eine »vague and elusive norm« handelt (Joachim und Schneiker 2012: 536), diese Fluidität bezieht sich jedoch auf das *Outcome*, weniger auf die Heterogenität der Norm an sich. Wie UNSCR 1325 umgesetzt wird, hängt vom »normative-fit« (Joachim und Schneiker 2012: 554) mit dem jeweiligen Staat zusammen, der maßgeblich vom Stellenwert der *Gender Mainstreaming*-Norm geprägt ist (vgl. auch Jenichen et al. 2019).

zum Transport eines erwünschten sozialen Verhaltens betrachtet, wohingegen die tatsächliche lokale Umsetzung als von der Norm abweichende Praxis gesehen wird.

Auf der epistemologischen Ebene bildet sich diese Norm gendergerechter kollektiver Handlungserwartungen in multilateralen Diskussionen um die Ausgestaltung der Resolution ab, die zum handlungsleitenden Motiv bei der Einsetzung von spezifischen Gender Mainstreaming-Politiken werden. Entsprechend der Konzeptualisierung von Finnemore und Sikkink manifestieren sich die kollektiven Handlungserwartungen in der empirischen Faktizität der Resolution. Empirische Untersuchungen zur UNSCR 1325 können somit erst theoretische Annahmen zur Gender-Norm in der Sicherheitspolitik sichtbar machen. Dies könnte sich unter anderem in dem von Finnemore und Sikkink beschriebenen Normenzyklusmodell zeigen, in dem die Umsetzung in nationalen Aktionsplänen, die weitere Verbreitung, Anerkennung und Kollektivierung dieser identitätsstiftenden Verhaltenserwartungen Hinweise auf das Wissen um die Norm geben würden. Die/der Forschende fixiert eine bestimmte Bedeutung von Gender Mainstreaming in der globalen Sicherheitspolitik in absoluten Kategorien der (staatlichen) Zugehörigkeit und steuert damit gleichzeitig die Sinnzuschreibungen, die aus dem empirischen Kontext überhaupt möglich ist.

Die Vehikelperspektive im Hinblick auf die Sicherheitsratsresolution 1325 als Diskurs offenbart von der Normenperspektive abweichende Formen der Inblicknahme und der Problematisierung. Die Frage nach den Machtverhältnissen, die für den Foucault'schen Diskursbegriff konstitutiv ist, wird von Shepherd (2008) im Hinblick auf UNSCR 1325 explizit gestellt, womit auf den Wissens- und Machtnexus fokussiert wird. Shepherd wendet eine diskursanalytische Methodik an und erforscht die Narrative der Resolution anhand von Texten der UN und einer Nichtregierungsorganisation. Sie identifiziert *Entwicklung* in beiden Narrativen als zentrales Signifikat (Shepherd 2008: 397). Anhand der Resolution 1325 als diskursiver Praktik problematisiert sie die Fortschreibung eines neoliberalen Entwicklungsparadigmas (Shepherd 2008: 385), das in den Narrativen zu wenig hinterfragt werde (Shepherd 2008: 399). In dieser kritischen Perspektive stehen nicht mehr das *Gendern* der Friedens- und Sicherheitspolitik, sondern vor allem die Partizipation an und der Zugang zum Markt und seine Bedeutung für (wirtschaftliche) Entwicklung im Vordergrund (Shepherd 2008: 398).

Indem Shepherd auf die Fortschreibung eines neoliberalen Entwicklungsparadigmas durch die UNSCR 1325 abhebt, dekonstruiert sie Wissen, das in der Resolution enthalten ist, und macht es zugleich sichtbar. Sie nutzt dabei den Spielraum, den der Diskurs – jenseits der Faktizität der

Norm – anbietet, und zeigt die Vorstellungen von Wahrheit (im Sinne richtigen Wissens) auf, die sich in der Resolution niederschlagen und gleichermaßen auf die Subjekte der Resolution (etwa Frauen in Konfliktgebieten) einwirken. Somit thematisiert das Diskursvehikel, welches Wissen mit UNSCR 1325 geschaffen wird – womit in ontologischer Hinsicht die konstruktivistische Verortung und in epistemologischer Hinsicht auch die transfaktualistische Orientierung deutlich wird. Die *Haltung gegen den Szientismus*, der im Milliken-Text als für das Diskursvehikel kennzeichnend identifiziert wurde, kann als kritische Perspektive eine zunächst einmal positiv konnotierte Resolution (Instrument zur Umsetzung von *Gender Mainstreaming*) in ihren narrativen Anknüpfungspunkten mit einem umstrittenen Wissensvorrat (neoliberales Entwicklungsparadigma) sichtbar machen. Dies wird möglich, da der Diskurs von einer Ko-konstitution von Wissen und Macht ausgeht, die eine monistische Perspektive als Verbindung von Geist und Welt unterstreicht: so will der Diskurs stark machen, dass die Wahrnehmung von Welt nicht auch, sondern in erster Linie über den Geist erschlossen wird.

Eine Möglichkeit, die UN-Sicherheitsratsresolution 1325 in diesem monistischen Sinne als Vehikel der Praktik zu konzeptualisieren, bestünde darin, zunächst auf ihren besonderen Status als thematische Resolution zu verweisen, der sich nicht auf einen konkreten Konflikt, sondern ein generelles Problemfeld bezieht. Die von Joachim/Schneiker (2012) sowie von Tryggestad (2009) beschriebenen nationalen Umsetzungsprobleme der UNSCR 1325 ließen sich so mit dem »interplay of practice« im Kontext der Etablierung einer neuen Praktik erklären (vgl. wiederum Doty 1997). Die Resolution als Praktik speist sich demnach aus zwei Arten von Wissen: zum einen im »background« einer Praktik (Adler/Pouliot 2011b: 8), also die Vorstellungen von Geschlechtergerechtigkeit, die der UNSCR 1325 zu Grunde liegen, aber dabei keineswegs unumstritten sind. Zum anderen wird Wissen als »bound up« und »enclosed« in der Ausführung der Resolution jeweils in unterschiedlichen Kontexten lokalisiert (vgl. auch Singh 2020). Das abstrakte Wissen über Gendergerechtigkeit ändert über die konkrete Umsetzung seinen Status: indem es sich durch das Handeln aktualisiert, stabilisiert sich die Praktik zugleich. Die Frage, ob es sich dabei um Kontinuität oder Wandel handelt, ist eine empirische. Die Konflikte in der UN-Generalversammlung über die konkrete Ausgestaltung der Resolution verweisen auf die wechselseitige Verschränkung verschiedener Wissensbestände zu Gendergerechtigkeit, die in hohem Maße soziale und kulturelle Identitätsfragen berühren.

Interessant ist in diesem Zusammenhang vor allem die Art und Weise, *wie* sich Gender Mainstreaming als neue Praktik performativ etabliert:

nach Joachim und Schneiker nämlich über nationale Aktionspläne, die die Institutionalisierung von Gender Mainstreaming in der Sicherheitspolitik quantifizierbar und somit messbar machen. Dabei erstreckt sich die Praktik nicht nur auf rechtliche Normen und Gesetze, sondern auch auf politische Programme, die die Perspektive von Frauen hörbar machen sollen, bis zu Techniken zur Transformation von sozialen und kulturellen Identitäten. Hierzu werden Instrumente wie *gender budgeting* und *monitoring*, nach Geschlecht disaggregierte Statistiken sowie Wirkungsstudien nicht nur als politische Maßnahmen genutzt (Joachim/Schneiker 2012: 538), sondern gerade auch zur Datenerhebung, um Wissen über Genderbeziehungen in Konfliktsituationen zu schaffen und die bestehenden Praktiken den Zielen der UN-Resolution anzupassen. Diese Wissenstechniken werden flankiert durch Trainings- und Bildungsprogramme, um den Menschen die Rationalität der neuen Praktik zu vermitteln.

Eine Reflexion ihrer eigenen epistemologischen Rolle in diesem Prozess wird von Joachim und Schneiker weniger stark vorgenommen. In einem monistischen Wissenschaftsverständnis ließe sich die performative Bedeutung der Praxis dagegen kaum von dem Wissen darüber sowie den Praktiken der Wissensproduktion trennen. Ein weiteres Ziel des Praxisansatzes ist es, Kontingenz, Mikropraktiken und die lokale Einbettung von Wissensbeständen expliziter als in der Normenforschung üblich in den Blick zu nehmen (vgl. auch Lechner/Frost 2018). Sowohl Normalisierungsprozesse von Wissensbeständen als auch deren soziale und politische Umstrittenheit ließen sich in konkreten Umsetzungen der Resolution über ethnographische Methoden in unterschiedlichen lokalen Kontexten untersuchen (Yanow 2009). Dabei bieten gerade der Entstehungs- und Überarbeitungsprozess von bürokratischen Steuerungsinstrumenten wie nationalen Aktionsplänen Gelegenheit, habitualisierte Praktiken in Organisationen etwa durch teilnehmende Beobachtung zu untersuchen. Auch hier ist die kritische Reflexion der eigenen SprecherInnenposition zentrales Qualitätsmerkmal eines praxeologischen Ansatzes.

4. Schlussbetrachtung

Wir haben in unserem Beitrag für eine metatheoretische Betrachtung plädiert, um den konzeptionellen Mehrwert unterschiedlicher Normvehikel zur Deutung globaler Politik zu beleuchten. Dabei haben wir uns gefragt, inwieweit sich andere begriffliche Zugänge von der Normenforschung absetzen, ein anderes Wissenschaftsverständnis aufweisen und wie sie somit ontologisch ihren Gegenstandsbereich voneinander abweichend konstituieren. Mit dem Begriff des Vehikels haben wir analytische Distanz zum Gegenstand geschaffen, um die Unterschiede und Gemeinsamkeiten von Norm, Diskurs und Praktik herauszuarbeiten. Mit Schaber und Ulbert haben wir damit den Gedanken der Reflexivität gegenüber dem ontologischen Erkenntnisobjekt wieder aufgegriffen (Schaber/Ulbert 1994: 141); mit Jackson (2011) haben wir vor allem die epistemologische Ebene anhand der Kategorien dualistisch-monistisch und phänomenologisch-transfaktualistisch untersuchbar gemacht. Unser Ziel war es, durch die Betrachtung verschiedener Vehikel das oft ungenutzte Potenzial für den Austausch zwischen unterschiedlichen interpretativen Ansätzen in den IB sichtbar zu machen (Kratochwil 2007: 8; vgl. auch die Einleitung zu diesem Band).

Metakategorie	Vehikel		
	Norm	**Diskurs**	**Praktik**
Erkenntnisobjekt	Verhaltensstandard Identitätsfestlegung	Re-Signifikation von Wissensbeständen	Handlungen als kompetente Performanzen
Akteur- und Handlungskonzept	Verhalten & Identität ko-konstitutiv als Konsekution	Akteure & Strukturen ko-konstitutiv als Dependenz	Akteur & Struktur ko-konstitutiv als Suspension
Vorstellung von Ordnung	Intersubjektivität, kollektive Erwartungen und Zugehörigkeiten	Konstitution und Repräsentation vom Macht-Wissen-Nexus	je nach Fokus Stabilität und/oder Wandel via Lernen
dualistisch/ monistisch	eher dualistisch	monistisch	eher monistisch
phänomenologisch/ transfaktualistisch	eher phänomenologisch	eher transfaktualistisch	transfaktualistisch
Verfahren und Methoden der Erkenntnis	*process tracing* Genealogie	Prädikatsanalyse Dekonstruktion Genealogie	reflexiver Methodenpluralismus Ethnografie

Quelle: eigene Darstellung

Unsere Beobachtungen haben wir zur besseren Übersicht tabellarisch zusammengestellt.[10] In der linken Spalte haben wir die von Schaber und Ulbert (1994) und Jackson (2011) geliehenen Kategorien abgetragen. Sie be-

---

10 Es ist uns bewusst, dass sich diese Darstellungsform teilweise gegen den vielfach betonten und graduell unterschiedlich ausgeprägten fluiden Charakter der untersuchten Vehikel sperrt. Somit suggeriert die Tabelle Grenzziehungen, die sich vor dem Hintergrund unserer Beobachtungen insbesondere im Hinblick auf Kontextsensitivität sowie unterschiedliche Anlagen und Lesarten der Vehikel nur bedingt

ziehen sich auf die von uns betrachteten Vehikel Norm, Diskurs und Praktik, die in der ersten Zeile der Tabelle festgehalten wurden. In dieser knappen, vergleichenden Darstellung ergeben sich als Erkenntnisobjekte der Vehikel eine Fokussierung der Norm auf das Verhalten, des Diskurses auf das Wissen und der Praktik auf die performative Handlung. Im Hinblick auf das Akteur- und Handlungskonzept ist das Verhältnis bei der Norm konsekutiv insofern, als dass Verhalten als Ausdruck von Identität verstanden wird, während sich Akteur und Struktur bei Diskurs und Praktik ko-konstitutiv als Dependenz (Diskurs) und als Suspension (Praktik) verhalten. Die Vorstellung von sozialer Ordnung ist beim Normenvehikel durch Intersubjektivität geprägt, die kollektive Erwartungen und Zugehörigkeiten beinhaltet. Beim Diskurs besteht Ordnung unter anderem in der gleichzeitigen Konstitution und Repräsentation vom Macht-Wissens-Nexus, während die Praktik auf Stabilität oder Wandel sozialer Ordnung fokussiert. Während hinsichtlich des Weltbildes bei der Norm eher eine dualistische Vorstellung besteht, die wir mit Jackson als Trennung von Geist und Welt beschrieben haben, sind diese bei Diskurs (monistisch) und Praktik (eher monistisch) weniger zu trennen. Bei der Frage, auf welcher Grundlage Schlussfolgerungen gezogen werden, bezieht sich die Norm auf empirisch erfahrbare Phänomene. Diskurs (eher transfaktualistisch) und Praktik (transfaktualistisch) lassen hingegen auch die Erkenntnis aus prinzipiell nicht-beobachtbaren Konzepten zu. Abschließend verweist die Tabelle auf die Verfahren und Methoden der Erkenntnisgewinnung.

Unsere metatheoretische Untersuchung deutet an, dass konstruktivistische Ansätze, die mit den Konzepten Norm, Diskurs oder Praktik arbeiten, in verschiedenen metatheoretischen Konstellationen nach Jackson (2011) vorkommen können. Dies würde auch die von Loges diagnostizierte Vielfalt in der Normenforschung bestätigen. Die Vehikel Diskurs und Praktik unterscheiden sich dabei von der Perspektive der Norm, die von einer Trennung zwischen Geist und Welt ausgeht und zudem valides Wissen nur als Ergebnis empirischer Beobachtung gelten lässt. Die Vehikel Diskurs und Praktik legen hingegen Wert darauf, dass der Forschungsgegenstand nicht von den Forschenden zu trennen ist, worin die monistische Perspektive deutlich wird. Während die Einordnung in das monistische Wissenschaftsverständnis für beide Vehikel unproblematisch erscheint, ist

---

halten lassen. Im Interesse einer möglichst deutlichen Benennung zur Ermöglichung von Verständigung zwischen den Lagern haben wir uns dennoch für diese Zusammenstellung entschieden – wohlwissend, dass sie auf unserer prototypischen Lesart der Vehikel basiert.

die Einteilung insbesondere für das Diskursvehikel entlang der Dimension Phänomenologie-Transfaktualismus weniger eindeutig.[11] So hängt es von der Konzeptualisierung dessen ab, was als empirische Beobachtung gelten soll, inwiefern die Vehikel eher als phänomenologisch oder transfaktualistisch zu verorten sind. Dies unterstreicht einmal mehr die Notwendigkeit zur Berücksichtigung der subjektiven Situiertheit von Forschenden, die von allen drei Vehikeln gefordert wird.

Wir haben argumentiert, dass alle Vehikel letztlich Bedeutungen zum Zweck der Fixierung (einer bestimmten Realität) transportieren, was sich auf unterschiedliche Weise bestätigt hat. Gemein ist den drei Perspektiven, dass sie, zumindest formal, ein Bekenntnis zur wechselseitigen Konstitution von sozialer Wirklichkeit durch Akteure und Strukturen geben. Diese wird bei allen Vehikeln im Prozess hergestellt, sowohl auf definitorischer Ebene als auch auf Ebene der damit verknüpften Handlungen. Zudem ist Umstrittenheit für alle drei Perspektiven konstitutiv.

Was den Transport von Bedeutung durch die drei Vehikel angeht, lassen sich zwei Punkte herausstellen. Erstens sind Zuschreibungen von Bedeutung andauernd und unabgeschlossen, was die Grundlage für ihre Umstrittenheit im Sinne von Definitionshoheit (repräsentativ) und Interpretationsspielraum (konstitutiv) darstellt. Zweitens stehen die konstitutiven und repräsentativen Elemente eines Vehikels stets in Wechselwirkung miteinander. Auf diese Weise bringen Vehikel immer neue Bedeutungen auf Grundlage eines immer schon bestehenden Verständnisses hervor.

Unterschiede zwischen den Vehikeln werden zum einen im Verhältnis der tatsächlichen Konzeptualisierung von Akteur und Struktur deutlich. So scheinen NormenforscherInnen auf Grund des von uns idealtypisch herausgearbeiteten Dualismus den Schwerpunkt auf die Akteure zu legen. Akteure konstituieren und wandeln Normen und stabilisieren somit Werte und Erwartungshaltungen, also normative Bedeutungen. Demgegenüber bilden die Vehikel Diskurs und Praktik die Gleichzeitigkeit der wechselseitigen Konstitution von Akteur und Struktur ab. Beide werden diskursiv/performativ vermittelt und der Diskurs ermächtigt und beschränkt gleichermaßen das Handlungspotenzial seiner AkteurInnen. In den hier diskutierten Beispielen umfassen die Vehikel Diskurs und Praktik sowohl Agency als auch strukturelle Phänomene und sind somit gleichermaßen »*explan-*

---

11 Adler und Pouliot lassen sich zwar eindeutig im Bereich des Transfaktualismus verorten, allerdings könnte man einwenden, dass die Konzeption der Praktik an sich durchaus auch eine phänomenologische Lesart zuließe, vgl. etwa Doty (1997).

ans and *explanandum*« (Adler/Pouliot 2011b: 18, Hervorh. im Original). Im Unterschied zur Norm sind dem Diskurs und der Praktik weiterhin gemein, dass sie die Akteur-Struktur-Dichotomie auflösen wollen.

Auch der gemeinsame Fokus auf Umstrittenheit wird auf ontologischer Ebene sehr unterschiedlich umgesetzt. Die Norm als Vehikel fokussiert bei Normumsetzungsprozessen auf Kontestation, die sich auf die Annahme oder Ablehnung der Norm beschränkt. Dabei schafft eine fixe Bedeutung der Normen schon eine Erwartungshaltung für Individuen, die entweder ausgefüllt oder zurückgewiesen wird. Eine diskursanalytische Perspektive hingegen schaut bei Umstrittenheit darauf, wie die Identitätsformation der Individuen in performativer Weise vonstattengeht und problematisiert, wer dieser Erwartungshaltung aus welchen Gründen nicht entsprechen kann und welche Konsequenzen dies hat. Die Praktik als Vehikel transportiert bedeutungsvolles Wissen durch die Performanz in seiner andauernden, unabgeschlossenen Wiederkehr.

Zusätzlich transportieren die einzelnen Vehikel sehr unterschiedliche Verständnisse von Macht. Die Norm blendet den reflexiv-diskursiven Aspekt von Macht fast völlig aus und beschäftigt sich im Zusammenhang mit Kontestation mit dem repressiven Element von Macht, das sich in Adaption oder Zurückweisung der Norm manifestiert. Ebenso steht der Aspekt der Machtausübung nicht primär im Fokus des Praxisansatzes von Adler und Pouliot, allerdings lässt sich wirklichkeitskonstituierende Macht von Praktiken leicht aufzeigen, wie das Beispiel der UNSCR 1325 illustriert. Demgegenüber ist der Zusammenhang von Macht und Diskurs evident, da der Diskurs immer eine Machtfrage stellt und einen emanzipativen Anspruch hat, welcher bei der Norm und der Praktik nicht zwangsläufig vorhanden ist.

Die teils eklektischen Importe von Vehikeln aus anderen Disziplinen und Wissensbeständen haben auch forschungspraktische Implikationen, etwa wenn Vehikel einseitig auf eine Dimension der Bedeutungsfixierung verengt werden. So zeigt das Beispiel der Norm (in unserer Lesart der ausgewählten Texte), wie die diskursiven Effekte eines Konzepts zu Gunsten eines Fokus auf Identität und Verhalten unbeachtet bleiben. Im Diskursvehikel fällt dagegen in ihrer (zumindest überwiegenden politikwissenschaftlichen) Anwendung eine Verengung auf den sprachlich-linguistischen Bereich auf, was einerseits auf Grund der zentralen Bedeutung von Sprache für diskurstheoretische Zugänge nachvollziehbar erscheint, andererseits vor dem Hintergrund vielfältiger Alternativen, etwa der Dispositiv- oder Gouvernementalitätsanalysen, doch überrascht. Im Bereich der praxistheoretischen Ansätze scheint sich dagegen in den IB eine Hinwendung zu ethnographischen Forschungstechniken abzuzeichnen, ohne dass es zu einer

Rezeption der etwa in der Anthropologie durchaus stattfindenden kritischen methodologischen Reflexion dieser Ansätze käme. Hier sehen wir ein Potenzial für einen verstärkten Austausch zwischen den Perspektiven, der – wie sich in unserem empirischen Abschnitt zu Gender Mainstreaming zeigt – bereits begonnen hat.

Die metatheoretische Betrachtung zeigt, dass die vordergründige Ähnlichkeit zwischen den einzelnen Vehikeln deutlich differenzierter zu sehen ist. Bei allen drei Konzepten erscheint das übermächtige Bedürfnis, ontologische Stabilität zum Zwecke der Analyse herzustellen. Norm, Diskurs und Praktik scheinen in unserer Lesart Antworten auf den Wunsch zu bieten, der fehlenden ontologischen Fixierbarkeit der sozialen Konstruktion von Wirklichkeit durch eine Transportmetapher habhaft zu werden. Dies mag insbesondere mit Blick auf die empirische Tradition der Politikwissenschaft und vor allem der Internationalen Beziehungen zuzutreffen. Denn die fehlende ontologische Basis stellt eine ideale Projektionsfläche für verschiedene Begriffsformen dar und generiert geradezu den Bedarf zur Konstitution des Erkenntnisobjektes mit unterschiedlichen Vehikeln. In dieser Lesart verbindet das Vehikel als Transportmetapher die Forschungspraxis mit dem, was sich ansonsten der Erkenntnis entzieht.

Literatur

Adler, Emanuel 1997: Seizing the Middle Ground. Constructivism in World Politics, in: European Journal of International Relations 3: 3, 319–363.

Adler, Emanuel/Pouliot, Vincent (Hrsg.) 2011a: International Practices, Cambridge.

Adler, Emanuel/Pouliot, Vincent 2011b: International Practices. Introduction and Framework, in: Adler, Emanuel/Pouliot, Vincent (Hrsg.): International Practices, Cambridge, 3–35.

Adler, Emanuel/Pouliot, Vincent 2011c: International Practices, in: International Theory 3: 1, 1–36.

Ashley, Richard K./Walker, R. B. J. 1990: Introduction: Speaking the Language of Exile. Dissident Thought in International Studies, in: International Studies Quarterly 34: 3, 259–268.

Berger, Peter L./Luckmann, Thomas 1966: The Social Construction of Reality. A Treatise in the Sociology of Knowledge, Garden City, N.Y.

Bublitz, Hannelore (Hrsg.) 1999: Das Wuchern der Diskurse. Perspektiven der Diskursanalyse Foucaults, Frankfurt/Main.

Büger, Christian/Gadinger, Frank 2008: Praktisch gedacht! Praxistheoretischer Konstruktivismus in den Internationalen Beziehungen, in: Zeitschrift für Internationale Beziehungen 15: 2, 273–302.

Bührmann, Andrea D./Schneider, Werner 2008: Vom Diskurs zum Dispositiv. Eine Einführung in die Dispositivanalyse, Bielefeld.

Checkel, Jeffrey 1997: International Norms and Domestic Politics. Bridging the Rationalist-Constructivist Divide, in: European Journal of International Relations 3: 4, 473–495.

Deitelhoff, Nicole 2006: Überzeugung in der Politik. Grundzüge einer Diskurstheorie internationalen Regierens, Frankfurt/Main.

Doty, Roxanne L. 1997: Aporia: A Critical Exploration of the Agent-Structure Problematique in International Relations Theory, in: European Journal of International Relations 3: 3, 365-392.

Elshtain, Jean B. 1995: Democracy on Trial, New York.

Engelkamp, Stephan/Glaab, Katharina 2015: Writing Norms. Constructivist Norm Research and the Politics of Ambiguity, in: Alternatives 40: 3-4, 201-218.

Engelkamp, Stephan/Glaab, Katharina/Renner, Judith 2012: In der Sprechstunde. Wie (kritische) Normenforschung ihre Stimme wiederfinden kann, in: Zeitschrift für Internationale Beziehungen 19: 2, 101–128.

Enloe, Cynthia 1990: Bananas, Beaches and Bases. Making Feminist Sense of International Politics, Berkeley, CA.

Epstein, Charlotte 2008: The Power of Words in International Relations. Birth of an Anti-Whaling Discourse, Cambridge.

Epstein, Charlotte 2012a: Interrogating the Use of Norms in International Relations. An Introduction, in: International Studies Perspectives 13: 2, 121–122.

Epstein, Charlotte 2012b: Stop Telling Us How to Behave. Socialization or Infantilization?, in: International Studies Perspectives 13: 2, 135–145.

Fairclough, Norman 1995: Critical Discourse Analysis. The Critical Study of Language, Harlow.

Finnemore, Martha/Sikkink, Kathryn 1998: International Norm Dynamics and Political Change, in: International Organization 52: 4, 887–917.

Foucault, Michel 1983: Archäologie des Wissens, Frankfurt/Main.

Frost, Mervyn/Lechner, Silviya 2016: Two Conceptions of International Practice: Aristotelian *praxis* or Wittgensteinian *language-games*?, in: Review of International Studies 42: 2, 334–350.

Glynos, Jason/Howarth, David R. 2007: Logics of Critical Explanation in Social and Political Theory, London; New York.

Jäger, Siegfried 2001: Kritische Diskursanalyse. Eine Einführung, Duisburg.

Jenichen, Anne/Joachim, Jutta/Schneiker, Andrea 2019: Explaining Variation in the Implementation of Global Norms: Gender-Mainstreaming of Security in the OSCE and the EU, in: International Political Science Review 40: 5, 613–626.

Joachim, Jutta/Schneiker, Andrea 2012: Changing Discourses, Changing Practices? Gender Mainstreaming and Security, in: Comparative European Politics 10: 5, 528–563.

Keohane, Robert O. 1988: International Institutions: Two Approaches, in: International Studies Quarterly 32: 4, 379–396.

Kratochwil, Friedrich 2007: Of False Promises and Good Bets. A Plea for a Pragmatic Approach to Theory Building (The Tartu Lecture), in: Journal of International Relations and Development 10: 1, 1–15.

Krook, Mona L./True, Jacqui 2012: Rethinking the Life Cycles of International Norms. The United Nations and the Global Promotion of Gender Equality, in: European Journal of International Relations 18: 1, 103–127.

Kunz, Rahel 2020: Messy Feminist Knowledge Politics: A Double Reading of Post-Conflict Gender Mainstreaming in Liberia, in: International Feminist Journal of Politics 22: 1, 63–85.

Kurki, Milja/Wight, Colin 2010: International Relations and Social Science, in: Dunne, Timothy/Kurki, Milja/Smith, Steve (Hrsg.): International Relations Theories. Discipline and Diversity, Oxford, 14–35.

Laclau, Ernesto/Mouffe, Chantal 1985: Hegemony and Socialist Strategy. Towards a Radical Democratic Politics, London.

Lechner, Silviya/Frost, Mervyn 2018: Practice Theory and International Relations, Cambridge.

Milliken, Jennifer 1999: The Study of Discourse in International Relations: A Critique of Research and Methods, in: European Journal of International Relations 5: 2, 225–254.

Neumann, Iver B. 2002: Returning Practice to the Linguistic Turn. The Case of Diplomacy, in: Millennium - Journal of International Studies 31: 3, 627–651.

Neumann, Iver B./Sending, Ole Jacob 2007: `The International' as Governmentality, in: Millennium - Journal of International Studies 35: 3, 677–701.

Neumann, Iver B./Sending, Ole Jacob 2010: Governing the Global Polity. Practice, Mentality, Rationality, Ann Arbor.

Reckwitz, Andreas 2002: Toward a Theory of Social Practices, in: European Journal of Social Theory 5: 2, 243–263.

Reckwitz, Andreas 2003: Grundelemente einer Theorie sozialer Praktiken. Eine sozialtheoretische Perspektive, in: Zeitschrift für Soziologie 32: 4, 282–301.

Reckwitz, Andreas 2008: Praktiken und Diskurse. Eine sozialtheoretische und methodologische Relation, in: Kalthoff, Herbert/Hirschauer, Stefan/Lindemann, Gesa (Hrsg.): Theoretische Empirie. Zur Relevanz qualitativer Forschung, Frankfurt/Main, 188–210.

Renner, Judith 2013: Discourse, Normative Change, and the Quest for Reconciliation in Global Politics, Manchester.

Renner, Judith 2014: The Local Roots of the Global Politics of Reconciliation. Emergence of 'Reconciliation' as an Empty Signifier in the South African Transition to Democracy, in: Millennium - Journal of International Studies 42: 2, 263–285.

Schaber, Thomas/Ulbert, Cornelia 1994: Reflexivität in den Internationalen Beziehungen, in: Zeitschrift für Internationale Beziehungen 1: 1, 139–169.

Schatz, Edward (Hrsg.) 2009: Political Ethnography. What Immersion Contributes to the Study of Power, Chicago, London.

Schwartz-Shea, Peregrine/Yanow, Dvora 2012: Interpretive Research Design. Concepts and Processes, New York, NY.

Singh, Shweta 2020: In Between the Ulemas and Local Warlords in Afghanistan: Critical Perspectives on the "Everyday," Norm Translation, and UNSCR 1325, in: International Feminist Journal of Politics 22: 4, 504–525.

Tickner, J. A. 1992: Gender in International Relations. Feminist Perspectives on Achieving Global Security, New York.

Tryggestad, Torunn L. 2009: Trick or Treat? The UN and Implementation of Security Council Resolution 1325 on Women, Peace, and Security, in: Global Governance 15: 4, 539–557.

Wendt, Alexander 1992: Anarchy is what States Make of it. The Social Construction of Power Politics, in: International Organization 46: 2, 391–425.

Wendt, Alexander 1999: Social Theory of International Politics, Cambridge.

Wiener, Antje 2009: Enacting Meaning-in-use. Qualitative Research on Norms and International Relations, in: Review of International Studies 35: 1, 175–193.

Wiener, Antje 2010: Zur normativen Wende in den IB. Triangulation of a Different Kind, in: Zeitschrift für Internationale Beziehungen 17: 2, 335–354.

Wonka, Arndt 2007: Um was geht es? Konzeptspezifikation in der politikwissenschaftlichen Forschung, in: Gschwend, Thomas/Schimmelfennig, Frank (Hrsg.): Forschungsdesign in der Politikwissenschaft. Probleme - Strategien - Anwendungen, Frankfurt/Main.

Yanow, Dvora 2009: Conducting Interpretive Policy Analysis, Thousand Oaks, Calif.

Zehfuss, Maja 1998: Sprachlosigkeit schränkt ein. Zur Bedeutung von Sprache in konstruktivistischen Theorien, in: Zeitschrift für Internationale Beziehungen 5: 1, 109–137.

Zehfuss, Maja 2002: Constructivism in International Relations. The Politics of Reality, Cambridge.

Zürn, Michael/Checkel, Jeffrey T. 2005: Getting Socialized to Build Bridges. Constructivism and Rationalism, Europe and the Nation-State, in: International Organization 59: 4, 1045–1079.

Zwingel, Susanne 2011: How Do Norms Travel? Theorizing International Women's Rights in Transnational Perspective, in: International Studies Quarterly 56: 1, 115–129.

Zwingel, Susanne 2016: Translating International Women's Rights. The CEDAW Convention in Context. London.

Über das Verhältnis von Performativität, Normativität und Normen in den Internationalen Beziehungen

Daniel Jacobi und Friederike Kuntz

1. Einleitung

Die Normenforschung in den Internationalen Beziehungen (IB) hat sich festgefahren. Die soziale Dimension der Herausbildung, Transformation und Stabilisierung von normativer internationaler Ordnung erscheint ihr noch immer überwiegend als das Resultat der Interaktionsarbeit von so genannten Norm-Entrepreneuren (und Antipreneuren)[1]. Dieser Umstand verwundert angesichts der für die IB seit Langem proklamierten »sozialen Wende« (Guzzini 2000). Denn entgegen der Zielsetzung, eine sozio-logische Beschreibung von internationaler Politik zu entwickeln, folgen gerade Ansätze im Hauptstrom der Normenforschung damit einem Verständnis des Sozialen als kollektive Überformung der Bewusstseinsstrukturen von prä-existierenden Individuen. Das Soziale ist dann nicht mehr als eine von Individuen einzeln fixierte und aufgrund ihrer Inter-aktion zwischen ihnen geteilte Interpretationsleistung. Als ein emergentes Phänomen, das durch die Pluralität der Individuen zwar befördert wird, mit diesen aber nicht zusammenfällt, bleibt es einer solchen Analyse hingegen verschlossen.

Will man die Herausforderung der sozialen Wende für die Erforschung von Normen annehmen, muss der Begriff des Sozialen von einer dualistischen Fundierung gelöst und reflexiv gewendet werden (für Monismus und Dualismus in meta-theoretischer Perspektive siehe die Beiträge von Loges sowie Graf et al.; zum Dualismus in der *agency and structure debate* siehe die Beiträge von Schillinger und Niemann sowie Herschinger und Sauer in diesem Band). In der Folge muss auch der Normenbegriff neu gedacht werden. Der vorliegende Beitrag unterbreitet im Anschluss an eine diskursanalytische und performativitätstheoretische Perspektive den Vorschlag, die Entstehung und Fortschreibung von Normen unabhängig vom

---

1 Für den Begriff, s. Bloomfield (2016).

Bewusstsein und von der Intentionalität von Individuen zu konzipieren.[2] Stattdessen erarbeitet er eine Sichtweise auf Normen als einen historisch-dynamischen Effekt der Ausübung von Macht durch (Sprech-)Akte, der sich in der Verkettung solcher Akte »materialisiert« und so wissenschaftlich beobachtet werden kann. Die Ausarbeitung dieses Normenverständnisses schlägt eine Brücke zu Strömungen in den IB, die die diskursive Produktion von internationaler Ordnung betonen, den Normenbegriff dabei aber (zu) selten explizit thematisieren (etwa Aalberts 2012; Doty 1996; Weber 1994).[3] Hieraus ergeben sich neue Impulse für eine kritische Normenforschung.[4]

Im Folgenden diskutieren wir zunächst eine akteurszentrierte Form der Normenforschung und erläutern, warum eine Beschreibung des Sozialen als Inter-Subjektivität problematisch erscheint (2-3). Im Anschluss wird ein alternatives Verständnis des Sozialen als ein Phänomen sui generis formuliert (4). Der Beitrag erarbeitet dann die Implikationen eines Konzepts der Performativität für die Sicht auf Normen (5-6) und zieht vor diesem Hintergrund erste Schlussfolgerungen für eine alternative Ausrichtung der Normenforschung (7).

2. *Das Versprechen der sozialen Wende*

Mit der Einführung sozialtheoretischer Elemente in die Erforschung von internationaler Politik erlebte die IB eine starke Ausdifferenzierung ihres

---

2 Diskursanalytisch soll bedeuten, dass wir zwar an ein – üblicherweise als poststrukturalistisch klassifiziertes – Konzept von Diskurs anschließen, nicht aber an »die« Diskurstheorie von Ernesto Laclau und Chantal Mouffe. Performativitätstheoretisch verwenden wir, um ein Verständnis der Verwendung von Sprache als kreatives Tun besonders zu betonen. In beiden Perspektiven schließt der Beitrag vor allem, aber nicht nur, an Judith Butler und Michel Foucault an.

3 Eine solche Beschäftigung mit dem Normenbegriff scheint unterdessen einzusetzen und in einer postkolonialen Wendung Fahrt aufzunehmen (etwa Epstein et al. 2014; Jabri 2014), dazu auch Bastian Loges in diesem Band.

4 Insbesondere der Ansatz von Antje Wiener (etwa 2008) diskutiert in den IB Normen und »Diskurs« explizit und teilt das Anliegen einer kritischen Normenforschung. Sein Diskursverständnis weist kulturell vermittelten individuellen Interpretationen einen zentralen Stellenwert zu. Henrik Schillinger und Holger Niemann diskutieren den Ansatz ausführlich in diesem Band. Die hier entwickelte Perspektive nutzt einen anderen Diskursbegriff (s. Fn. 2) und hat in den IB die meisten Überschneidungen mit Cynthia Weber (1998), die sich u.a. unter Bezugnahme auf Butler mit Souveränität unter Betonung von Geschlechterverhältnissen befasst.

Theorieangebots. Ehedem vorherrschende Theorievokabulare hatten sich zuletzt immer schwerer mit der Beschreibung des Internationalen getan (vgl. Onuf 1989). Die rationalistische Wende hatte einen Perspektivenwechsel von der Frage, wie internationale Ordnung sein *soll*, hin zu der Frage, was ihre Beschaffenheit *sei*, vollzogen. Die neuen, sozialtheoretisch zugerüsteten Ansätze stellten dagegen die Frage, *wie* internationale politische Ordnung als soziale Ordnung überhaupt denkbar und möglich sei.

In der Folge wurde internationale Ordnung zwar weiterhin als *gegeben* angenommen. Es ging jedoch nicht mehr nur um immerwährende Gesetzmäßigkeiten und Struktur-Mechaniken oder die Typisierung historischer Entwicklung als Abfolge großer Ereignisse. Internationale Ordnung und ihre spezifische Gestalt wurden nun vielmehr nach dem sie bedingenden »sozialen Element« (Buzan 2004: 8) befragt. Die Erweiterung von Was- auf Wie-Fragen schließlich zog Reflexivität als neue Dimension in die Beobachtung von internationaler Politik gleich in doppelter Hinsicht ein. Denn dieser Fragestil stellt einerseits auf die soziale Hervorbringung von sozialer Ordnung ab. Er knüpft andererseits die *Beobachtung der Möglichkeit von Phänomenen* zwingenderweise und unauflösbar an die Befragung der *Möglichkeit dieser Beobachtung* selbst (Wie ist politische Ordnung als soziale Ordnung möglich? → Wie ist die Erkenntnis dieser Ordnung möglich? → Wie ist die Erkenntnis dieser Erkenntnis möglich? usw.).

Die Zunahme an erkenntnistheoretischer Auseinandersetzung war daher eine direkte Folge der Hinwendung zur sozialen Qualität von internationaler Politik.[5] Diese Hinwendung brachte außerdem eine Betonung der Kontingenz und Historizität von internationaler Ordnung. Damit wurden neue Möglichkeitsräume für die Forschung geschaffen, aber auch eine doppelte Herausforderung formuliert: Erstens galt es, die Kontingenz und Geschichtlichkeit von internationaler Politik als soziale Ordnung greifbar zu machen. Zweitens war es nötig, das gesteigerte Reflexionsniveau gegenüber der eigenen Forschungstätigkeit auf neuem Wege einzuholen.

---

5 Eine kritische Würdigung der Normenforschung aus metatheoretischer Perspektive unternimmt Loges in diesem Band. Anders als Loges zeigt die hier geleistete Diskussion von Inter-Subjektivität, dass eine diskursanalytische und performativitätstheoretische Perspektive sich von einer ideellen Fundierung von Normen löst.

3. *Normenforschung als Beobachtungsschema internationaler Ordnung*

Betrachtet man die soziale Wende als Möglichkeit und Aufforderung, neue Beschreibungsweisen und (Theorie-)Vokabulare des Internationalen zu erschließen, stellt sich die Frage, inwiefern die neuen Beobachtungsschemata eine solche Wende vollzogen haben.[6] Ein besonders prominentes Schema in diesem Zusammenhang war die Norm.

Das Konzept der Norm erfuhr im Ausgang aus der Regimedebatte der 1980er Jahre (vgl. Krasner 1983; Ruggie/Kratochwil 1986) eine Neuauflage für die Beschreibung von internationaler Ordnung und Prozessen ihrer Entstehung (Katzenstein 1996; Finnemore/Sikkink 1998). Zumeist definiert als ein kollektiver Standard angemessenen Verhaltens für AkteurInnen mit einer gegebenen Identität (Katzenstein 1996: 5), erlaubt es das Normkonzept, internationale Ordnung als eine soziale Ordnung zu beobachten. Maßgeblich hierfür ist die Annahme, dass Normen, weil sie auf geteilten Ideen und Erwartungen basieren, der Welt Ordnung und Stabilität verleihen, aber auch zu Wandel führen können. Die Normenforschung vermeidet so die behavioralistische Sackgasse, Normen mit der reinen Regelmäßigkeit von individuellem Handeln gleichzusetzen. Im Gegenteil: Normen sind von Individuen geteilte Standards angemessenen Verhaltens, die nicht immer in ein dem Standard entsprechendes Verhalten über-setzt werden.

Die soziale Qualität von Normen und damit von (internationaler) Ordnung wird in einer solchen Perspektive im Sinne von Inter-Subjektivität erfasst. Obgleich sich solche Ansätze in Details unterscheiden,[7] ist ihnen aus diesem Grund ein spezifisches Ordnungsmodell des Sozialen gemein. Um also zu beurteilen, inwiefern die Normenforschung ihrem eigenen Anspruch gemäß die soziale Wende vollzogen hat und die soziale Qualität von internationaler Ordnung erfasst, muss dieses Modell genauer betrachtet werden.

---

6 Beobachtungsschemata stehen hier als konzeptioneller Platzhalter für einen nur analytisch aufzulösenden Zusammenhang von a.) Beobachtungsgegenständen, verstanden als durch Beobachtung begründete Dinge oder Phänomene, b.) einer Beobachtungslogik, verstanden als eine spezifische Strukturierungsform der Beobachtung sowie c.) spezifischen Beobachtungsmodellen im Sinne raum-zeitlich verfestigter Formen von Beobachtung. Beobachtung ist somit nicht auf Betrachter reduzierbar. Beobachtung ist immer bereits sozialer Qualität. Beobachtungen schließen stets an vorangehende Beobachtungen an und sind selbst potentiell für weitere Beobachtungen anschlussfähig (mehr in Abschnitt 5).
7 Am bekanntesten dürfte wohl das Lebenszyklusmodell von Normen von Finnemore und Sikkink (1998) sein.

3.1 Die Modellierung des Sozialen in der Normenforschung

Vor dem Hintergrund des Rekurses auf Inter-Subjektivität ist das vorherrschende Sozial-Modell in der Normenforschung das der situierten Interaktion zwischen Individuen.[8] Diese wird als ein über Austausch vermittelter Prozess des individuellen Lernens gefasst und als eine dyadische Konstellation zweier menschlicher AkteurInnen und ihrer Bewusstseine: Ego und Alter. Beide gelangen zunächst individuell zu einer Definition ihrer (gemeinsamen) Situation und treten in ihrer Interaktion in einen Austauschprozess hierüber ein. Hierbei werden Alter und Ego als füreinander undurchdringbare *black boxes* gefasst, die ihre Erwartungen deshalb wechselseitig abgleichen müssen. Nur so können sie zu einem normativen Konsens darüber kommen, was für ihre gemeinsame Situation gilt bzw. gelten soll. Dieses geteilte Wissen macht Ordnung und die Fortsetzung der Interaktion möglich. Das Soziale und damit auch die Norm werden auf diese Weise als etwas konzipiert, das zwischen Individuen als geteilte Definitionen ihrer selbst und ihrer Situation (oder gar Welt) entsteht. Geteilt bedeutet hier, dass solche Definitionen jeweils individuell als Entscheidungsprämisse übernommen werden (müssen).

Ein solches Sozial-Modell hat einen hohen Preis: Es psychologisiert das Soziale und schreibt ihm einen Dualismus ein.[9] Letzterer findet seinen Ausdruck in stets wiederkehrenden Dichotomien, etwa zwischen Individuum (bzw. Subjekt)/Gesellschaft, geteilten/ungeteilten Ideen etc., aber auch in Konzeptionen der Norm-Diffusion und Implementation. In solchen Konzeptionen stehen sich häufig NormunternehmerInnen und NormaddressatInnen (etwa Regierungen) gegenüber, wobei erstere die Norm mitbringen und letztere sich auf der Grundlage ihrer eigenen, internen Prozesse entweder überzeugen lassen, diese anzuerkennen, oder nicht. Das Soziale über Inter-Subjektivität zu modellieren, zieht also eine Beobachtungperspektive nach sich, die dualistisch ist. In der Sprache der Logik handelt es sich um einen klassischen, zweiwertigen Ansatz. Was heißt das für die Beobachtbarkeit der sozialen Qualität von Normen?

---

8 Das plastischste Beispiel hierfür findet sich nach wie vor bei Wendt (1999: 328-335).

9 *Dualismus* bezeichnet hier den Versuch, einen Phänomenbereich (hier: das Soziale) über seine Rückführung auf zwei grundlegende Prinzipien und ihre spezifische In-Bezug-Setzung abzustecken.

3.2 Die Logik der Modellierung des Sozialen in der Normenforschung

Ansätze, die eine zweiwertige Logik kennzeichnet, folgen der Annahme, dass Beobachtung sich strukturell in Subjekt-Objekt-Konstellationen aufspalten müsse, wobei der Subjekt-Seite der Vorzug zu geben sei: Bereits existierende und denkende menschliche AkteurInnen (Subjekte) finden die Gegenstände, auf die sich ihr Denken und Handeln bezieht, schon immer (objektiv) vor und machen diese zum Stoff ihres internen Interpretationsprozesses. Alle unbelebten wie belebten Phänomene, die das Subjekt (das Ego oder Bewusstsein) beoachtet, werden somit auf einen Objektstatus reduziert. Das gilt auch für die anderen AkteurInnen (das Du oder Alter), die zumindest für den Moment als passive Rezipienten und nicht als mögliche Irritationsquelle erscheinen (müssen).[10] Einem solchen Schema fehlt eine Zugriffsmöglichkeit auf die für jegliche Beziehung grundlegende genuin soziale und deshalb auch höchst volatile wie historische Konstituierung von AkteurInnen bzw. Subjekten und ihrer Akteursschaft.

In der Konsequenz steht nicht nur der/die AkteurIn (Subjekt), etwa ein Staat, der Norm (Objekt) gegenüber und kann diese aufgrund ihrer objekthaften Evidenz interpretieren und als Standard in das eigenes Bewusstsein übernehmen (was die ForscherInnen dann beobachten und messen können). Auch in sozialen Beziehungen stehen sich A und B als wechselseitig unzugängliche Bewusstseinsprozesse gegenüber. Entsprechend dem Subjekt-Objekt Schema wird nun immer nur eine der beiden Seiten beobachtet und diese Erkenntnisform zugleich dem/der jeweiligen AkteurIn innerhalb der Dyade unterstellt. So kommt es bspw. zu der Vorstellung, dass aktive NormunternehmerInnen (Subjekte) Norm-EmpfängerInnen (Objekte), sozusagen, gegenüber stehen und die Norm überbringen. Zur Beobachtung der Folgen dieser Tätigkeit wird dann die Seite gewechselt: Hinsichtlich der Empfangs- und Überzeugungsprozesse kann so beobachtet werden, wie etwa Regierungen das nun objektiv vorliegende Bewertungsangebot für Verhalten seitens der NormunternehmerInnen interpretieren.

Die Frage, was die soziale Qualität der Dyade ausmache, wird in dem Modell zunächst mit dem Verweis auf die Inter-aktion zwischen den AkteurInnen beantwortet. Unter den Prämissen der zweiwertigen Logik muss die soziale Qualität dabei als ein nicht vollwertiges bzw. nachrangiges drittes Element eingeführt werden, das beide AkteurInnen im Modus eines Dazwischen (inter) miteinander verbindet und überbrückt. Das Soziale ist

---

10 So etwa bei Wendt: »People act toward objects, *including other actors*, on the basis of the meaning those objects have for them« (1999: 329, unsere Hervorhebung).

dann ein Prozess des (Aus-)Tauschs von Kommunikation, Information, Gesten etc. mit über-individuellem Effekt. Der Verweis auf solche Konnektoren, die häufig unter dem Begriff der Wechselseitigkeit fungieren, bedeutet nicht, dass die Perspektive sich von einer zweiwertigen Logik löst. Alter und Ego werden nach wie vor als prä-existierende und gegenseitg abgeschlossene Subjekte angenommen. Konnektoren bringen die Elemente, die sie verbinden, nicht selbst hervor, sondern finden sie stets vor. Aus diesem Grund stehen Sprache und Kommunikation letztlich auch *nur* zwischen AkteurInnen und sind als einseitiger Durchgangsort für Konstruktionsvorgänge gebaut, die nur jeweils inwendig Wirkung entfalten. Sprache und ihre Bedeutung werden somit stets zu einer Seite der Dyade hin aufgelöst und Kommunikation wird gemäß eines Sender-Empfänger-Modells gefasst.

Das Soziale wird unter solchen Vorzeichen eine Koordinations- und Stabilisierungsmechanik der gegenseitigen Erwartungen (sog. Erwartungs-Erwartungen) von vorgängigen AkteurInnen.[11] Da die AkteurInnen sowohl einander als auch ihre (gemeinsame) Situation und Welt qua logischer Vorentscheidung im Subjekt-Objekt-Schema erleben müssen, fällt die Beschreibung in den meisten Fällen dann auch auf das beschriebene psychologistische Modell von einzelnen, interpretierenden Bewusstseinen zurück, die ihre individuellen Interpretationsergebnisse wie Pakete miteinander austauschen, welche vom Gegenüber jeweils entpackt werden. In diesem Beobachtungsschema kann die Norm samt Legitimierung geliefert werden.

In einer zweiwertigen Logik kann ein Argument im Allgemeinen oder eine Norm im Speziellen im inter-subjektiven Austausch entweder überzeugen oder nicht (und entweder gleichsinnig oder nicht gleichsinnig verstanden werden). Eine Analytik, die den Wandel und die Wirkweise von Normen an die relationale, nicht bloß wechselseitige Konstitution von Alter und Ego zurück bindet, bleibt so unerreichbar (vgl. etwa Jackson/Nexon 1999). Ebenso bleibt die Möglichkeit analytisch verschlossen, Macht und Herrschaft nicht als eine individuelle Eigenschaft von Alter und Ego zu begreifen, die aus deren gegebener Identität folgt, sondern als einen relationalen Prozess, der beide als Identitäten mitsamt ihrer (Macht-)Positionen selbst erst (re-)produziert.[12]

---

11 Reziprok stabilisierte Erwartungen: A erwartet, dass B X von ihr erwartet etc. (vgl. Parsons 1951).
12 Mehr hierzu unter 6.2.

Eine zweiwertige Logik führt jedoch nicht nur dazu, dass Identitäten, Status und Eigenschaften der AkteurInnen im Vorhinein unterstellt werden. Sie stabilisiert auch deren Ordnungskontext. So werden bspw. souveräne Staaten als zentrale AkteurInnen in der Welt angenommen, die sich einer objektiv gegebenen Normen-Konstellation gegenüber sehen. Ihre Beziehungen erscheinen als immer schon in eine normativ integrierte Staatengemeinschaft eingelassen bzw. eine »Masse relativ stabiler Interaktionen, die als Gesellschaft bekannt sind« (Wendt 1999: 331, unsere Übersetzung). Jegliche Veränderung von staatlicher Identität und Ordnung muss innerhalb des skizzierten Schemas beobachtet und erklärt werden. Die (Re-)Konstituierung von Staaten als AkteurInnen und ihrer »Gesellschaft« selbst kommt dabei nicht in den Blick. Für die Beschreibung von Veränderung wiederum steht unter der zweiwertigen Logik nur die binäre Opposition von Kontinuität und Wandel bereit. Auch die zeitliche Dimension kann nur in zweiwertigen Bezügen auf Vergangenheit/Gegenwart oder Vergangenheit/Zukunft bzw. Gegenwart/Zukunft, d.h. vor/nach Interaktion, erfasst werden. Sozialer Wandel wird so letztlich notwendigerweise zu einer linearen »sequence of big bangs« (Katzenstein 1989).

All dies erkennt in einem zwischen-individuellen Abstimmungsprozess und seiner Dynamik die soziale Qualität von internationaler Politik, nicht in Emergenz und ihrer Kontingenz. Indem ein solcher Ansatz, die Artikulation und Stabilisierung von Verhaltensstandards als nicht mehr als eine Frage der Paketversendung und -Annahme zwischen Individuen bzw. AkteurInnen begreift, wird das eigentlich soziale und politische Moment internationaler Ordnungsbildung aufgelöst bzw. unsichtbar gemacht.

4. Zu einem re-formulierten Beobachtungsschema internationaler Ordnung

Versuche, internationale Beziehungen als soziales Phänomen zu erfassen, das durch Ermergenz und Kontingenz gekennzeichnet ist, benötigen also ein alternatives Beobachtungsmodell. Wie kann von der soeben vorgestellten, engen Konzeptualisierung des Sozialen auf eine Fassung umgestellt werden, die dessen eigenständige Qualität (Emergenz) und prinzipielle Offenheit (Kontingenz) in den Vordergrund treten lässt?

In dem vorgestellten dyadischen Modell wird Kontingenz primär als die Unmöglichkeit von Alter und Ego verstanden, aufeinander direkt zuzugreifen. Durch das Zwischen der Inter-Subjektivität müssen beide ihre Erwartungs-Erwartungen deshalb reziprok entwickeln und stabilisieren. In der Sozialtheorie wird dieses Phänomen mit dem Begriff der »doppelten Kontingenz« (Parsons 1951) belegt. Im dyadischen Modell führt das Inter früher oder später zur Schließung; Kontingenz wird handhabbar und die Interaktion zwischen Alter und Ego kann weitergehen. Nichts kann sie unterbrechen oder stören, bis eine/r von beiden beschließt, den Austausch zu beenden (Wendt 1999: 331). Das Soziale ist dieser Austauschprozess.

Selbstverständlich lassen sich soziale Beziehungen als Begegnungen zwischen zwei AkteurInnen modellieren. Als Beobachtungsschema für soziale Prozesse verliert eine solche Sichtweise jedoch in dem Maße an Plausibilität, in dem internationale Politik und Ordnungsbildung als öffentliche Phänomene par excellence begriffen werden, die heute zudem in einer zunehmend vernetzten Welt stattfinden. Bilateraler Austausch ist fraglos auch nach wie vor ein elementarer Bestandteil von internationaler Politik. Gleichwohl findet diese, ob bilateral oder nicht, unter Beobachtung eines (heute globalen) Publikums statt, das von den AkteurInnen selbst wiederum beobachtet und mitbedacht wird. An diesem Punkt greift eine klassische, dyadische Konzeption zu kurz.

Interaktion findet damit nicht bloß im Kontext der jeweiligen, dyadischen Situation statt, sondern ist in einen weiteren, (welt-)gesellschaftlichen Horizont eingelassen. Die Möglichkeiten der Bildung und Stabilisierung von Ordnung erschöpfen sich deshalb nicht im Austausch von A und B. Es gibt immer dritte, vierte etc. Möglichkeiten. Ordnung hängt also nicht allein von den Interpretationen von A und B im Sinne ihrer jeweiligen Handlungsmöglichkeiten ab. Die (Welt-)Gesellschaft selbst »interveniert« in die Interaktion, insofern sie Möglichkeiten für die Lösung des Problems sozialer Ordnung bereithält, die über die jeweilige Situation hinausgehen und mit denen in dieser auch umgegangen werden muss.

Um, zumindest für den Moment, im klassischen Vokabular der Inter-Subjektivität zu bleiben: Ego ist nie nur mit dem/der Anderen konfrontiert, sondern immer mit *den* Anderen. Selbst in dieser Perspektive kann es also nicht nur um die dyadische Stabilisierung von Erwartungs-Erwartungen gehen. Es müssen vielmehr zahllose Möglichkeitsräume und Erwartungen in Rechnung gestellt werden. In einem ersten Schritt wäre das o.a. Theorem der »doppelten Kontingenz« somit mindestens zu einem der »dreifachen Kontingenz« (Strydom 1999) zu erweitern.

Sozialität, zumal in der (Post-)Moderne, zeichnet sich nicht nur durch Anwesenheit (Interaktion) aus, sondern auch und gerade durch Abwesenheit (Gesellschaft). Beide sind einander weder vor- noch nachgeordnet. Sie existieren vielmehr parallel, d.h. gleichzeitig. Beide stehen außerdem in einem Verweisungszusammenhang, der – das zeigen die Überlegungen – nicht nach einer Seite hin aufgelöst werden kann (wie etwa in den Schemata von »Individuum/Gesellschaft« oder »Akteur/Struktur«). Strukturlogisch gesprochen wird ein offeneres Beobachtungsmodell soziale Ordnung nicht als eine dyadische, sondern eine triadische Konstellation fassen müssen.[13] Der Dritte verweist somit nuancierter auf die Gleichzeitigkeit der zahllosen Norm- bzw. Sinnentwürfe und den zentralen, echtzeitlich ablaufenden Prozess des Streits um deren Geltungsansprüche. Auf diese Weise lässt sich die Dynamik von internationaler Politik und Ordnung über eine rein situative (Re-)Produktion hinaus erfassen.

Ein Beobachtungsmodell dieser Art ermöglicht so schließlich eine stärkere Betonung der Emergenz des Sozialen, indem dieses nicht mehr exklusiv an (inter-agierende) Individuen zurückgebunden werden kann. Damit einher geht auch eine stärkere Betonung von Kontingenz. Im Unterschied zu dyadischen Modellen, die Ordnung früher oder später analytisch stabilisieren, heben triadische Modelle deren notorische Instabilität trotz Stabilisierungstendenzen hervor. Gerade im Blick auf internationale Politik unterstreicht ein solches Modell, warum lange Ketten von Ein- und Ansprüchen eines ihrer Kennzeichen ist (und sein muss). Der theoretische Einbau »dreifacher Kontingenz« erlaubt somit eine komplexe Beobachtung von sozialen Ordnungsbildung, denn es zeigt solche Prozesse als stets in einem Netz kontextueller Möglichkeitshorizonte verlaufend.

Es stellt sich nun die Frage, wie sich eine solche modelltheoretische Öffnung konzeptionell einholen lässt, ohne dabei erneut in das oben kritisierte, bewusstseinsphilosophische Vokabular zurückzufallen. Statt auf die Interaktion zwischen Individuen zu sehen, empfiehlt es sich hierfür, den Blick auf die sprachliche Formatierung von internationaler Politik zu lenken.

5. Die Performativität des Sozialen

Ein Konzept von Inter-Subjektivität fasst das Soziale als Inter-aktion zwischen Individuen und faltet es letztlich in die einzelnen Bewusstseine dieser Individuen ein. Ein solches Verständnis muss im Zuge des *social turn* zurückgewiesen werden. Das Soziale ist mehr als eine Zu- oder Abnahme von individuellen Verhaltensweisen, wie VertreterInnen der Hinwendung zu Normen bekräftigt haben. Es ist aber auch mehr als eine (intervenierende) Variable, die zwischen prä-existierenden AkteurInnen, ihren Identitäten und Interessen auf der Ebene von Bewusstsein(en) vermittelt (kritisch

---

13 Dieses Modell soll nicht *die* Urszene des Sozialen als Grund der Welt repräsentieren, es stellt lediglich eine Beschreibungsalternative, nicht *ontologische* Realität, dar.

auch Epstein 2012). Diskursanalytische und performativitätstheoretische Ansätze prägen ein anderes Verständnis des Sozialen. Ein Anschluss an sie hat deshalb auch Folgen für das Verständnis von Normen. Solche Ansätze sind nicht nur in der Philosophie und Soziologie, sondern auch in den IB heute fester Bestandteil des Theorieangebots. ForscherInnen in den IB haben solche Ansätze insbesondere dafür genutzt, um die sozial (re-)produzierte Normativität von internationaler Ordnung scharfzustellen. Der Normenbegriff wurde dabei bislang jedoch nur kaum thematisiert. Gerade hierüber aber lassen sich neue Wege für die Erforschung von Normen erschließen.

Im Unterschied zu Ansätzen, die das Soziale über die unterstellte Differenz von Individuum und Gesellschaft bzw. AkteurIn und Struktur dichotomisch bestimmen, begreifen diskursanalytische und performativitätstheoretische Ansätze das Soziale als emergent, kontingent und rekursiv (zum Konzept der Performativität siehe auch die Beiträge von Koddenbrock, Renner und Herschinger/ Sauer in diesem Band). Das Soziale erscheint damit nicht länger als ein Austausch zwischen Individuen hinsichtlich der Interpretationleistungen ihrer Bewusstseine. Es wird vielmehr als eine Qualität sui generis erfasst, die nicht von der Verwendung von Sprache (in einem weiten Sinn) zu trennen ist.[14] In der Folge erscheint das Soziale in seiner sinnhaften Ausprägung als stets räumlich und zeitlich gebunden (vgl. Berger/Luckmann 1966: 183; Butler 1988: 530-531; Gregson/ Rose 2000: 441-442). Das, was ist und seine scheinbar stabile Form werden zu einem Effekt fortlaufender Sprachverwendung und sind deshalb selbst dynamisch (Butler 1988: 530-531; Gregson/Rose 2000: 437). Scheinbar natürliche Dichotomien wie die zwischen Individuum und Gesellschaft werden vor diesem Hintergrund zu einem prinzipiell auch anders möglichen Imaginär des Sozialen, das seine vermeintlich stabile Form (und Natürlichkeit) der zeitlich-räumlich andauernden (Re-)Produktion einer bestimmten »In-bezug-setzung von Elementen« (Liste 2012: 22) in und durch (Sprech-)Akte verdankt.

Der Schlüssel zu einem diskursanalytisch und performativitätstheoretisch informierten Begriff des Sozialen liegt somit zunächst in einem spezifischen, aber dennoch weiten, Verständnis von Sprache. Dieses Verständnis stellt Akte der Sprachverwendung in den Kontext der prozesshaften

---

14 In den IB scheint dieses Verständnis des Sozialen in Arbeiten auf, die den *social turn* vor allem in seiner Variation des *linguistic* oder *communicative turn* vollzogen haben (vgl. Albert/Kessler/Stetter 2008; Ashley 1987; Doty 1997, 1996; Hansen 2006; Neumann 2007; Weber 1998, 1994).

(Re-)Produktion von sinnhafter Wirklichkeit in Zeit und Raum. Es geht ferner davon aus, dass solche Akte das von ihnen Bezeichnete in und durch die Bezeichnung, d.h. die Selektion und Relationierung von (sprachlichen) Elementen, selbst erst erzeugen.[15] Die Verknüpfung (relativ) gleichförmiger Akte der Bedeutung und Hervorbringung von Wirklichkeit wiederum schafft die »Illusion von Substanz« (Butler 1988; für die IB vgl. Huysmans 2011) und der (existentiellen) Stabilität der hervorgebrachten Kategorien und Verhältnisse.[16]

Diesen Zusammenhang zwischen (Sprech-)Akten einerseits und der Hervorbringung des durch sie Bezeichneten andererseits belegt Judith Butler mit dem Begriff der »Performativität« (Butler 1988; vgl. Butler in Costera Meijer/Prins 1998; Butler in Osborne/Segal 1993; Gregson/Rose 2000). *Performativität* meint in diesem Verständnis die unauflösbare Beziehung zwischen Sprachverwendung und ontologischem Effekt, und verweist damit auch auf die Ausübung von Macht sowie die Etablierung von Machtverhältnissen (s. Fn. 19). Akte der Sprachverwendung ermöglichen und begrenzen Wirklichkeit und ihre Hervorbringung nach einem bestimmten Muster, indem sie (sprachliche) Elemente auf bestimmte Weise gruppieren und ordnen (vgl. hierzu auch Gregson/Rose 2000: 436-437). Dieser Vorgang ist deshalb als eine Ausübung von Macht zu verstehen, weil die Bestimmung von Kategorien und ihren Verhältnissen zueinander nicht nur die Möglichkeit von Ordnung, sondern auch die Möglichkeit von weiteren (Sprech-)Akten sowohl konstituiert als auch reguliert.

Diese Konzeption von Macht erfasst nicht nur einzelne (Sprech-)Akte, sondern vor allem die Verkettung von solchen Akten in Raum und Zeit. Akte der Sprachverwendung finden stets in einem durch vorgängige Sprachverwendung *bestellten Feld* statt, welches die Möglichkeit ihres Erscheinens bedingt und auf das sie sich im Modus der *Zitation* beziehen müssen (Butler 1988: 521, 523-524; auch Butler 2009: iv). Sie greifen zugleich selbst auch in die Möglichkeiten der Verwendung von Sprache und

---

15 Anders als bei Austin (1955) oder Searle (1995) geht es hier nicht um ein Verständnis der Performativität von Sprechakten aufgrund subjektiv geteilter Unterstellungen, sondern als emergente Ebene der Konstituierung von Wirklichkeit. Das Subjekt wird so zum Subjekt als Objekt von solchen Akten (Butler 1988: 519; hierzu auch Lloyd 1999: 199-200). Da dieser Beitrag nicht mehr sein kann als eine erste Erkundung des Zusammenhangs von Performativität und Normen, bleibt seine Behandlung von Prozessen der Subjektivierung kursorisch.
16 Peter Berger und Thomas Luckmann bezeichnen diesen Zusammenhang als »Objektifizierung« oder »Objektivation« (Berger/Luckmann 1966: 37-38, 40, 173; ebenso Berger/Pullberg 1965).

Hervorbringung von Wirklichkeit ein. Solche Akte autorisieren einerseits Muster der Hervorbringung von Wirklichkeit, indem sie sie zum Zweck der Selbst-Autorisierung *zitieren*. Sie schreiben sich andererseits selbst auf ihre bestimmte Weise in den Möglichkeitshorizont von (Sprech-)Akten und ihren Verknüpfungen ein, wobei Letztere über ihren eigenen Erfolg (oder Misserfolg) entscheiden.

Als ein analytisches Konzept betont Performativität also den sowohl konstitutiven als auch regulativen (Macht-)Effekt von (Sprech-)Akten sowie die historische Bedingtheit und Situiertheit von solchen Akten in einem Netz vor- und nachgängiger Sprachverwendung und (Re-)Produktion von Wirklichkeit. Beide hängen auf das Engste zusammen. Sprachverwendung ist in diesem Sinne sowohl Anrufung als auch Re-Aktualisierung eines Skripts, durch das sie in ihrer (aktuellen und weiteren) Möglichkeit bedingt, nicht aber determiniert, ist (Butler 1988: 526-527; Butler in Costera Meijer/Prins 1998: 279; Gregson/Rose 2000: 437, 446). Sie ist der einzigartige Vollzug einer Zitation, wobei ihr Erfolg an nachgängige Akte der Sprachverwendung (nicht Bewusstseinsleistungen) gekoppelt ist.[17]

Diese knappen Ausführungen unterstreichen bereits, dass ein Anschluss an eine solche Perspektive mit einer Neuausrichtung des Normenbegriffs einhergehen muss. Denn Normen können hier nicht länger als ein Standard für angemessenes Verhalten gelten, der aus dem Austausch zwischen gegebenen und intentional handelnden AkteurInnen resultiert und durch ihre Bewusstseine wirkt. Normen müssen vielmehr als ein prozesshaftes, historisch-dynamisches Produkt der Verwendung von Sprache begriffen werden, das unauflösbar mit der Ausübung von Macht und der Etablierung von Machtverhältnissen verwoben ist. Die Implikationen und Chancen eines solchermaßen gewendeten Normenbegriffs sollen nun weiter entfaltet werden.

---

17 Diesen Aspekt macht Butler besonders deutlich, wenn sie die kollektive Dimension von (Sprech-)Akten betont: »As a given temporal duration within the entire performance, 'acts' are a shared experience and 'collective action.' […] The act that gender is […] is clearly not one's act alone. Surely, there are nuanced and individual ways of doing one's gender, but that one does it, and that one does it in accord with certain sanctions and proscriptions, is clearly not a fully individual matter« (Butler 1988: 526-527). Solchen Prozessen der Verkörperlichung oder Körperwerdung kann in diesem Beitrag nicht nachgegangen werden. In den IB müssten weitere Überlegungen u.a. an diesem Punkt ansetzen. Für Schritte in diese Richtung, siehe Weber (1998) und Aalberts (2012).

6. *Normierende Performativität und Vermachtetheit des Normativen*[18]

Ein Verständnis des Sozialen als ein Produkt performativer (Sprech-)Akte und ihrer Verkettung in Zeit und Raum macht es sowohl möglich als auch notwendig, die Frage nach den *Ursprüngen* und *Wirkweisen* von Normen neu zu stellen. Besonders fruchtbar hierfür ist die Konzeption von *performativer Performanz*, die auch in Butler zum Tragen kommt (vgl. hierzu auch Lloyd 1999: 202).[19] Anders als inter-subjektive Ansätze stellt ein solcher Zugriff Normen in den Kontext der Ermöglichung und Begrenzung der Hervorbringung von Wirklichkeit durch die Verwendung von Sprache. Mit dieser Umstellung geht eine Betonung der *Nicht-Intentionalität*[20] und historisch-dynamischen Positivität bzw. Materialität von Normen einher sowie der Verweis auf die im Hauptstrom der IB-Normenforschung bislang (zu) wenig beachtete Vermachtetheit von Normen und Normativität (vgl. Epstein 2012: 136).[21]

Das Konzept der Performativität bzw. *performativer Performanz* verbindet die Bedingungen der Sprachverwendung und die ontologische Wirkmächtigkeit solcher Akte auf der Grundlage von historischen Zitationsketten. Akte der Sprachverwendung sind in einer solchen Sicht nicht-singulär und singulär zugleich (Butler 1993: 214, Fn. 5; vgl. Lloyd 2007: 59). Sie finden in einer Situation einer bereits etablierten (Re-)Produktion von Wirklichkeit statt, die sie in ihrer Möglichkeit bedingt, nicht aber determiniert – zum Beispiel, indem bestimmte Positionen, von denen aus gesprochen werden kann bzw. in denen Subjekte erscheinen können sowie die Möglichkeit dieser Erscheinung selbst durch vorgängige Wiederholung(en)

---

18 Das Wort »normierend« wird hier nicht in einem Foucault'schen Sinn gebraucht, sondern in seinem allgemeinem Sinn als einem Schema gemäß.

19 Die Formulierung *performative Performanz* schließt an Moya Lloyd an, die die Unterscheidung von Performativität und Performanz bei Butler problematisiert. Lloyd stellt heraus, dass eine *bloße (und effektiv regulierte) Aufführung* vor dem Hintergrund der Annahme von Butler, dass (Sprech-)Akte das hervorbringen, was sie bezeichnen, nicht haltbar ist. Jeder Anschluss an etablierte Muster der Sprachverwendung muss selbst als performativ erachtet werden (Lloyd 1999: 202, 209). Wirklichkeit überdauert den Akt ihrer Hervorbringung nicht und kein Akt ihrer Hervorbringung ist mit einem anderen identisch.

20 D.h. Normengenese und -wandel können irritiert und gestört, nicht aber gesteuert werden.

21 Damit sei nicht bestritten, dass Macht bzw. Herrschaft im Kontext von Sozialisations- und Internalisierungsprozessen von Normen sehr wohl in der Normenforschung der IB diskutiert werden.

konstituiert und reguliert werden. Ein Beispiel mag zur Verdeutlichung hilfreich sein.

Durch die *Zitation* von Figuren wie dem *Ich* konstituieren (Sprech-)Akte SprecherInnen *als* Ich, die dadurch *zu einem Ich* werden, das hier und jetzt und unter spezifischen Bedingungen, etwa einer bestimmten Verkörperung, autorisiert ist zu sprechen (Butler 1993: xxi, xxiii, 71, 83-84, 171-172; vgl. hierzu auch Butler 2009: iii).[22] Der sprachliche Rekurs auf die Figur des *Ich* ist dabei nicht als bloße Wiederholung einer bereits etablierten Sprecher-Matrix und Subjekt-Position zu verstehen. Vielmehr begründet und verstärkt die *Zitation* selbst (rückwirkend) die (vorgängige) Autorität und Konvention der Figur (Butler 1993: 171). Gleichzeitig wird eine Matrix, die nur bestimmte Orte und Identitäten des sinnhaften Sprechens vorsieht, indem sie *zitiert* wird, zur Bedingung der Möglichkeit zu sprechen und zu einer sprechfähigen Identität zu werden (Butler 1993: 71, 171). Allerdings ist damit nicht gesagt, wie der (Sprech-)Akt die Sprecher-Position etwa *nutzt* oder verkörpert und ob die *Zitation* in ihrer bestimmten Form(ation) *erfolgreich* ist (Butler 1993: 83, 184; Butler 2009: iii, xi). Ob und inwiefern das *Ich*, um beim gewählten Beispiel zu bleiben, als privilegierte Position des Sprechens und Sprechen-Könnens durch den (Sprech-)Akt affirmiert oder negiert und unterminiert wird, ist durch die *Zitation* der Figur nicht gesagt (Butler 1993: 95). Nicht gesagt ist auch, ob und inwiefern die durch den (Sprech-)Akt hervorgebrachte Wirklichkeit in der Folge selbst affirmierend oder negierend *zitiert*, oder sogar bestraft, wird (Butler 2009: iii-iv, x-xi).

Im Unterschied zu einer Fassung, die Normen als von Individuen aufgrund von Interaktion und gezielter Beeinflussung geteilte Standards der Angemessenheit von Verhaltensweisen begreift, betont eine solche Perspektive somit die Unabhängigkeit von Normen von Intentionalität (6.1); die unauflösbare Beziehung zwischen Normen und Macht (6.2) sowie die historisch-dynamische Materialität von Normen (6.3).

6.1 Die Unabhängigkeit von Normen von Intentionalität

Eine diskursanalytische und performativitätstheoretische Sichtweise begreift Normen nicht als Erzeugnis und Resultat von intentional handeln-

---

22 Es sei vermerkt, dass es uns hier um die Erarbeitung des zentralen *analytischen Prinzips* geht, nicht aber um ein Einfangen der tatsächlichen Komplexität der (Re-)Produktion von Wirklichkeit.

den Individuen. Dies liegt zum einen daran, dass aus einer solchen Perspektive das wie auch immer qualifizierte *Individuum* selbst als ein durch die Verwendung von Sprache etablierter und konventionalisierter Identitätsmarker begriffen wird. Zum anderen können (einzelne) Akte der Sprachverwendung nicht festlegen, ob und wie sich andere Akte auf das von ihnen etablierte Muster sinnhafter Wirklichkeit beziehen. In dem Moment, in dem sich (Sprech-)Akte vollziehen, kann die von ihnen hervorgebrachte Wirklichkeit *zitiert* werden, ohne dass die Art und Weise, wie dies geschieht, in und durch den Akt selbst kontrolliert werden kann (Butler 1993: xxi, 173, 185; vgl. hierzu auch Gregson/Rose 2000: 437; Llyod 1999: 206-207).

Die Nichtkontrollierbarkeit nachfolgender durch vorangehende Sprachverwendung ist jedoch nicht mit Beliebigkeit zu verwechseln. Möglichkeiten, Sprache sinnhaft zu verwenden, sind zu jedem Zeitpunkt auf spezifische Weise durch vorangehende Sprachverwendung konstituiert und reguliert. Nicht alles, was zu einem bestimmten Zeitpunkt an Lauten, Gesten oder Mimik etc. (potenziell) produziert werden kann, ist also auch als ein Akt der Sprachverwendung möglich, erkennbar oder *lesbar* (Butler 1993: 139-140; 2009: x-xi).[23] Solche Akte sind in ihrer Möglichkeit durch ein ihnen vorgängiges, netzwerkartiges Feld der Verwendung von Sprache bedingt, das der (Macht-)Effekt der Verkettung von solchen Akten in Zeit und Raum ist. Dieses Feld macht (nur) bestimmte Weisen der Hervorbringung von sinnhafter Wirklichkeit für den Moment verfügbar und exkludiert andere.

Kategorien, Positionen, Zeichen etc., die auf bestimmte Weise gebildet werden, und die durch sie (re-)produzierte sinnhafte Wirklichkeit sind somit der historische Hintergrund, vor dem sich (Sprech-)Akte vollziehen. Ohne ihre *Zitation* können solche Akte weder erscheinen noch in die Bestimmung von Wirklichkeit intervenieren (Butler 1993: xxiii, 82-83, 85, 184). Die historische Bedingung der Möglichkeit von Sprechen bzw. Sprechen-Können ist stets eine historische Matrix aus relational gebildeten Identitäten. Diese Matrix und ihre Formationsregeln sind nicht das Produkt des intentionalen Handelns von Individuen, noch werden sie durch ein solches Handeln erhalten oder ersetzt. Beide entstehen und verändern sich durch einen historischen Prozess der (dis-)kontinuierlichen Verket-

---

23 In einem viel beachteten Rekurs auf eine bei Jorge Luis Borges beschriebene Klassifikation von Tieren demonstriert Foucault in *Die Ordnung der Dinge* historische Grenzen der (Un-)Möglichkeiten des Sprechens und damit des Denkens (Foucault 1974: 17-19).

tung von Akten der Sprachverwendung und ihrer (Re-)Produktion von Wirklichkeit (Butler 1993: 70). Diese Matrix bedingt, wie solche Akte Wirklichkeit bilden können und was als eine solche vorkommen kann. Sie zu negieren, birgt das Risiko, in der Folge nicht (mehr) erkennbar zu sein, nicht (mehr) erscheinen zu können, durch den (für sie als Autorität konstitutiven) Rekurs auf die Matrix bestraft oder sonst wie abgewertet zu werden.[24] Schlussendlich aber ist der (Nicht-)*Erfolg* von (Sprech-)Akten, seien sie nun affirmativ oder subversiv im Verhältnis zu dieser Matrix, nur über die *Zeit-Achse* zu klären und selbst das nicht ein für alle Mal.

6.2 Der Zusammenhang zwischen Normen und Macht

Macht kommt in einer Konzeption *performativer Performanz*, wie schon erwähnt, ein zentraler Stellenwert zu. Im Anschluss an Michel Foucault fasst Butler Macht als eine (stets konkrete) Beziehung eines (Ein-)Wirkens von Tun auf Tun, die sowohl ermöglichend als auch begrenzend wirkt (Butler 1993: xvii, 139). Die Ausübung von Macht lokalisiert sie dabei (analytisch) auf der Ebene einzelner (Sprech-)Akte und der Ebene ihrer Verkettung in Raum und Zeit.[25]

---

24 Die Möglichkeit der Ausübung von „*Gegen*-Macht" wird also nicht ausgeschlossen. Sie wird jedoch als durch die jeweilige historische Matrix bedingt konzipiert und die Entscheidung über ihren (Nicht-)Erfolg an weitere (Sprech-)Akte gebunden. Wie Butler formuliert: »The ‚I' who would oppose its construction is always in some sense drawing from that construction to articulate its opposition; further, the ‚I' draws what is called its ‚agency' in part through being implicated in the very relations of power that it seeks to oppose« (Butler 1993: 83) .

25 Zur besseren Verdeutlichung der Spezifik dieses Verständnisses der Vermachtetheit des Sozialen sowie der Sozialität der Macht ein ausführlicheres Zitat von Foucault: »[M]an muss im Sinn haben, dass die Macht – außer man betrachtet sie ganz von oben und ganz von fern – nicht etwas ist, das sich zwischen denen, die sie haben und sie explizit innehaben, und dann denen, die sie nicht haben und sie erleiden, aufteilt. Die Macht muss, wie ich glaube, als etwas analysiert werden, das zirkuliert, oder eher noch als etwas, das nur in einer Kette funktioniert; sie ist niemals lokalisiert hier oder da, sie ist niemals in den Händen einiger, sie ist niemals angeeignet wie ein Reichtum oder ein Gut. Die Macht funktioniert, die Macht übt sich als Netz aus, und über dieses Netz zirkulieren die Individuen nicht nur, sondern sind auch stets in der Lage, diese Macht zu erleiden und auch sie auszuüben; sie sind niemals die träge oder zustimmende Zielscheibe der Macht; sie sind stets deren Überträger. Mit anderen Worten, die Macht geht durch die Individuen hindurch, sie wird nicht auf sie angewandt.[...]« (Foucault 2010 [1976]: 33-34).

Für ein Verständnis von Normen ergibt sich aus dieser Fassung, dass Normen als ein sowohl singulärer als auch akkumulativer Effekt der Ausübung von Macht konzipiert werden müssen, welcher den Gebrauch von Sprache und die hierdurch mögliche Hervorbringung von Wirklichkeit auf bestimmte Weise begründet und reguliert (z.B. Butler 1993: 108-109, 192-193 Fn. 12). Indem (Sprech-)Akte das, was sie bezeichnen selbst hervorbringen, ermöglichen und begrenzen sie wie weitere (Sprech-)Akte erscheinen und sinnhafte Wirklichkeit (re-)produzieren können.

Das (Da-)Sein, wie es von (Sprech-)Akten hervorgebracht wird, kann letztlich nicht von der zeitgleichen Hervorbringung eines So-Sein-Sollens getrennt werden. Was ist, wie es ist und sein kann, was sein soll und was nicht, wird mit anderen Worten durch (Sprech-)Akte und die Weise, wie sie Elemente und ihr Verhältnis zueinander organisieren, in ein und demselben Zug (re-)produziert.[26] Akte der Sprachverwendung schreiben dem Sozialen und sich selbst damit stets sowohl die (Un-)Möglichkeit als auch die Notwendigkeit ein, so und nicht anders zu sein (Butler in Costera Meijer/Prins 1998: 280, 283).

Performative Akte bilden gleichzeitig aber einen historisch-dynamischen Zusammenhang, was für eine Konzeption von Normen wichtige Konsequenzen hat. Denn Sein und Sollen werden somit an jeder Stelle, d.h. mit jedem (Sprech-)Akt, mit Bezug auf die (historischen) Regeln der Möglichkeit, sinnhafte Wirklichkeit zu (re-)produzieren, immer wieder neu hervorgebracht. Dabei wird die (historisch) verfügbare Matrix von Kategorien usw. an jeder Stelle nur (rückwirkend) durch ihre Anrufung mit Autorität versehen. Dasselbe gilt für eine *erfolgreiche* (Re-)Aktualisierung durch (Sprech-)Akte der Hervorbringung von Wirklichkeit. Die *Illusion der Substanz* von Sein und seinem Sollen bzw. die (vermeintliche) Natürlichkeit der hervorgebrachten Ordnung und der Regeln ihrer Hervorbringung hängen an jeder Stelle erneut von einer erfolgreichen Verkettung von (Sprech-)Akten auf der Grundlage ihrer (Re-)Produktion von Wirklichkeit gemäß einem bestimmten Muster ab.

Als eine Form(ation) in Zeit und Raum ist die (Re-)Produktion von Wirklichkeit durch (Sprech-)Akte, so könnte man also formulieren, somit stets regelhaft und *regelwahrhaftig*, d.h. die Regel formierend und sie wahr sprechend, zugleich (vgl. Foucault 1991 [1980]). Regeln der Bildung von Wirklichkeit emergieren sowohl durch *Zitation* als auch in jedem einzel-

---

26 Das Ausgeschlossene ist damit die Bedingung des Eingeschlossenen und wirkt in dieser Differenz destabilisierend im Blick auf die Differenz selbst (Weinrich 1997).

nen (Sprech-)Akt. Sie müssen deshalb als ein kontingenter Effekt der Ausübung von Macht durch solche Akte und ihre Verkettung begriffen werden. Im Endeffekt muss jeder (Sprech-)Akt die Regel seiner eigenen Formierung mit der Ausübung von Macht durch vorangehende Akte (rück-)verhandeln und im Blick auf nachfolgende Akte bekräftigen und verschränkt sich somit auf historisch-dynamische Weise mit der Macht (Butler 2009: i, xi; Butler 1993: 172).

7. Die historisch-dynamische Materialität von Normen

Die Entstehung, Bestätigung, Verschiebung oder gar Unterminierung von Normen stellt sich aus einer diskursanalytischen und performativitätstheoretischen Perspektive also als ein Effekt der Verwendung von Sprache und der Verkettung von solchen Akten in Raum und Zeit dar. Normen dürfen dabei nicht nur als durch (Sprech-)Akte gebildete Regeln für Verhalten und Identität(en) verstanden werden.[27] Sie betreffen auch die Weise, wie (sprachliche) Elemente durch solche Akte sinnvoll zueinander in Beziehung gesetzt werden (können), und damit die Weise, wie Wirklichkeit hervorgebracht wird (und werden kann).[28]

Sowohl die Entstehung als auch die *Fortbildung* von Normen sind damit nicht von Akten der Sprachverwendung als ein stets räumlich-zeitlich lokalisiertes Ereignis zu lösen und sowohl auf der Ebene der performativen Verwendung bzw. Verkörperung von Sprache als auch auf der Ebene der In-Beziehung-Setzung von Elementen durch die verwendete Sprache zu suchen. Anders als das Ereignis eines Aktes, kann (und muss) eine Regel der Hervorbringung von Wirklichkeit durch andere Akte wiederholt bzw. reaktualisiert werden. Dabei kann ihre Autorität entweder bestätigt werden oder nicht. Doch nicht nur die Frage ob, sondern auch die Frage inwiefern und wie eine Regel der Hervorbringung von Wirklichkeit fortgeschrieben wird, ist untrennbar mit der Verwendung von Sprache als ein Ereignis und

---

27 Etwa Butler: »[C]onsider that there is a sedimentation of gender norms that produces the peculiar phenomenon of a natural sex, or a real woman, or any number of prevalent and compelling social fictions, and that this is a sedimentation that over time has produced a set of corporeal styles which, in reified form, appear as the natural configuration of bodies into sexes which exist in a binary relation to one another« (Butler 1988: 524).

28 Jüngere Anschlüsse an eine Foucault'sche Perspektive in den IB etwa scheinen diese Dimension, die auf der Ebene der (Sprech-)Akte selbst angesiedelt ist, zu vernachlässigen (etwa Aalberts 2012; Jabri 2014).

performativer Akt verwoben. Eine solche Regel ist an jeder Stelle Bezugspunkt und Aushandlungsobjekt sowie Ermöglichung und Begrenzung zugleich. Eine Norm kann unter solchen Voraussetzungen niemals als etabliert gelten und sie ist niemals entweder konstitutiv oder regulativ, sondern stets beides zugleich. Die Substanz ihrer Wirklichkeit ist ein kontingenter, nicht-intentionaler, historisch-dynamischer Machteffekt.

8. Einige Schlussfolgerungen

Dieser Beitrag vertritt die Position, dass sich vorherrschende Ansätze in der
IB-Normenforschung durch die Verwendung eines dyadischen und damit
dichotomen Schemas für die Beobachtung der sozialen Qualität von internationaler Politik selbst beschränken. Er schlägt im Anschluss an eine diskursanalytische und performativitätstheoretische Perspektive einen alternativen Begriff des Sozialen vor und skizziert seine Implikationen für das
Verständnis von Normen. Normen, so das Argument, können aus einer
solchen Perspektive nicht als ein zwischen Individuen *geteilter* Standard
der Angemessenheit von Verhalten gelten. Vielmehr erscheinen sie als eine
sowohl historische als auch kontingente Regel der Hervorbringung von
sinnhafter Wirklichkeit durch Sprache (in einem weiten Sinn). Die Entscheidung darüber, ob diese Regel der Standard für eine verständliche und
erkennbare Sprachverwendung und Bestimmung von Wirklichkeit durch
sie ist bzw. wird, treffen nicht prä-existierende und intentional handelnde
AkteurInnen, sondern (Sprech-)Akte durch ihre Verkettung in Zeit und
Raum. Normen beziehen sich in diesem Sinne also auf den zu einem bestimmten Zeitpunkt ermöglichten und begrenzten Gebrauch (bzw. Verkörperung) von Sprache und die hierdurch ermöglichte und begrenzte
Hervorbringung von Wirklichkeit. Das schließt die Sprecher-Position ein.
Die hevorgebrachte Wirklichkeit und ihre bestimmte Matrix wiederum
können als Normativität begriffen werden.

Die Annahme der Unterscheidbarkeit von *Ist* und *Sollen*, ist für die Erforschung von Normen in dieser Sichtweise nur bedingt hilfreich. Denn
Normen bilden hier einen nicht-deterministischen Bedingungszusammen-
hang sinnhafter Ordnung(en), der durch (Sprech-)Akte sozusagen in einer
vorwärts gerichteten Rückwärtsbewegung und als ein Macht-Effekt eben-
dieser Bewegung selbst verregelt wird. Sein und Sollen werden damit auf
der Ebene von solchen Akten und der spezifisch historischen Form(ation)
ihrer Hervorbringung von Wirklichkeit analytisch verschmolzen. Der
Blick einer solchen Normenforschung gilt also der Möglichkeit und Re-
gel(wahrhaftigkeit) der Verknüpfung von performativen Akten der

Sprachverwendung in Zeit und Raum. Die Systematik der Bildung und Bestimmung des Sozialen ist dabei von zentralem analytischem Interesse. Eine solche Perspektive über-setzt Normen in einen (historisch) kontingenten Macht-Effekt, der auf der Ebene der Verwendung von Sprache und der Ebene der Verkettung von solchen Akten lokalisiert ist und analysiert werden muss. Sie stellt damit von Bivalenz auf Poly-Kontexturalität um. Hieraus ergeben sich neue Impulse und Anschlüsse für IB-Normenforschung. Diese liegen nicht so sehr in der Möglichkeit, den/die Zu-Sozialisierenden in den Blick zu bekommen mitsamt dem drohenden Identitätsverlusts durch eine Norm-Übernahme (Epstein 2012). Vielmehr kann die hier eröffnete Perspektive dabei helfen, zu klären, wie etwa ein Rekurs auf Kategorien wie Souveränität, Staat und letzte Entscheidungskompetenz eine Sprecher- und Subjektposition mit bestimmten Möglichkeiten *in actu* begründet und begrenzt sowie bekräftigt oder in Frage stellt – ohne dass dabei vorherbestimmt ist, wie genau an vorgängige In-Beziehung-Setzungen dieser Kategorien angeschlossen wird (Weber 1998: 90, 92).

Damit greift eine solche Perspektive für die Befassung mit internationaler Politik *tiefer* als andere Perspektiven auf Normen und erweist sich nicht zuletzt für Fragen nach dem Ort von Souveränität und letzter Entscheidungskompetenz bzw. dem Platz des souveränen Staates in der heutigen Welt produktiv (vgl. Weber 1998). Gleichzeitig bringt sie Forschungszweige in den IB miteinander ins Gespräch, die, obgleich sie in verschiedenen Schattierungen mit Normen befasst sind, bislang nur kaum Notiz voneinander nehmen, und ermöglicht sogar eine reflexive Befragung des eigenen Begriffs von Normen selbst.

Wie auch immer an unseren Vorschlag anschlossen wird. Die von uns entworfene *performative Wende* der Normenforschung bietet neue und sozio-logische Wege für eine kritische Erforschung von Normen in den IB an und ist dabei in der Lage, sich über die Bedingungen ihre Möglichkeit selbst reflexiv abzuklären. Sie kommt damit einer sozialen Wende in den IB einen wichtigen Schritt näher.

Literatur

Aalberts, Tanja 2012: Constructing Sovereignty between Politics and Law, Abingdon.

Adler, Emanuel 2002: Constructivism and International Relations, in: Carlsnaes, Walter/Risse, Thomas/Simmons, Beth A.: Handbook of International Relations, London, 137-154.

Albert, Mathias/Kessler, Oliver/Stetter, Stephan 2008: On Order and Conflict: International Relations and the 'Communicative Turn', in: Review of International Studies 34: 3: 43-67.

Ashley, Richard 1987: Untying the Sovereign State: A Double Reading of the Anarchy Problematique, in: Millennium - Journal of International Studies 17:2, 227-262.

Austin, John L. 1955: How to do Things with Words, Cambridge.

Berger, Peter L./Luckmann, Thomas 1966: The Social Construction of Reality: A Treatise in the Sociology of Knowledge, London.

Berger, Peter L./Pullberg, Stanley 1965: Reification and the Social Critique of Consciousness, in: History and Theory 4:2, 196-211.

Bloomfield, Alan 2016: Norm antipreneurs and theorizing resistance to normative change, in: Review of International Studies 42:2, 310-333.

Butler, Judith 1988: Performative Acts and Gender Constitution: An Essay in Phenomenology and Feminist Theory, in: Theatre Journal 40:4, 519-531.

Butler, Judith 1993: Bodies that Matter: On the Discursive Limits of 'Sex', London.

Butler, Judith 2009: Performativity, Precarity and Sexual Politics, in: Revista de Antropología Iberoamericana 4:3, i-xiii.

Buzan, Barry 2004: From International to World Society? English School and the Social Structure of Globalisation, Cambridge.

Costera Meijer, Irene/Prins, Baukje 1998: How Bodies Come to Matter: An Interview with Judith Butler, in: Signs 23:2, 275-286.

Doty, Roxanne Lynn 1996: Imperial Encounters: The Politics of Representation in North-South Relations, Minneapolis.

Doty, Roxanne Lynn 1997: Aporia: A Critical Exploration of the Agent-Structure-Problematique in International Relations Theory, in: European Journal of International Relations 3:3, 365-392.

Epstein, Charlotte 2012: Stop Telling Us How to Behave: Socialization or Infantilization?, in: International Studies Perspectives 13, 135-145.

Epstein, Charlotte et al. 2014: Forum: Interrogating the Use of Norms in International Relations: Postcolonial Perspectives, in: International Theory 6:2, 293.

Finnemore, Martha/Sikkink, Kathryn 1998: International Norm Dynamics and Political Change, in: International Organization 52:4, 887-917.

Foucault, Michel 1974: Die Ordnung der Dinge. Eine Archäologie der Humanwissenschaften, Frankfurt/Main.

Foucault, Michel 1991 [1980]: Questions of Method, in: Burchell, Graham/Gordon, Colin/Miller, Peter: The Foucault Effect: Studies in Governmentality, Chicago.

Foucault, Michel 2010: Kritik des Regierens. Schriften zur Politik, Frankfurt/Main, 27-46.

Gregson, Nicky/Rose, Gillian 2000: Taking Butler Elsewhere: Performativities, Spatialities, and Subjectivities, in: Environment and Planning D: Society and Space 18:4, 433-452.

Guzzini, Stefano 2000: A Reconstruction of Constructivism in International Relations, in: European Journal of International Relations 6:2, 147-182

Hansen, Lene 2006: Security as Practice: Discourse Analysis and the Bosnian War, London.

Huysmans, Jef 2011: What's in an Act? On Security Speech Acts and Little Security Nothings, in: Security Dialogue 42:4-5, 371-383.

Jabri, Vivienne 2014: Disarming Norms: Postcolonial Agency and the Constitution of the International, in: International Theory 6:2, 372-390.

Jackson, Patrick T./Nexon, Daniel H. 1999: Relations Before States: Substance, Process, and the Study of World Politics, in: European Journal of International Relations 5:3, 291-332.

Katzenstein, Peter 1989: International Relations Theory and the Analysis of Change, in: Czempiel, Ernst-Otto/Rosenau, James: Global Changes and Theoretical Challenges, Lanham, MD, 291–304.

Katzenstein, Peter 1996: Introduction: Alternative Views on National Security, in: Katzenstein, Peter (Hrsg): The Culture of National Security: Norms and Identity in World Politics, New York, NY, 1-32.

Krasner, Stephen (Hrsg.) 1983: International Regimes, New York, NY.

Liste, Philip 2012: Völkerrecht-Sprechen. Die Konstruktion demokratischer Völkerrechtspolitik in den USA und der Bundesrepublik Deutschland, Baden-Baden.

Llyod, Moya 1999: Performativity, Parody, Politics, in: Theory Culture Society 16: 2, 195-213.

Lloyd, Moya 2007: Judith Butler, From Norms to Politics, Oxford.

Neumann, Iver/Sending, Ole Jacob 2007: 'The International' as Governmentality, in: Millennium - Journal of International Studies 35:3, 677-701.

Onuf, Nick 1989: World of Our Making: Rules and Rule in Social Theory and International Relations, Columbia, SC.

Osborne, Peter/Segal, Lynne 1993: Extracts from Gender as Performance: Interview with Judith Butler, in: http://www.theory.org.uk/but-int1.htm; 20.6.2012.

Parsons, Talcott (Hrsg.) 1951: Towards a General Theory of Action, Cambridge.

Ruggie, John/Kratochwil, Friedrich 1986: International Organization: A State of the Art on an Art of the State, in: International Organization 16:2, 753-775.

Searle, John 1995: The Construction of Social Reality, London.

Strydom, Piet 1999: Triple Contingency: The Theoretical Problem of the Public in Communication Societies, in: Philosophy & Social Criticism 25:1, 1-25.

Weber, Cynthia 1998: Performative States, in: Millennium – Journal of International Studies 27:1, 77-95.

Weber, Cynthia 1994: Simulating Sovereignty: Intervention, the State, and Symbolic Exchange, Cambridge.

Wendt, Alexander 1999: Social Theory of International Politics, Cambridge.

Weinbach, Christine 1997: Subversion Despite Contingency? Judith Butler's Concept of a Radical Democratic Movement from System Theory Perspective, in: International Review of Sociology 7:1, 147-153.

Wiener, Antje 2008: The Invisible Constitution of Politics: Contested Norms and International Encounters, Cambridge.

Die Ko-Konstitution von Struktur und Akteur: ein altes Problem aus Sicht kritischer Normenforschung

Eva Herschinger und Frank Sauer

1. Einleitung

Das Gros der heutigen Normenforschungsliteratur in den Internationalen Beziehungen (IB) ist bestimmt durch den (meta-)theoretischen Rahmen, den der Sozialkonstruktivismus Wendtscher Prägung abgesteckt hat (vgl. vor allem Wendt 1999). Dessen Verdienst ist es, von rationalistisch-materialistischen Paradigmen abweichende ontologische Prämissen in den IB – häufig zusammengefasst als die Bedeutung von Ideen, Werten und Normen für die Konstruktion sozialer Realität – salonfähig gemacht zu haben. Mit dieser Entwicklung ging einher, dass sozialkonstruktivistische Normenforschung stets betonte, AkteurInnen und Strukturen stünden in einem ko-konstitutiven Verhältnis zueinander. In Abgrenzung zum bis dato bestehenden IB-Theoriekanon war mit dem Sozialkonstruktivismus insofern die Hoffnung auf eine konkrete Innovation verbunden: Das Augenmerk sollte endlich dezidierter und systematischer auf Strukturgenese und Strukturwandel durch Akteurshandeln, also das fortlaufende Wechselspiel zwischen (Fähigkeit zu und Notwendigkeit von) Handlungen in der sozialen Realität durch AkteurInnen und den diese Handlungsentscheidungen umgebenden strukturellen Zwängen, gerichtet werden können.[1]

Allerdings, so zeigte sich in der weiteren Entwicklung der sozialkonstruktivistischen Normenforschungsliteratur, kam die Bedeutung von *Agency* (Kärger et al 2017) – unter der wir im Folgenden die oben beschriebene Fähigkeit zu und Notwendigkeit von Handlungen in der sozialen Realität durch AkteurInnen verstehen – und damit der Gedanke der Ko-Konstitution nie voll zur Entfaltung (Bucher 2014). Für diese Entwicklung sind aus unserer Sicht zwei Gründe zentral, der erste theoretisch, der zwei-

---

1 Für hilfreiche Kommentare zu früheren Versionen des Beitrags bedanken wir uns bei den HerausgeberInnen, den TeilnehmerInnen des 4. Workshops des Netzwerks Kritische Normenforschung, den TeilnehmerInnen der IB-Kolloquien an der Universität der Bundeswehr München und am Geschwister-Scholl-Institut der LMU München sowie bei Alexander Spencer und Stephan Stetter.

te methodologisch und forschungspraktisch. Ersterer ist die handlungstheoretische Inkonsistenz der Logik der Angemessenheit, die dem Großteil der sozialkonstruktivistischen Normenforschung zu Grunde liegt. Der zweite Grund ist darin zu suchen, dass der Wendtsche Sozialkonstruktivismus zwar das Feld für neue ontologische Prämissen aufschloss, zugleich aber weite Teile der in den IB fest verankerten positivistischen Epistemologie übernahm (siehe den Beitrag von Loges in diesem Band).

Um der Bedeutung von *Agency* im Verhältnis AkteurIn-Struktur besser Rechnung zu tragen, stellen wir in diesem Beitrag einige alternative Überlegungen zur Idee der Ko-Konstitution an, die wir einleitend kurz skizzieren, im weiteren Vorlauf dann ausführlicher entfalten und schließlich empirisch illustrieren möchten.

Am Anfang unserer Überlegungen stehen zwei geläufige Annahmen. Erstens umfasst der Begriff *Diskurs* in unserem Verständnis alle Praktiken, Bedeutungen und vor allem auch soziale Normen, die eine Gemeinschaft spezifischer AkteurInnen formen und prägen (Howarth 2000: 5). Insofern sind Diskurse soziale (Bedeutungs-)Strukturen, die beständig genutzt werden (müssen): Ein Diskurs ist eine »structure of meaning-in-use« (Weldes/Saco 1996: 373).[2] Zweitens, ohne AkteurInnen, die sich in ihrem (Sprech-)Handeln auf diese »structure of meaning-in-use« beziehen (müssen), sind soziale Strukturen bedeutungslos. AkteurInnen können also ohne durch Diskurs vermittelte, sinnstiftende soziale (Norm-)Strukturen (auf die sich ihr Handeln affirmativ oder negativ bezieht) nicht sozial sinnvoll handeln, und besagte Strukturen sind ohne handelnde AkteurInnen umgekehrt bedeutungslos bzw. in sozialem Sinne buchstäblich nicht existent. Kurz, *Relation* (Hofferberth/Weber 2015: 85) bildet den Ausgangspunkt bei sämtlichen Betrachtungen der Ko-Konstitution von AkteurInnen und Strukturen sowie der Funktion von *Agency* als Transmissionsriemen.

Ausgehend von diesen vermutlich unstrittigen Grundannahmen schlagen wir als nächsten Schritt eine Kombination aus Elementen pragmatistisch inspirierter Handlungstheorie und poststrukturalistisch informierter Diskurstheorie vor, um das Wechselspiel von AkteurIn und Struktur genauer in den Blick zu nehmen. Als Dreh- und Angelpunkte dienen uns die den beiden Theorien entlehnten – und als ebenfalls im beständigen, sich gegenseitig ermöglichenden Wechselspiel zu verstehenden – Konzepte *Dis-*

---

2 Um es noch deutlicher zu formulieren: Diskurse und Strukturen verwenden wir hier synonym, verzichten jedoch zugunsten der Lesbarkeit auf ein beständiges Nennen beider Begriffe. Vgl. für dieses Vorgehen beispielhaft Nonhoff/Gronau (2012: 121).

lokation (als das stets lauernde Moment des Bruchs aufgrund einer nie abgeschlossenen Diskursstruktur) und *Krise* (als Abweichung von Routinen in Akteurspraktiken und als kreatives Moment). Sie verweisen darauf, dass weder Struktur noch *Agency* jemals als *abgeschlossen* zu betrachten sind; vielmehr konstituieren die Verbindungen, die zwischen ihnen entstehen, *beide* (in ihrer jeweiligen, temporär stabilen, stets prozesshaften Gestalt). *Ko-Konstitution* wird von uns also, stark verknappt und bezogen auf die hier im Fokus stehende Normforschung formuliert, *als die Relation zwischen Normstruktur und Agency* verstanden, durch die die Bedeutung von ersterer *und* letzterer bestimmt wird. Diese noch recht abstrakten Überlegungen entschlüsseln wir im weiteren Verlauf dieses Beitrags.

Zunächst gilt es jedoch darauf hinzuweisen, dass die Betonung des *prozesshaften Wechselspiels* von Dislokation und Krise mit Blick auf unsere weiteren Ausführungen natürlich ein Henne-Ei-Problem aufwirft. Analytisch, und zu Präsentationszwecken, müssen wir in diesem Papier das trennen, was wir eigentlich stets zusammendenken möchten. So ist also explizit *keine* Reihung zwischen den beiden vorgenommen, wenn wir unser noch ausführlich zu entwickelndes Kernargument zum ko-konstitutiven Prozess zwischen Akteur und Struktur und der Bedeutung von *Agency* in dieser Form knapp zusammenfassen: Diskurse sind dislozierbar durch soziale Prozesse, die im bestehenden Diskurs nicht gedeutet bzw. von AkteurInnen *gemeistert* werden können. Aus Akteursperspektive kann dies eine Krise bedeuten, also das Infragestellen von auf bisherigen Normstrukturen basierenden Praxisroutinen, wodurch neue Spielräume eröffnet (*erzwungen*) werden, in die *kreatives Handeln* vorstößt – was wiederum (auf mittlere und längere Sicht) neue Normstrukturen evozieren und bereits bestehende dislozieren kann (und so weiter). Sowohl Dislokationen und Krisen sind somit nicht zwangsläufig als singuläre Momente mit *Ereignis*-Charakter zu verstehen, sondern können sich schleichend entwickeln – ein Grund mehr, weswegen ein geschärfter Blick auf die Relationen von Akteur *und* Struktur nötig ist, um derartige Prozesse präzise nachzuzeichnen.

Die von uns vorgeschlagene Perspektive erlaubt es, sowohl einem statischen Strukturbegriff als auch der Vernachlässigung von *Agency* entgegenzuwirken und so normativen Wandel über *beide* Ebenen – Akteur *und* Struktur – besser erfassen zu können. Unsere Perspektive erleichtert zudem das Formulieren neuer Forschungsfragen: danach, wie *genau* Normen entstehen, was sie beinhalten, wie sie hinterfragt werden, wie sie wieder verschwinden – und nicht zuletzt, wie und durch was sie im Rahmen von Akteurshandeln *ersetzt* werden. Dementsprechend erschließt der hier vorgeschlagene Fokus auf die Momente der Krise und der Dislokation kritisches Potenzial, da sowohl Widerstand *gegen* als auch Reifizierung *von* bestehenden Normstrukturen offengelegt und systematisch hinterfragt werden können. Letztlich wollen wir hier vor allem ein Vokabular entwickeln, das dem ko-konstitutiven Verhältnis von AkteurIn und Struktur besser Rechnung trägt und der bisherigen Normenforschung eine alternative Forschungspraxis zur Seite zu stellen erlaubt und für diese, so hoffen wir, Anknüpfungspunkte bieten kann.

Beginnend mit dem nächsten Abschnitt nehmen wir dazu zunächst eine detailliertere Problematisierung des derzeitigen Rahmens sozialkonstruktivistischer Normenforschung in zwei Schritten vor. Wir kritisieren erstens eine theoretische Blindstelle und diskutieren zweitens die methodologischen und forschungspraktischen Schwachpunkte gängiger Normenforschung, um die Vernachlässigung von *Agency* aufzuzeigen. Erneut in zwei Schritten vorgehend, legen wir daraufhin zuerst unsere Konzeption von *Krise* und *Dislokation* als den Kernelementen eines handlungs- und diskurstheoretisch informierten Alternativzugriffs auf die Ko-Konstitutivität des AkteurIn-Struktur-Verhältnisses ausführlich dar und diskutieren dann die sich daraus ergebenden methodologischen Implikationen. Anschließend illustrieren wir das kritische Potential einer dementsprechend unterfütterten Normenforschung kurz an der Entwicklung des internationalen Drogenprohibitionsregimes, gefolgt von einer Schlussbetrachtung.

2. Problematisierung sozialkonstruktivistischer Normenforschung

2.1 Erster Schritt: Theorie

Gemäß der Standarddefinition in der sozialkonstruktivistischen Normenforschung sind *Normen* »collective expectations for the proper behavior of actors with a given identity« (Katzenstein 1996: 5). Normen bestimmen das Verhalten von AkteurInnen, indem sie eine Erwartungshaltung formulieren, wie sich eine AkteurIn in einer konkreten Situation verhalten *soll*. *Soll*, denn Normen sind »prescriptions for action in situations of choice, carrying a sense of obligation, a sense that they *ought* to be followed« (Chayes/Chayes 1994: 65, Hervorh. dort). In der konstruktivistischen Normenforschung ist also zentral, dass Normen für eine spezifische Gruppe von AkteurInnen relevant sind, d.h. für eine Gruppe, die über eine gemeinsame Identität verfügt – die wiederum von den entsprechenden Normen geprägt ist. Insofern *erklären* uns Normen, wie bestimmte AkteurInnen sich konstituieren, sie drücken aus, was bzw. wer diese AkteurInnen *sind*, zu welcher Gemeinschaft sie gehören und welche *Rolle* diese AkteurInnen spielen. Vor allem *erklären* Normen gemäß des Mainstreams der sozialkonstruktivistischen Normenforschung aber, *warum* AkteurInnen so handeln, wie sie handeln. Sie agieren demzufolge entlang der für sie gültigen Logik der Angemessenheit (grundlegend: March/Olsen 1998: 951-952).

Jedoch lässt diese an sich schlüssige Argumentation zu wünschen übrig, wenn es um die Entstehung neuer Normen geht. Zwar können gemäß gängiger Normenforschung AkteurInnen – *norm entrepreneurs* (grundlegend: Finnemore/Sikkink 1998) – Normen hervorbringen und ihre Verbreitung stärken (beispielsweise durch Institutionalisierung und Internalisierung) oder schwächen (beispielsweise durch Hinterfragen oder Widerstand),[3] ebenso entstehen Normen durch Interaktion zwischen AkteurInnen (Hurrell 2002: 142-143). Allerdings liegt an dieser Stelle die wesentliche theoretische Inkonsistenz der Angemessenheitslogik, aus der eine strukturelle Schlagseite resultiert.

So kritisiert Ole Jacob Sending Martha Finnemore und Kathryn Sikkinks Argumentationsgang, nach dem »for new norms to emerge and become accepted by others, norm entrepreneurs or advocates have to act explicitly *in*appropriately« (2002: 460, Hervorh. dort). Da aber in Sozialstrukturen eingeschriebene Normen konstitutiv für Akteursidentitäten sind und diese angemessen handeln lassen, bleibt offen, wie und wann ein solch singulärer Akt der schöpferischen *inappropriateness* überhaupt zustande kommen soll. Wie Normen entstehen wird also recht bequem auf die Denkfigur des *norm entrepreneurs* ausgelagert. Theoretisiert wird es jedoch nicht weiter, die *transformative capacity of agency* bleibt somit unterbelichtet. Dementsprechend wies Benjamin Herborth in seiner Kritik am *via media* Konstruktivismus à la Wendt darauf hin, dass Strukturen im Sozialkonstruktivismus zwar als konstitutiv für Identitäten und die Bedingungen der Möglichkeit für *Agency* absteckend verstanden werden, umgekehrt der *konstitutive Effekt der Agency* aber vernachlässig bleibt:

> »Die zentrale Innovationsleistung der ›konstruktivistischen Wende‹, die klassische Kausallogik um eine konstitutionstheoretische Perspektive zu erweitern, wird somit halbiert: [Worin] die konstitutiven Effekte sozialen Handelns bestehen, bleibt ausgeblendet. Die so halbierte Konstitutionslogik ist, gerade wegen dieser Asymmetrie, dann nicht mehr in der Lage, sozialen Wandel auf den Begriff zu bringen« (Herborth 2004: 62).

---

3 In diesem Zusammenhang wird auch von *norm challengers* gesprochen, vgl. Heller et al. (2012).

Mit Blick auf Alexander Wendts Artikel *Why a World State is Inevitable* spricht Vaughn Shannon aufgrund eben dieser stiefmütterlichen Behandlung von *Agency* sogar von einer »violation of the constructivist project« (Shannon 2005).

Wir behaupten hier nicht, dass die Umstrittenheit (und somit das Entstehen und Verschwinden) von Normen in der sozialkonstruktivistischen Forschung nicht prinzipiell bereits anerkannt wurde.[4] Jedoch liegt hier, so unser Argument, noch viel und bisher ungehobenes kritisches Potenzial – das zu seiner Entfaltung aber einer expliziteren und systematischeren Einbeziehung von *Agency* bedarf. Denn die Frage, wie es möglich ist, dass Normen umstritten sein können und welcher Angemessenheitslogik *unangemessen* handelnde *norm entrepreneurs* denn folgen, wenn es nicht (mehr) die kollektiv erwartete und somit die *normal* gültige ist, all dies fällt eben in die beschriebene theoretische Blindstelle. Und auch weil Normen sich nicht ins Nichts verflüchtigen, sondern, gleich ob bestritten, verletzt oder ignoriert, von AkteurInnen stets *ersetzt* werden, müsste *Agency* systematisch in den Blick genommen werden, wenn man die Frage nach dem *Ersetzt wie und wodurch?* genauer beantworten wollte.

In der Vergangenheit wurde als Reaktion auf diese und ähnliche Fragen vorgeschlagen, Normen so zu konzeptualisieren, dass ihre Definition unabhängig von den ihnen zugeschriebenen Effekten ist. Andere suchten den Zugriff auf normativen Wandel in der Analyse des Zusammenspiels von internationalen und regionalen, nationalen (weniger lokalen) Normen (vgl. unter anderen Kier 1997; Legro 1997); in jüngster Zeit wurde entgegen diesen theoretischen Konzeptualisierungen argumentiert, dass dies vor allem eine empirische Frage sei (Heller et al. 2012: 283-284). Ein hand-

---

4 Vgl. Badescu/Weiss (2010); Heller et al. (2012); Liese (2009); Picarelli (2009). Zur *Erosion* von Normen siehe vor allem McKeown (2009); Rosert/Schirmbeck (2007), siehe auch Panke/Petersohn (2012); wobei die dem letztgenannten Beitrag zu Grunde liegende Forschungslogik die hier thematisierten Probleme mit verursacht hat, wie wir im nächsten Abschnitt thematisieren werden.
Nicole Deitelhoff schlägt vor, das *Entstehen* von Normen bzw. deren Entwicklung nach Habermas idealtypisch als durch freien Austausch von Argumenten in einem rationalen Diskurs erwirkte Überzeugungsprozesse zu konzeptualisieren – sie versteht dies aber eher als Absatzbewegung zu rational-choice-Ansätzen des »institutional design« und fokussiert primär auf die Ebene des Diskurses, auf »changes in positions, normative frames, and the institutional setting over time in search of correlations that correspond to the hypothesis derived from the discourse approach while simultaneously controlling for alternative factors« (Deitelhoff 2009: 61). Die hier eingeforderte, handlungstheoretische Unterfütterung der Normenforschung hinsichtlich der konstitutiven Funktion von *Agency* steht somit weiterhin aus.

lungstheoretisch unterfütterter Fokus auf *Agency* wurde bisher nicht gelegt.

So bleiben AkteurInnen, zugespitzt formuliert, nach dem aktuellen Stand der Forschung theoretisch weitgehend doch nur Befolgungsautomaten der Angemessenheitslogik (Sending 2002: 455, 458). Das prädestiniert, wie oben bereits angedeutet, zu Forschung mit einem Interesse daran, wie bestehende Normstrukturen Akteurshandeln *bewirken*, also dieses zu *erklären*. Und darin liegt unserer Ansicht nach der zweite Teil des Problems.

2.2 Zweiter Schritt: Methodologie und forschungspraktische Implikationen

Die Kombination der handlungstheoretischen Blindstelle sozialkonstruktivistischer Normenforschung, die einen theoretischen Fokus auf Strukturen befördert, mit der Bewahrung einer positivistischen Methodologie, so unser Argument weiter, erhöhte die Schwierigkeiten eines Augenmerks auf *Agency*. Die Schwierigkeit eines Zugriffs auf Normen via positivistische Methoden und einer auf Kausalzusammenhänge abzielenden Methodologie haben Friedrich Kratochwil und John Gerad Ruggie längst beschrieben:

> »Norms may ›guide‹ behaviour, they may ›inspire‹ behaviour, they may ›rationalize‹ or ›justify‹ behaviour, they may express ›mutual expectations‹ about behaviour or they may be ignored. But they do not effect cause in the sense that a bullet through the heart causes death or an uncontrolled surge in the money supply causes price inflation« (Kratochwil/Ruggie 1986: 767).[5]

Hier wird deutlich, weswegen das Vernachlässigen von *Agency* als der Preis beschrieben werden kann, den die konstruktivistische Normenforschung Wendtscher Prägung zahlte, als sie eine *via media* mit Blick auf den epistemologischen Status von Normen beschritt. Deren Anschlussfähigkeit liegt darin, dass das Verhältnis von AkteurIn und Struktur eben zur gleichen Zeit unabhängig *und* abhängig, kausal *und* konstitutiv sein könne. Zu nennen ist hier etwa Emmanuel Adlers Überlegung einer »social causality« (Adler 1997: 329), die eine Alternative sei, um einen spezifisch konstruktivistischen Kausalzusammenhang zwischen Akteurshandeln und Struktur-

---

5 Davis (2005: 134-135) weist folgerichtig darauf hin, dass gerade weil Normen Verhalten nicht in dieser Form kausal *bewirken*, sie kontrafaktische Gültigkeit beanspruchen können.

wirkung herzustellen.[6] Auch fordern Wendt und andere *critical realists* wie Milja Kurki (2006) in diesem Sinne die Abkehr von der Hume'schen Logik linearer Kausalität in den IB.

Doch trotz – oder gerade wegen – solch umstrittener Teilfragen ist klar erkennbar, dass die Mainstream-Normenforschung in der kausalen Binnenlogik verhaftet und das positivistische Paradigma intakt geblieben ist. So ist sie zwar in der Lage, die Wechselwirkung zwischen AkteurInnen und Normen nachzuzeichnen (vgl. Finnemore/Sikkink 1998; Klotz 1995; Risse et al. 1999), doch liegt der forschungspraktische Fokus stets auf der *Wirkung der Norm auf den Akteur oder die AkteurIn.* Viele AutorInnen des konstruktivistischen Mainstreams stellen hier folglich gewohnheitsmäßig auf einen kausalanalytischen Zusammenhang ab.[7]

Wenn also Nina Tannenwald (1999; 2005a; 2005b; 2007)[8] *erklärt, warum* die USA nach 1945 wiederholt vom Nuklearwaffeneinsatz in Kriegen abgesehen haben, dann hat das nach konstitutionslogischem Verständnis zwar auch mit der identitätsstiftenden Funktion des »nuklearen Tabus« (Tannenwald 1999) zu tun, also dem Selbstverständnis der USA als »zivilisierter Nation«, wird aber vorrangig eben doch auf die *kausale Wirkung* des nuklearen Tabus zurückgeführt, dessen *regulierender Effekt* auf AkteurInnen die Erzeugung eines normangemessenen Verhaltens – hier der Nichtgebrauch von Nuklearwaffen – ist.[9] In diesem Sinne praktiziert der sozialkonstruktivistische Mainstream der Normenforschung in den IB einfach das übliche positivistische Denken weiter (Hofferberth/Weber 2015: 81).

Diese Forschungspraxis hat viel Kritik auf sich gezogen (wie bereits erwähnt auch von Sozialkonstruktivisten), denn ganz im Sinne von Kratochwil und Ruggie wurde die Möglichkeit von kausallogischer Normenforschung von einigen Zwischenrufern immer wieder grundsätzlich mit der Begründung verneint, dass sich Normen als soziale Konstrukte einer positivistischen Forschungslogik entziehen. Und um einem Missverständnis

---

6 Andere Vorschläge finden sich beispielsweise bei Klotz (1995) und Yee (1996).

7 Vgl. neben den oben bereits genannten Finnemore/Sikkink (1998); Katzenstein (1996); Klotz (1995); Risse et al. (1999); Tannenwald (2007).

8 Nina Tannenwald wird hier unter anderem auch deswegen als Beispiel herangezogen, weil sie mit Artikeln zum nuklearen Tabu in *International Security* (2005b), *International Organization* (1999) und einem Buch bei *Cambridge University Press* (2007) als stellvertretend für das Ankommen der Normenforschung im Mainstream der IB-Spitzenforschung gelten kann. Im Artikel *Ideas and Explanation: Advancing the Theoretical Agenda* (2005a) legt sie ihr Vorgehen programmatisch dar.

9 Die struktur- und kausallogische Schlagseite dieser Perspektive wird vollends offenkundig, wenn bei Tannenwald explizit auf *Designing Social Inquiry* von King, Keohane und Verba (1994) als Referenzrahmen verwiesen wird.

vorzubeugen: Wir werfen Forschungen wie der hier als Beispiel um das nukleare Tabu bemühten selbstverständlich nicht ihr Erkenntnisinteresse vor – zumal sie weitreichende und wichtige Ergebnisse und Einsichten erbracht und die Disziplin *immens* bereichert haben. Dennoch lässt sich aus unserer Sicht der folgende Befund aufrechterhalten: Ausgerüstet mit dem positivistischen *Denkzeugkasten* überrascht es nicht sonderlich, wenn der Blick von NormenforscherInnen (gerade mit einem theoretisch ohnehin von strukturellem Übergewicht gekennzeichneten AkteurIn-Struktur-Verhältnis im Kopf) über kurz oder lang an den verhaltensregulierenden Strukturen hängenbleibt, ergo die oben angeführte Grundsatzkritik an auf Kausalität abzielender Normenforschung schlichtweg forschungspraktisch nie verfing. Daher, so unser Argument, wurde die ursprünglich explizit betonte Ko-Konstitutivität von AkteurIn und Struktur in der bestehenden Forschungspraxis bis heute nicht systematisch eingelöst (Hofferberth/ Weber 2015: 79). Dem wollen wir nun durch das Anlegen einer alternativen Perspektive begegnen.

3. Formulierung eine handlungs- und diskurstheoretisch informierten Alternativperspektive

3.1 Erster Schritt: Dislokation und Krise

Aus unserer Sicht passen ein von pragmatistischer Handlungstheorie inspiriertes Konzept von *Agency* und ein von poststrukturalistisch informierter Diskurstheorie inspiriertes Verständnis von Struktur zusammen, da beide durch ihre Betonung der Instabilität von Bedeutungen und Praktiken der Kontingenz sozialer Realität gerecht werden. Mehr noch: das Einbeziehen von handlungstheoretischen Überlegungen erlaubt es, die Diskurstheorie zu präzisieren mit Blick darauf wie Prozesse des Handelns, des Entscheidens *konkret* ablaufen. Am Ende unserer Überlegungen steht so ein theoretisch gehaltvolleres Konzept des Verhältnisses von AkteurIn und Struktur, als es Diskurstheorie oder pragmatistische Handlungstheorie *allein* bieten können. So wird der Überbetonung einer strukturähnlichen Wirkung von Normen entgegengewirkt und die Rolle von *Agency* systematisch in den Blick genommen.

Diskurstheoretisch informierte LeserInnen mögen sich spätestens jetzt zwei Fragen stellen. Erstens: Wie viel vom Subjektbegriff steckt in unse-

rem oder unserer AkteurIn?[10] Dazu gilt es zunächst festzuhalten, dass der
»Akteurshut« (Nonhoff/Gronau 2012: 128), den wir uns hier aufsetzen, ein
in der Subjekt-Wolle gefärbter Hut ist. Denn was wir hier aus dem Begriff
des Subjekts in den Akteur oder die Akteurin hineintragen wollen, ist das
Moment des Unterworfen-Seins, welches das Subjekt auszeichnet, *neben*
dem Gestaltenden, dem Sich-Ermächtigen. So ist in unserem Verständnis
Agency als kreatives (gestaltendes) Handeln trotz Unterwerfung möglich
(sogar notwendig) – und insofern ist unsere AkteurIn ein »AkteurIn-Subjekt« (Keller 2012: 76), dessen Agency im Kontext von Unterwerfung und
Gestaltung anzusiedeln ist. Damit tragen wir dem Umstand Rechnung,
dass – wie wir unten noch erläutern werden – die der pragmatistischen
Theorie entlehnte kreative Handlungsfähigkeit von AkteurInnen an (diskursive) Grenzen stoßen (Nonhoff/Gronau 2012: 128).[11]

Die zweite Frage zielt auf unser Normverständnis. Hier ist Peter Katzen-
steins oben angeführte Standarddefinition von Normen als »collective expectations for the proper behavior of actors with a given identity« (Katzenstein 1996: 5) für unser Unterfangen zunächst als nicht problematisch zu
bezeichnen, insofern diese auf die intersubjektiv geteilte Erwartungshaltung für angemessenes Verhalten von AkteurInnen bezogen wird. Problematisch aus theoretischer und forschungspraktischer Sicht ist vielmehr die
given-ness der *identity*. Theoretisch gesehen verengt sie den Entstehungspro-
zess von Identitäten, da sie als Ausfluss von Normstrukturen konzeptualisiert werden: »Thus norms either define (›constitute‹) identities in the first

---

10 Gerade die poststrukturalistische Diskurstheorie, wie wir sie hier vertreten, ist
   eine der zentralen Referenzen für die Eigenmächtigkeit von AkteurIn-Subjekten
   innerhalb des Universums poststrukturalistischer Theorien (Keller 2012: 76). Diese Variante der Diskurstheorie firmiert unter dem Begriff *Essex School of Discourse
   Theory*; zentrale Vertreterinnen sind hier Laclau und Mouffe mit ihrem Werk *Hegemony and Socialist Strategy* (2001), weitere Vertreter sind Aletta Norval, David
   Howarth oder Jason Glynos. Mit dieser Betonung soll zugleich gesagt sein, dass
   die Kombination mit einer pragmatistisch inspirierten Handlungstheorie nicht so
   undenkbar ist, wie manch eine(r) meinen mag. Vielmehr reiht sich unser Vorschlag in die aktuell – gerade mit Blick auf die Diskurstheorie von Foucault – geführten Diskussionen ein, die »das Misstrauen gegen die Souveränität des Subjekts nicht länger als das letzte Wort in der Diskurstheorie gelten lassen wollen«
   (Renn 2012: 35) und in denen die Zusammenführung unter anderem in der For-
   mel der »pragmatisierten Diskurstheorie« (Renn 2012: 35) mündet.
11 Wesentlicher Grund für ein Festhalten an dem oder der AkteurIn oder für die
   Reihung »AkteurIn-Subjekt« ist die Frage, ob es neben individuellen auch kollektive Subjekte geben kann; eine Problematik, die wir hier nicht diskutieren können. Vgl. dazu Epstein (2011); Howarth (2000) und den bereits genannten Beitrag
   von Nonhoff/Gronau (2012).

place [...] or prescribe or proscribe (›regulate‹) behaviors for already consti-
tuted identities« (Jepperson et al. 1996: 54). So geht verloren, dass der iden-
titätsgetriebene Rekurs auf Normen nicht unbedingt gleichbedeutend mit
einem einheitlichen Verständnis dieser Normen sein muss (weswegen der
Effekt von Normen eben auch nicht immer einheitlich gleich ist), obgleich
Normen trotz konfligierender Interpretationen sehr wohl integrativ wirken können (wie beispielsweise Thorsten Bonacker und André Brododcz
für die symbolische Integration durch Menschenrechte gezeigt haben
(2001)).

Zudem wird mit der Referenz auf die *given identity* erneut der Blick auf
Agency verstellt, denn Identifikationsprozesse entstehen aufgrund der Kontingenz diskursiver Strukturen und verlangen AkteurInnen eine beständige *Entscheidung* bzgl. ihrer jeweiligen Identifikation ab. Aus forschungspraktischer Sicht verleitet die *given identity* schließlich im Zugriff auf den
Untersuchungsgegenstand die bisherige Forschung dazu, Akteursidentitäten häufig zu Konstanten zu erklären, die zu Kausal- und Subsumptionslo-
gik passen: *Weil* die USA sich als zivilisierte Nation verstehen, setzen sie
keine Nuklearwaffen im Krieg ein.

Historische Kontingenz und stets nur temporäre Fixierung von Identitäten und Normen stehen dem jedoch entgegen – und kritische Normenforschung sollte diesem Umstand systematisch Rechnung tragen. Wir argumentieren daher, dass *Normen Teil der für AkteurInnen handlungsleitenden
Regeln* sind – bis sie sich gezwungen sehen, diese zu hinterfragen. Durch
Diskurse wiederum werden Normen intersubjektiv konstruiert, vorgehalten und aktualisiert – bis diese ihre Repräsentationsfunktion einbüßen.
Die analytischen Konzepte *Krise* und *Dislokation* verbinden diese Momente
des Umbruchs und des normativen Wandels prozessual.

3.1.1 Dislokation

Hat die in den IB durch poststrukturalistische Arbeiten erneuerte Akteu-
rIn-Struktur-Debatte von Beginn auf diskurstheoretische Ansätze rekurriert,[12] so haben in letzter Zeit ForscherInnen die Diskussion unter Rückgriff vor allem auf die *Essex School* (vgl Hansen 2006; Herschinger 2011;

---

12 Siehe dazu die Debatte zwischen Doty (1997; 1999; 2000) und Wight (1999;
   2000).

Renner 2013)[13] entscheidend angereichert. Diese Fortführung bedeutet eine theoretische Erweiterung sowohl auf Struktur- als auch Akteursseite.

Besonders wichtig für unser Unterfangen ist zunächst die zentrale Idee der Bruchstellen im Diskurs, durch die eine Unabgeschlossenheit der Struktur entsteht. So konzeptualisieren Ernesto Laclau und Chantal Mouffe Diskurse als einen spezifischen Zusammenhang von Elementen, die miteinander in Beziehung gesetzt werden müssen, um Bedeutung zu erlangen (Laclau/Mouffe 2001: 105) – eben jene Bedeutungen, die mit in unserem Verweis auf Diskurse als »structure of meaning-in-use« (Weldes/Saco 1996: 373) gemeint sind. Diese Bedeutungen kommen durch die Abgrenzung von dem zustande, was der Diskurs *nicht* ist: Diskurse *leiden* an einem unüberwindlichen Mangel, der sich aus der Notwendigkeit ihrer Abgrenzung ergibt, die nie vollständig sein kann, sondern immer wieder durch das Ausgegrenzte *gestört* wird. Damit »wird deutlich, warum ein Diskurs sein eigenes In-Erscheinung-treten nicht vollständig determinieren kann, sondern immer wieder durch das ›Außen‹ gestört wird« (Keller 2012: 78).

In dieser Unabgeschlossenheit der Struktur kommt das Konzept der Dislokation zum Tragen, denn: Strukturen sind immer auch *dislozierte Strukturen*. Dislokation benennt das *Dezentrieren* einer Struktur durch soziale Prozesse. Elemente, die nicht in eine sinnhafte Beziehung gesetzt werden, also von der bestehenden Struktur nicht symbolisiert werden können, führen zu ihrer Destabilisierung. Dislokation ist andauernd, insofern als in diskursiven Strukturen, wie oben erläutert, ein unbestimmter, *unsagbarer Rest* verbleibt, der sich der Symbolisierung entzieht. Dislokation enthüllt die Kontingenz der Struktur: Der Moment der Dislokation ist das Trauma der Struktur, das sie unvollständig bleiben lässt, und es ist eben diese Unvollständigkeit der Struktur, die *Agency* ermöglicht (Laclau 1990: 41-43). Dazu unten gleich mehr.

Auch wenn die Kontingenz der Struktur im Moment der Dislokation sichtbar ist und die Unvollständigkeit der Struktur enthüllt, bedeutet Kontingenz der Struktur hier nicht, dass überhaupt keine strukturellen Festlegungen möglich sind. Eine Norm ist, wie oben angedeutet, eine solche Festlegung, d.h. die Determinierung einer kollektiven Erwartung spezifischer Praktiken und Handlungen.

Allerdings sind solche Festlegungen immer nur partielle, temporäre Fixierungen, denn »neither absolute fixity nor absolute non-fixity is possible« (Laclau/Mouffe 2001: 111). Vielmehr entstehen durch temporäre Festle-

---

13 Für eine erste wie umfassende Diskussion und Operationalisierung der Hegemonietheorie siehe Nonhoff (2006).

gungen Bedeutungen und Praktiken, d.h. diskursive Strukturen. Doch bleibt dabei zu bedenken, dass jede Fixierung auch der machtgeladene Versuch ist, eine bestimmte Bedeutung, eine kollektive Erwartungshaltung als dominant zu etablieren (Laclau/Mouffe 2001: 111-112) – für AkteurInnen ist sie der Versuch, Entscheidungen, Bedeutungen, Praktiken, Handlungen in der *einen* und eben *nicht* in einer anderen Weise zu artikulieren.

Im Kontext der Normenforschung bedeutet die Dislokation, dass die bestehende Bedeutungsordnung, die *structure of meaning-in-use* destabilisiert wird. Geltende und gleichwohl unabgeschlossene Normstrukturen können im Moment der Dislokation nicht mehr aufrechterhalten werden, verlieren ihre Bedeutung als *Fundament*, als *Standard* für angemessenes Verhalten in bestimmten Situationen. Dislokationen dezentrieren bestehende Normstrukturen, durch sie wird Wandel dieser Normstrukturen möglich.

3.1.2 Krise

AkteurInnen führt eine Dislokation des Diskurses die Kontingenz und Unabgeschlossenheit diskursiver Strukturen vor Augen. Dislokation bedeutet für AkteurInnen somit *Zweifel* mit Blick auf ihre bisherigen Entscheidungs- und Identifikationspunkte sowie Handlungsroutinen. AkteurInnen sehen sich aufgrund dessen (aufgrund der Kontingenz und Instabilität diskursiver Strukturen) beständig dazu gezwungen, sich neu im Diskurs zu verorten, d.h. neue Identifikationspunkte zu finden. Diesem Druck zur Entscheidung, zur neuen Identifikation kann sich eine AkteurIn kaum entziehen, denn er oder sie kann sich nicht *nicht* entscheiden bzw. nicht *nicht* identifizieren (Laclau/Zac 1994). Diese Entscheidungen, Neu- und Re-Identifikationen lassen die Struktur nicht unberührt, da sie neue Strukturopportunitäten eröffnen – die erlauben, aber auch erzwingen, dass eine AkteurIn sich neu situiert, ist es doch deren Entscheidung, die den Bruch in der Struktur überwinden kann (Stäheli 2000a: 60-61).

Die dezentrierte Struktur *erzwingt* also die Rekonstitution, Neu- und Re-Identifikation von AkteurInnen, sprich, nach dem von uns hier vorgeschlagenen Vokabular müssen AkteurInnen *handeln*. Und nicht irgendwie handeln, sondern kreativ, um der Krise zu entgehen. Die pragmatistische Handlungstheorie liefert dafür den entscheidenden konzeptionellen Anknüpfungspunkt, denn sie sieht »alles menschliche Handeln [...] in der Spannung zwischen unreflektierten Handlungsgewohnheiten und kreativen Leistungen« (Joas 1992: 190). Was bedeutet das für das systematische Erfassen von *Agency*? Und warum argumentieren wir, dass gerade hier der

Gewinn unserer Kombination von poststrukturalistischer Diskurstheorie und pragmatistisch inspirierter *Agency* liegt?

Agency erfolgt nach Handlungsregeln, die auf Glaubenssystemen und auf durch Erfahrung etablierte Praktiken ruhen (Hellmann 2009; 2010).[14] Glaubenssysteme und Praktiken verweisen dabei wechselseitig aufeinander: »Practices could not exist if people did not have appropriate beliefs; and beliefs or meanings would not make sense in the absence of the practices to which they refer« (Bevir 2006: 284). Und Diskurs im Sinne einer *structure of meaning-in-use* erlaubt die Einbettung von *Agency* im sozialen Kontext, also über die einzelne AkteurIn hinaus. So wird sinnvolles, intersubjektiv nachvollziehbares Handeln in der sozialen Realität möglich (Hofferberth/Weber 2015: 86-88).

In Routinesituationen bedienen sich AkteurInnen bestehender, bewährter Bedeutungen und Praktiken, um sozialer Realität und den sich daraus ergebenden Handlungsoptionen Sinn zuzuschreiben und dementsprechend sinnvolle Handlungen zu vollziehen. In der Regel findet *Agency* in solchen Routinesituationen statt, nicht selten sogar habitualisiert. Bestehende Glaubenssysteme und Handlungsregeln wirken somit im Alltag *handlungsentlastend* für AkteurInnen. Folglich, weil *Agency* in diesem Sinne stets sozial kontextuiert und nicht selten routinisiert ist, erleben wir die soziale Realität trotz ihrer Kontingenz als – vergleichsweise – geordnet und nicht vollkommen chaotisch.

Doch Dislokation ist eben, wie oben erläutert, andauernd und wiederkehrend. Sie stellt AkteurInnen folglich vor *krisenhafte* Entscheidungssituation, wenn durch sie aus Akteursperspektive bestehende Routinen in besonderem Maße herausgefordert, Glaubenssysteme erschüttert, Erwartungen widerlegt und Zweifel geschürt werden. Und weil die alltäglichen Problembewältigungsmechanismen mitunter versagen, ist in der Folge kreatives, aber zugleich situationsangemessenes Handeln notwendig – also Handeln, das von Routinen abweicht, aber nichts destotrotz sinnlogisch an bestehende soziale Realität anzuknüpfen erlaubt. *Agency* ist nach diesem Verständnis also in einen steten *Erfahrungsstrom* aus Krisen und Routinen ein-

---

14 Wir sprechen in Bezug auf unser Konzept von *Agency* nur von durch den Pragmatismus *inspiriert*, weil wir nicht mehr als die Nutzbarmachung der für pragmatistische Handlungstheorie kennzeichnenden Krise-Routine-Dialektik beabsichtigen. Siehe für den Versuch der darüber hinaus gehenden Fruchtbarmachung des Pragmatismus für die IB im weiteren Sinne und in direkten Bezug auf Denker wie Charles Sanders Peirce und John Dewey neben den genannten Beiträgen von Hellmann auch Friedrichs (2009); Kivinen/Piiroinen (2007); Kratochwil (2007); Roos (2012); Rytövuori-Apunen (2009); Sil (2009).

gebettet und somit immer kreatives *und* (sozial, diskursiv) situiertes Handeln *zugleich*:

> »Dieses Verständnis situativen und genuin kreativen Handelns impliziert, dass es unangemessen wäre, eine Handlung als ›Einzelhandlung‹ aus ihrem Kontext, jenem ›geschlossenen‹ oder ›unterbrochenen‹ Zusammenhang unserer Erfahrung, herauszulösen und im Sinne einer (auf diese ›Einzelhandlung‹ reduzierten und ihr vorgelagerten) Zweck-Mittel-Relation zu beschreiben« (Hellmann 2010: 150).

Ist eine kreative Handlung im Zuge des Zweifels aus Akteursperspektive *erfolgreich*, dann werden als unwirksam und nicht zielgerichtet erfahrene Handlungsroutinen durch die problemadäquateren (im Sinne einer sinnvollen Bewältigung der Krise) ersetzt, also letztlich neue Handlungsroutinen etabliert – und der Zyklus setzt sich fort (Hellmann 2010: 150-153; Hellmann 2009: 5-12; Joas 1992: 190).

Nach dieser Krise-Routine-Dialektik kommt durch *Agency* also *Neues* – verstanden *nicht* als wundersam-spontane Schöpfung aus dem Nichts, sondern als sozial situierte, sinnvolle, kreative *Rekombination von Handlungsregeln* – in die Welt. Und damit werden die notwendigen konstitutiven »Ressourcen« (Renn 2012: 39, 41) für Diskurs- und Normstrukturen bereitgestellt. *Agency* ist also die Entscheidung oder die Akteurshandlung, die die als krisenhaft erfahrene dislozierte Struktur zu überwinden sucht. Vor allem der Verweis darauf, eine Handlung nicht als Einzelhandlung zu isolieren, erinnert daran, dass AkteurInnen natürlich nicht nur in *eine* Normstruktur eingebettet sind; vielmehr sind AkteurInnen in ein Netz von Diskursen eingebunden und haben somit ein Repertoire an Strukturen zur Verfügung, aus der sie die Rekombinations-Ressourcen für die Begegnung mit der als krisenhaft erfahrenen dislozierten Struktur ziehen.

Genau darin liegt unserer Ansicht nach der Gewinn einer Kombination aus poststrukturalistischer Diskurstheorie und pragmatistisch verstandener *Agency*. Denn *das Neue*, das durch *Agency* in der oben erläuterten Form in die Welt kommt, ist eben nicht »auf die Wahl zwischen Möglichkeiten, die von der Struktur selbst erzeugt werden, reduziert« (Stäheli 2000b: 238). Unser Begriff von *Agency* geht also über die rein diskurstheoretische Argumentation hinaus, nach der die durch Dislokation eröffneten Entscheidungsmöglichkeiten »explizit als *Möglichkeiten der Struktur* eingeführt« (Stäheli 2000b: 238, Hervorh. dort) werden. Denn wenn nur angenommen wird, dass AkteurInnen »actualize certain structural potentialities and reject others« (Laclau 1990: 30) und dass die Entscheidung »a reaching out for the possible« (Stäheli 2000b: 238) ist, dann wird *das Neue* auf die Hervorbringung dessen reduziert, was möglich ist – und mehr nicht. *Wer, wie,*

wann, wo (sprech-)handelnd das Mögliche oder auch weniger Mögliche er-
greift – also nicht irgendwie, sondern kreativ handelt –, ist damit nicht in
den Blick zu bekommen. Unser Vorschlag einer pragmatistisch verstande-
nen *Agency* sorgt insofern für eine theoretische Blickerweiterung, da so im
ko-konstitutiven Verhältnis von AkteurIn und Struktur auch das Neue,
Unvorhergesehene, Kontestierende, »Unangemessene« (Stichwort *norm entrepreneurs*) erfassbar wird.

Durch die Konzeptualisierung von Strukturen als unabgeschlossene,
dislozierte Strukturen und von *Agency* als wiederkehrender Notwendigkeit
zu Entscheidungen und kreativem Handeln im Kontext der Krise-Routine-
Dialektik werden normativer Wandel und Normgenese nicht als *zu erklä-
rendes* Sonderproblem gefasst, sondern als relationales, wiederkehrendes
Moment. Durch die hier vorgeschlagene Perspektive auf *Agency* und Struktur werden also Mikroprozesse normativen Wandels sichtbar und so (letztendlich auch) die Etablierung neuer, intersubjektiver normativer Strukturen systematisch und in theoretisch informierter Weise *rekonstruierbar*. Damit ist das Stichwort für die methodologischen Implikationen dieser Perspektive gefallen.

3.2 Zweiter Schritt: Privilegierung rekonstruktiver Forschungslogik

Eingangs haben wir argumentiert, dass der Fokus auf die Momente der
Krise und der Dislokation kritisches Potential eröffnet, da der explizite
Einbezug von *Agency* potenziellen Widerstand gegen bestehende Norm-
strukturen systematisch offen zu legen erlaubt.[15]

Wenn wir nun plädieren, dass kritische Normenforschung stärker rekonstruktionslogisch vorgehen sollte (siehe grundlegend Herborth 2010;
2011), dann ist die Idee, dabei nicht zu konstatieren, *dass die Dinge anders
hätten kommen können*. Das ist gleichermaßen wahr wie trivial. Der *war on
terror*, als Beispiel, war bekanntermaßen nicht völlig alternativlos – der Widerstand von Staaten wie Deutschland oder Frankreich gegen den Irak-
krieg oder das Infragestellen einer militärischen Reaktion auf die Terroris-
musfrage verweisen darauf (vgl. Jackson 2005). Wenn AkteurInnen aber
eben nicht als *Normbefolgungsautomaten*, sondern als (in Routinen wie Krisen) in einem kontingenten sozialen Bedeutungskontext genuin *handelnde*
AkteurInnen verstanden werden (Bevir 2006: 285), dann ist der springende

---

15 Siehe zur Kontestation von Normen vor allem die Arbeiten von Wiener (2004;
2008).

Punkt, dass andere *Fragen* an das empirische Material ermöglicht werden. Wird *Agency* nicht mehr als *Effekt* eines kausalen Wirkmechanismus verstanden, dann ist es möglich – und aus unserer Sicht sogar geboten – zu fragen, *wie* genau ein bestimmtes Handeln zustande kam, eben gerade weil plausiblerweise auch anders hätte gehandelt werden können. Die Idee der Rekonstruktion ist somit zu zeigen, *wie genau* die Dinge *so* zustande kamen und eben *nicht* anders (Herborth 2010: 273). Dies bedarf entsprechender – rekonstruktionslogisch angemessener – methodologischer und methodischer Zugriffe (siehe dazu Franke/Roos 2010).

Dies erleichtert erstens eine Forschungspraxis, die kritisch aufzeigt, wie genau AkteurInnen sich mit bestimmten Normen identifizieren und gleichermaßen von Normen vereinnahmt, *verregelt* werden. So kann beispielsweise die Art problematisiert werden, mit der Verfechter eines *war on terrors* sich in dogmatischer Weise mit einer militärischen Lösung für das *Sicherheitsproblem* Terrorismus identifizieren und diese als die *scheinbar* einzig mögliche Lösung für alle Probleme darstellen, die sich mit dem Terrorismus verbinden lassen, etwa der *war on drugs*, der *war on poverty* oder unlängst auch der *war on migrants* (vgl. für den *war on terror* Björnehed 2004; Jackson 2005; Noborder Network 2006). Die militärische Lösung wird zum Allheilmittel und der *war on terror* strukturiert unzählige andere Arten von sozialen Beziehungen und Praktiken (z.B. die zwischen privaten AkteurInnen, etwa zwischen Passagier und Fluggesellschaft), was zahlreiche Probleme aufwirft (etwa Datenschutz, Grundrechte etc.), da die militaristische Logik hier nur fremdkörperhaft funktioniert (vgl. für andere Beispiele Glynos/Howarth 2007: 197).

Zweitens kann durch den Fokus auf Dislokation und Krise die aktuelle Normenforschung zu *schlechten* bzw. zum Wandel von *guten* zu *schlechten* Normen befruchtet werden (vgl. Badescu/Weiss 2010; Geis et al. 2013.; Heller et al. 2012; Liese 2009; Picarelli 2009), indem sich kleinteilig erforschen lässt, *wie genau* AkteurInnen unter Bezug auf bestimmte Normen entscheiden und handeln (statt diesen Normen einen vorab definierten *Effekt* zu unterstellen). Denn auch *gute* Normen ermöglichen Akteurshandeln, das problematisiert werden kann und sollte. So ließe sich mit Blick auf ein aktuelles Beispiel argumentieren, dass für Demokratien identitätsstiftende, *gute* Normen wie der Schutz menschlichen Lebens oder die Wahrung der Angemessenheit der Mittel beim Einsatz von militärischer Gewalt die Bedingung der Möglichkeit für aktuelle Drohnenkriegsführung bieten – eine Praxis, die paradoxerweise mit genau *diesen* Normen konterkarierenden Konsequenzen verbunden ist (Sauer/Schörnig 2012).

4. Das globale Drogenprohibitionsregime als Illustrationsbeispiel

Wie sich unsere theoretische und forschungspraktische Alternative konkret bewähren kann, lässt sich hier am Beispiel des globalen Drogenprohibitionsregimes aus Platzgründen nur knapp illustrieren.

Im Jahr 2012 gilt: Drogen sind verboten und illegal, ihr Konsum ist ein von der gesellschaftlichen Norm abweichendes Verhalten. Die einzige – strikt kontrollierte – Ausnahme: Die Pharmazie darf legal von Drogen Gebrauch machen, um Schmerz zu lindern und auch, um Abhängigen den Weg in ein drogenfreies Leben zu ermöglichen. Historisch gesehen ist dieses *globale* Verbot von Drogen und das damit einhergehende globale Drogenprohibitionsregime eine jüngere Entwicklung. Menschen haben über Jahrhunderte Drogen genutzt und in vielen Gesellschaften spielt(e) Drogenkonsum eine wichtige soziokulturelle Rolle. Geht man in das 19. Jahrhundert zurück, so findet man neben Limonaden und alkoholischen Getränken, angereichert mit Bestandteilen der Coca-Pflanze, Opiate als Antidepressiva, Heroin (kurioserweise) als *Gegen*mittel bei Morphiumsucht sowie ÄrztInnen, die das zur Verschreibung vorgesehene Morphium gerne selbst nutzen (Briesen 2005: Kap. 2).

Chemische und medizinische Innovationen machten in diesen Jahren den modernen Drogenkonsum möglich: 1805 gelang die Isolation von Morphium aus Opium, 1843 wurde die intravenöse Injektion flächendeckend durchführbar, 1855 folgte die Herstellung von Kokain aus der Coca-Pflanze und 1874 wurde Heroin *erfunden*. Während Innovationen wie Morphium, Opium und Heroin einerseits als *Wundermittel* gepriesen wurden, wuchs andererseits die Besorgnis vor potenziellen Schäden durch Drogen, vor allem in der britischen und der US-amerikanischen Gesellschaft (Nadelmann 1990: 504).

Konkret fühlten sich bestimmte AkteurInnen herausgefordert. Hintergrund war eine Entwicklung, die sie aus unterschiedlichen Gründen als krisenhaft empfanden: Einflussreiche MissionarInnen, die den Drogenkonsum in den zu bekehrenden Ländern und Kolonien für deren Widerstand gegen den *richtigen Weg* verantwortlich machten. Gesellschaftliche Gruppen wie die *Anglo-Oriental Society for the Suppression of the Opium Trade* von 1874 und die erstarkenden Berufsgemeinschaften der MedizinerInnen und PharmazeutInnen, die vor gesellschaftlichen Konsequenzen warnten. So entwickelte sich eine Bewegung, die das *Drogen-Problem* breiteren Gesellschaftsschichten vor allem durch die Kombination mit rassistischen Vorurteilen kommunizierte. Auf diese Weise wurde das Opiumrauchen chinesischer EinwanderInnen zum Symbol für die Dekadenz der MigrantInnen, zu deren Waffe für die Zerstörung der US-amerikanischen Gesellschaft. Im

Süden der USA befürchteten Weiße zunehmend, dass der Kokainkonsum Schwarze aufsässig machen und sie ihren Platz in der sozialen Ordnung vergessen lassen würde. Von JournalistInnen, PolitikerInnen und den Strafverfolgungsbehörden aufgegriffen, wurden diese Vorurteile in gesetzliche Regelungen gegossen (vgl. Briesen 2005; Musto 1973: 6).

Zum Ende des 19. Jahrhunderts zeichneten sich diese Veränderungen des Diskurses zu Drogen deutlicher ab, getragen von gesellschaftlichen Entwicklungen, die von der bis dato bestehenden Diskursstruktur nicht symbolisiert werden konnten – war diese Struktur doch von einer liberalen, gar indifferenten Haltung gegenüber Drogen geprägt gewesen. Ansteigender Drogenkonsum, fremdenfeindliche Ängste, medizinisch-chemische Innovationen erzeugten eine Gemengelage einander widersprechender Entwicklungen, die nicht ohne weiteres in eine sinnhafte Beziehung zueinander gesetzt werden konnten und so zur Destabilisierung der alten Struktur beitrugen. Folglich entstanden die Zweifel der AkteurInnen mit Blick auf ihre bisherigen Entscheidungs- wie Identifikationspunkte und Handlungsroutinen hier im Wechselspiel mit der dislozierten Struktur.

Für unser Anliegen interessant ist an dieser Destabilisierung die sich entwickelnde Hinwendung zu einer internationalen Kontrolle und Prohibition von Drogen – etwas, das es vorher in dieser Form nicht gab. Während die geltenden Normstrukturen – kein Verbot, keine Ächtung, freier, unregulierter Umgang mit Drogen – ihre Bedeutung als *Standard* für angemessenes Verhalten verloren, eröffneten sich angesichts der als gesellschaftliche Krisensituation markierten Prozesse eine Kluft zu den neuen Möglichkeiten – hier vor allem ein Verbot von Drogenkonsum – für die (noch) keine Lösungsroutinen bereitstanden. Eine Kluft öffnete sich also zwischen der dislozierten Struktur und den Entscheidungen, die diesen Zustand durch *Agency* überwinden sollten (Stäheli 2000a: 60-61). Die zunehmend auftauchenden Rufe nach einer globalen Kontrolle von Drogen können folglich in unserem Sinne als kreative Handlungen gelten, die Neues hervorbrachten. Sie waren Handeln, das von der Routine (einer Welt frei von internationalen Kontrollen für Drogen) abweicht, aber sinnlogisch zugleich an bestehende soziale Realitäten anzuknüpfen erlaubte (Drogenkonsum als gesellschaftliche Grenzen überschreitendes Regulierungsproblem – siehe Assoziation mit EinwandererInnen etc.).

Im Verlauf des 20. Jahrhunderts entwickelte sich eine immer umfassendere globale Kontrolle von Drogen, die mit der Vereinbarung der *Single Convention on Narcotics Drugs* 1961 unter der Ägide der Vereinten Nationen und den folgenden zwei weiteren Konventionen in ein System globaler Drogenprohibition mündete (vgl. Bruun et al. 1975; Nadelmann 1990:

502-513). Mit der *Single Convention* wurde der *universelle Anspruch* des entstehenden Regimes hinsichtlich Produktion, Handel und Besitz deutlich.[16]

Mit ihr wurde die Norm – Drogen sind illegal und verboten, ihr Konsum und Handel ist deviantes Verhalten – global; und mit Folgekonventionen von 1972 und 1988 wurde sie stabilisiert. Die zügige Erweiterung des Geltungsbereichs der Prohibition (sowohl geographisch als auch bezüglich der Sachbereiche) bezeugt einerseits die beständige Festlegung, d.h. die *Zementierung* der Drogenprohibitionsnorm, einer kollektiven Erwartung spezifischer Praktiken und Handlungen angesichts der »source of danger to the health of the whole world« (UN 1964: 6). Diese Festlegung ist die sinnhafte Verbindung von Elementen – Drogen, Gefahr, Menschheit, Gesundheit – in eine diskursive Struktur. Andererseits ist eben diese Festlegung – verstanden als die dazu führenden Entscheidungen, also *Agency* – als der Versuch von AkteurInnen zu verstehen, Entscheidungen und Handlungen in einer bestimmten Art und Weise und eben nicht anders zu artikulieren. Die Norm, Drogen zu verbieten, ist insofern der machtgeladene Versuch, eine bestimmte Bedeutung, eine kollektive Erwartungshaltung als dominant zu etablieren – dies auch angesichts der in den letzten beiden Jahrzehnten zunehmenden Umstrittenheit der Norm des globalen Drogenverbots mit Blick auf den *war on drugs* und seine fatalen Folgen. Darin liegt der grenzziehende Charakter solcher Festlegungen: Sie etablieren nicht nur die Identität der AkteurInnen, die alle inkludieren, die einem globalen Drogenverbot zustimmen, sondern kreieren dabei gleichermaßen via Exklusion die Identität derer, die gegen ein solches Verbot sind (und damit auch keine Stimme – keine Entscheidungsmöglichkeiten, keine *Agency* – im Diskurs erlangen können) (vgl. Herschinger 2011: Kapitel 3). Damit ist gleichermaßen gesagt, dass normativer Wandel, betrachtet durch das Brennglas von Dislokationen und Krisen, nicht gleichbedeutend sein *muss* mit Veränderung hin zu *neu* im Sinne von *nie dagewesen*, sondern neben Widerstand auch Stabilisierungsprozesse oder die Reifizierung von Normen beinhalten kann.

Das Beispiel illustriert, wie *Agency* in einen steten Erfahrungsstrom von Krise und Routine eingebettet und die Rekombination von Diskursressourcen durch kreatives Handeln möglich ist. Es zeigt auch, dass eine re-

---

16 Die Akzeptanz des UN-Drogenregimes ist heute weltweit: 186 Staaten gehören laut *United Nations Office on Drugs and Crime* der 1961er Konvention, 184 Staaten der 1971er Konvention, 191 Staaten der 1988er Konvention an (Stand Januar 2021), vgl. UNODC (2021).

konstruktive Forschungspraxis Antworten darauf bieten kann, *wie* die globale Drogenprohibitionsnorm *so* zustande kam und *nicht* anders.

5. Schlussbetrachtung

Dem *Status quo* der Normenforschung haben wir hier mit den beiden Konzepten *Krise* und *Dislokation* eine Alternative gegenübergestellt, um Relationalität und Ko-Konstitutivität des AkteurIn-Struktur-Verhältnisses einzufangen. Der Mehrwert dieser Alternative liegt unseres Erachtens darin, dass er mittels rekonstruktionslogischer Methoden das ko-konstitutive Wechselspiel von AkteurInnen und Struktur forschungspraktisch systematisch aufzuzeigen erlaubt, wodurch kritische Potenziale für die Normenforschung freigesetzt werden.

Uns war hier daran gelegen, ein Vokabular zu entwickeln und vorzustellen, das *hilfreich*, aber selbstverständlich nicht allgemeingültig *anleitend*, für konkrete Forschungspraxis sein kann. Insofern handelt es sich bei *Krise* und *Dislokation* also um nicht mehr – aber eben auch nicht weniger – als einerseits metatheoretische Formeln für Kontingenz sowie andererseits methodologisch-methodische Heuristiken, die in *konkreter, rekonstruktiver empirischer Forschung* (ausführlicher als wir sie hier skizzieren konnten) sowie stets *im Lichte des konkreten Untersuchungsgegenstands* Empirie gesättigt mit Bedeutung gefüllt werden müssen. Was *Krise* und *Dislokation* bedeuten und wie sie das Verhältnis von *Agency* und Struktur hinsichtlich bestimmter Normen, ihrer Entstehung, ihrem Wandel, ihrem Verschwinden und Ersetzt-Werden artikulieren, das ist demzufolge eine Frage konkreter Forschungsarbeiten, eine Frage der Empirie.

Literatur

Adler, Emanuel 1997: Seizing the Middle Ground, in: European Journal of International Relations 3: 3, 319-363.

Badescu, Christina G./Weiss, Thomas G. 2010: Misrepresenting R2P and Advancing Norms: An Alternative Spiral?, in: International Studies Perspective 11: 4, 354-374.

Bevir, Mark 2006: How Narratives Explain, in: Yanow, Dvora/Schwartz-Shea, Peregrine (Hrsg.): Interpretation and Method, Armonk, NY, 281-290.

Björnehed, Emma 2004: Narco-Terrorism: The Merger of the War on Drugs and the War on Terror, in: Global Crime 6: 3-4, 305-324.

Bonacker, Thorsten/Brodocz, Andre 2001: Im Namen der Menschenrechte. Zur symbolischen Integration der internationalen Gemeinschaft durch Normen, in: Zeitschrift für Internationale Beziehungen 8: 2, 179-208.

Briesen, Detlef 2005: Drogenkonsum und Drogenpolitik in Deutschland und den USA. Ein historischer Vergleich, Frankfurt a. M..

Bruun, Ketill/Lynn, Pan/Rexed, Ingmar 1975: The Gentlemen's Club: International Control of Drugs and Alcohol, Chicago, IL.

Bucher, Bernd 2014: Acting abstractions: Metaphors, narrative structures, and the eclipse of agency, in: European Journal of International Relations 20: 3, 742-765.

Chayes, Abram/Chayes, Antonia Handler 1994: Regime Architecture: Elements and Principles, in: Nolan, Janne E. (Hrsg.): Gobal Engagement. Cooperation and Security in the 21st Century, Washington, DC, 65-131.

Davis, James W. 2005: Terms of Inquiry, Baltimore, MD.

Deitelhoff, Nicole 2009: The Discursive Process of Legalization, in: International Organization 63: 1, 33-65.

Doty, Roxanne Lynn 1997: Aporia: A Critical Exploration of the Agent-Structure Problematique in International Relations Theory, in: European Journal of International Relations 3: 3, 365-392.

Doty, Roxanne Lynn 1999: A Reply to Colin Wight, in: European Journal of International Relations 5: 387-390.

Doty, Roxanne Lynn 2000: Desire All the Way Down, in: Review of International Studies 26: 1, 137-139.

Epstein, Charlotte 2011: Who Speaks? Discourse, the Subject and the Study of Identity in International Politics, in: European Journal of International Relations 17: 2, 327-350.

Finnemore, Martha/Sikkink, Kathryn 1998: International Norm Dynamics and Political Change, in: International Organization 52: 4, 887-918.

Franke, Ulrich/Roos, Ulrich 2010: Rekonstruktionslogische Forschungsansätze, in: Masala, Carlo/Sauer, Frank/Wilhelm, Andreas (Hrsg.): Handbuch der Internationalen Politik, Wiesbaden, 285-303.

Friedrichs, Jörg 2009: From Positivist Pretense to Pragmatic Practice, in: International Studies Review 11: 3, 645-648.

Friedrichs, Jörg/Kratochwil, Friedrich 2009: On Acting and Knowing, in: International Organization 63: 04, 701-731.

Geis, Anna/Müller, Harald/Schörnig, Niklas (Hrsg.) 2013: The Janus Face of Liberal Democracies: Militant „Forces for Good", Cambridge.

Glynos, Jason/Howarth, David 2007: Logics of Critical Explanation in Social and Political Theory, London.

Hansen, Lene 2006: Security as Practice, London.

Heller, Regina/Kahl, Martin/Pisoiu, Daniela 2012: The 'Dark' Side of Normative Argumentation, in: Global Constitutionalism 1: 2, 278-312.

Hellmann, Gunther 2009: Beliefs as Rules for Action, in: International Studies Review 11: 3, 638-641.

Hellmann, Gunter 2010: Pragmatismus, in: Masala, Carlo/Sauer, Frank/Wilhelm, Andreas (Hrsg.): Handbuch der Internationalen Politik, Wiesbaden, 148-181.

Herborth, Benjamin 2004: Die via media als konstitutionstheoretische Einbahnstraße, in: Zeitschrift für Internationale Beziehungen 11: 1, 61-87.

Herborth, Benjamin 2010: Rekonstruktive Forschungslogik, in: Masala, Carlo/Sauer, Frank/Wilhelm, Andreas (Hrsg.): Handbuch der Internationalen Politik, Wiesbaden, 265-284.

Herborth, Benjamin 2011: Methodenstreit – Methodenzwang – Methodenfetisch, in: Zeitschrift für Internationale Beziehungen 18: 2, 137-151.

Herschinger, Eva 2011: Constructing Global Enemies, Abingdon.

Hofferberth, Matthias/Weber, Christian 2015: Lost in Translation. A Critique of Constructivist Norm Research, in: Journal of International Relations and Development 18: 1, 75–103.

Howarth, David 2000: Discourse, Buckingham.

Hurrell, Andrew 2002: Norms and Ethics in International Relations, in: Carlsnaes, Walter/Risse, Thomas/Simmons, Beth A. (Hrsg.): Handbook of International Relations, London, 137-154.

Jackson, Richard 2005: Writing the War on Terrorism, Manchester.

Jepperson, Ronald L./Wendt, Alexander/Katzenstein, Peter J. 1996: Norms, Identity and Culture in National Security, in: Katzenstein, Peter J. (Hrsg.): The Culture of National Security, New York, NY, 33-75.

Joas, Hans 1992: Die Kreativität des Handelns, Frankfurt a.M..

Kärger, Caroline/Kursawe, Janet/Lambach, Daniel 2017: Von Agenten, Akteuren und Strukturen in den Internationalen Beziehungen, in: Zeitschrift für Internationale Beziehungen 24: 2, 91–120.

Katzenstein, Peter J. 1996: The Culture of National Security, New York, NY.

Keller, Reiner 2012: Der menschliche Faktor, in: Keller, Reiner/Schneider, Werner/Viehöver, Willy (Hrsg.): Diskurs - Macht - Subjekt, Wiesbaden, 69-107.

Kier, Elizabeth 1997: Imagining War, Princeton, NJ.

King, Gary/Keohane, Robert O./Verba, Sidney 1994: Designing Social Inquiry, Princeton, NJ.

Kivinen, Osmo/Piiroinen, Tero 2007: Sociologizing Metaphysics and Mind, in: Human Studies 30: 2, 97-114.

Klotz, Audie 1995: Norms in International Relations, Ithaca, NY.

Kratochwil, Friedrich 2007: Of False Promises and Good Bets, in: Journal of International Relations and Development 10: 1-15.

Kratochwil, Friedrich/Ruggie, John Gerard 1986: International Organization: A State of the Art on an Art of the State, in: International Organization 40: 4, 753-775.

Kurki, Milja 2006: Causes of a Divided Discipline, in: Review of International Studies 32: 02, 189-216.

Laclau, Ernesto 1990: New Reflections on the Revolution of Our Time, in: Laclau, Ernesto (Hrsg.): New Reflections on the Revolution of Our Time, London, 3-87.

Laclau, Ernesto/Mouffe, Chantal 2001: Hegemony and Socialist Strategy, London.

Laclau, Ernesto/Zac, Lilian 1994: Minding the Gap, in: Laclau, Ernesto (Hrsg.): The Making of Political Identities, London, 11-39.

Legro, Jeffrey W. 1997: Which Norms Matter?, in: International Organization 51: 1, 31-63.

Liese, Andrea 2009: Exceptional Necessity, in: Journal of International Law and International Relations 5: 1, 17-47.

March, James G./Olsen, Johan P. 1998: The Institutional Dynamics of International Political Orders, in: International Organization 52: 4, 943-969.

McKeown, Ryder 2009: Norm Regress, in: International Relations 23: 5, 5-25.

Musto, David 1973: The American Disease, New Haven, CT.

Nadelmann, Ethan A. 1990: Global Prohibition Regimes, in: International Organization 44: 4, 479-526.

Noborder Network 2006: Crossing Borders, in: Transnational Newsletter 1 [http://www.noborder.org/crossing_borders/; 27.10.2020].

Nonhoff, Martin 2006: Politischer Diskurs und Hegemonie, Bielefeld.

Nonhoff, Martin/Gronau, Jennifer 2012: Die Freiheit des Subjekts im Diskurs, in: Keller, Reiner/Schneider, Werner/Viehöver, Willy (Hrsg.): Diskurs - Macht - Subjekt, Wiesbaden, 109-130.

Panke, Diana/Petersohn, Ulrich 2012: Why International Norms Disappear Sometimes, in: European Journal of International Relations 18: 4, 719-742.

Picarelli, John T. 2009: Enabling Norms and Human Trafficking, in: Friman, Richard H. (Hrsg.): Crime and the Global Political Economy, Boulder, CO., 85-101.

Renn, Joachim 2012: Nicht Herr im eigenen Hause und doch nicht eines anderen Knecht, in: Keller, Reiner/Schneider, Werner/Viehöver, Willy (Hrsg.): Diskurs - Macht - Subjekt, Wiesbaden, 35-51.

Renner, Judith 2013: Discourse, Normative Change and the Quest for Reconciliation in Global Politics, Manchester.

Risse, Thomas/Ropp, Steven C./Sikkink, Kathryn (Hrsg.) 1999: The Power of Human Rights, Cambridge.

Roos, Ulrich 2012: Deutsche Außenpolitik nach der Vereinigung, in: Zeitschrift für Internationale Beziehungen 19: 2, 7-40.

Rosert, Elvira/Schirmbeck, Sonja 2007: Zur Erosion internationaler Normen, in: Zeitschrift für Internationale Beziehungen 14: 2, 253-287.

Rytövuori-Apunen, Helena 2009: Abstractive Observation as the Key to the "Primacy of Practice", in: International Studies Review 11: 3, 641-645.

Sauer, Frank/Schörnig, Niklas 2012: Killer Drones, in: Security Dialogue 43: 4, 363-380.

Sending, Ole 2002: Constitution, Choice and Change, in: European Journal of International Relations 8: 4, 443-470.

Shannon, Vaughn P. 2005: Wendt's Violation of the Constructivist Project, in: European Journal of International Relations 11: 4, 581-587.

Sil, Rudra 2009: Simplifying Pragmatism, in: International Studies Review 11: 3, 648-652.

Stäheli, Urs 2000a: Poststrukturalistische Soziologien, Bielefeld.

Stäheli, Urs 2000b: Sinnzusammenbrüche, Weilerswist.

Tannenwald, Nina 1999: The Nuclear Taboo, in: International Organization 53: 3, 433-468.

Tannenwald, Nina 2005a: Ideas and Explanation, in: Journal of Cold War Studies 7: 2, 13-42.

Tannenwald, Nina 2005b: Stigmatizing the Bomb, in: International Security 29: 4, 5-49.

Tannenwald, Nina 2007: The Nuclear Taboo, Cambridge.

UNODC 2021: Drug-Related Treaties, in: https://www.unodc.org/unodc/en/treaties/ index.html; 25.01.2021.

Weldes, Jutta/Saco, Diana 1996: Making State Action Possible, in: Millennium: Journal of International Studies 25: 2, 361-395.

Wendt, Alexander 1999: Social Theory of International Politics, Cambridge.

Wiener, Antje 2004: Contested Compliance, in: European Journal of International Relations 10: 2, 189-234.

Wiener, Antje 2008: The Invisible Constitution of Politics, Cambridge.

Wight, Colin 1999: They Shoot Dead Horses Don't They?, in: European Journal of International Relations 5: 1, 109-142.

Wight, Colin 2000: Interpretation All the Way Down?, in: European Journal of International Relations 6: 423-430.

Yee, Albert S. 1996: The Causal Effect of Ideas on Policies, in: International Organization 50: 1, 69-108.

Die unsichtbare Verfassung der Umstrittenheit.
Zur Rolle von Umstrittenheit in der Normenforschung

Henrik Schillinger und Holger Niemann

1. Einleitung[1]

Die neuere Normenforschung lenkt auf empirischer und theoretischer Grundlage den Blick auf die Umstrittenheit von Normen (Wiener 2004, 2008, 2009, 2014; Deitelhoff/Zimmermann 2013; Niemann/Schillinger 2017; McKeown 2009; van Kersbergen/Verbeek 2007; Sandholtz 2008; Joachim/Schneiker 2012). Damit wird jedoch die Grundannahme von Normen als *shared understandings* (Katzenstein 1996; Klotz 1995) fundamental infrage gestellt. Stattdessen wird argumentiert, dass sich die Bedeutung von Normen durch anwendungspraktische kontextgebundene Interpretation (*meaning-in-use*) herausbildet und daher grundsätzlich umstritten ist. Umstrittenheit hebt dabei etwa die »konsistente Inkonsistenz« (Methmann 2010), Lokalisierungseffekte (Acharya 2004; Kim 2009) oder die »Politik der Normen« (van Kersbergen/Verbeek 2007) im Sinne eines fortlaufenden politischen Prozesses der Aushandlung von Bedeutungen hervor. Die Stabilität von Normen als fixierter Sinngehalt wird so fraglich (Krook/True 2012). Umstrittenheit ist damit nicht nur eines von verschiedenen identifizierten Desideraten der gegenwärtigen Normenforschung (Rosert 2012: 600). Vielmehr stellt Umstrittenheit die Grundlagen bisheriger Normenforschung infrage und es bedarf der Diskussion, wie Umstrittenheit zur Konzeptualisierung von Normen beitragen kann (vgl. hierzu auch den Beitrag von Gholiagha, Hansen-Magnusson und Hofius in diesem Band).

Wir argumentieren, dass gerade durch diese Infragestellung von bisherigen Grundannahmen im Konzept der Umstrittenheit das analytische Potential einer kritischen Normenforschung (Engelkamp/Glaab/Renner 2012; Renner 2013, Engelkamp/Glaab 2015) deutlich wird. Angesichts dieser Bedeutung ist jedoch eine kritische Diskussion von Umstrittenheit und ihrer Implikationen von zentraler Relevanz für die Weiterentwicklung kritischer und konstruktivistischer Ansätze der Normenforschung. Zu diesem

---

1 Für eine weiterführende Version des Arguments siehe Niemann/Schillinger (2017).

Zweck befasst sich der Beitrag mit dem Konzept der Umstrittenheit, wie es Antje Wiener vor allem im Rahmen ihrer Monographie *The Invisible Constitution of Politics: Contested Norms and International Encounters* (Wiener 2008) dargelegt hat.[2] Der vorliegende Beitrag würdigt zum einen den im eigentlichen Sinne kritischen Wert des Ansatzes, der die Konzeption von Normen als Fakten problematisiert und konkrete Vorschläge für demokratisches Regieren jenseits des Staats macht. Zum anderen soll jedoch diskutiert werden, inwieweit dem Konzept der Umstrittenheit eine »Politik der Realität« (Zehfuss 2002) zugrunde liegt und damit implizite Vorannahmen und Setzungen beinhaltet, die Umstrittenheit als genuine Qualität von Normen letztlich doch wieder infrage stellen. Mit der Diskussion einer impliziten »Politik der Realität« des Ansatzes verbindet der Beitrag die Hoffnung, Wege zur weiteren Ausformulierung einer kritischen konstruktivistischen Normenforschung aufzeigen zu können.[3]

In diesem Sinne wird in einem ersten Argumentationsschritt dargelegt, dass Wieners Ansatz nicht nur eine Kritik der bestehenden Normenforschung darstellt, sondern die von ihr identifizierten Forschungslücken und Inkonsistenzen aufgreift, um mit dem Konzept der Umstrittenheit ein kritisch-konstruktivistisches Konzept von Normen zu entwerfen. Ausgehend von diesem Befund diskutiert der Beitrag im Anschluss eine Reihe von impliziten Voraussetzungen, die dem Konzept der Umstrittenheit zugrunde liegen und es nicht nur engführen, sondern auch dessen kritisches Potential infrage stellen. Im Einzelnen identifiziert der Beitrag drei Annahmen: Erstens lässt sich eine Ontologisierung von Normen als kulturelle Fakten erkennen, die im Widerspruch zu einem intersubjektivistischen Verständnis von Normen steht (vgl. hierzu auch den Beitrag von Jacobi und Kuntz in diesem Band). Zweitens stellen nicht *inter*nationale *encounters* (Interak-

---

2 Das Konzept der Umstrittenheit entwickelt sich, wie die Normenforschung insgesamt, dynamisch. Dies zeigt sich auch in den Arbeiten von Antje Wiener, die in neueren Beiträgen das Konzept an zentralen Stellen weiterentwickelt (2014; 2017). Dieser Beitrag beschränkt sich für eine kohärente Argumentation jedoch vor allem auf Wiener (2008).

3 Mit dem Begriff des kritischen Konstruktivismus fassen wir jene Ansätze zusammen, die die Dynamik von Reflexivität und Intersubjektivität hervorheben und verschiedentlich auch als konsistenter oder harter Konstruktivismus bezeichnet werden. Für systematische Diskussionen eines solchen Konstruktivismus siehe vor allem Fierke (2001); Guzzini (2000) und Pouliot (2007), für die breitere Diskussion um die inhaltlichen Ausdifferenzierungen des Konstruktivismus in den IB auch Price/Reus-Smit (1998) und Hopf (1998). Frühere Beiträge zu einer kritischen konstruktivistischen Normenforschung umfassen u.a. Kratochwil (1989), Epstein (2008) und in Teilen auch der auf Derrida basierende Ansatz in Zehfuss (2002).

tionen), sondern individuelle Akteur*innen die Analyseebene dar. Drittens führen diese empirisch-analytischen Vorannahmen des Ansatzes zu einem implizit dialogischen und konsensualen Politikverständnis, das den Aspekt der Macht und damit die Implikationen einer »Politik der Realität« aus der analytischen und normativen Betrachtung ausblendet. Indem wir die impliziten Vorannahmen in Wieners Konzept der Umstrittenheit offenlegen, hoffen wir den Weg für eine Weiterentwicklung zu bereiten, die Umstrittenheit als Kern des Normenbegriffs konzeptualisiert und damit Wege zu einer kritischen konstruktivistischen Betrachtung von Normen eröffnet.

2. Umstrittenheit als neue Perspektive der Normenforschung

Mit der Fokussierung auf die Umstrittenheit und Aushandlung der Bedeutung von Normen in internationalen Aufeinandertreffen (*international encounters*) als Interaktionsräume verlagert Wiener die Perspektive von der Normbildung bzw. -diffusion auf die Normbedeutung und ermöglicht so eine kritische Perspektive in der Normenforschung. Wiener entwickelt ihren Ansatz ausdrücklich in der Abgrenzung von Konzepten, die Normen ontologisieren, also Normen als soziale oder deliberativ verhandelte Fakten mit feststehender Bedeutung behandeln (Finnemore 2003; Finnemore/Sikkink 1998; Katzenstein 1996). Der Ansatz leistet damit einen wesentlichen Beitrag zu einer kritischen Normenforschung, die Reflexivität im Sinne eines intrinsischen Zusammenhanges von Ontologie und Epistemologie als Ontologie/Epistemologie (Pouliot 2007: 363) versteht. Diese Perspektive spiegelt sich in Wieners zentralen Grundannahmen wider:

> »*The focus of analysis which follows this approach seeks to understand variation in the meaning of norms based on three assumptions: (i) norms entail a dual quality; (ii) the meaning of norms is embedded in a structure of meaning-in-use; and (iii) meaning evolves through interaction in context – it is embedded in social practice and therefore subject to change.*« (*Wiener 2008: 57*)

Im Prinzip der Umstrittenheit findet Wiener einen theoretischen Begriff, der diese Grundannahmen analytisch fruchtbar macht und zugleich im Sinne einer doppelten Hermeneutik (Guzzini 2000: 174) eine Verbindung zu normativen Fragen von Legitimität im Kontext von Transnationalisierung und Konstitutionalisierung herstellt. Grundlage des Ansatzes ist die Annahme oder Beobachtung, dass Normen eine doppelte Qualität (*dual quality*) aufweisen, also einerseits sozial konstruiert sind und anderseits zugleich soziale Interaktion strukturieren. Wenn Normen nicht als soziale

Fakten ontologisiert und damit auf ihre strukturierende Dimension reduziert werden sollen, muss weiter angenommen werden, dass die Bedeutung von Normen als soziale Praxis konstituiert wird und ihre Bedeutung umstritten ist. Mit diesen Grundannahmen bietet Wieners Ansatz einen wesentlichen Perspektivwandel für die Normenforschung, indem er den (1) analytischen Blick auf Normen als Praktiken (*meaning-in-use*) lenkt, (2) die Dimension der kulturellen Geltung von Normen in den Mittelpunkt rückt, (3) die Umstrittenheit von Normen hervorhebt und so (4) die Normativität der Normen in den Betrachtungsrahmen einbeziehen kann.

(1) Die Bedeutung von Normen besteht im Wesentlichen als *meaning-in-use*, also in der alltäglichen Praxis ihrer Interpretation und Anwendung in der Interaktion mit anderen Akteur*innen. Bedeutung ist demnach nicht feststehend und stabil, sondern in sozialen Praktiken begründet und entwickelt sich in der sozialen Interaktion beständig weiter. Damit rückt der Ansatz die doppelte Qualität von Normen in den Mittelpunkt, die sich gleichermaßen als stabil und flexibel verstehen lassen (Wiener 2008: 9, 50). *Meaning-in-use* zeigt somit einen der zentralen Konstitutionsprozesse von Normen an, nämlich die Herausbildung von Intersubjektivität. Obwohl Normen aus konstruktivistischer Perspektive als *shared understandings* definiert werden (Björkdahl 2002; Finnemore/Sikkink 1998; Katzenstein 1996), bleibt dabei zumeist offen, was dieses gemeinsam geteilte Verständnis eigentlich konstituiert. Wieners Fokus auf die *meaning-in-use* offenbart die Herausbildung von Intersubjektivität durch soziale Praxis und geht damit deutlich über die bisherige konstruktivistische Definition von Normen hinaus. Dies ist zentral, stellt es doch eine wesentliche Abkehr von der strukturalistischen Betrachtungsweise der frühen konstruktivistischen Normenforschung dar, die – wie von Checkel bereits 1998 kritisch angemerkt (Checkel 1998: 325) – unter einer mangelnden Berücksichtigung von *agency* litt (vgl. hierzu auch den Beitrag von Herschinger und Sauer in diesem Band). Die Perspektive auf *meaning-in-use* von Normen kann hingegen das produktive Wechselspiel von Struktur und Akteur aufzeigen. Damit hinterfragt Wiener zugleich auch eine Ontologisierung von Normen. Denn werden Normen auf ihre Funktion als Verhaltensstandards und Routinen reduziert, geht nicht nur die moralische Dimension verloren (Klotz 1995: 14; Goertz/Diehl 1992: 638), sondern zwangsläufig rücken Fragen bezüglich der Einhaltung und Effektivität von Normen in den Vordergrund (Deitelhoff 2006: 69). Damit kann die konstruktivistische Normenforschung zwar in einer Vielzahl empirischer Einzelfallstudien die Bedeutung von Normen aufzeigen, das zentrale Desiderat, nämlich der Wandel intersubjektiver normativer Überzeugungen, bleibt aber unbeantwortet (Deitelhoff 2006: 77; Finnemore/Sikkink 1998: 894). Der gleichzeitige Fokus auf

meaning-in-use und die *dual quality* von Normen bieten hierfür einen Ausweg.

(2) Wieners Ansatz eröffnet mit seiner Betonung der kulturellen Geltung von Normen eine Perspektive, die auf eine unsichtbare Dimension internationaler Politik verweist und in den kulturellen Praktiken der beteiligten Akteur*innen begründet. Der jeweilige soziokulturelle Hintergrund bestimmt als *normatives Gepäck* individueller Akteur*innen, wie Normen jenseits ihrer formalen Festschreibung und über etablierte (sozial anerkannte) organisatorische Praktiken hinaus konkret interpretiert und angewendet (kulturell validiert) werden (Wiener 2008: 4-5, 35). Mittels dieser *invisible constitution* kann ein Blick auf die Wirkung von Normen geworfen werden, der nicht nur den Kontext berücksichtigt, sondern auch die jeweiligen subjektiven normativen Dispositionen. Auch wenn in der Normenforschung immer betont wird, dass Normen nur als größere normative Zusammenhänge bzw. Normensets zu verstehen sind (Raymond 1997: 231; Kratochwil 1989: 32), wird aus forschungspragmatischen Gründen häufig eine isolierte Betrachtung von Normen vollzogen. Gerade empirische Fallstudien zur Wirkung oder Diffusion von Normen fokussieren in der Regel auf einzelne erfolgreiche Normen, was bereits früh kritisiert worden ist (Legro 1997: 34). Ein solches Vorgehen kann aber weder die Einbettung in größere normative Kontexte noch die jeweilige individuelle Interpretation berücksichtigen (Kratochwil 2001: 50). Wieners Ansatz bietet hierfür einen Ausweg, gerade weil auf einer grundsätzlichen Kritik am bisherigen Verständnis internationaler Normen als *shared understandings* aufbaut und die kulturelle Geltung als individuelle Dimension miteinbezieht, ohne deren strukturierende Wirkung zu vernachlässigen.

(3) Weil die Bedeutung von Normen immer wieder auf der Ebene der Praxis in der Interaktion zwischen Akteur*innen neu ausgelegt wird, sind Normen grundsätzlich umstritten. Das markiert eine Zäsur zur bisherigen Normenforschung, denn Umstrittenheit scheint die Annahme eines intersubjektiven Konsenses über Normen als *shared understandings* auf den ersten Blick fundamental infrage zu stellen. Dies ist so bedeutsam, weil die kollektive Dimension von Normen gerade durch eine konstruktivistische Normenforschung hervorgehoben wird, etwa wenn festgestellt wird: »Norms entail a collective evaluation and future expectations of behaviour« (Björkdahl 2002: 15). Die vergemeinschaftlichende Funktion von Normen hervorzuheben, diente gerade in Abgrenzung zu rationalistischen Ansätzen der Normenforschung (Axelrod 1986) dazu, die Rolle idealler Faktoren und damit die Relevanz eines konstruktivistischen Forschungsprogramms in den internationalen Beziehungen zu begründen (Finnemore/Sikkink 2001; Björkdahl 2002; Checkel 1998: 230). Wieners Konzept ist

jedoch keine radikale Zurückweisung dieser konstruktivistischen Grundannahmen. Denn im Sinne der *dual quality* sind Normen immer beides, stabil und flexibel. Daher stellt die Betonung von Umstrittenheit die Grundidee sozialer Normen nicht infrage, sondern ergänzt sie um eine bislang vernachlässigte praxisorientierte Komponente. Damit eröffnet Wiener zugleich einen grundsätzlich neuen Blick auf vielfach diskutierte Themen der Normenforschung, wie etwa Anerkennung, Befolgung und Diffusion internationaler Normen. Die häufig implizit vorausgesetzte Teleologie internationaler Normen, die nach erfolgreicher Herausbildung und Diffusion in nicht weiter hinterfragten Praktiken als habituelle Eigenschaften verschwinden (Finnemore/Sikkink 1998; Payne 2001; Cortell/Davis 2000), wird so infrage gestellt. Der Fokus auf die Umstrittenheit von Normen ermöglicht stattdessen auf die häufig angemahnte Untersuchung problematischer oder erodierender Normen (Rosert/Schirmbeck 2007; McKeown 2009; Panke/Petersohn 2012) einzugehen und neben einer integrierenden auch eine antagonistische Dimension von Normen zu erfassen. Die Perspektive der Normenforschung verlagert sich so im Sinne Wieners praxistheoretischer Verortung von Fragen nach Normwirkung und -effektivität zur grundsätzlichen Bedeutung von Normen für die Strukturation sozialer Interaktionsprozesse.

(4) Umstrittenheit eröffnet so eine analytische Perspektive auf die normative Dimension von Normen. Denn wie Maja Zehfuss betont, drückt sich in der Intersubjektivität immer auch die Normativität von Normen aus, die wiederum politische Implikationen begründet (Zehfuss 2002: 150). In dem Maße, in dem eine Norm bzw. eine Norminterpretation nicht faktische Normalität, sondern lediglich einen Geltungsanspruch beinhaltet, hängt die demokratische Legitimität transnationaler Verregelungsprozesse von der Möglichkeit ab, die Diversität von Norminterpretationen politisch zu verhandeln. Wieners Diskussion eines institutionell gewährleisteten Anspruchs auf *Zugang zu Umstrittenheit* führt zugleich zu den normativen Implikationen für die Theorie selbst. Das Konzept der Umstrittenheit ist nicht nur eine Theorie über Normen, sondern zugleich eine normative Theorie mit demokratietheoretischem Geltungsanspruch (Wiener 2008: 197–214, Wiener 2014: 81). Mit dieser analytischen Perspektive kann Wiener der immer wieder betonten Vernachlässigung der normativen Dimension von Normen entgegentreten (Finnemore/Sikkink 1998: 891; Kratochwil 1989: 101; Deitelhoff 2006: 68; Björkdahl 2002: 14; Goertz/Diehl 1992: 638). Die *oughtness* von Normen geht analytisch verloren, wenn Normen aus einer strukturalistischen Perspektive als ritualisierte Handlungsoptionen verstanden werden. Die vermeintliche Infragestellung des Kerngehalts von Normen (intersubjektive Verständnisse über An-

gemessenheit) kann Wiener gerade durch den Blick auf Prozesse der Umstrittenheit offenlegen und leistet damit nicht nur einen wichtigen Beitrag zum besseren Verständnis von Normativität, sondern zeigt auch die normativen Implikationen der Normentheorie auf. Gerade dies muss aus der Perspektive eines kritischen Konstruktivismus wesentlicher Bestandteil der Normenforschung sein.

Diese Punkte verdeutlichen die Bedeutung von Wieners Ansatz für die Entwicklung einer kritisch konstruktivistischen Normenforschung: Mit dem Konzept der Umstrittenheit gelingt es nicht nur, eine Reihe problematischer Grundannahmen der bisherigen Normenforschung aufzuzeigen und existierende Lücken zu schließen, sondern es bietet sich auch ein dezidiert normativer Zugang zu den politischen Konsequenzen umstrittener Normen. In den folgenden Abschnitten diskutiert der Beitrag diesen Mehrwert für die Normenforschung im Detail. Zugleich offenbart diese Diskussion jedoch, dass dem Konzept der Umstrittenheit eine Reihe von impliziten Vorannahmen zugrunde liegt, die die Idee von Normen als prinzipiell umstritten infrage stellt und auf eine Politik der Realität verweist, deren Implikationen stärkere Beachtung verdienen.

3. Die Ontologisierung von Kultur: Die doppelte Qualität von Normen und die Unumstrittenheit von Kultur

Wieners Ansatz betont die Notwendigkeit einer reflexiven Perspektive auf Normen, die in der bisherigen Normenforschung fehlen würde: »one perspective studies behaviour *in reaction* to norms, thus stressing the structural quality, the other considers intervention *in relation* to norms« (Wiener 2008: 38, Hervorh. dort). In der bisherigen Normenforschung steht also die Reaktion der Akteur*innen auf Normen als intervenierende Variable mit stabiler Bedeutung – und entsprechend eindeutig erkennbaren und durchsetzbaren Verhaltensvorschriften (Wiener 2008: 42) – im Fokus der Analyse, anstatt die Konstruktion von Bedeutung über soziale Praktiken in Relation zu Akteur*innen zu untersuchen. Indem Normen als soziale oder ausgehandelte Fakten verstanden werden, nimmt die konventionelle Normenforschung eine Verschiebung des Normenkonzepts von der konzeptionellen auf die phänomenologische Ebene vor (Wiener 2008: 46). Damit werden Normen ontologisiert und ihre intersubjektive Dimension geht verloren. Um diese Dimension zu erhalten und die doppelte Qualität von Normen analytisch fassbar zu machen, betont Wiener die prinzipielle Umstrittenheit von Normen. Das Konzept der Umstrittenheit weist darauf hin, dass die Faktizität und Geltung von Normen in einem dialektischen Spannungsverhältnis stehen:

> *»While norm validity is in principle contested, norm recognition does structure behaviour. In turn, as a social practice, behaviour has an effect on type and meaning of a norm« (Wiener 2008: 50).*

Dies bedeutet, dass die formale Geltung von Normen (etwa durch einen Vertragstext), die soziale Anerkennung einer geteilten Bedeutung dieser Norm und die kulturelle Validierung basierend auf der sozialen Praxis durch unterschiedliche Kontextbedingungen auseinanderfallen können – und einander auf keinen Fall direkt bedingen müssen. Während Rechtsstaatlichkeit, um eines von Wieners Fallbeispielen aufzugreifen, als formal festgeschriebene Norm sowohl in Brüssel (also in einer transnationalen europäischen Elite) wie auch in Berlin und London (also unter nationalen Eliten) eindeutig sozial anerkannt wird, divergieren die Bedeutungszuweisungen innerhalb der jeweiligen politischen Arena erheblich. Während in London der Begriff eher im Sinne von *Gesellschaft* gefasst wird, verbindet die Berliner Elite ihn mit einer Vorstellung von *Gemeinschaft*. Das hat politische Implikationen, z.B. für die Haltung zum Erweiterungsprozess der EU. Während in London eher in Begriffen von Stabilität argumentiert wird, steht in Berlin die Finalität des politischen Projekts im Vordergrund. Die Brüsseler Elite wiederum zeigt, laut Wiener, im Sinne einer Sowohl/als auch-Einstellung keine eindeutige Überzeugung in dieser Frage (Wiener 2008: 142–146).

In diesem Beispiel zeigt sich, dass mit der formalen Anerkennung der Norm vor dem Hintergrund unterschiedlicher Interpretationskontexte nicht zwangsläufig die soziale Anerkennung *einer* intersubjektiv geteilten Normbedeutung einhergeht. Divergenz oder Diffusion von Bedeutungszuschreibung auf der Basis kultureller Interpretationspraxis, bzw. das Auseinander- oder Zusammenfallen formaler Geltung, sozialer Anerkennung und kultureller Gültigkeit von Normen werden entsprechend als *unsichtbare Grundlage der Politik* ausgemacht (Wiener 2008: 62). Aus der kulturellen Gültigkeit als letzten Grund normativer Sinnzuschreibung und der Divergenz oder Diffusion dieser Sinnzuschreibung über verschiedene kulturell abgegrenzte Kontexte hinweg leitet Wiener allgemeine Erwartungen für die internationale Politik ab:

> *»In the absence of all-encompassing transnationalisation, international politics is constitutive for more rather than less diversity. International encounters are therefore expected to generate conflict and contestation« (Wiener 2008: 195).*

In der konkreten Konzeptualisierung dieser *unsichtbaren Verfassung der Politik* zeigen sich aber eine Reihe impliziter Annahmen hinsichtlich der doppelten Qualität von Normen und ihre daraus resultierende Umstrittenheit, die die reflexive Perspektive des Konzepts hinterfragen.

So impliziert die Vorstellung von Umstrittenheit als Ergebnis divergierender kulturell begründeter Sinnzuschreibungen an Normen letztlich eine Ontologisierung von Kultur. Im Vergleich zur Ontologisierung von Normen, die Wiener in der bisherigen Normenforschung erkennt, stellt Umstrittenheit in dieser Interpretation keine intersubjektivistische Alternative dar, sondern verlagert den Ort der Bedeutungsfixierung lediglich auf eine andere (nationale/kulturelle) Analyseebene. Die Flexibilität der Norm korrespondiert nicht mit der Flexibilität von Bedeutung. Im Hinblick auf das Verständnis von Bedeutung besteht also weiterhin eine grundsätzliche Stabilitätsannahme. Inwiefern *meaning-in-use* in dieser Version einen konzeptionellen Fortschritt gegenüber *meaning* darstellt bleibt offen. Stattdessen werden Normen implizit als stabile Fakten gefasst. Die kulturelle Geltung wird damit zur kulturellen Faktizität.

Diese implizite Stabilitätsannahme führt auf der Ebene der Bedeutung dazu, dass die soziale Konstruktion von Wissen nicht erfasst werden kann. Reflexivität und intersubjektive Interaktion sind zwar in der Vorstellung des *inter*nationalen Aufeinandertreffens von Angehörigen nationaler Eliten wie auch in der Möglichkeit der transnationalen Konstruktion geteilten Sinns ausdrücklich angelegt. Gerade diese Interaktion wird aber über die Beschränkung von kulturellen Praktiken auf eine quasi-nationale Ebene aus der analytischen Betrachtung ausgeschlossen (Wiener 2008: 62). Dieser Ausschluss ist dabei nicht das Ergebnis methodischer Entscheidungen, sondern konzeptionell begründet. Dies äußert sich in der Annahme, dass Individuen kulturelle Sinnzuschreibungen als »normatives Gepäck« (Wiener 2008: 6) auch außerhalb ihres entsprechenden sozialen Kontexts unreflektiert anwenden. Erst auf diese Weise kann die Dimension der kulturellen Gültigkeit zur *unsichtbaren* Grundlage der Politik werden. Diese Unsichtbarkeit ist nur vor dem Hintergrund denkbar, dass Reflexivität und Intersubjektivität in internationalen *encounters* weitgehend ausgeklammert bleiben. Wie dann jedoch die Entstehung und der Wandel von Normen bzw. der intersubjektiven Sinnzuschreibung an Normen funktionieren können wird analytisch ausgeklammert und erschöpft sich in der Annahme, dass eine Vielfalt von Sinnzuschreibungen bereits eine mögliche Erklärung darstellt. Eine intersubjektivistische Konzeption von Wissen oder Handlung kann somit nicht erfasst werden, obwohl gerade diese als zentrale Bestandteile eines kritischen Konstruktivismus verstanden werden können (Friedrichs/Kratochwil 2009; Guzzini 2000).

Schließlich resultiert Umstrittenheit in Wieners Ansatz vor allem in der Vervielfachung von Orten der Bedeutungsfixierung und aus der genuinen Qualität von Normen. Normative Flexibilität kann so nur vor dem Hintergrund einer grundsätzlichen Stabilitätsannahme wirken. Dieses Verhältnis von Flexibilität und Stabilität ermöglicht es, klare Erwartungen über Konflikte auf der Basis von Divergenz- oder Diffusionsmustern in normativen Sinnzuschreibungen über politische Arenen hinweg zu formulieren. Gleichzeitig bleibt damit aber ein Teil des empirischen Befunds von Wiener theoretisch unzugänglich: Auf der Ebene der transnationalen Elite in Brüssel existieren gegensätzliche Sinnzuschreibungen einer Norm gleichzeitig nebeneinander (sowohl/als auch) statt sich kategorisch auszuschließen (entweder/oder). Der Zusammenhang zwischen Divergenz in der Sinnzuschreibung und politischem Konflikt scheint also nicht eindeutig zu sein. Die Vervielfachung von Orten der Bedeutungsfixierung wird als Ursache für Umstrittenheit verstanden und die Vermeidung von Konflikten durch eine Offenlegung sowie Bearbeitung dieser divergenten Sinnzuschreibungen in transnationalen Institutionen als Lösungsmöglichkeit betont (Wiener 2008: 201). Zugleich erkennt Wiener in einem Nebeneinander der Bedeutungen wie allgemein in Diversität jedoch ein Mehr an demokratischer Legitimation (Wiener 2008: 202). Die Diversität von Sinnzuschreibungen in Brüssel werden somit gleichzeitig als problematisch wie normativ wünschenswert verstanden, ohne dass dieses Spannungsverhältnis theoretisch aufgefangen werden kann.

Mit der Betonung der kulturellen Geltung von Normen stellt Wieners Ansatz einen wichtigen Schritt dar, um die Bedeutung von Normen konsequent kontextabhängig zu fassen und dabei die Gleichzeitigkeit verschiedener Kontexte und Interpretationen zuzulassen. Eine Ontologisierung von Normen als Fakten, wie sie in der Mehrzahl der bestehenden Herangehensweisen an Normen vorzufinden ist, hinterfragt der Ansatz damit. Durch den Rückgriff auf kulturelle Geltung als *meaning-in-use* wird das Problem der Ontologisierung jedoch nicht gelöst, sondern lediglich auf eine andere Ebene der Norminterpretation verlagert. Während es dem Ansatz auf diese Weise einerseits gelingt, das Normverständnis am Punkt des Zusammenpralls (*encounter*) verschiedener Norminterpretationen zu dynamisieren, wird mit dem Verweis auf die kulturelle Geltung von Normen zugleich jedoch die Möglichkeit der Fixierung und damit letztlich die Unumstrittenheit von kulturellen Geltungen betont. Die intersubjektive Konstruktion von Bedeutung durch diskursive Praktiken wird durch diese impliziten Grundannahmen verengt; die Umstrittenheit von Normen erscheint vor allem als ein Problem konfligierender kultureller Geltung. Der Begriff der Umstrittenheit wird folglich nicht *all the way down* erfasst, sondern durch ein Verständnis der kulturellen Geltung als kulturelle Faktizität von Normen fixiert, reifiziert und letztlich ontologisiert (Niemann/ Schillinger 2017).

4. Die Individualisierung der Umstrittenheit: Normen, Individuen und die Identität der Identität

Der Ausgangspunkt für Wieners Konzept ist eine Kritik an den handlungstheoretischen Annahmen der bisherigen Normenforschung. Dies entspricht der Forderung eines kritischen Konstruktivismus »to combine a social theory of knowledge with an intersubjective, and not an individualist, theory of meaningful action« (Guzzini 2000: 499). Vor allem die Trennung von Normen und Werten in bisherigen Ansätzen der Normenforschung führt Wiener zufolge zu einer Nichtberücksichtigung von *agency* im Prozess der Normgenese und des Normwandels:

> »*The first caveat is the bracketing of interaction and the assumption that stable norms structure behaviour. As a consequence, the very process of meaning construction is excluded from the analysis. The second caveat is the assumption of stable (or 'given') community identities. While as a precondition stable identities are important indicators for the analysis of national identity options, they prevent analytical appreciation of moving individuals and changing individually transported associative connotations as a result*« *(Wiener 2008: 71).*

Akteur*innen reagieren in der behaviouralistischen Konzeption von Interaktion auf stabile Normen vor dem Hintergrund einer stabilen Identität. Im Gegensatz dazu fassen reflexive Ansätze Interaktion als intersubjektiven Prozess auf und nehmen das Wechselspiel zwischen Normen, Bedeutungen und Identitäten in den Blick. Normen und Identitäten erscheinen entsprechend als grundsätzlich flexibel und wandelbar in ihrer Bedeutung sowie kontextabhängig. Wiener kritisiert, dass diese behaviouralistische Grundannahme sowohl in der Logik der Angemessenheit wie auch in der Logik des Argumentierens enthalten ist und sie damit implizit die Annahme stabiler Identitäten unterstreichen. Wie dieser Abschnitt zeigt, liegt jedoch auch dem Konzept der Umstrittenheit die implizite Annahme der Individualisierung von Umstrittenheit zugrunde. Dies manifestiert eine Politik der Realität, da von einer stabilen »Identität der Identität« (Zehfuss 2001: 92) ausgegangen wird.

Auf der Ebene des Handelns argumentiert das Konzept der Umstrittenheit, dass Akteur*innen in einem Kontext operieren, der durch das Zusammenspiel von *meaning-in-use* und den Individuen definiert wird (Wiener 2008: 71). Entsprechend liegt der empirische Fokus auf »interventions made by individuals who operate on a micro-level in 'settings of interaction', which are identified as 'locales' of day-to-day practice« (Wiener 2008: 71). Im Mittelpunkt der Analyse stehen also die Interaktion und die individuelle Umsetzung (*enactment*) von Normen als bedeutungsgenerierende oder -verändernde Praxis in Form diskursiver Interventionen. Als Interaktionsmechanismus zwischen Individuen enthüllten diese zum einen assoziative Konnotationen der Individuen mit bestimmten Normen, zum anderen lassen sie aber auch die Kontingenz von Normbedeutungen sichtbar werden. Diskursive Interventionen sollen jedoch nicht darauf reduziert werden, divergierende, konvergierende oder diffuse Bedeutungsmuster zu enthüllen, sondern es wird erwartet, dass die Häufigkeit und der Ort der Interaktion einen Einfluss auf die Sinngebung ausüben (Wiener 2008: 72). Damit folgt Wiener der Forderung eines kritischen Konstruktivismus nach einer intersubjektivistischen anstelle einer individualistischen Theorie sinnbezogenen Handelns (Guzzini 2000: 162). Trotz dieser Grundüberlegungen liegt dem Konzept der Umstrittenheit letztlich ein individualistisches Akteurskonzept zugrunde. Ein solches Akteurskonzept steht jedoch im Widerspruch zu einem konstruktivistischen Verständnis von Normen als intersubjektive Phänomene und hat Konsequenzen für eine Konzeptualisierung von Umstrittenheit als essentielle Qualität von Normen.

Dem zentralen theoretischen Begriff der kulturellen Geltung liegt im Hinblick auf das Handeln kein relationales, sondern ein reaktives Interaktionsverständnis zugrunde. Kulturelle Geltung äußert sich als normatives Gepäck auf das die Individuen *unsichtbar*, also unreflektiert zurückgreifen, wenn sie auf der internationalen Ebene mit Normen konfrontiert werden.

> *»In the absence of shared social recognition and collective deliberation to establish legitimate interpretation of a norm's formal validity, individuals will resort to their respective culturally constituted ‚background knowledge' or their ‚normative baggage'«* (Wiener/Puetter 2009: 6).

Implizit scheint hier eine quasi-behaviouralistische Handlungslogik als Vorannahme angelegt zu sein, da die Individuen blind ihren kulturellen *scripts* zu folgen scheinen. Insofern gerade aus dieser unreflektierten Bezugnahme auf das jeweilige normative Gepäck in der Interaktion zwischen Individuen allgemein auf die Umstrittenheit und Konflikthaftigkeit von internationaler Politik geschlossen wird, wird Umstrittenheit damit implizit individualistisch und nicht intersubjektiv gefasst. Dabei tritt jedoch in den Hintergrund, dass gerade im Bereich der internationalen Diplomatie die Umstrittenheit von Normen als „Vagheit" eine strategische Ressource für

Akteure darstellen kann, die Bedeutung bestehender Normen im Einklang mit bestehenden politischen Praktiken umzudefinieren (van Kersbergen/ Verbeek 2007: 221-222).

Die Reduktion kultureller Praxis auf individuell getragenes normatives Gepäck erfordert die implizite Annahme von stabilen und einheitlichen (kulturellen) Identitäten. Es liegt der Umstrittenheit also die Annahme einer stabilen »Identität der Identität« (Zehfuss 2001: 92) zugrunde.[4] Die Vorstellung, dass Individuen auf Kultur als »Wissensvorrat« (Wiener 2007: 62–63) zurückgreifen, der klare Sinnzuschreibungen zu einzelnen Normen bietet, beruht auf der impliziten Zurückweisung von Umstrittenheit als *intersubjektives* Konzept und der Möglichkeit der Fixierung normativer Bedeutung. Die Fixierung von normbezogener Sinnzuweisung und die Grenzen der Identität fallen in dieser Stabilitätsannahme zusammen. Vor diesem Hintergrund funktioniert es auch, Individuen, Eliten, Kultur und Identität über den Begriff der politischen Arena (London, Berlin, Brüssel) zu definieren (Wiener 2008: 71-85). Hieran wird ein implizit formuliertes Akteursverständnis erkennbar, das Umstrittenheit entlang nationaler oder organisatorischer Grenzen reproduziert. Das theoretische Verständnis von Umstrittenheit beruht damit aber nicht auf politischen Subjekten in Relation zu sozialen Praktiken, sondern auf spezifischen handlungstheoretischen Vorannahmen bezüglich des Verhaltens von Akteur*innen.

Diese Engführung von Individuen, Eliten, Kultur und Identität führt dazu, dass Interaktion letztlich nicht intersubjektiv, sondern nur als Konvergenz, Divergenz oder Diffusion kulturell bestimmter individueller Sinnzuschreibungen erfasst werden kann. Das Aufeinandertreffen dieser Individuen wird implizit als *first encounter* – als voraussetzungsloses und nicht iteriertes Aufeinandertreffen konzipiert. Die Individuen müssen daher auf das normative Gepäck ihres kulturellen Wissensvorrats zurückgreifen, um Sinnzuschreibungen vorzunehmen. Damit bleibt aber die Möglichkeit der Interaktion in einem *first encounter* über den Austausch von Signalen zwischen *alter* und *ego*, wie sie etwa Alexander Wendt konzipiert hat (Wendt 1999: 327), verschlossen. Während Wendt die normative Struktur in einem *first encounter* als Ergebnis der Interaktion begreift, ist

---

4 Maja Zehfuss betont mit Rückgriff auf Derrida die innere Differenz (*difference to itself*) von Kultur, um den Zusammenhang von Normen, Identität und Kultur sowie die Unabgeschlossenheit kultureller Identität zu problematisieren: »That which differs and diverges from itself, of itself« (Derrida 1992: 10). Teil der kulturellen Identität sind auch immer die Auseinandersetzungen um die Definition dieser Identität: »Identity is never given received or attained« (Derrida 1998: 8, zitiert nach Zehfuss 2002: 221).

diese in Wieners Ansatz bereits durch das Muster von Konvergenz oder Divergenz normativer Interpretationen vorformuliert. Identität beruht folglich also gerade nicht auf einem reflexiven Interaktionsprozess.

Über die Konzeptualisierung kultureller Geltung als individuell unterschiedliches normatives Gepäck der beteiligten Akteur*innen gelingt es Wiener, die Umstrittenheit von Normen und ihre Bedeutung in transnationalen Interaktionsprozessen sichtbar zu machen. Gleichzeitig beschränkt dieses Vorgehen den Begriff der Umstrittenheit jedoch vorrangig auf die Divergenz und Konvergenz verschiedener Norminterpretationen. Impliziert wird dabei, dass Divergenz als Bruchstelle zwischen Akteur*innen politischen Konflikt begünstigt und somit ein zu behebendes (und behebbares) Problem für transnationale Normierungsprozesse darstellt. Umstrittenheit wird damit zu einer Frage der Übereinstimmung von Akteursqualitäten statt zu einer Eigenschaft von Normen. Als Konsequenz kann die Umstrittenheit von Normen nicht mehr als Ergebnis von Kontingenz, Kontextgebundenheit und Krisen erfasst werden, obwohl gerade diese in Wieners Ansatz als Ursache für Umstrittenheit betont werden. Eine Konzeptualisierung von Umstrittenheit als genuine Eigenschaft von Normen wird damit quasi nicht möglich.

5. Die Politik der Umstrittenheit: Normative und politische Implikationen der unsichtbaren Verfassung der Politik.

Die bisher diskutierten impliziten Grundannahmen haben auch Folgen für die normative Dimension der Umstrittenheit. Wieners Ansatz zeichnet sich durch eine *bifokale* Herangehensweise aus, die sowohl die empirische wie auch die normative Dimension der Umstrittenheit von Normen in den Blick nimmt.[5] Insbesondere in der normativen Dimension spiegeln sich die politischen Implikationen eines Verständnisses von Umstrittenheit als Realität internationaler Aufeinandertreffen. Für eine kritische Normenforschung ist dies von besonderer Bedeutung, denn es gilt: »Constructivism obscures the politics already involved in representing reality« (Zehfuss 2002: 250).

Ein konstruktivistisches Normenverständnis muss den »*looping effect*« (Hacking 1999: 34), also die Rückkoppelung zwischen Handeln und Beobachten über Reflexivität, problematisieren. Dies wirft jedoch die Frage

---

5   Zu Normen und Normativität in den IB siehe auch Wieners Überlegungen zu einer normativen Wende in den IB (2011) sowie Kratochwil (1989).

nach politischer Legitimität auf: »If meaning attribution and the social world are in interaction, then the political status quo and the legitimacy of public action fundamentally depend on this interaction, on this construction« (Guzzini 2000: 148). Wieners Ansatz zeichnet sich dadurch aus, dass er diese Herausforderung an ein konstruktivistisches Normenverständnis unter Bedingungen der Umstrittenheit annimmt und theoretisch erschließt:

> *»The conditions for normative legitimacy in the absence of both a constitutionally (no shared formal validity) and socially (no social recognition) limited modern context of governance need to be defined« (Wiener 2008: 197).*

In Wieners Diskussion jener Bedingungen normativer Legitimität offenbart sich jedoch ein Spannungsverhältnis zwischen einem empirischen und einem normativen Verständnis von Umstrittenheit und damit auch von Legitimität. Denn Legitimität beruht Wiener zufolge einerseits auf dem weitgehenden Zusammenfallen von formaler Geltung, sozialer Anerkennung und kultureller Gültigkeit (Wiener 2008: 200–202). Das Prinzip der Umstrittenheit als empirisch-analytisches Konzept entsteht andererseits gerade als *out-of-context*-Ereignis durch das Auseinanderfallen dieser Dimensionen als Folge von Transnationalisierungsprozessen (Wiener 2008: 47–50). Umstrittenheit ist vor diesem Hintergrund zwangsläufig mit einem Legitimitätsdefizit verbunden. Insofern die Legitimität einer Norm letztlich auf kultureller Gültigkeit beruht, muss die Herstellung demokratischer Legitimität jenseits des Staats folgerichtig auf die Reduzierung von Umstrittenheit hinauslaufen.

Dem steht jedoch Wieners normativer Standpunkt entgegen, dass die Diversität von Sinnzuschreibungen die Akzeptanz transnationaler Normen verbessern und somit zu einer erhöhten demokratischen Legitimation transnationaler Konstitutionalisierungsprozesse beitragen kann (Wiener 2008: 212). Diesen Standpunkt gewinnt sie aus der Beobachtung der jeweiligen Interpretationspraktiken:

> *»The observation about the key role of practice in processes of norm interpretation raises the normative question of how different expectations about constitutional substance ought to be integrated in constitutional debates, or in environments which produce constitutional quality« (Wiener 2008: 210).*

Die Erhaltung von Diversität im Sinne dieser Integration unterschiedlicher Erwartungen an Normen in transnationalen Konstitutionalisierungsdebatten wird also zum normativen Maßstab demokratischer Legitimität jenseits des Staats. Unter Berufung auf den dialogorientierten Ansatz James

Tullys (2002) sei Diversität vor allem in »agonistischen Institutionen« gewährleistet. Diese Institutionen sollen beständiges Verhandeln und einen fortdauernden Dialog über die Bedeutung von Normen sicherstellen (Wiener 2008: 211). Auf diese Weise soll die Sedimentierung dominierender Normbedeutungen verhindert werden, die zugleich das Ende eines Dialogs bedeuten würde. Der Zugang zu Umstrittenheit, im Sinne der Möglichkeit, sich an diesem Dialog zu beteiligen, wird dabei zur Voraussetzung demokratischer Legitimität: »equal access to contestation must be established for all citizens« (Wiener 2008: 209).

Umstrittenheit verhält sich also einerseits antithetisch zu Legitimität und stellt doch andererseits normativ deren Kernmerkmal unter den Bedingungen der Transnationalisierung dar. Dieses Argument ist nicht zwangsläufig widersprüchlich, beruht aber darauf, dass agonistische Institutionen das Konfliktpotential, das mit Umstrittenheit einhergeht, mindern können. Obwohl Konflikt und Umstrittenheit auf Diversität zurückzuführen sind, impliziert Wieners Konzept in seiner normativen Dimension, dass sich Diversität und Umstrittenheit über Dialog ohne Konflikt erhalten lassen und so zur demokratischen Legitimität transnationaler Konstitutionalisierungsprozesse beitragen können (Wiener 2008: 204). Wieners Ansatz bietet jedoch wenig Anhaltspunkte, wie sich Umstrittenheit erhalten und gleichzeitig konfliktfrei gestalten lässt. Stattdessen rückt die Dimension der Unsichtbarkeit in den Mittelpunkt des Arguments:

> »*Conflicting interpretations of norms or contested norm implementations are not necessarily due to a lack of agreement about a norm's meaning. Instead, it may be due to a lack of understanding of that meaning*« *(Wiener 2008: 209).*

Implizit trifft Wiener also die Setzung, dass Konflikte letztlich auf Missverständnis und Unkenntnis beruhen und Dialog im Sinne der Offenlegung bislang verborgener Konfliktlinien an sich bereits die Auflösung von Konflikten bewirken kann. Zumindest wird dies nahegelegt, wenn die »*hidden* constitution« als zentrales Problem des transnationalen Konstitutionalismus eingeführt wird und Wiener die Offenlegung von »*invisible* contestation« in agonistischen Institutionen als normative Konsequenz ihrer empirischen Analyse identifiziert. Die Möglichkeit, dass politische Differenzen oder gar Antagonismen auch nach der Offenlegung fortbestehen, nicht überbrückbar sind oder sogar vertieft werden, wird so bereits im Vorfeld ausgeschlossen. Dabei gilt gerade in hochgradig transnationalisierten Bereichen, dass Normen Gegenstand immer wieder neu aufgelegter Deutungskämpfe zwischen verschiedenen Akteuren über ihre genaue Bedeutung sein können und auch konventionelle konstruktivistische Ansätze dem strategischen Verhalten von Akteuren dabei eine wesentliche Rolle zuschreiben (van Kersbergen/Verbeek 2007).

In diesem Zusammenhang von Umstrittenheit und Legitimität wird so ein liberales Verständnis von Politik sichtbar, das eine Politik der Realität impliziert. Dialog und Deliberation werden hier als Zugang zu Wahlmöglichkeiten zwischen politischen Alternativen verstanden. Diese Sichtweise beinhaltet jedoch ein spezifisches Politikverständnis, etwa die Annahme, dass mittels Offenlegung divergierender Interpretationen und mehr noch durch den Zugang zu transnationalen kulturellen Praktiken Konflikte gemildert oder gelöst werden können, die auf divergierenden Interpretationen und damit der Umstrittenheit von Normbedeutungen beruhen (Mouffe 2007: 10).[6] Die Realität dieses Politikverständnisses manifestiert sich auch in der Annahme, die Kultivierung der Umstrittenheit als ein demokratisches Prinzip zu verstehen. Denn ein solcher dialogischer und letztlich konsensorientierter Ansatz negiert ein Verständnis von Politik, das den Konflikt zwischen alternativen Gestaltungen der konstitutionellen Grundordnung zum Kern des Politischen macht (Mouffe 2007: 10). Dies wiederum beinhaltet, Politik als die Möglichkeit zu betrachten, Entscheidungen zu treffen, welche Gewinner und Verlierer kennen. Agonistische Institutionen sind etwa in Chantal Mouffes Vorstellung gerade nicht als Forum des Dialogs gedacht, sondern als Orte der Entscheidung zwischen entgegengesetzten Alternativen, ohne dass dies zu einem offenen Bruch in Freund-Feind-Positionen mündet. Eine Unterdrückung der antagonistischen Dimension des Politischen kann hingegen gerade die Radikalisierung des Politischen hin zu Freund-Feind-Spaltungen des politischen Raums führen. Die geteilten kulturellen Praktiken auf transnationaler Ebene und die Einbindung der subalternen nationalen Ebene in diese könnten also den radikalen Widerstand bis hin zur völligen Ablehnung der auf formaler Ebene geteilten Normen befördern.

Indem Umstrittenheit als dialogisch und konsensual aufzulösenden Ausnahmefall und letztlich als verhinderbares Missverständnis konzeptualisiert wird, wird zudem die Rolle von Verantwortung und Macht in Transnationalisierungsprozessen ausgeblendet. Denn wenn die Umstrittenheit und das damit verbundene Konfliktpotential von Normen sich nicht dialogisch auflösen lassen, erfordert die Anwendung von Normen - und dies schließt die Fixierung der Normbedeutungen ein - im Einzelfall

---

6 Mouffe grenzt ihre Version einer agonistischen Politik neben anderen auch ausdrücklich von Tullys konsensorientierten und dialogischen Ansätzen ab (Mouffe 2007: 29).

Entscheidungen über eine bestimmte Normbedeutung (Zehfuss 2002: 254–259). Durch solche Entscheidung wird politische Verantwortung zurechenbar und damit im Sinne einer antagonistischen Perspektive echtes politisches Handeln möglich (und nötig). Damit tritt politisches Entscheiden an die Stelle einer quasi-technischen Ausführung von »Normprogrammierung« (Zehfuss 2002: 258) und zugleich rückt die Frage nach Macht, im Sinne der Möglichkeit eine bestimmte Norminterpretation zumindest zeitweilig verbindlich zu setzen, in den Vordergrund.

Indem Wieners Ansatz ein intersubjektivistisches Verständnis von Umstrittenheit zugrunde legt, muss das Legitimitätsverständnis zwangsläufig von der konsensualen Auflösbarkeit von Konflikten ausgehen. In diesem Sinne gilt aber erneut: »Reliance on intersubjectivity is in itself political« (Zehfuss 2002: 141).[7] Die politischen Implikationen, die somit implizit im Konzept der Umstrittenheit angelegt sind, zeigen sich etwa in der Bewertung bestimmter Institutionen der internationalen Politik und den in diesem Zusammenhang geäußerten Politikvorschlägen. So beurteilt Wiener etwa die Übertragung formaler Macht- und Entscheidungsbefugnisse an inter- und transnationale Institutionen im Sinne einer Ausweitung oder Einführung rein organisatorischer Praktiken ohne die zugrundeliegenden kulturellen Praktiken als einen Grund für den fehlenden Glauben an die demokratische Legitimität dieser Institutionen (Wiener 2008: 204). Aus Sicht eines agonistischen Politikverständnisses ist aber gerade der Mangel an politischer Zurechenbarkeit aufgrund fehlender oder versteckter Entscheidungskompetenz das zentrale Problem der demokratischen Legitimität internationaler Institutionen. Zum anderen werden die politischen Vorteile der Unsichtbarkeit durch diese Implikationen verdeckt. Stattdessen werden Legitimität, Dialog, und Sichtbarkeit in einen engen Zusammenhang gerückt, um die Reduktion von Umstrittenheit zu ermöglichen. Vor diesem Hintergrund kann die eingeführte Praxis einer nationalen Interpretation und Implementation internationaler Verträge nur als problematisch beurteilt werden, obwohl gerade diese Praxis geeignet sei, das normative Ziel der Diversität zu befördern: »In international contexts, the expectation of diversity based on social difference is reflected by the tradition

---

7 Zehfuss kommt zu diesem Schluss durch eine Diskussion des Rationalitätsbegriffs bei Kratochwil (1989) und dessen Konsequenzen für sein Verständnis von Intersubjektivität. Zehfuss betont, dass gerade in diesem Intersubjektivitätsverständnis die normative und die politische Komponente von Normen auseinanderfallen (2002: 141).

of maintaining treaty language on a considerably general level« (Wiener 2008: 211).[8]

Die impliziten Grundannahmen einer Konzeptualisierung von Umstrittenheit als Realität internationaler Aufeinandertreffen schlagen sich also auch in der konkreten normativen Bewertung internationaler Institutionen nieder und konstituieren letztlich eine bestimmte Politik der Umstrittenheit. Wieners Ansatz verdeutlicht den intrinsischen Zusammenhang von Normalität und Normativität im Normenbegriff und öffnet so den analytischen Blick auf die grundlegenden Fragen der demokratischen Legitimität von Transnationalisierungsprozessen. Die aus der doppelten Qualität von Normen konsequent abgeleitete Legitimitätsanforderung nach einem Zugang zu Umstrittenheit wird jedoch durch die Gleichsetzung von Umstrittenheit und Konflikt verengt. So manifest sich ein Politikverständnis, das in einer spezifischen Politik der Realität mündet, die gerade nicht selbstverständlich ist, sondern letztlich auch normativ ein konsensorientiertes Politik- und Normenverständnisses befördert.

6. Fazit

Umstrittenheit hat sich in den letzten Jahren zu einem zentralen Forschungsgegenstand der Normenforschung entwickelt. Die Konzeptualisierung von Umstrittenheit sowie die Diskussionen ihrer Rolle für die Normenforschung haben jedoch gerade erst begonnen. Vor allem mit ihrem Buch *The Invisible Constitution of Politics* entwickelt Antje Wiener einen Ansatz, der die Umstrittenheit von Normen über deren doppelte Qualität als gleichzeitig strukturiert und strukturierend konzeptualisiert und analytisch fassbar machen möchte. Indem Wieners Ansatz nach den kulturellen Grenzen der Interpretation von Normen als *meaning-in-use* und den Folgen von transnationalen Entgrenzungsprozessen für die Rolle von Normen fragt, bildet er einen wichtigen Beitrag zur Entwicklung einer kritischen konstruktivistischen Normenforschung, die Umstrittenheit als zentralen Kernbegriff zugrunde legt. Der Ansatz leistet einen Mehrwert für die Normenforschung, indem er (1) systematisch den analytischen Blick auf Normen als Praktiken (*meaning-in-use*) lenkt, (2) über die Dimension

---

8 Chris Methmanns (2010) Analyse der Nachhaltigkeit im Kontext des internationalen Klimaschutzes als »leerer Signifikant« präsentiert einen Ansatz, der etwa die symbolische Dimension von Normen in den Vordergrund rückt und damit diese Dimension erfassen kann.

der kulturellen Geltung von Normen die Kontextgebundenheit von Norminterpretationen erfasst, (3) die Umstrittenheit von Normen als Konsequenz einer Vervielfachung von Interpretationskontexten hervorhebt und so (4) die intrinsische Verbindung von Normalität und Normativität im Normenbegriff in den Betrachtungsrahmen einbezieht. Zugleich hat dieser Beitrag jedoch eine Reihe von impliziten Vorannahmen in dem Konzept aufzeigen können, die einer kritischen konstruktivistischen Perspektive entgegenstehen und auf eine unsichtbare Verfassung der Umstrittenheit mit politischen Konsequenzen verweisen.

Erstens ist gezeigt worden, dass das Konzept die Ontologisierung der Normen durch eine Ontologisierung kultureller Praktiken ersetzt. Diese Ontologisierung wird dabei mit der kulturellen Geltung begründet, die sich als individuelles normatives Gepäck von handelnden Individuen äußert. Die Bedeutung der Norm ist somit in den Grenzen eines kulturellen Kontextes fixiert. Mit der Zahl dieser kulturellen Kontexte (z.B. verschiedene nationale Eliten) steigt auch die Zahl der Bedeutungszuweisungen an die formal gleiche Norm – und damit ihre Umstrittenheit. Normen werden somit weiterhin als (jetzt kulturelle) Fakten gefasst. Umstrittenheit ist somit aber keine genuine Qualität von Normen, sondern einer Wirkung von Kontextverschiebungen (etwa im Zuge von Transnationalisierung), die ein direktes Aufeinandertreffen konkurrierender Norminterpretationen ermöglicht. Umstrittenheit bezieht sich also nicht auf ein intersubjektivistisches Konzept der sozialen Sinnproduktion in *international encounters*, sondern bezeichnet eine Vervielfachung in sich jeweils abgeschlossener Sinnzuweisungen und deren Aufeinandertreffen.

Zweitens wird die Rolle von Normen in der internationalen Politik mittels einer quasi-behaviouralistischen Logik erfasst. Die über kulturelle Praktiken jeweils kontextspezifisch fixierte Normbedeutung bestimmt das Normenverständnis und implizit das Verhalten von Individuen, die in diesen Kontexten sozialisiert wurden. Damit geht der Ansatz zumindest implizit von stabilen Identitäten aus, also einer *Identität der Identität*. Die Individuen verhalten sich nicht reflektiert zu Normen, sondern folgen einem normativen Skript und sind in diesem Sinne nicht handelnde Subjekte, sondern handlungstheoretisch vorgeformten Akteur*innen. Mit dem Begriff der Umstrittenheit erschließt Wiener der Normenforschung grundsätzlich einen neuen Blick auf die Entstehung und den Wandel von Normen. Die Beschränkung der Analyse auf Umstrittenheit im Sinne eines Aufeinandertreffens von unterschiedlichen individuellen Norminterpretationen betont jedoch die Existenz stabiler Identitäten.

Drittens führen diese Vorannahmen über Normen und ihre Umstrittenheit zu einem Legitimitätsverständnis, das gleichzeitig auf dem Vorliegen und Nichtvorliegen von Umstrittenheit basiert bzw. diese als Grundnorm demokratischer Legitimität und Hindernis für demokratische Gemeinschaft versteht. Um diesen Widerspruch umgehen zu können, betont Wieners Ansatz die Dimension der Unsichtbarkeit. Umstrittenheit bzw. Konflikte, die sich aus Umstrittenheit ergeben, sind demzufolge das Ergebnis von Missverständnissen und Unwissen basierend auf mangelndem Dialog. Dabei wird implizit vorausgesetzt, dass das Konfliktpotential von Umstrittenheit durch Dialog reduzier- oder überwindbar ist bzw. dass Umstrittenheit auf der Ebene der Norminterpretation ein Hindernis für den Konstitutionalisierungsprozess darstellt. Mit dieser Setzung konstituiert der Ansatz jedoch eine Politik der Realität, die ein liberales Politikverständnis transportiert, die antagonistische Dimension des Politischen und die genuin politischen Dimensionen von Macht und Entscheidung ausblendet. Während also der Ansatz auf der kritischen Ebene die intrinsische Verbindung von Normalität und Normativität verdeutlicht, reflektiert die Analyse der normativen Implikationen diese Verbindung nicht in ihrer vollen Breite.

Das Konzept der Umstrittenheit von Antje Wiener eröffnet wichtige Wege für eine kritische konstruktivistische Normenforschung. Die Infragestellung zahlreicher bisheriger Selbstverständlichkeiten der Normenforschung und die Übersetzung dieser kritischen Hinterfragungen in einen analytischen und normativen Ansatz stellt eine zentrale Voraussetzung für eine Normenforschung dar, die Umstrittenheit als Kern der Norm fokussiert. Zugleich ist der Ansatz aber von Vorannahmen und Entscheidungen geprägt, welche die Implikationen der kritischen Perspektive nicht bis in die letzte Konsequenz verfolgen. Vielmehr verweisen sie auf eine implizite Politik der Realität, eine unsichtbare Verfassung der Umstrittenheit, die praktische Konsequenzen hat. Indem der Beitrag auf der einen Seite die Bedeutung von Wieners Konzept der Umstrittenheit vor allem hinsichtlich seines kritischen Potentials betont, gleichzeitig jedoch aufzeigt, wo dieses kritische Potential noch nicht voll ausgeschöpft wird, sollen Wege für eine Normenforschung aufgezeigt werden, die Wieners Plädoyer für Umstrittenheit als Kern der Normenforschung aufgreifen und ganz im Sinne eines fortschreitenden Projekts fortführen.

Literatur

Axelrod, Robert 1986: An Evolutionary Approach to Norms, in: The American Political Science Review 80: 4, 1095–1111.

Acharya, Amitav 2004: How Ideas Spread: Whose Norms Matter? Norm Localization and Institutional Change in Asian Regionalism, in: International Organization 58: 2, 239–275.

Björkdahl, Annika 2002: Norms in International Relations: Some Conceptual and Methodological Reflections, in: Cambridge Review of International Affairs 15: 1, 9–23.

Checkel, Jeffrey 1998: The Constructivist Turn in International Relations Theory, in: World Politics 50: 2, 324–348.

Cortell, Andrew P./Davis, James W. 2000: Understanding the Domestic Impact of International Norms: A Research Agenda, in: International Studies Review 2: 1, 65–87.

Deitelhoff, Nicole 2006: Überzeugung in der Politik. Grundzüge einer Diskurstheorie internationalen Regierens, Frankfurt a.M.

Derrida, Jacques 1992: The Other Heading: Reflections on Today's Europe, Bloomington, IN.

Derrida, Jacques 1998: Monolingualism of the Other. Or: The Prosthesis of Origin, Stanford, CA.

Engelkamp, Stean/Glaab, Katharina/Renner, Judith 2012: In der Sprechstunde: Wie (kritische) Normenforschung ihre Stimme wiederfinden kann, in: Zeitschrift für Internationale Beziehungen 19: 2, 101–128.

Engelkamp, Stephan/Glaab, Katharina 2015: Writing Norms: Constructivist Norm Research and the Politics of Ambiguity, in: Alternatives: Global, Local, Political 40: 3-4, 201–218.

Epstein, Charlotte 2008: The Power of Words in International Relations: Birth of an Anti-Whaling Discourse, Cambridge, MA.

Fierke, Karin M. 2001: Critical Methodology and Constructivism, in: Fierke, Karin M./Jørgensen, Knud E. (Hrsg.): Constructing International Relations: The Next Generation, Armonk, NY, 115–135.

Finnemore, Martha 2003: The Purpose of Intervention: Changing Beliefs about the Use of Force, Ithaca, NY.

Finnemore, Martha/Sikkink, Kathryn 1998: International Norm Dynamics and Political Change, in: International Organization 52: 4, 887–917.

Finnemore, Martha/Sikkink, Kathryn 2001: Taking Stock: The Constructivist Research Program in International Relations and Comparative Politics, in: Annual Review of Political Science 4: 1, 391–416.

Friedrichs, Jörg/Kratochwil, Friedrich 2009: On Acting and Knowing: How Pragmatism Can Advance International Relations Research and Methodology, in: International Organization 63: 4, 701–731.

Goertz, Gary/Diehl, Paul F. 1992: Toward a Theory of International Norms: Some Conceptual and Measurement Issues, in: The Journal of Conflict Resolution 36: 4, 634–664.

Guzzini, Stefano 2000: A Reconstruction of Constructivism in International Relations, in: European Journal of International Relations 6: 2, 147–182.

Hacking, Ian 1999: The Social Construction of What?, Cambridge, MA.

Hopf, Ted 1998: The Promise of Constructivism in International Relations Theory, in: International Security 23: 1, 171–200.

Joachim, Jutta/Schneiker, Andrea 2012: Changing Discourses, Changing Practices? Gender Mainstreaming and Security, in: Comparative European Politics 10: 5, 528–563.

Katzenstein, Peter J. (Hrsg.) 1996: The Culture of National Security: Norms and Identity in World Politics, New York, NY.

Kim, Nora Hui-Jung 2009: Framing Multiple Others and International Norms: The Migrant Worker Advocacy Movement and Korean National Identity Reconstruction, in: Nations and Nationalism 15: 4, 678–695.

Klotz, Audie 1995: Norms in International Relations: The Struggle against Apartheid, Ithaca, NY.

Kratochwil, Friedrich 1989: Rules, Norms, and Decisions: On the Conditions of Practical and Legal Reasoning in International Relations and Domestic Affairs, Cambridge.

Kratochwil, Friedrich 2001: How Do Norms Matter?, in: Byers, Michael (Hrsg.): The Role of Law in International Politics: Essays in International Relations and International Law, Oxford, 35–68.

Krook, Mona L./True, Jacqui 2012: Rethinking the Life Cycles of International Norms: The United Nations and the Global Promotion of Gender Equality, in: European Journal of International Relations 18: 1, 103–127.

Legro, Jeffrey W. 1997: Which Norms Matter? Revisiting the "Failure" of Internationalism, in: International Organization 51: 1, 31–63.

McKeown, Ryder 2009: Norm Regress: US Revisionism and the Slow Death of the Torture Norm, in: International Relations 23: 1, 5–25.

Methmann, Chris 2010: 'Climate Protection' as Empty Signifier: A Discourse Theoretical Perspective on Climate Mainstreaming in World Politics, in: Millennium - Journal of International Studies 39: 2, 345–372.

Mouffe, Chantal 2007: Über das Politische. Wider die kosmopolitische Illusion, Frankfurt a. M.

Niemann, Holger/Schillinger, Henrik 2017: Contestation 'All the Way Down'? The Grammar of Contestation in Norm Research, in: Review of International Studies 43: 1, 29–49.

Panke, Diana/Petersohn, Ulrich 2012: Why International Norms Disappear Sometimes, in: European Journal of International Relations 18: 4, 719–742.

Payne, Rodger A. 2001: Persuasion, Frames and Norm Construction, in: European Journal of International Relations 7: 1, 37–61.

Pouliot, Vincent 2007: "Sobjectivism": Toward a Constructivist Methodology, in: International Studies Quarterly 51: 2, 359–384.

Price, Richard/Reus-Smit, Christian 1998: Dangerous Liaisons? Critical International Theory and Constructivism, in: European Journal of International Relations 4: 3, 259–294.

Raymond, Gregory 1997: Problems and Prospects in the Study of International Norms, in: International Studies Quarterly 41: 2, 205–245.

Renner, Judith 2013: Discourse, Normative Change and the Quest for Reconciliation in Global Politics, Manchester.

Rosert, Elvira 2012: Fest etabliert und weiterhin lebendig: Normenforschung in den Internationalen Beziehungen, in: Zeitschrift für Politikwissenschaft 22: 4, 599–623.

Rosert, Elvira/Schirmbeck, Sonja 2007: Zur Erosion internationaler Normen. Folterverbot und nukleares Tabu in der Diskussion, in: Zeitschrift für Internationale Beziehungen 14: 2, 253–287.

Sandholtz, Wayne 2008: Dynamics of International Norm Change: Rules against Wartime Plunder, in: European Journal of International Relations 14: 1, 101–131.

Tully, James 2002: The Unfreedom of the Moderns in Comparison to Their Ideals of Constitutional Democracy, in: The Modern Law Review 65: 2, 204–228.

van Kersbergen, Kees/Verbeek, Bertjan 2007: The Politics of International Norms: Subsidiarity and the Imperfect Competence Regime of the European Union in: European Journal of International Relations 13: 2: 217–238.

Wendt, Alexander 1999: Social Theory of International Politics, Cambridge.

Wiener, Antje 2004: Contested Compliance: Interventions on the Normative Structure of World Politics, in: European Journal of International Relations 10: 2, 189–234.

Wiener, Antje 2007: The Dual Quality of Norms and Governance beyond the State: Sociological and Normative Approaches to 'Interaction', in: Critical Review of International Social and Political Philosophy 10: 1, 47–69.

Wiener, Antje 2008: The Invisible Constitution of Politics: Contested Norms and International Encounters, Cambridge.

Wiener, Antje 2009: Enacting Meaning-in-Use: Qualitative Research on Norms and International Relations, in: Review of International Studies 35: 1, 175–193.

Wiener, Antje 2011: Zur normativen Wende in den IB. Triangulation of a Different Kind, in: Zeitschrift für Internationale Beziehungen 17: 2, 334–354.

Wiener, Antje 2014: A Theory of Contestation, Berlin.

Wiener, Antje 2017: A Theory of Contestation: A Concise Summary of Its Argument and Concepts, in: Polity 49: 1, 109-125.

Wiener, Antje/Puetter, Uwe 2009: The Quality of Norms is What Actors Make of It, in: Journal of International Law and International Relations 5: 1, 1–16.

Zehfuss, Maja 2001: Constructivism and Identity. A Dangerous Liaison, in: European Journal of International Relations 7: 3, 315–348.

Zehfuss, Maja 2002: Constructivism in International Relations: The Politics of Reality, Cambridge.

Teil 2:

Neue Ansätze der konstruktivistischen Normenforschung

Neuübersetzung oder Übersetzungsfehler
– Wie ist die lokale Aneignung globaler Normen zu bewerten?

Lisbeth Zimmermann

1. Einleitung[1]

Seit den 1990er Jahren herrscht die Meinung vor, dass Demokratie- und Rechtstaatlichkeitsförderung in Staaten, die von Bürgerkriegen betroffen waren, helfen kann, diese Konflikte zu überwinden.[2] Entsprechend entstand in den letzten Jahrzehnten eine ganze Industrie, die sich dem Ziel verschrieben hat, in solchen Postkonfliktstaaten[3] Normen liberaler Demokratie und Rechtstaatlichkeit zu verbreiten.[4] Die Spanne solcher Aktivitäten ist breit: neue Polizeitruppen bekommen Menschenrechtstrainings, Parteispendengesetze werden überarbeitet, Wahlkommissionen geschult und die Strafgerichtsbarkeit reformiert, um nur einige Beispiele zu nennen. Solche Normverbreitungsaktivitäten scheinen jedoch auch langfristig kaum zu Demokratie und Rechtstaatlichkeit im Sinne des westlichen Vorbilds in Nachkriegsgesellschaften zu führen (Bermeo 2009; Call/Cook 2003; Paris/Sisk 2009; Zuercher et al. 2009). Zu beobachten ist stattdessen, dass extern geförderten Normen Teil von lokalen Aneignungs-, Umdeutungs-, oder Widerstandsprozessen werden (Mac Ginty 2010; Merry 2006; Richmond 2011; Shaw 2010, siehe auch die Beiträge von Judith Renner und Kai Koddenbrock in diesem Band).

In manchen Fällen werden solche Aneignungen von externen Demokratieförderern kritisiert, beispielsweise, wenn im Sinne liberaler Demokratie reformierte Parlamentsstrukturen von Patronagenetzwerken genutzt werden. In anderen Fällen scheinen Demokratieförderer eine gewisse Einbet-

---

1 Das Kapitel ist in einer überarbeiteten, englischsprachigen Version erschienen in Zimmermann, Lisbeth 2017: Global Norms with a Local Face: Rule-of-Law Promotion and Norm Translation. Cambridge.
2 Vgl. UN (1992).
3 Trotz dieser Bezeichnung sind Konflikte in diesen Staaten jedoch oft noch höchst akut.
4 Normen werden hier verstanden als Verhaltensstandards, die auf intersubjektiver Geltung beruhen; siehe zum Beispiel die Beiträge von Deitelhoff (2006: 39-44), Finnemore (1996: 22-23) und Klotz (1995: 451).

tung globaler Normsets in lokale Kontexte zu befürworten und gar selbst zu fordern, zum Beispiel, wenn extern geförderte Vergangenheitsaufarbeitung lokale Streitschlichtungsmechanismen verwendet oder wenn *Tribal Liaison Offices*, wie zum Beispiel in Afghanistan, für eine bessere Kommunikation mit lokalen Clan-Chefs sorgen sollen.[5] Wie weit kann und soll die Aneignung globaler Normen aber gehen? Sind Übersetzungen als reine Verwässerung globaler Normen zu bewerten oder als zu befürwortende Eigenmachungsprozesse? Zu diesen Fragen widersprechen sich zwei Stränge der (konstruktivistischen) Normenforschung in den Internationalen Beziehungen (IB); ein Strang, der sich mit der Diffusion von Normen beschäftigt und ein Strang, der die Umstrittenheit und den Wandel von Normen in den Blick nimmt (siehe etwa Gholiagha, Hansen-Magnusson und Hofius sowie Schillinger und Niemann an diesem Band).

Die Normenforschung in den IB interessiert sich seit ihrer Entwicklung in den neunziger Jahren nicht nur für die Genese von Normen im internationalen System und für ihre Rolle im globalen Kontext (z.B. Finnemore 1996; Klotz 1995; Price 1998), sondern auch für ihre Verbreitung und Diffusion. Dieser erste Strang der Normenforschung beschäftigte sich damit, wann und warum globale Menschenrechtsnormen von Staaten anerkannt und übernommen werden, wie Umweltnormen auf dem ganzen Globus Unterstützung finden oder wie Staaten in Demokratie- und Rechtstaatlichkeitsnormen sozialisiert werden (Finnemore/Sikkink 1998; Keck/Sikkink 1998; Risse et al. 1999; Schimmelfennig et al. 2006). In dieser Forschung wurden also vorrangig Normen untersucht, die von den Forschern selbst als richtig befunden und darum ihre Durchsetzung als erstrebenswert angesehen wurde (vgl. hierzu die Einleitung von Glaab, Graf und Engelkamp). Aus einem solchen Verständnis der Verbreitung von globalen Normen als progressive Entwicklung,[6] zum Beispiel von Menschenrechten oder von Verboten bestimmter Waffentypen, war das implizite Ziel natürlich eine möglichst weitgehende Diffusion.

In den letzten zehn Jahren entwickelte sich ein weiterer Strang in der Normenforschung. In Arbeiten zu Normkontestation, -wandel und -lokalisierung wurde betont, dass Normen nie eindeutig und klar begrenzt seien und somit auch nicht vollständig diffundieren könnten. Schon auf globa-

---

5 Auch TLO. 2014. "The Liaison Office." Aufgerufen 22. August, 2014. http://www.t loafghanistan.org/.

6 Inwiefern es sich bei der Genese und Diffusion solcher Normen um *moralischen Fortschritt* handeln könnte und inwiefern Normkonstruktivismus zum Umgang mit moralischen Dilemmata in der internationalen Politik beitragen kann, diskutiert Price (2008).

ler Ebene existierten eine Vielzahl von Norminterpretationen, die sich über Zeit veränderten (Reus-Smit 2001; Van Kersbergen/Verbeek 2007). Gerade über die Anwendung und Umsetzung von Normen entstünden ständig Konflikte (Wiener 2004; 2008; Sandholtz 2009). Einige AutorInnen (siehe Acharya 2004; Zimmermann 2016, 2017; Zwingel 2012) zeigten in diesem Zusammenhang ebenfalls, dass auch bei der lokalen Umsetzung von Normen immer neue Interpretationen und Anpassungen von Normen entstehen.

AutorInnen, die sich mit Interpretations- und Übersetzungsprozessen beschäftigen, werten solche Prozesse nicht negativ als reines Scheitern des Ziels Normübernahme (siehe bspw. Galvan/Sil 2007; Merry 2006; Richmond 2011). Stattdessen betonen sie die Kreativität, die in solchen Kontestations- und Aneignungsprozessen stecken kann. Sie argumentieren, dass solche Prozesse zu einer höheren Stabilität der Normen im lokalen Kontext führen können, da die globale Norm enger an den lokalen kulturellen Kontext geknüpft ist. Außerdem können lokale Diskussion und Übersetzung längerfristige Legitimität in der Bevölkerung herstellen.

Sowohl die Forschung zu Normdiffusion als auch die Forschung zu Normkontestation und Normlokalisierung machen also normative Aussagen über den (demokratischen) Wert solcher Aneignungsprozesse. Es stellt sich darum die Frage, wie Aneignung und Übersetzung von Normen bewertet werden sollten.

Der Streit um Demokratie- und Rechtstaatlichkeitsförderung (nicht nur) in Postkonfliktstaaten bietet sich für eine solche Diskussion besonders an. Viele Demokratieförderorganisationen, von den Vereinten Nationen über die Europäische Union hin zu den politischen Stiftungen, scheinen ihre Strategien momentan zu überdenken. Eine Anpassung, jedoch nicht eine vollständige Veränderung, von globalen Normen und Modellen an den lokalen Kontext wird heute oft als Strategie zur Steigerung der Effizienz von Demokratie- und Rechtstaatlichkeitsförderung vorgestellt. Nicht mehr *one size fits all*-Strategien sollen verfolgt werden, stattdessen ist das Ziel, globale Normen mit einem lokalen Gesicht (Shaw/Waldorf 2010: 5) zu verbreiten und kontextsensibel vorzugehen (Grävingholt et al. 2009: 2; Hill 2010; Leininger 2010). Jedoch erscheint solch ein lokales Gesicht in der Praxis oft nicht mehr zu sein als das rhetorische Betonen von *ownership* der lokalen Bevölkerung oder das Vermeiden der Produktion neuer Gesetze nach dem *Copy-Paste-Verfahren* (vgl. Kritik bei Hobson/Kurki 2012: 2). Um wirkliche Normaneignungsprozesse scheint es dort nicht zu gehen.

Ist das Ziel also, globale Standards von Demokratie und Rechtstaatlichkeit möglichst vollständig zu verbreiten oder müssen Spielräume für den Streit um und für die Aneignung von globalen Normen geschaffen werden? Sollte Letzteres zutreffen, bleibt offen, wie weit solche Aneignung gehen kann. Um dieses Problem zu diskutieren werden zunächst die Debatten in den IB und in der Literatur zu Postkonfliktstaaten hinsichtlich ihrer Perspektive auf Diffusions- und Übersetzungsprozesse ausgewertet und ihre unterschiedlichen normativen Sichtweisen dargestellt. Ich diskutiere zudem demokratietheoretische Literatur, die sich mit Fragen internationaler Normen und Aneignungsprozessen beschäftigt, insbesondere Seyla Benhabib und James Tully. Im Anschluss argumentiere ich, dass der prozedurale Aspekt von Aneignungsprozessen in der existierenden Literatur der IB bis jetzt kaum beachtet wurde. Aus einer solchen Perspektive erscheint es wichtig, Aneignungsprozesse zu ermöglichen und ihre demokratische Qualität weiter zu verbessern, sowohl innerhalb von Postkonfliktstaaten als auch zwischen Demokratie- und Rechtsstaatlichkeitsförderern und lokalen AkteurInnen.

2. Normen zwischen global und lokal

2.1 Ziel Normübernahme – die Normdiffusionsforschung

Zwei Aspekte der »Weltzeit« (Risse/Sikkink 1999: 19-20) haben die erste Generation der Normenforschung in den neunziger Jahren zentral geprägt. Es galt, gegen einen *Mainstream* realistischer und liberal-institutionalistischer IB-Forschung die Rolle globaler Normen zu demonstrieren.[7] Nach dem Ende des Kalten Krieges war zudem Hoffnung vorhanden, dass Menschenrechts-, Demokratie- und Rechtsstaatlichkeitsnormen ein neues Niveau der Verbreitung erreichen würden.[8] Dies beeinflusste auch das Verständnis von Normen und Normdiffusion, das in diesen Ansätzen vertreten wurde.

In mehreren Modellen wurden Vorschläge für ein besseres Verständnis von Normdiffusion gemacht. Noch heute ein zentraler Standard ist dabei der Normlebenszyklus von Martha Finnemore und Kathryn Sikkink (1998), der die Genese einer Norm und ihre spätere Verbreitung in unterschiedlichen Phasen beschreibt. Ebenfalls einflussreich war das Bumerang-Modell von Margaret Keck und Kathryn Sikkink (1998). Es stellt die Verbindung national und transnational aktiver zivilgesellschaftlicher Akteu-

---

7 Siehe beispielsweise Finnemore (1996); Florini (1996); Katzenstein (1996); Klotz (1995); Kratochwil/Ruggie (1986); Nadelmann (1990).
8 Siehe beispielsweise Risse/Ropp (1999: 249).

rInnen in sogenannten *transnational advocacy networks* dar, die ihre Kontakte zu internationalen Organisationen und Regierungen nutzen, um Reformdruck auf repressive Regierungen auszuüben. Eine Erweiterung stellt das Normspiralmodell dar (Risse et al. 1999). In dem von Thomas Risse, Stephan Ropp und Sikkink herausgegebenen Band wird beschreiben, wie repressive Regierungen durch internationalen Druck dazu gebracht werden können, Menschenrechtsnormen zu folgen.

Im ersten Modell, dem Normlebenszyklus, wird die Diffusion globaler Normen noch eher kurz abgehandelt. Normen gelten schon als erfolgreich diffundiert, wenn sie von Staaten in Gesetze übernommen wurden (Finnemore/Sikkink 1998). In dem kurz darauf erschienenen Band zum Normspiralmodell müssen Normen zunächst in Gesetze übernommen, dann implementiert und in einem letzten Schritt von den betroffenen Individuen internalisiert werden, erst dann könne von vollständiger Normübernahme gesprochen werden (Risse/Sikkink 1999: 17). Dieses Modell findet sich, in leicht unterschiedlichen Versionen, auch in späteren Werken zu Normdiffusion oder Normsozialisation wieder (vgl. Magen/Morlino 2009; Schimmelfennig et al. 2006), auch wenn spätere Verwender und Kritiker darauf hingewiesen haben, dass diese Schritte nicht immer miteinander verbunden sein müssen oder zeitlich versetzt ablaufen (Alderson 2001: 419; Morlino/Magen 2009: 41; Peshkopia/Imami 2008). Auf einem solchen linearen Stufenmodell lässt sich dann abzeichnen, ob Normübernahme vollständig stattfand, ob also alle global existierenden Standards zu einer Norm vollständig oder nur teilweise übernommen wurden. Für den Aspekt der Justiz ließe sich allein eine lange Liste an Standards formulieren: sind Richter unabhängig, kann die Staatsanwaltschaft unabhängig ermitteln, existiert ein funktionierender Zeugenschutz, um nur einige Beispiele zu nennen.

Eine gewisse Dynamik im Interaktionsprozess zwischen Normverbreitern – im Fokus sind für die Felder Demokratie- und Rechtstaatlichkeitsförderung in der Forschung meist internationale Organisationen, NGOs, staatliche Organisationen der Entwicklungszusammenarbeit, Stiftungen usw. – und sogenannten Normadressaten ist Teil dieses Modells.[9] Besonderes Augenmerk bekommen darum *framing*-Aktivitäten, mit denen Mitglieder transnationaler Netzwerke versuchen, mehr Resonanz einer Norm mit lokalen kulturellen Kontexten herzustellen, zum Beispiel durch Verwen-

---

9 Diese Terminologie von Normverbreitern und Normadressaten ist in diesem Forschungszweig weit verbreitet. Ich verwende sie hier ohne anzunehmen, dass diese Rollen klar verteilt sind oder dass sie Normübersetzungsprozesse vollständig erfassen können.

dung lokaler Symbolik oder durch diskursive Bezüge zu bereits lokal geltenden Normen (Keck/Sikkink 1998: 2-9, 16; Risse/Ropp 1999: 272).[10] *Framing* bedeutet in diesem Kontext nicht, dass Normen in diesem Prozess re-interpretiert und abgeändert werden, sondern dass Normunternehmer strategisch versuchen, der vollständigen Norm eine möglichst überzeugende diskursive Verpackung zu geben (Acharya 2009: 13; Zimmermann 2017: 22-23).

Der Endpunkt in diesem Diffusionsmodell ist erreicht, wenn die unterstützten Normen letztendlich auch von den Individuen innerhalb eines Staates internalisiert oder habitualisiert wurden, das heißt, dass Individuen eine Norm nach einem Lernprozess als richtig (Checkel 2001: 556, 2005: 804) oder bestimmte Verhalten durch regelmäßig Praxis als normal anerkennen (Finnemore/Sikkink 1998: 905). Die Internalisierung einer Norm als normativ erstrebenswerten Endzustand – in der Tat endet an diesem Punkt auch das Forschungsinteresse – zu bezeichnen, birgt jedoch das Problem, dass jede lokale politische Diskussion und jeder Streit um eine Norm als schlecht und als Zeichen für fehlende Internalisierung gewertet werden.[11] Dies bestätigt auch die Forschung zu Normverfall, obwohl sie gerade den Normlebenszyklus erweitern will, indem sie auch die Möglichkeit eines Normsterbens hinzufügt (vgl. McKeown 2009; Rosert/Schirmbeck 2007). Die diskursive Infragestellung der Norm in einer Gesellschaft gilt dort schon wieder als Indikator für Normverfall. Ein wichtiger weiterer Kritikpunkt an der Normdiffusionsforschung ist die passive Darstellung der AdressatInnen solcher Sozialisationsstrategien, denen ein unabhängiger Akteurstatus abgesprochen wird. Sie können nur als Widerständler gegen Normen auftreten, als Verbündete der globalen NormunternehmerInnen oder als passive RezipientInnen (vgl. Epstein 2012).

Zusammengefasst ist in diesem Literaturstrang also die vollständige Übernahme der Endzustand erfolgreicher Normdiffusion, welcher zumeist implizit auch als normativ wünschenswert dargestellt wird. Prozesse der Umstrittenheit und der lokalen Abweichung von globalen Normen können in diesem Modell nur als *Verwässerung* der Norm und mangelhafte Übernahme beschrieben werden.

---

10 Das Konzept des *framing* wurde aus der Forschung zu sozialen Bewegungen übernommen, vgl. Benford/Snow (2000); Snow et al. (1986).

11 Entsprechend wird auch der lokale Diskurs über globale Normen in diesen Werken eher ausgeblendet.

2.2 Umstrittenheit und Aneignung – normativ zu bevorzugen?

In den letzten zehn Jahren wurde diese erste Sicht auf Normen, in der lineare Diffusionsprozesse im Vordergrund standen, immer wieder kritisiert. Zum einen wiesen AutorInnen darauf hin, dass Normen und ihre Anwendung im globalen Kontext immer umstritten seien (Sandholtz/ Stiles 2009; Wiener 2004; 2008). Ihre Interpretation und Bedeutung wandelten sich zudem über Zeit und in unterschiedlichen Kontexten (Joachim/Schneiker 2012; Krook/True 2012; Reus-Smit 2001; Van Kersbergen/ Verbeek 2007). Aus dieser Perspektive ist ein Modell, in dem eine eindeutig abgrenzbare Norm diffundiert und sich dabei nicht verändert, nicht haltbar. Die Interpretation und die Anwendung der Norm der Pressefreiheit beispielsweise fielen im Jahr 1950 sicher anders aus als heute, genauso wie es für ihre Interpretation eine Rolle spielt, ob sie beispielsweise im Kontext der USA oder Deutschlands erfolgt.

Für die vielfältigen Normaneignungsprozesse, die zwischen globaler, regionaler, nationaler und lokaler Ebene stattfinden, wurde in den letzten Jahren in den IB der Begriff Lokalisierung (Acharya 2004; 2009) oder Übersetzung (Zwingel 2012; Zimmermann 2016) geprägt. Andere Disziplinen, ob Anthropologie, Kulturwissenschaften oder postkoloniale Studien, kennen solche Aneignungsprozesse schon länger unter den Begriffen Hybridisierung, Vernakularisierung, Synkretisierung, *bricolage*, Kreolisierung, Glokalisierung etc. (vgl. Galvan/Sil 2007; Hannerz 1996; Levitt/ Merry 2009; Robertson 1995; Stewart 1999).[12] Dort geht es nicht unbedingt um Normen an sich, sondern meist um die Veränderung von kulturellen Phänomenen, Institutionen und Ideen durch Diffusion von Nord nach Süd, von Süd nach Nord, von global nach lokal oder lokal nach global. Aus dieser Perspektive ist jeder kulturelle Kontext von Hybridität geprägt. Kultur kann in einem solchen Verständnis weder mit Tradition noch mit einer Art nationaler Essenz gleichgesetzt werden. In Bezug auf Menschenrechte hat dazu Sally Merry formuliert: »Culture in this sense

---

12 Die Begriffe stammen dabei aus unterschiedlichen Forschungsrichtungen; Synkretisierung beispielsweise war ursprünglich in der Religionswissenschaft die Bezeichnung für die Vermischung verschiedener religiöser Kulte; Kreolisierung wiederum entstand als Begriff der Sprachwissenschaft zur Beschreibung der Vermischung unterschiedlicher Sprachen und wurde später zur Beschreibung kultureller Verflechtungen im Allgemeinen verwendet, vgl. Hannerz (1996). Die jeweilige Herkunft und in früheren Verwendungen durchaus abwertenden (kolonialen) Konnotationen dieser Begriffe wurden immer wieder kritisiert; siehe Diskussion bei Stewart (1999).

does not serve as a barrier to human rights obligation, but as a context that defines relationships and meanings and constructs the possibilities of action« (Merry 2006: 9; vgl. Zimmermann 2016). Kritik findet sich in diesen Forschungsrichtungen auch insbesondere an eurozentrischen Perspektiven, die sich in Teilen der IB-Normenforschung finden, also an der Annahme, dass sich Normen meist aus *Oecdistan* in den Globalen Süden verbreiten.

Solchen Beschreibungen von kultureller *Vermischung* wird jedoch auch vorgeworfen, dass sie zumindest implizit davon ausgehen, dass es so etwas wie einen „nicht-hybridisierten" Prior gebe, der sich durch (gewaltfreien) Kontakt mit anderen Kulturen und Diffusion erst hybridisiere (Randeria 2007: 100-102; Stewart 1999: 44-45). Stattdessen führen beispielsweise Sebastian Conrad und Shalini Randeria die Produktion westlicher Moderne auf dauerhafte globale (koloniale) Beziehungen und Austausch zurück (Conrad/Randeria 2002). Bessere Begriffe für solche Interaktionsmuster seien darum »entangled histories« (Conrad/Randeria 2002; Randeria 2005) oder »histoire croisée« (Werner/Zimmermann 2006).

Eine entsprechende Übersetzung solcher Konzepte in die IB führte ebenfalls zu Re-Interpretationen im disziplinspezifischen Kontext: Acharyas Konzept der Lokalisierung bezieht sich beispielsweise auf Prozesse, in denen regionale, nationale oder lokale AkteurInnen aus strategischen Gründen globale Normen an den lokalen Kontext anpassen, um ihre Legitimität zu erhöhen (Acharya 2004). Insbesondere in der Regionalismusforschung (Capie 2008; Jetschke/Murray 2012; Prantl/Nakano 2011; Williams 2009) wurde das Konzept vielfach aufgenommen. Statt als kreative Aneignungsprozesse werden dort solche Lokalisierungsprozesse jedoch weiterhin als Filter beschrieben, deren Ergebnis eher Verwässerung oder fehlende Internalisierung einer Norm sind (vgl. Capie 2008: 640; Williams 2009: 416).

Insbesondere in der Literatur zu *postliberalem Peacebuilding* werden ebenfalls Hybridisierungsprozesse, Konflikt und Widerstand in der Interaktion von internationalen und lokalen AkteurInnen in Postkonfliktstaaten diskutiert (Mac Ginty 2010; Richmond/Franks 2009; Richmond 2011; Richmond/Mitchell 2012; Roberts 2008, 2009). Gerade diese Forschung spricht sich darum auch gegen die Verbreitung von *one size fits all*-Modellen für *Peacebuilding* aus. Das Ziel von *Peacebuilding* solle dann nicht die Verbreitung liberaler Normen sein, sondern die Erschließung des kritischen und kreativen Potenzials des »nicht-westlichen Anderen« (Lidén 2009, 2011; Richmond 2011; Roberts 2009). Statt Normdiffusion soll also eine Art Suchprozess nach den Bedürfnissen der lokalen Bevölkerung stattfinden. Das Ergebnis kann die Förderung von Hybridität einschließen.[13]

Dieser Forschungsstrang betont also gerade Konflikt um Aneignung von und Widerstand gegenüber Normen. Die Ergebnisse solcher Übersetzungsprozesse in Postkonfliktstaaten entsprechen jedoch sicher nicht immer den von externen Demokratieförderern normativ bevorzugten. Wenn indigene Streitschlichtungsmechanismen staatlich anerkannt werden, wird dies meist auch von externen Akteuren als Teil der Demokratie- und Rechtstaatlichkeitsförderung unterstützt: der lokale Zugang zu Rechtsprechung und die Selbstbestimmung indigener Gruppen werden verbessert. Wenn solche Streitschlichtung beispielsweise auch öffentliche Auspeitschung beinhaltet, sehen sich Demokratieförderer in einem Dilemma. Wenn die Übersetzung der Kinderrechtekonvention Teil intensiver innenpolitischer Debatten ist und eine Vielzahl von Organisationen an der Gesetzesformulierung beteiligt sein wollen, wird dies von Demokratieförderern sicher positiv bewertet. Wenn das Ergebnis einer solchen inklusiven Diskussion jedoch ist, dass statt eines Kinderrechtegesetzes ein Familiengesetz entsteht, das Kinder nicht als RechtsträgerInnen definiert, mag dies für externe Akteure problematisch sein (vgl. die Diskussion in Nachkriegs-Guatemala, Zimmermann 2017).

Trotzdem werden Argumente vorgebracht, warum solche Übersetzungsprozesse als positiv und normativ wünschenswert zu bewerten sind: So entsprächen solch angeeignete Normen eher dem kulturellen Kontext, würden darum auch besser angenommen und umgesetzt, und seien stabiler (Galvan/Sil 2007: 8-9; Merry 2006: 1; Richmond 2009). Zudem könne Streit und eine Deliberation über unterschiedliche Interpretationen zu einer höheren Legitimität einer Norm führen.[14] Obwohl also die Normstandards substantiell verändert wurden, könnten solche Aneignungsprozesse Stabilität und Legitimität einer Norm herstellen, beide Faktoren, die auch für die Normbefolgung eine große Rolle spielen (vgl. Raustiala/

---

13 Die AutorInnen lassen dabei außen vor, dass eine solche Überbetonung eines nicht-westlichen *Anderen* auch anti-emanzipatorische Untertöne hat: »The non-liberal other increasingly becomes portrayed as the barrier to Western liberal aspirations of social peace and progress; either as it lacks the institutional, social, economic and cultural capacities that are alleged to be necessary to overcome the problems of liberal peace or as a subaltern or resisting subject, for whom liberal peacebuilding frameworks threaten their economic or social existence or fundamental values or identities« (Chandler 2010: 146).

14 Siehe Merry (2006: 135-136) und Wiener (2008; 2010). Wiener (2008) beschäftigt sich mit solchen Prozessen jedoch im internationalen Kontext, nicht im lokalen Kontext.

Slaughter 2002). Streit um Normen, kanalisiert in (dialogorientierte) Aneignungsprozesse, gewährleistet also Inklusion und Partizipation der Bevölkerung und kann noch die Normbefolgung erhöhen. Natürlich sind sich die verschiedenen AutorInnen bewusst, dass die Frage, wer eine Norm auf welche Weise interpretiert und sich damit durchsetzt, sehr stark durch existierende globale und lokale Machtverhältnisse geprägt ist (Galvan/Sil 2007: 11; Merry 2006: 4, 21). Dennoch sind aus dieser Perspektive Aneignungsprozesse nicht nur reine Verwässerung einer Norm, sondern beinhalten auch ihre mögliche Bereicherung. Dies wird vorrangig mit der Wirkung solcher Aneignung und mit dem Verweis auf demokratische Selbstbestimmung begründet.

Dem ersten Strang der Normdiffusionsforschung kann sicher vorgeworfen werden, dass in der Konsequenz im Zweifelsfall eine vollständige Normübernahme mit intrusiven Strategien, also mit Druck und Sanktion, durchgesetzt werden muss und so die Selbstbestimmung der betroffenen Gesellschaften eingeschränkt wird. Der zweite Strang birgt die Gefahr, dass lokale Kultur und damit einhergehende unterschiedliche normative Ordnungen als Hindernisse oder Einschränkungen für Demokratie und Rechtstaatlichkeit verabsolutiert werden. Aneignungsprozesse oder lokaler Widerstand werden also als etwas *per se* Positives, da Lokales, dargestellt, obwohl die Ergebnisse solcher lokalen Normübersetzung vielleicht nur Ausdruck von Strukturen sozio-ökonomischer Ungleichheit und von Repression sind (vgl. Chandler 2012). Zudem ist es mehr als unsicher, ob solche langfristigen positiven Wirkungen von Übersetzungsprozessen in Postkonfliktstaaten wirklich beobachtet werden können. In eigener Forschung, die sich mit Lokalisierungsprozessen im Nachkriegs-Guatemala beschäftigt hat (Zimmermann 2017), konnten für solche langfristigen Wirkungen auf nationaler Ebene kaum Anhaltspunkte gefunden werden. Übersetzungsprozesse führten zwar zu Momenten gesellschaftlicher Kontestation und Diskussion und zu einer Art symbolischer Inbesitznahme solcher Normen,[15] jedoch kaum zu mittel- oder langfristiger Stabilität oder Legitimität. Dies lag an Aneignungsprozessen, die eher von polarisierten Kämpfen als von deliberativen Prozessen, von insgesamt kurzfristigen Aufmerksamkeitsspannen für Themen auf der politischen Agenda und von einer Vielzahl von Kapazitätsproblemen geprägt waren. Außerdem war der politische Diskurs von Marginalisierung und Exklusion geprägt. Die normative Wünschbarkeit also allein auf die positiven Wirkungen von Über-

---

15 Zu solch symbolischer Inbesitznahme im globalen Kontext vgl. auch Deitelhoff (2012).

setzungsprozessen in Postkonfliktstaaten oder auf die Partizipationskomponente zu fußen, scheint zumindest fragwürdig.

Offen bleibt auch, wie weit solche Aneignung denn nun gehen kann, um überhaupt noch von einem Bezug zu global festgelegten Standards einer Norm zu sprechen. Diese Frage wird in der entsprechenden Literatur kaum behandelt. In ihrer anthropologischen Forschung zur Menschenrechtslokalisierung argumentieren Sally Merry und Peggy Levitt (2009), dass Normen zwar übersetzt und angeeignet werden sollen. Jedoch muss ihrer Meinung nach der »core concern« (Merry 2006: 137), der Kern der Norm, noch bestehen bleiben. Damit entsteht ein Resonanzdilemma: die Norm soll einem lokalen Kontext angepasst werden, muss sich aber immer noch zur *universalen Norm* rückbeziehen lassen, und, wie im Fall der Frauenrechte, bestehende Machtverhältnisse in Frage stellen.

Eine solche Sichtweise ist aber durchaus problematisch: Der Normkern lässt sich kaum objektiv von außen festlegen, stattdessen wird oft zwischen Koalitionen, die unterschiedliche Rahmungen und Interpretationen einer Norm vertreten (ob auf globaler, regionaler, nationaler oder lokaler Ebene), darüber gestritten, wie solch ein Normkern aussieht und in welchen Bereichen Änderungen möglich sein sollten. So gehört zum Beispiel in den letzten Jahren zur Rechtstaatlichkeitsförderung auch die Förderung eines Rechts auf öffentliche Information (Blanton 2002; Michener 2011). Was jedoch der Kern eines solchen Rechts sein soll, ist durchaus umstritten: Geht es im Kern nun um Korruptionsbekämpfung und Rechenschaftspflichten von PolitikerInnen, um Vergangenheitsaufarbeitung oder um ein Menschenrecht? In diesem Fall unterstützten verschiedene Koalitionen unterschiedliche Interpretationen davon, was der Normkern sei. Abweichung war für die Koalition dann bezüglich verschiedener Bereiche möglich, je nachdem, was sie als den wirklichen Normkern ansahen (vgl. Zimmermann 2017). Die Grenze für die normative Akzeptanz von Aneignungen danach zu wählen, ob der Normkern angegriffen wurde oder nicht, ist darum ebenfalls schwierig. Wie eine konkrete Aneignung globaler Normen zu bewerten ist, muss daher an anderen Kriterien festgemacht werden.

3. Übersetzungsprozesse und Demokratietheorie

Sollte, wenn positive Wirkungen von Aneignungsprozessen womöglich fehlen und eine mögliche Grenze von Normaneignung nicht bestimmt werden kann, nun doch eher eine möglichst vollständige Übernahme international existierender Standards in Postkonfliktstaaten angestrebt werden? Mit Verweis auf demokratietheoretische Überlegungen sind Aneignungsprozesse noch immer normativ zu bevorzugen, hier können jedoch aufgrund prozeduraler Kriterien Abstufungen gemacht werden. Zwei Dimensionen spielen in diesem Zusammenhang eine Rolle: Auf der einen Seite der Übersetzungsprozess im nationalen Kontext eines Postkonfliktstaates selbst und auf der anderen die Beziehung von NormverbreiterInnen und NormadressatInnen.

3.1 Übersetzung, Kontestation und kollektive Selbstbestimmung

Obwohl die normative Angemessenheit bestimmter Arten von Demokratieförderung durchaus diskutiert wird,[16] ist dies für die normative Angemessenheit von Normaneignungen bisher kaum der Fall. Mit der Übersetzung von Normen hat sich in den demokratietheoretischen Debatten vorrangig Seyla Benhabib beschäftigt. Sie verortet sich in einem deliberativen Demokratiemodell, also – kurz zusammengefasst – einer Vorstellung von Demokratie, in der Legitimität durch zugängliche Deliberationsprozesse hergestellt wird, in denen AkteurInnen gute Argumente für ihre Positionen austauschen.[17]

Benhabib treibt die Frage um, wie eine vorrangige Geltung von globalen Menschenrechtsnormen mit der Souveränität nationaler Demokratien verbunden werden kann. Es geht ihr also um das Problem kollektiver Selbstbestimmung. Thematisch beschäftigt sie sich in diesem Zusammenhang mit der Interpretation von Staatsbürgerschaftsrechten in den westlichen Demokratien mit Fokus auf die spezifische Rolle von MigrantInnen. Sie schlägt zur Auflösung des Dilemmas zwischen universellen Normen und kollektiver Selbstbestimmung das Konzept *demokratischer Iterationen* vor. Solche Iterationen liegen sehr nah an einem Verständnis von Normübersetzung in den IB: »Every iteration transforms meaning, adds to it, enriches it in ever-so-subtle way« (Benhabib 2006: 47). Iterationen sind also Aneignungsprozesse, in denen sich Interpretationen und Bedeutungen von globalen Normen im partikularen Diskurs verändern. BürgerInnen »make these rights their own by democratically deploying them« (Benhabib 2006:

---

16 Vgl. Pangle (2009); Fabry (2009); Walzer (2008). Für eine Übersicht siehe auch Poppe/Wolff (2013).

17 Ein solches Modell, das insbesondere von Habermas geprägt wurde (Habermas 1992), unterscheidet sich von einem klassischen liberalen Demokratiemodell, in dem rationale AkteurInnen versuchen, ihre Interessen in Mehrheitsentscheidungen durchzusetzen.

49; auch Benhabib 2009: 698). Solche Diskurse führen zwar nicht unbedingt zu normativen Lernprozessen, sie können jedoch zumindest öffentliche Diskussions- und Interpretationsräume öffnen (Benhabib 2006: 50). Eine Verhinderung solcher demokratischer Iterationen käme aus Benhabibs Perspektive einem undemokratischen Akt gleich.

Natürlich wurde an diesem Modell Benhabibs auch Kritik geübt. So wird Benhabib beispielswiese von Bonnie Honig vorgeworfen, dass in demokratischen Iterationen radikale Kritik eigentlich nicht möglich sei (Honig 2006: 110-111): Die Gültigkeit und der Universalitätsanspruch globaler (Menschenrechts-)Normen kann nicht in Frage gestellt werden, nur ihre Interpretation und Anwendung.[18] Zudem scheint, laut Honig, Benhabib immer noch davon auszugehen, dass »universal human rights will win out over democratic particularity in the end« (Honig 2006: 112), dass sich also in partikularen Demokratien langfristig umfassendere Interpretationen von Menschenrechten durchsetzen werden. Normaneignung wäre dann nur ein Schritt hin zur vollständigeren Übernahme globaler Standards.

Auch bezieht sich Benhabib in ihren demokratietheoretischen Ausführungen auf stabile westliche Demokratien und auf Kontestation und demokratische Iteration innerhalb gefestigter demokratischer Institutionen. Nach Benhabib müssen demokratische Iterationen diskursethischen Prinzipien folgen, also u.a. inklusiver Partizipation aller Betroffenen, sonst können sie keine Legitimität hervorbringen (Benhabib 2007: 455; 2009: 699). Demokratische Iterationen sind also sehr voraussetzungsvoll.[19] Natürlich sind viele Postkonfliktstaaten fern solcher Ideale: Politische Prozesse sind stark polarisiert und meist durch ein hohes Maß an sozialer Ungleichheit bedingt, die Gesellschaften sind weiterhin von Gewalt und von Marginalisierung bestimmter Gruppen geprägt. Ließe sich aus diesen fehlenden Voraussetzungen für Kontestation und demokratische Iteration also nicht eher ein stärkeres Interventionsgebot für externe AkteurInnen ableiten, damit überhaupt die Grundlagen für Kontestation und Deliberation geschaffen werden können? Dem widerspricht die Analyse der zweiten

---

18 Vgl. Benhabib (2007: 454). Gerade dem ersten Punkt widersprechen auch VertreterInnen eines agonistisch-republikanischen Demokratiemodells. So betont Tully, dass Konflikt und Kontestation über die Interpretation, Anwendung, aber auch über die Geltung von Normen immer Teil demokratischer Prozesse sind (Tully 2002: 207). Davor sind auch konstitutionelle Normen oder globale Menschenrechtsnormen nicht geschützt.

19 An solch voraussetzungsvollen Idealen, die meist auch mit der Realität westlicher Demokratien nichts zu tun haben, wird aus postkolonialer Perspektive Kritik geübt, vgl. Kapoor (2005: 1208-1209).

Dimension, der Beziehung von externen NormverbreiterInnen und lokalen AdressatInnen.

3.2 Postkoloniale Abhängigkeiten und Macht in der Normdiffusion

Insbesondere postkoloniale Forschung hat in Bezug auf Entwicklungshilfebeziehungen herausgearbeitet, wie die falsche Solidarität solcher Aktivitäten und die Idee von Hilfe durch westliche AkteurInnen eher zur Verstärkung von Abhängigkeitsverhältnissen führen, nicht zu ihrem Abbau (vgl. Kapoor 2008; Spivak 2008). Gerade in Bezug auf die Verbreitung von Menschenrechtsnormen äußert beispielsweise Makau Mutua (2001) fundamentale Kritik: Für ihn folgt die Anwendung und Auslegung von Menschenrechten durch den Westen einfachen Schwarz-Weiß-Schablonen und reduktionistische *savages-victims-saviors-Metaphern* – westliche Retter beschützen in Entwicklungsländern passive Opfer vor grausamen lokalen Eliten. Normunternehmertum in diesem Bereich interpretiert er als Teil des »historical continuum of the Eurocentric colonial project« (Mutua 2001: 204). Das Ergebnis sei dann ein *othering process*, der Versuch der Diffusion westlicher Demokratie »that imagines the creation of inferior clones, in effect dumb copies of the original« (Mutua 2001: 205). Die Konstitution eines Ideals liberaler Demokratie nach westlichem Vorbild bringe also gleichzeitig mit sich, dass Demokratieförderer gar nicht erwarten, dass der Globale Süden diesem Ideal auf irgendeine Weise nahekommen könne.

Außerdem wird nicht nur der normative Impetus solcher Normdiffusionsversuche in Frage gestellt, auch die konstruktivistischen IB-NormenforscherInnen selbst müssen sich hinterfragen lassen, ob ihre Vorstellungen dessen, was moralischer Fortschritt sei – von Frauenrechten über die Genfer Konventionen –, nicht auch immer untrennbar eine dunklen Seite besitzt und die Entstehung und Verbreitung dieser Normen durch strukturelle Ungleichheit oder sogar durch Kolonialismus und Imperialismus geprägt waren und sind (Inayatullah/Blaney 2012). Es bleibt jedoch noch offen, was aus einer solchen kritischen Selbstreflexion und der Feststellung einer Ko-Konstitution der Verbreitung von „guten" Normen und Abhängigkeitsverhältnissen für die Praxis der Demokratie- und Rechtstaatlichkeitsförderung folgen müsste.[20] Müsste also durchgängig jede Form solcher Aktivitäten als normativ falsch bezeichnet werden? Oder ist es ausrei-

---

20 Zu dieser Frage siehe auch die Debatte in der Zeitschrift für Internationale Beziehungen (Engelkamp et al. 2012, 2013; Deitelhoff/Zimmermann 2013).

chend, in der (Forschungs-)Praxis solche Ko-Konstitutionsprozesse immer kritisch miteinzubeziehen?

Mit globalen Normen und ihrer Verbreitung beschäftigt sich auch James Tully – Vertreter einer agonistisch-republikanischen Demokratietheorie. In großen Teilen deckt sich seine Kritik des internationalen Systems mit der postkolonialen Variante. Für ihn sind die existierenden globalen Normen Teil eines liberalen Modells moderner Staatsbürgerschaftsrechte, die global nie in ihrer Vollständigkeit, sondern nur zum Vorteil westlicher Staaten verbreitet wurden; also vorrangig in Bezug auf elektorale Demokratie und die Umsetzung neoliberaler Wirtschaftspolitik (Tully 2008b; 2008c). Aus seiner Perspektive ist die Verbreitung von liberaler Demokratie und von Rechtstaatlichkeitsnormen in Postkonfliktstaaten darum Teil eines imperialen Systems.[21] Die Alternative sieht er in einer Demokratisierung solcher Interaktionsbeziehungen, in denen über Staatsbürgerschaftsrechte verhandelt und gestritten wird, und in der Schaffung von Spielraum für Dialog und kreative Umdeutung: »the laws must always be open to the criticism, negotiation, and modification of those who are the subjects of them as they follow them« (Tully 2008b: 217). Das Ziel muss daher die Etablierung gemeinsamer Autorität in den Beziehungen von Normverbreitern und Normadressaten sein sowie von Räumen für alternative Organisation und Institutionenbildung (Tully hat dabei Räume wie das World Social Forum vor Augen, vgl. Tully 2008a: 489, 492; 2008b: 217). Insbesondere die Beziehung zwischen Normverbreitern und Normadressaten muss also demokratisiert werden, um die Grundlage zu schaffen für Aneignungsprozesse, die für alle Beteiligten normativ wünschenswert sind.

Sowohl James Tully als auch die postkolonialen KritikerInnen betonen die Abhängigkeitsverhältnisse, die durch scheinbar *gute* Normendiffusion konstituiert werden. Insbesondere Tully argumentiert für eine Demokratisierung von asymmetrischen Interaktionsbeziehungen, um solche Abhängigkeitsverhältnisse zu überwinden und Räume für Normaneignung zu schaffen.

Es gilt also, die beiden Dimensionen, den Übersetzungsprozess im nationalen Kontext eines Postkonfliktstaates selbst und die Beziehung von Normverbreitern und Normadressaten, zusammen zu denken: Auf der einen Seite sind Aneignungsprozesse eine zentrale Grundlage, um globale Normen in neuen Kontexten demokratisch zu legitimieren. Auf der anderen Seite müssen sich solche Aneignungsprozesse in beiden Dimensionen an der Qualität ihrer Deliberations- und Kontestationsmöglichkeiten, also

---

21 Zu seinem Verständnis von Imperialismus vgl. Tully (2008b: Kap. 5).

an prozeduralen Aspekten, messen lassen. Weder kann das Ziel sein, im lo-
kalen Kontext vollständig undemokratisch hergestellte Normenübersetzungen per se gut zu heißen, noch kann das Ziel sein, durch Zwang die
Übernahme bestimmter Normen möglichst vollständig durchzusetzen.
Stattdessen gilt es die beiden Dimensionen (innerhalb eines Postkonflikt-
staats/in der Beziehung von Normverbreitern und Normadressaten) von
Aneignungsprozessen miteinander abzuwägen und, soweit möglich, zu de-
mokratisieren. Statt also Aneignungsprozesse einerseits als Verwässerungen zu bezeichnen oder andererseits aufgrund ihrer Wirkungen normativ
höher zu bewerten, sollte der Fokus hin zu demokratische(re)n Aneignun-
gen verschoben werden.

4. Demokratische(re) Aneignung

Sind Übersetzungsprozesse, Neuinterpretationen und Abwandlungen in
Bezug auf Normen wie Demokratie- und Rechtstaatlichkeit in Postkonfliktstaaten normativ wünschens- und unterstützenswert? Oder sollte das
Ziel die möglichst vollständige Übernahme bestehender globaler Standards sein? Kurz: Handelt es sich bei Normaneignungen um gute Neu-
übersetzungen oder um schlechte Übersetzungsfehler? Es lassen sich in der
gängigen IB-Normenforschung zwei unterschiedliche normative Sichtweisen auf solche Normübersetzung herausarbeiten. In einem ersten Strang
der Normdiffusionsforschung wurde implizit davon ausgegangen, dass
(Menschenrechts-)Normen möglichst vollständig diffundiert werden sollten. Ziel war also die Übernahme der mit einer Norm verbundenen globalen Standards. In einer zweiten Perspektive wurden Normübersetzungen
als kreative Aneignungsprozesse dargestellt, die durchaus erstrebenswerte
Wirkungen auf die Stabilität (größer) und Legitimität (höher) dieser Normen im jeweiligen Kontext haben und die Partizipation und Inklusion der
Bevölkerung verbessern könnten. Solche Wirkungen von Aneignungsprozessen in Postkonfliktstaaten lassen sich jedoch nur sehr eingeschränkt beobachten. Obwohl sie kurzfristig durchaus zu einer Art symbolischer Inbesitznahme führen, zeigen sie oft keine langfristigen Wirkungen im Sinne
höherer Legitimität und Stabilität. Strategien, stattdessen so etwas wie eine
Grenze festzulegen, bis zu der Übersetzungen zu akzeptieren seien, bergen
ebenfalls Probleme.

Normaneignungen sollten aber trotzdem nicht als reine Verwässerungen einer Norm abgetan werden. Stattdessen gilt es an der demokratischen
Qualität von Normaneignungen anzusetzen. Auf der einen Seite weist in
den demokratietheoretischen Debatten Benhabib aus einer deliberativen

Perspektive auf demokratische Iterationen, also Aneignungsprozessen um globale Normen, und Kontestationsmöglichkeiten als zentrale Aspekte für die Qualität einer Demokratie hin. Jedoch ist in Postkonfliktkonstellationen hier immer noch eine Verbesserung nötig; dies betrifft insbesondere das Problem des Zugangs zum Diskurs und zu Kontestationsmöglichkeiten in Aneignungsprozessen. Gleichzeitig verweisen postkoloniale und kritische AutorInnen auf die Abhängigkeitsverhältnisse innerhalb der Beziehung von Normverbreitern und Normadressaten und auf die Machtverhältnisse, die bestimmte globale Normen erst hervorgebracht haben. Auch hier muss das Ziel eine Verbesserung solcher Interaktion in Bezug auf Deliberations- und Kontestationsmöglichkeiten sein. Vorschläge beziehen sich beispielsweise auf den Zugang und die Ressourcenausstattung von Marginalisierten (Young 1996). Verbesserungsmöglichkeiten für Kontestation in der Beziehung von externen Akteuren und Normadressaten finden sich vor allem im Bereich von Transparenz, Rechenschaft und Öffentlichkeit, aber auch in der Möglichkeit der Gestaltung der Regeln eines gemeinsamen Dialogs. Eine Balance muss also gefunden werden zwischen einer Annäherung an möglichst demokratische Aneignungsprozesse im Inneren von Postkonfliktgesellschaften auf der einen Seite und an eine möglichst wenig bevormundende Interaktion mit Normverbreitern auf der anderen. Im Zweifelsfall ist es vielleicht wichtiger, dass ein Aneignungsprozess einen inklusiveren politischen Diskurs hergestellt hat, als dass alle Standards vollständig übernommen wurden.

Es bleibt außerdem die Frage, ob es so etwas wie einen Mindeststandard geben muss, ab dem überhaupt von demokratischen oder demokratieförderlichen Praktiken der Aneignung gesprochen werden kann. Dieser Mindeststandard ist der Ausschluss autoritärer Regime. In der Tat ist das Ziel ja nicht, repressive Regime von ihren Verpflichtungen zu entschuldigen, sondern Gesellschaften auf dem Weg zu (vielleicht) mehr Demokratie die Möglichkeit zu geben, diesen Weg selbst zu erkunden und eigene Wege dabei zu gehen, die nicht schon streng von einer internationalen Gemeinschaft vorgegeben sind.[22]

In den hier vorgestellten Debatten bleiben die Vorschläge für die Demokratisierung von Aneignungsprozessen noch recht vage. Es besteht in Zukunft ein großer Bedarf an engerem Austausch zwischen IB-Normenforschung und Politischer Theorie, um einerseits die normativen Debatten besser empirisch zu informieren und andererseits die empirisch orientierte IB-Normenforschung vor normativer Kurzsichtigkeit zu bewahren.

---

22 Siehe auch Koelble/Lipuma (2008).

Literatur

Acharya, Amitav 2004: How Ideas Spread: Whose Norms Matter? Norm Localization and Institutional Change in Asian Regionalism, in: International Organization 58: 2, 239-275.

Acharya, Amitav 2009: Whose Ideas Matter? Agency and Power in Asian Regionalism, Ithaca, NY.

Alderson, Kai 2001: Making Sense of State Socialization, in: Review of International Studies 27: 3, 415-433.

Benford, Robert D./Snow, David A. 2000: Framing Processes and Social Movements: An Overview and Assessment, in: Annual Review of Sociology 26, 611-639.

Benhabib, Seyla 2006: Another Cosmopolitanism, Oxford.

Benhabib, Seyla 2007: Democratic Exclusions and Democratic Iterations: Dilemmas of 'Just Membership' and Prospects of Cosmopolitan Federalism in: European Journal of Political Theory 6: 4, 445-462.

Benhabib, Seyla 2009: Claiming Rights across Borders, in: American Political Science Review 103: 4, 691-704.

Bermeo, Nancy 2009: Conclusion: Is Democracy Exportable?, in: Barany, Zoltan/Moser, Robert G. (Hrsg.): Is Democracy Exportable?, Cambridge, 242-263.

Blanton, Thomas 2002: The World's Right to Know, in: Foreign Policy 131: 50-58.

Call, Charles T./Cook, Susan E. 2003: On Democratization and Peacebuilding, in: Global Governance 9: 2, 233.

Capie, David 2008: Localization as Resistance: The Contested Diffusion of Small Arms Norms in Southeast Asia, in: Security Dialogue 39: 6, 637-658.

Chandler, David 2010: The Uncritical Critique of 'Liberal Peace', in: Review of International Studies 36: Supplement S1, 137-155.

Chandler, David 2012: Promoting Democratic Norms? Social Constructivism and the 'Subjective' Limits to Liberalism, in: Democratization, 1-25.

Checkel, Jeffrey T. 2001: Why Comply? Social Learning and European Identity Change, in: International Organization 55: 3, 553-588.

Checkel, Jeffrey T. 2005: International Institutions and Socialization in Europe: Introduction and Framework, in: International Organization 59: 04, 801-826.

Conrad, Sebastian/Randeria, Shalini 2002: Jenseits des Eurozentrismus: postkoloniale Perspektiven in den Geschichts- und Kulturwissenschaften, Frankfurt/Main.

Deitelhoff, Nicole 2006: Überzeugung in der Politik, FrankfurtMain.

Deitelhoff, Nicole 2012: Leere Versprechungen? Deliberation und Opposition im Kontext transnationaler Legitimitätspolitik, in: Daase, Christopher/Geis, Anna/Nullmeier, Frank (Hrsg.): Der Aufstieg der Legitimitätspolitik. Rechtfertigung und Kritik politisch-ökonomischer Ordnungen (Leviathan-Sonderheft 27), Baden-Baden, 63-80.

Deitelhoff, Nicole/Zimmermann, Lisbeth 2013: Aus dem Herzen der Finsternis: Kritisches Lesen und wirkliches Zuhören der konstruktivistischen Normenforschung, in: Zeitschrift für Internationale Beziehungen 20: 1, 61-74.

Epstein, Charlotte 2012: Stop Telling Us How to Behave: Socialization or Infantilization?, in: International Studies Perspectives 13: 2, 135-145.

Engelkamp, Stephan/Glaab, Katharina/Renner, Judith 2012: In der Sprechstunde. Wie (kritische) Normenforschung ihre Stimme wiederfinden kann, in: Zeitschrift für Internationale Beziehungen 19: 2, 101-128.

Engelkamp, Stephan/Glaab, Katharina/Renner, Judith 2013: Ein Schritt vor, zwei Schritte zurück? Eine Replik auf Nicole Deitelhoff und Lisbeth Zimmermann, in: Zeitschrift für Internationale Beziehungen 20 (2): 105-118.

Fabry, Mikulas 2009: The Right to Democracy in International Law: A Classical Liberal Reassessment, in: Millennium - Journal of International Studies 37: 3, 721-741.

Finnemore, Martha 1996: National Interests in International Society, Ithaca, NY.

Finnemore, Martha/Sikkink, Kathryn 1998: International Norm Dynamics and Political Change, in: International Organization 52: 4, 887-917.

Florini, Ann 1996: The Evolution of International Norms, in: International Studies Quarterly 40: 3, 363-389.

Galvan, Dennis/Sil, Rudra 2007: The Dilemma of Institutional Adaptation and the Role of Syncretism, in: Galvan, Dennis/Sil, Rudra (Hrsg.): Reconfiguring Institutions across Time and Space: Syncretic Responses to Challenges of Political and Economic Transformation, New York, NY, 3-29.

Goodman, Ryan/Jinks, Derek 2008: Incomplete Internalization and Compliance with Human Rights Law, in: European Journal of International Law 19: 4, 725-748.

Grävingholt, Jörn/Leininger, Julia/Schlumberger, Oliver 2009: The Three Cs of Democracy Promotion Policy: Context, Consistency and Credibility (Deutsches Institut für Entwicklungspolitik, Briefing Paper 1/2009), Bonn.

Habermas, Jürgen 1992: Faktizität und Geltung : Beiträge zur Diskurstheorie des Rechts und des demokratischen Rechtsstaats, Frankfurt/Main.

Hannerz, Ulf 1996: Transnational Connections: Culture, People, Places, London.

Hill, Matthew Alan 2010: Exploring USAID's Democracy Promotion in Bosnia and Afghanistan: a 'Cookie-cutter Approach'?, in: Democratization 17: 1, 98-124.

Hobson, Christopher/Kurki, Milja 2012: Introduction: The Conceptual Politics of Democracy Promotion, in: Hobson, Christopher/Kurki, Milja (Hrsg.): The Conceptual Politics of Democracy Promotion, London, 1-16.

Honig, Bonnie 2006: Another Cosmopolitanism? Law and Politics in New Europe, in: Post, Robert (Hrsg.): Another Cosmopolitanism, Oxford, 102-127.

Inayatullah, Naeem/Blaney, David L. 2012: The Dark Heart of Kindness: The Social Construction of Deflection, in: International Studies Perspectives 13: 2, 164-175.

Jetschke, Anja/Murray, Philomena 2012: Diffusing Regional Integration: The EU and Southeast Asia, in: West European Politics 35: 1, 174-191.

Joachim, Jutta/Schneiker, Andrea 2012: Changing Discourses, Changing Practices? Gender Mainstreaming and Security, in: Comparative European Politics 10: 5, 528-563.

Kapoor, Ilan 2005: Participatory Development, Complicity and Desire, in: Third World Quarterly 26: 8, 1203-1220.

Kapoor, Ilan 2008: The Postcolonial Politics of Development, London.

Katzenstein, Peter J. 1996: The Culture of National Security: Norms and Identity in World Politics, New York, NY.

Keck, Margaret E./Sikkink, Kathryn 1998: Activists Beyond Borders: Advocacy Networks in International Politics, Ithaca, NY.

Klotz, Audie 1995: Norms Reconstituting Interests: Global Racial Equality and U.S. Sanctions Against South Africa, in: International Organization 49: 3, 451-478.

Koelble, Thomas A./Lipuma, Edward 2008: Democratizing Democracy: A Postcolonial Critique of Conventional Approaches to the 'Measurement of Democracy', in: Democratization 15: 1, 1-28.

Kratochwil, Friedrich/Ruggie, John Gerard 1986: International Organization: A State of the Art on an Art of the State, in: International Organization 40: 4, 753-775.

Krook, Mona Lena/True, Jacqui 2012: Rethinking the Life Cycles of International Norms: The United Nations and the Global Promotion of Gender Equality, in: European Journal of International Relations 18: 1, 103-127.

Leininger, Julia 2010: 'Bringing the Outside In': Illustrations from Haiti and Mali for the Re-conceptualization of Democracy Promotion, in: Contemporary Politics 16: 1, 63-80.

Levitt, Peggy/Merry, Sally 2009: Vernacularization on the Ground: Local Uses of Global Women's Rights in Peru, China, India and the United States, in: Global Networks 09: 4, 441-461.

Lidén, Kristoffer 2009: Building Peace between Global and Local Politics: The Cosmopolitical Ethics of Liberal Peacebuilding, in: International Peacekeeping 16: 5, 616-634.

Lidén, Kristoffer 2011: Peace, Self-Governance and International Engagement: from Neo-Colonial to Post-Colonial Peacebuilding, in: Tadjbakhsh, Shahrbanou (Hrsg.): Rethinking the Liberal Peace: External Models and Local Alternatives, London, 57-74.

Mac Ginty, Roger 2010: Hybrid Peace: The Interaction between Top-Down and Bottom-Up Peace, in: Security Dialogue 41: 4, 391-412.

Magen, Amichai A./Morlino, Leonardo (Hrsg.) 2009: International Actors, Democratization and the Rule of Law: Anchoring Democracy?, London.

McKeown, Ryder 2009: Norm Regress: US Revisionism and the Slow Death of the Torture Norm, in: International Relations 23: 1, 5-25.

Merry, Sally E. 2006: Human Rights & Gender Violence: Translating International Law into Local Justice, Chicago, IL.

Michener, Greg 2011: FOI Laws around the World, in: Journal of Democracy 22: 2, 145-159.

Morlino, Leonardo/Magen, Amichai 2009: Methods of Influence, Layers of Impact, Cycles of Change, in: Magen, Amichai/Morlino, Leonardo (Hrsg.): International Actors, Democratization and the Rule of Law: Anchoring Democracy?, New York, 26-52.

Mutua, Makau 2001: Savages, Victims, and Saviors: The Methaphor of Human Rights, in: Harvard International Law Journal 42: 1, 201-245.

Nadelmann, Ethan A. 1990: Global Prohibition Regimes: the Evolution of Norms in International Society, in: International Organization 44: 4, 479-526.

Pangle, Thomas L. 2009: The Morality of Experting Democracy. A Historical-Philosophical Perspective, in: Barany, Zoltan/Moser, Robert G. (Hrsg.): Is Democracy Exportable?, Cambridge, 15-34.

Paris, Roland/Sisk, Timothy D. (Hrsg.) 2009: The Dilemmas of Statebuilding: Confronting the Contradictions of Postwar Peace Operations, London.

Peshkopia, Ridvan/Imami, Arben 2008: Between Elite Compliance and State Socialisation: The Abolition of the Death Penalty in Eastern Europe, in: The International Journal of Human Rights 12: 3, 353-372.

Poppe, Annika E./Wolff, Jonas 2013: The Normative Challenge of Interaction: Justice Conflicts in Democracy Promotion, in: Global Constitutionalism 2: 3, 373-406.

Prantl, Jochen/Nakano, Ryoko 2011: Global Norm Diffusion in East Asia, in: International Relations 25: 2, 204-223.

Price, Richard 1998: Reversing the Gun Sights: Transnational Civil Society Targets Land Mines, in: International Organization 52: 3, 613-644.

Price, Richard 2008: Moral Limit and Possibility in World Politics, in: International Organization 62: 2, 191-220.

Randeria, Shalini 2005: Verwobene Moderne: Zivilgesellschaft, Kastenbindungen und nicht staatliches Familienrecht im (post)kolonialen Indien, in: Brunkhorst, Hauke/Costa, Sérgio (Hrsg.): Jenseits von Zentrum und Peripherie: Zur Verfassung der fragmentierten Weltgesellschaft, München, 169-196.

Randeria, Shalini 2007: Civil Society and Legal Pluralism in the Shadow of Caste: Entangled Modernities in Post-colonial India, in: Schirmer, Dominique/Saalmann, Gernot/Kessler, Christl (Hrsg.): Hybridising East and West: Tales Beyond Westernisation. Empirical Contributions to the Debates on Hybridity, Münster, 97-124.

Raustiala, Kal/Slaughter, Anne-Marie 2002: International Law, International Relations and Compliance, in: Carlsnaes, Walter/Risse, Thomas/Simmons, Beth (Hrsg.): Handbook of International Relations, London, 538-558.

Reus-Smit, Christian 2001: Human Rights and the Social Construction of Sovereignty, in: Review of International Studies 27: 04, 519-538.

Richmond, Oliver P. 2009: Becoming Liberal, Unbecoming Liberalism: Liberal-Local Hybridity via the Everyday as a Response to the Paradoxes of Liberal Peacebuilding, in: Journal of Intervention and Statebuilding 3: 3, 324-344.

Richmond, Oliver P. 2011: A Post-Liberal Peace, London.

Richmond, Oliver P./Franks, Jason 2009: Liberal Peace Transitions: Between Statebuilding and Peacebuilding, Edinburgh.

Richmond, Oliver P./Mitchell, Audra (Hrsg.) 2012: Hybrid Forms of Peace: Form Everyday Agency to Post-Liberalism, Houndmills.

Risse, Thomas/Ropp, Stephan 1999: International Human Rights Norms and Domestic Change: Conclusions, in: Risse, Thomas/Ropp, Stephan/Sikkink, Kathryn (Hrsg.): The Power of Human Rights: International Norms and Domestic Change, Cambridge, 234-278.

Risse, Thomas/Ropp, Stephen/Sikkink, Kathryn 1999: The Power of Human Rights. International Norms and Domestic Change, Cambridge.

Risse, Thomas/Sikkink, Kathryn 1999: The Socialization of International Human Rights Norms into Domestic Practices: Introduction, in: Risse, Thomas/Ropp, Stephen C./Sikkink, Kathryn (Hrsg.): The Power of Human Rights: International Norms and Domestic Change, Cambridge, 1-38.

Roberts, David 2008: Hybrid Polities and Indigenous Pluralities: Advanced Lessons in Statebuilding from Cambodia, in: Journal of Intervention and Statebuilding 2: 1, 63-86.

Roberts, David 2009: The Superficiality of Statebuilding in Cambodia: Patronage and Clientelism as enduring Forms of Politics, in: Paris, Roland/Sisk, Timothy D. (Hrsg.): The Dilemmas of Statebuilding: Confronting the Contradictions of Postwar Peace Operations, London, 149-170.

Robertson, Roland 1995: Glocalization: Time-Space and Homogeneity-Heterogeneity, in: Featherstone, Mike/Lash, Scott/Robertson, Roland (Hrsg.): Global Modernities, London, 25-44.

Rosert, Elvira/Schirmbeck, Sonja 2007: Zur Erosion internationaler Normen: Folterverbot und nukleares Tabu in der Diskussion, in: Zeitschrift für Internationale Beziehungen 14: 2, 253-287.

Sandholtz, Wayne/Stiles, Kendall W. 2009: International Norms and Cycles of Change, Oxford.

Schimmelfennig, Frank/Engert, Stefan/Knobel, Heiko 2006: International Socialization in Europe: European Organizations, Political Conditionality and Democratic Change, Basingstoke.

Shaw, Rosalind 2010: Localizing Transitional Justice : Interventions and Priorities After Mass Violence, Stanford, CA.

Shaw, Rosalind/Waldorf, Lars 2010: Introduction. Localizing Transitional Justice, in: Shaw, Rosalind/Waldorf, Lars (Hrsg.): Localizing Transitional Justice: Interventions and Priorities after Mass Violence, Stanford, CA, 3-26.

Snow, David A./Rochford, E. Burke, Jr./Worden, Steven K./Benford, Robert D. 1986: Frame Alignment Processes, Micromobilization, and Movement Participation, in: American Sociological Review 51: 4, 464-481.

Spivak, Gayatri Chakravorty 2008: Other Asias, Malden, MA.

Stewart, Charles 1999: Syncretism and Its Synonyms: Reflections on Cultural Mixture, in: Diacritics 29: 3, 40-62.

Tully, James 2002: The Unfreedom of the Moderns in Comparison to Their Ideals of Constitutional Democracy, in: The Modern Law Review 65: 2, 204-228.

Tully, James 2008a: Modern Constitutional Democracy and Imperialism, in: Osgoode Hall Law Journal 46, 461-493.

Tully, James 2008b: Public Philosophy in a New Key. Volume II: Imperialism and Civic Freedom, Cambridge.

Tully, James 2008c: Two Meanings of Global Citizenship: Modern and Diverse, in: Peters, Michael A./Blee, Harry/Britton, Alan (Hrsg.): Global Citizenship Education: Philosophy, Theory and Pedagogy, Rotterdam, 15-41.

UN 1992: An Agenda for Peace: Preventive Diplomacy, Peacemaking and Peacekeeping (UN Security Council Report of the Secretary-General A/47/277-S/24111), in: http://www.un.org/en/sc/repertoire/89-92/Chapter%208/GENERAL%20ISSUES/Item% 2029_Agenda%20for%20peace_.pdf; 31.7.2013.

Van Kersbergen, Kees/Verbeek, Bertjan 2007: The Politics of International Norms: Subsidiarity and the Imperfect Competence Regime of the European Union, in: European Journal of International Relations 13: 2, 217-238.

Walzer, Michael 2008: On Promoting Democracy, in: Ethics & International Affairs 22: 4, 351-355.

Werner, Michael/Zimmermann, Bénédicte 2006: Beyond Comparison: Histoire Croisée and the Challenge of Reflexivity, in: History and Theory 45, 30-50.

Wiener, Antje 2004: Contested Compliance: Interventions on the Normative Structure of World Politics, in: European Journal of International Relations 10: 2, 189-234.

Wiener, Antje 2008: The Invisible Constitution of Politics: Contested Norms and International Encounters, Cambridge.

Wiener, Antje 2010: Normative Baggage in International Encounters: Contestation all the Way, in: Kessler, Oliver/Hall, Rodney Bruce/Lynch, Cecilia/Onuf, Nicholas (Hrsg.): On Rules, Politics and Knowledge: Friedrich Kratochwil, International Relations, and Domestic Affairs, Basingstoke, 202-212.

Williams, Paul D. 2009: The "Responsibility to Protect", Norm Localisation, and African International Society, in: Global Responsibility to Protect 1: 3, 392-416.

Young, Iris Marion 1996: Communication and the Other: Beyond Deliberative Democracy, in: Benhabib, Seyla (Hrsg.): Democracy and Difference, Princeton, NJ, 121-135.

Zimmermann, Lisbeth 2016: Same Same or Different? Norm Diffusion Between Resistance, Compliance, and Localization in Post-Conflict States, in: International Studies Perspectives 17: 1, 98-115.

Zimmermann, Lisbeth 2017: Global Norms with a Local Face. Rule-of-Law Promotion and Norm Translation, Cambridge.

Zuercher, Christoph/Roehner, Nora/Riese, Sarah 2009: External Democracy Promotion in Post-conflict Zones: A Comparative-Analytical Framework, in: Taiwan Journal of Democracy 5: 1, 1-26.

Zwingel, Susanne 2012: How Do Norms Travel? Theorizing International Women's Rights in Transnational Perspective, in: International Studies Quarterly 56: 1, 115-129.

Raum für Veränderung: eine raumsoziologische Perspektive auf internationale Verhandlungen, institutionelle Interaktion und Normwandel

Linda Wallbott

1. Einleitung

Dieser Beitrag wirft eine theoretisch-konzeptionelle Perspektive auf die Wechselwirkungen zwischen internationalen Institutionen und ihre Relevanz für Normwandel in der globalen Politik.[1] Jene ist wesentlich gekennzeichnet durch die Unterteilung in sektorale und distinkte institutionelle Regelungsarrangements. Spezialisierte Regime begünstigen einerseits die zielgerichtete Problembearbeitung und Herausbildung themenspezifischer Expertise. Andererseits entstehen latente, aber auch manifeste Konflikte (Zelli 2008), wenn zwei Ordnungsmodelle aufeinanderprallen, d.h. wenn funktional verbundene Institutionen (Young 1999; Stokke 2001; Gehring/ Oberthür 2009), die sich auf denselben Regelungsgegenstand bzw. Zielkontext beziehen, hinsichtlich ihrer zentralen formalen Normen und Akteurskonstellationen variieren (für Strategien des Umgangs mit Konflikten zwischen verschiedenen Ordnungen siehe Zimmermann et al. 2013). Bisher fokussierte sich die Forschung zu Wechselwirkungen internationaler Institutionen auf die negativen Folgen einer fragmentierten Global Governance-Architektur[2] für die Effektivität vertikaler Politik-Implementierung. Insbesondere die Untersuchung formaler und funktionaler Aspekte stand hierbei im Zentrum der Aufmerksamkeit.

Aber auch internationale Verhandlungen sind bereits durch das Strukturmerkmal institutioneller Fragmentierung beeinflusst. So ist globale Politik weit davon entfernt, ein kohärentes Ordnungssystem mit für alle AkteurInnen gleichermaßen berechenbaren Räumen der Politikgestaltung zu sein. So wurde bisher vor allem betont, dass ressourcenstarke staatliche Ak-

---

1 Ich danke Nicole Deitelhoff, Martina Löw, Carmen Wunderlich, Stefanie Herr, Ben Kamis, Thorsten Thiel, Jannik Pfister und den HerausgeberInnen für wertvolle Kommentare zu einer früheren Version dieses Aufsatzes.
2 Dem Architekturbegriff wird im Gegensatz zum Begriff der globalen *Ordnung* eine relativ größere Wertneutralität zugesprochen (Biermann et al. 2010: 16).

teurInnen aufgrund ihrer materiell und kognitiv gestützten, verhältnismäßig größeren Mobilität in der Lage sind, von der Fragmentierung bzw. polyzentrischen Struktur (Ostrom 2010) des globalen politischen Systems zu profitieren und institutionelle Strukturen zu ihrem Vorteil zu bearbeiten. Mittels *forum shopping* bringen sie sich gezielt in denjenigen institutionellen Foren ein, von denen sie sich den größten Nutzen versprechen. Im Gegensatz dazu sind beispielsweise Entwicklungsländer und viele nicht-staatliche AkteurInnen häufig nicht in der Lage, Delegationen mit ähnlicher Personenstärke und materieller Ausstattung wie Industrieländer und wirtschaftliche Interessenorganisationen in internationale Verhandlungen zu entsenden. Angesichts der parallelen Bearbeitung thematisch ähnlicher Sachfragen in unterschiedlichen Institutionen, der Gleichzeitigkeit von Arbeitsgruppentreffen innerhalb einzelner Verhandlungen, der Relevanz von Ausgleichszahlungen und Paketlösungen aber auch der formalen Kriterien internationaler Organisationen (Mandat, Mitgliedschaft, Stimmberechtigung, Verfahrensregeln) wird daher (nicht-)staatlichen AkteurInnen, die weniger stark mit Ressourcen ausgestattet sind und in dieser Hinsicht als *schwach* bezeichnet werden können, lediglich eine eingeschränkte *agency*, also Handlungs- und Problemlösungsfähigkeit in internationalen Verhandlungen und mit Blick auf Kapazitäten zum Management institutioneller Wechselwirkung, zugesprochen.[3] Allerdings wird in diesem Beitrag ein konzeptioneller Rahmen zur Analyse einer fragmentierten internationalen Institutionen-Landschaft entwickelt, der argumentiert, dass auch nicht-hegemoniale AkteurInnen intentional und zielgerichtet zur Konstruktion und Gestaltung von Räumen institutioneller Wechselwirkung beitragen und dass diese neuen Räume dann jenseits von Formalität und Funktionalität auch als überlappende argumentative bzw. diskursive Felder in internationalen Verhandlungen wirksam werden.[4] In diesem Prozess können Normen gleichzeitig mit neuen Bedeutungen belegt werden. So initiieren NormunternehmerInnen institutionelle Wechselwirkungen absichtsvoll und nutzen sie, um in internationalen Verhandlungen das De-

---

3 In der Verwendung des *agency*-Begriffs folge ich hier Biermann et al. (2009) und Schroeder (2010) in der Hinsicht, dass ein(e) AgentIn ein(e) autoritative(r) AkteurIn ist, der oder die über Legitimität und Kapazität zur Ausübung von Macht verfügt. Für Fragestellungen zum Verhältnis von Global Governance-Architektur und *agency* vgl. auch Biermann et al. (2009: 39).

4 Gleichwohl sind diejenigen AkteurInnen, die in internationalen Verhandlungen vertreten sind und durch Interdependenz-Management die Durchsetzung ihrer Interessen unterstützen können, stets schon Teil einer transnationalen Elite.

sign internationaler Institutionen zu beeinflussen und dominante Ordnungsvorstellungen herauszufordern (Wallbott 2019).

Indem dieser Beitrag also die bis dato nur unzureichend berücksichtigte
und ausgearbeitete *agency*-Komponente bei der Neugestaltung von Räumlichkeit und der Verschiebung institutioneller wie normativer Grenzen betont, ergänzt er die noch junge Forschung zum Management institutioneller Interdependenz. Darüber hinaus zielt der Beitrag auf die bestehende in-
stitutionalistische Lücke der Normenforschung, die bisher den analytischen Schwerpunkt vor allem auf die Untersuchung der Beiträge unterschiedlicher Akteursgruppen legt (Coleman 2013). Insgesamt wird durch
die In-Beziehung-Setzung von Diskurs-bezogener *agency* und dynamischer
Normenqualität einerseits und Management institutioneller Interdependenz andererseits sowohl die Literatur zu Normen- wie auch zur Institutio-
nenforschung bereichert. Diese konzeptionelle Verbindung wird durch
eine prozessuale und relationale raumsoziologische Perspektive ermöglicht
bzw. gestützt, die gleichberechtigt die Ordnungs- und Handlungsdimensi-
on von Raum anerkennt (Löw 2001). Raum ist demnach nicht nur territo-
rial oder geopolitisch zu verstehen, sondern auch als soziales Konstrukt,
das jenseits einer ausschließlich formalistischen oder materialistischen
Wirksamkeit dynamisch ist. Durch diesen Blickwinkel, der eine kognitive
Konstruktionsleistung von AkteurInnen für die Konstitution von Raum
voraussetzt, ist es möglich, die Entstehung institutioneller Wechselwirkung mit diskursivem Handeln von NormunternehmerInnen zu verbinden.

Im Folgenden wird zunächst die Forschungslücke an der Intersektion
von Arbeiten zu Normwandel und NormunternehmerInnentum auf der
einen und institutioneller Interaktion auf der anderen Seite skizziert (Abschnitt 2). Auf dieser Basis wird ein alternatives, raumsoziologisches Konzept zum Management von Institutionen und institutioneller Interdependenz erstellt, dessen definitorisches Element in der Verbindung von diskursiver *agency* und emergenter räumlicher Struktur liegt. Dieser konzeptionelle Ansatz wird dann auf die Vereinten Nationen und internationale
Verhandlungen bezogen (Abschnitt 3). Abschließend werden weiterführende kausalanalytische und normative Untersuchungsperspektiven für In-
stitutionen- und Normenforschung aufgezeigt, die sich aus diesem konzeptionellen Beitrag ableiten lassen (Abschnitt 4).

2. Von Regime-Analyse zu einem Forschungsprogramm institutioneller Interaktion

2.1 Zum Charakter internationaler Politikgestaltung

Vor dem Hintergrund der fragmentierten globalen Rechtsordnung war das vorherrschende Verständnis der Internationalen Beziehungen lange Zeit, dass sich AkteurInnen in themenspezifischen Institutionen[5] unabhängig voneinander mit klar abgrenzbaren, eigenständigen Problemen auseinandersetzen (Victor et al. 1998; Miles et al. 2002). Im Rahmen der polyzentrischen (Ostrom 2010) oder auch heterarchischen (Daase/Deitelhoff 2014) Ordnungsstruktur des internationalen Systems sind die Beziehungen zwischen den einzelnen Teilordnungen mit ihren eigenen Mandaten und Rationalitäten nicht durch eine zentrale Autorität gesteuert. Vor diesem Hintergrund standen bei der Analyse internationaler Regime lange Zeit die funktionalen Bedingungen ihrer jeweiligen Entstehung, Effektivität und ihres institutionellen Designs – Gestaltung der formalen und informellen Prozeduren, Praktiken, Regeln und Normen, durch welche die Arbeitsvorgänge von Institutionen bestimmt und die beteiligten AkteurInnen in Relation zueinander gesetzt werden – im Mittelpunkt (Haas et al. 1993; Young 1999; Miles et al. 2002; Breitmeier et al. 2011). Hierbei dominierten in der Regel rationalistische Perspektiven (Gruber 2000; Koremenos et al. 2004; Pollack 2003). In der vergangenen Dekade schließlich richtete sich das Interesse zunehmend auf die Untersuchung der funktionalen Verbindungen zwischen verschiedenen Sektoren und Regimen, die sich mit divergierenden Handlungsaufforderungen auf denselben Zielkontext beziehen (Rosendal 2001a, 2001b; Stokke 2001). Dabei werden zunehmend auch die Kausalmechanismen der wechselseitigen Beeinflussung internationaler Institutionen in den Blick genommen, die auch auf Normwandel-Prozesse bezogen werden können.[6]

---

5 Institutionen umfassen »clusters of rights, rules, and decision-making procedures that give rise to social practices, assign roles to participants in these practices, and govern interactions among occupants of these roles« (Schroeder 2008: 51). In einem engeren Verständnis sind Institutionen Organisationen, d.h. bezogen auf die internationale Ebene derartige strukturelle Arrangements, die einen normativen Rahmen, eine spezifische Mitgliedschaft von Staaten (und gegebenenfalls nicht-staatlichen AkteurInnen) und einen bürokratischen (Verwaltungs-)Apparat verbinden und prinzipiell effektive Regeln formulieren können (Biermann/Siebenhüner et al. 2009: 39).

6 Institutionelle Wechselbeziehungen wurden bisher vor allem in der Vergleichenden Politikwissenschaft und in der Forschung zu Transfer und Diffusion von Nor-

2.2 Mechanismen institutioneller Interaktion

Grundsätzlich kann die Entwicklung und Umsetzung des Regelwerkes einer Institution durch benachbarte Institutionen beeinflusst werden, indem Handlungsoptionen entweder begrenzt oder eröffnet werden (Gehring 2007). Bedingung hierfür ist der kausale Zusammenhang der beteiligten Institutionen, ohne den lediglich eine parallele, aber unverbundene Entwicklung besteht (Gehring 2007: 94; Stokke/Oberthür 2011b: 4; vgl. die Unterscheidung zwischen engem und weitem Diffusionsbegriff in Holzinger et al. 2007: 14). Auf der Basis früher effektivitätsorientierter Taxonomien (Young 1996, 2002; Stokke 2000) wurde schließlich ein vierteiliges idealtypisches Set möglicher Kausalmechanismen institutioneller Wechselwirkung entwickelt (Gehring/Oberthür 2009, 2011). Die kognitive Interaktion (*cognitive interaction*) basiert demnach auf Einsicht und Überzeugung und wird durch die Verbreitung von Wissen vorangetrieben, wenn die *Zielorganisation* sich am Modell der *Ursprungsorganisation* orientiert. Die verpflichtungsbasierte Interaktion (*interaction through commitment*) tritt dann auf, wenn Organisationen über geteilte Mitgliedschaft verfügen und sich im gleichen Politikfeld bewegen. Dann können beispielsweise formale Verpflichtungen zwischen ihnen übertragen werden oder ein zusätzliches Politikinstrument wird von beiden Institutionen geschaffen. Im Falle von verhaltensbasierter Interaktion (*behavioural interaction*) beeinflussen die Maßnahmen einer Institution als positive oder negative Externalitäten die Implementierung der Vorgaben einer anderen. Schlussendlich gründet die *impact*-basierte Interaktion (*impact level interaction*) auf der funktionalen Verbindung der Steuerungssysteme und manifestiert sich während der Umsetzung unterschiedlicher Politikvorgaben im Zielkontext, also vor Ort.

Für Normwandel in internationalen Verhandlungen scheinen vor allem die ersten beiden Kausalmechanismen relevant, die sich auf institutionellen *output* (z.B. Resolutionen) beziehen. In jedem Fall allerdings müssen Forderungen nach normativer Veränderung von AgentInnen formuliert und in den politischen Aushandlungsprozess eingespeist werden. Bisher allerdings wurden die Möglichkeiten von Wechselwirkung zwischen internationalen Institutionen recht formalistisch und statisch unter Rückgriff auf die jeweils geltenden Mandate der Organisationen und abweichende Mitgliedschaften bewertet. So suggeriert auch die begriffliche Unterschei-

men behandelt. Diese Arbeiten untersuchen vor allem die Konvergenz nationaler Institutionen, Strukturen und Politiken (Holzinger et al. 2007).

dung in Ursprungs- und Zielorganisation eine unidirektionale kausale Wirkungsrichtung, wodurch wiederum breitere Dynamiken ausgeblendet werden.

2.3 Management institutioneller Interdependenz

In Arbeiten zu institutioneller Wechselwirkung wird denn auch zunehmend das Fehlen einer prozessualen oder diskursanalytischen und normativ gehaltvolleren Perspektive bemängelt (Zelli et al. 2012; Gehring/Oberthür 2011: 47). Einen Einstiegspunkt in eine solche Untersuchung bietet die jüngst aufgekommene Rede vom Management institutioneller Interdependenz (*interplay management*) (Oberthür 2009; Oberthür/Stokke 2011a). Diese impliziert, dass AkteurInnen in der Lage sind, mit potentieller institutioneller Interaktion in einer antizipierenden, reflexiven, intentionalen, koordinierten und zielorientierten Weise umzugehen. Das Management-Konzept unterscheidet sich von Begriffen wie Verbindung, Wechselwirkung oder spontane Reaktion durch seine absichtsvolle und vorausschauende Komponente (Gehring/Oberthür 2009; Oberthür/Stokke 2011b: 6-10). So betont die Management-Perspektive, dass institutionelle Strukturen gezielt für konkrete Steuerungsziele aufgebaut bzw. genutzt werden können (vgl. Busch/Jörgens 2007: 78; Oberthür/Gehring 2011: 44).

Die zielgerichtete Bearbeitung politischer Wechselwirkung zwischen Institutionen wurde bisher aber primär mit Blick auf die Minimierung von Konflikten betrachtet. Eine systematische und grundlegende Untersuchung der *agency*-Komponente im Kontext des Managements institutioneller Interdependenz hingegen fehlt (bereits Selin/VanDeever 2003; Oberthür/Gehring 2011: 44; Oberthür/Stokke 2011c: 335-336; grundlegend Biermann et al. 2009: 36-43). Wenn die Bedeutung institutioneller Komplexität und Interaktion für die Positionierung von AkteurInnen in internationalen Verhandlungen bisher in der Literatur berücksichtigt wurde, dann vor allem durch die Annahme, dass sie mächtigen Staaten nutzen. Mittels *forum shopping* verlagern diese Debatten in solche Institutionen, in denen sie unerwünschten formalen Vorgaben beispielsweise durch Ausgleichszahlungen am ehesten aus dem Weg gehen können, oder in denen eine möglichst große Staatengruppe von den Folgewirkungen der für sie günstigen Regulierung betroffen sein wird (bereits Krasner 1983: 16; Drezner 2009; Braithwaite/Drahos 2000; Benvenisti/Downs 2007; Busch 2007).

Raumsoziologisch gesprochen resultieren diese analytischen Verengungen aus der ontologischen Trennung von institutionellem/organisationalem Raum und sozialer/politischer Praxis. Auf dieser absolutistischen

Grundannahme aufbauend wird nicht die Konstitution von Raum selbst untersucht, sondern lediglich das Handeln innerhalb bestehender und als *gegeben* konzipierter Strukturen.[7] Institutionelle Räume werden hier als Container oder Behälter konzeptualisiert. So wird »ein Raum unterstellt, der das Handeln aller gleichermaßen vorstrukturiert« (Löw 2001: 64) und innerhalb dessen zwar Bewegungen stattfinden können, der aber selbst nicht bewegt wird, der also nicht dynamisch ist (Löw 2001: 65).[8] Die Relevanz ideeller und symbolischer Verknüpfung (Löw 2001: 64) für Raumgestaltung kann in einem solchen Vorgehen nicht berücksichtigt werden ebenso wenig wie die Veränderung des Bedeutungsgehalts von Normen. So geraten insbesondere solche normunternehmerischen Aktivitäten aus dem Blickfeld, die sich über organisationale Grenzen hinweg erstrecken und durch den gezielten Aufbau argumentativer und symbolischer Räume Normwandel und institutionelles (Neu-)Design vorantreiben (wollen). Die absichtsvolle und zielgerichtete *Gestaltung* räumlicher Strukturen durch nicht-hegemoniale Staaten[9] und verschiedene nicht-staatliche AkteurInnen wurde in den entsprechenden Arbeiten bisher meist vernachlässigt (eine Ausnahme ist Helfer 2004). Daher fanden solche strategischen Aktivitäten von NormunternehmerInnen bisher kaum Beachtung, die auf diskursiven und funktionalen Räumen aufbauen, die sich durch die Überlappung von

---

7   Eine prominente Position wird von Ernesto Laclau vertreten, der Raum als Bereich von Determination und Stillstand versteht. Er geht von einem geschlossenen und selbstreferentiellen – damit zyklischen, aber auch kohärenten – System aus, das stets nur durch interne Ursachen modifiziert wird, seine eigenen Begriffe aber nicht grundsätzlich umdeuten kann. In diesem Verständnis ist Räumlichkeit »die Koexistenz in einer Struktur, welche die Positivität all ihrer Begriffe begründet« (Laclau 1990: 69). Dynamik im Sinne einer grundlegenden Veränderung kann demnach nur als *zeitliche* Dislokation auftreten, »welche die festgelegten Begriffe des Systems unterbricht. Weil dem Räumlichen die Dislokation fehlt, ist in ihm keine Möglichkeit der Politik enthalten« (Massey 2008 [1992]: 114). Durch den Raum wird, Laclau folgend, nur repräsentiert – wodurch wiederum politische Prozesse abgeschlossen werden. Unterschiedliche Positionen können demnach lediglich in verschiedenen, letzten Endes voneinander abgetrennten Räumen repräsentiert werden (Massey 2008 [1992]: 115). So ist für ihn das entgrenzte Reale letzten Endes zeitlich, der Raum lediglich »mythische[r] Natur« (Laclau 1990: 68) und entpolitisiert.

8   Das Gleiche gilt für verhaltens- und *impact*-basierte Interaktion: Das hier zugrunde liegende Raumverständnis ist primär ein absolutistisches und ortsbezogenes bzw. territoriales, da angenommen wird, dass Raum *an sich* existiert und der Bezugspunkt für Handlungen ist (vgl. Löw 2001: 63-65).

9   Eine weitere Lücke theoriegeleiteter empirischer Arbeiten zu NormunternehmerInnen bezieht sich darauf, auch nicht-hegemoniale *staatliche* AkteurInnen als solche anzuerkennen (aber vgl. Wunderlich 2013; Wallbott 2014a).

Institutionen ergeben bzw. die von diesen AkteurInnen gezielt hergestellt werden, um ihre Handlungskapazitäten zu erweitern und die Gestaltung einer politischen Ordnungsstruktur jenseits des Nationalstaats aktiv zu beeinflussen.

Zwar werden *framing* und die spezifische Darstellung von Wissensbeständen über institutionelle Grenzen hinweg in Anlehnung an die Kausalmechanismen *kognitive* und *verpflichtungsbasierte* Interaktion in der Tat als wesentliche Faktoren von Interdependenz-Management benannt (Oberthür/Stokke 2011c: 321). Ebenso merken AutorInnen an, dass Ausprägungen und Effekte institutioneller Interaktion unter Berücksichtigung der normativen Grundlagen der beteiligten Institutionen zu untersuchen seien (Oberthür/Gehring 2011: 33; Zelli et al. 2012). Allerdings wurden inter-institutionelle Räume in der Literatur bisher nicht als Felder von Auseinandersetzungen über solche Normen, über Regulierungsinhalte, Partizipation und Deutungshoheit – in anderen Worten: als Felder von Kontestation – konzipiert, die das Design internationaler Institutionen beeinflussen würden. Es mangelt der Forschung zur Gestaltung institutioneller Räume und institutioneller Interaktion also bis dato an solchen Arbeiten, die sich jenseits einer Analyse ihrer Implikationen für unmittelbare Problemlösung dezidiert mit den normativen Dynamiken von politischer Transnationalisierung (Zürn et al. 2007) auseinandersetzen und dies in einen größeren theoretischen Zusammenhang mit Arbeiten zu Normwandel, NormunternehmerInnen und horizontalen Dynamiken zwischen internationalen Institutionen stellen. Hierbei bietet insbesondere die Erfassung von entsprechenden Interaktions-Prozessen und Bedeutungszuschreibungen während der Verhandlungsphase internationaler Politik eine neue Perspektive.

2.4 NormunternehmerInnen als ManagerInnen institutioneller Interdependenz

So lohnt in diesem Zusammenhang ein frischer Blick auf transnationale NormunternehmerInnen (Finnemore/Sikkink 1998), die anerkanntermaßen eine maßgebliche Rolle für die Verbreitung von Normen spielen. Zu diesem Zweck nehmen sie Bezug auf etablierte Paradigmen und normative Strukturen internationaler Politik (exemplarisch Holzscheiter 2005), verständigen sich über Verhandlungsgegenstände außerhalb der eigentlichen Verhandlungsarena (Deitelhoff 2006) und nutzen eine institutionalisierte Plattform, um ihre alternativen Ordnungsvorstellungen zu verbreiten (Finnemore/Sikkink 1998: 899). Dabei wurden NormunternehmerInnen bisher vor allem als »norm transmitters« konzeptualisiert, ohne dabei die interaktive Dimension von Normdynamiken zu reflektieren (Wunderlich 2013: 24-25). Ihre Handlungen wurden in der Regel *in Bezug auf* einen bestimmten, gegebenen Raum analysiert; weniger wurde gefragt, wie sich *durch* die von ihnen betriebene Anordnung und Verknüpfung sozialer Güter und AkteurInnen relationale Räume zwischen internationalen Institutionen überhaupt erst konstituieren.[10] Dabei sind NormunternehmerInnen nicht nur Brückenbauer zwischen verschiedenen institutionellen und geographischen Räumen, sondern definieren hierdurch auch neue Standards und Grenzen. So kann sich durch kognitive und verpflichtungsbasierte Interaktion der Geltungsbereich von Normen in geographischer (Gebiet), personeller (AkteurInnen), sachlicher (Fachthemen) oder zeitlicher (Dauer) Hinsicht ändern. Die Neuziehung normativer Grenzen zeigt sich dabei durch Erweiterung oder Einschränkung des jeweiligen Geltungsbereichs und kann je nach Tiefe und Reichweite der tatsächlichen Veränderung als revolutionär oder reformistisch eingeschätzt werden (Wallbott 2014b).

Vor diesem Hintergrund wird in diesem Beitrag vorgeschlagen, die Relevanz von Raum nicht nur auf die »choice of arenas« (Young 2002: 118) zu beziehen. Vielmehr zeigt sie sich für NormunternehmerInnen in der gezielten diskursiven Verknüpfung unterschiedlicher organisationaler Räume, wodurch ein dynamisches inter-institutionelles Feld geschaffen wird (Wallbott 2014b; 2019). Die Konstitution diskursiver Räumlichkeit durch NormunternehmerInnen mittels gezielter Mobilisierung von Wissen (*cognitive interaction*) und argumentativen Ressourcen (*interaction through commitment/normative interplay*) aus unterschiedlichen institutionellen Kontexten impliziert dabei sowohl die relationale (An-)Ordnung von sozialen Gütern und AkteurInnen wie auch ihre Verknüpfung und Sinnstiftung. Da Räume sich aber eben auch immer über das definieren, was ihnen äußerlich ist, soll es, in anderen Worten, also darum gehen, Prozesse der Neugestaltung und Aushandlung von institutionellen, normativen und sozialen Grenzen zu erfassen.

---

10 Katharina Coleman geht soweit, der Normenforschung generell abzusprechen, die Relevanz institutioneller Räume für Normgestaltung und Normsetzung – zugunsten eines starken Fokus auf *agency* – adäquat zu berücksichtigen (Coleman 2013: 164).

3. Veränderung im (inter-)institutionellen Raum: Handeln in Strukturen und strukturbildendes Handeln in internationalen Verhandlungen

3.1 Eine relationale raumsoziologische Perspektive auf institutionelle Interaktion

In diesem Beitrag wird also argumentiert, dass die Beantwortung der Frage, ob und vor allem *wie* sich die themenspezifischen Teilordnungen des internationalen Systems wechselseitig beeinflussen erst dann möglich ist, wenn ein *prozessuales* Raumverständnis zu Grunde gelegt wird, in dem diskursive, institutionelle und normative Dynamiken aber auch machttheoretische Erwägungen zu Normwandel zusammengefügt werden.[11] So lautet die zentrale Arbeitshypothese, die aus diesem konzeptionellen Beitrag abgeleitet werden soll, dass AkteurInnen ihre Autorität, Legitimität und Kapazität als NormunternehmerInnen und AgentInnen durch die zielgerichtete diskursive Gestaltung von Räumen institutioneller Interaktion steigern und hierdurch Normwandel initiieren (können). Insofern kann das Management institutioneller Interdependenz nicht nur – wie bisher – als Ausdruck, sondern komplementär auch als instrumentelles Vehikel zur

---

11 Durch den breiten konzeptionellen Fokus, der sowohl die diskursiven/kontestativen, institutionellen wie auch die normativen Dynamiken der AkteurIn-Struktur-Beziehungen umfasst, unterscheidet sich diese Perspektive von verwandten Ansätzen wie dem »Reflexiven Institutionalismus« (Keohane 1989) und dem »Akteurszentrierten Institutionalismus« (Mayntz/Scharpf 1995; Scharpf 2000), die noch einem konventionellen und vergleichsweise statischen Verständnis von Normen verhaftet bleiben (Schmidt 2008: 304; Wiener/Puetter 2009).
Der »Diskursive Institutionalismus« (Schmidt 2008, 2010) ist dem hier vorgestellten Ansatz insofern ähnlich, als das Wechselspiel zwischen Diskursen und institutioneller Entwicklung hauptsächlicher Untersuchungsgegenstand sein soll. Gleichwohl können durch eine raumsoziologisch-diskurstheoretische Perspektive auf institutionelle Interaktion wesentliche Kritikpunkte umgangen werden, die immer wieder gegen Schmidt vorgebracht werden. So argumentiert beispielsweise Bell (2011: 844), dass eine Überbetonung der Rolle von Sprache und Diskurs Gefahr laufe, die Gewinne institutionalistischer Forschung – nämlich die Bildung eines Gegengewichts zum Behaviorismus – zu verspielen. Ähnlich kritisieren Freistein/Liste (2011: 11), dass Schmidt entgegen ihres eigenen Anspruchs Diskurs und Institution letzten Endes einander doch dialektisch gegenüberstelle, dabei aber die strukturierende Funktion institutioneller Praktiken (beispielsweise für die Festlegung von SprecherInpositionen), die für AkteurInnen nicht immer zugänglich seien, nicht berücksichtige. Im Gegensatz dazu erkennt die hier gewählte und ausgeführte Perspektive die *Dualität von Raum* in der Hinsicht an, dass (räumliche) Strukturen zwar einerseits »im Handeln verwirklicht werden« (Löw 2001: 172), dass sie ihrerseits das Handeln aber auch strukturieren.

Genese von produktiver Macht (Barnett/Duvall 2005) betrachtet werden, wie im Folgenden erörtert wird.

Sowohl institutionelles (Re-)Design, also die (Neu-)Formulierung von allgemein verbindlichen Regeln, wie auch normunternehmerische Aktivitäten können dabei raumsoziologisch beschrieben werden als solche »Bestrebungen, die [...] AkteurInnen für eine inszenierte Raumbildung ergreifen. Sie verfolgen damit die Absicht, eine funktional unzureichende räumliche Organisation zu verbessern oder sie nach eigenen Interessensgesichtspunkten umzuändern« (Bürk 2006: 105; Keim 2003). Diese Organisation des Nebeneinanders, der Verteilungsstrukturen und der Platzierungen von sozialen Gütern[12] und Handelnden wird auch als *spacing* bezeichnet. *Spacing* ist stets durch Aushandlungs- und Verhandlungsprozesse bestimmt (Löw 2001: 225, 228) und kann gleichermaßen Strategie wie auch Ziel politischer AkteurInnen sein. Diese Anordnung ist dabei auch immer Grenzziehung (Weidenhaus 2015), also die Differenzierung zwischen einem Innen und Außen bezogen auf geographische, soziale und normative Kategorien. Allerdings führt eine solche Ordnungsleistung erst dann zur Konstituierung eines Raums, wenn Güter und Personen über Wahrnehmungs-, Vorstellungs- oder Erinnerungsprozesse zueinander in Beziehung gesetzt werden (Löw 2001: 159). Diese primär symbolische Verknüpfung und Bedeutungszuschreibung wird auch als *Syntheseleistung* bezeichnet, die durch einmalige und wiederholende Sprachäußerungen nach außen getragen werden kann. So ist »bei den Räumen des Politischen an diejenigen Räume zu denken, die durch bestimmte Semantiken immer wieder konstruiert werden« (Schroer 2006: 186). *Spacing* und Syntheseleistung sind somit die zwei grundsätzlich unterschiedlichen, aber notwendigen und gleichzeitig auftretenden Prozesse von Raumkonstitution (Löw 2001: 158-161). Ein Raum erbringt somit stets eine strukturierende Ordnungsleistung, impliziert aber auch die Handlung des *An*ordnens und der Gestaltung. Eine raumsoziologische Analyse von internationalen Verhandlungen und Normwandel bedeutet demnach, dass die Organisation der institutionellen Wechselbeziehungen sowohl unter »Berücksichtigung der sozialen Konstruiertheit als auch der Materialisierung« vorgenommen werden muss (Löw 2001: 66).

---

12 Soziale Güter haben sowohl eine materielle (physische) wie auch eine symbolische Dimension. Alle Körper entfalten außerdem eine sinnliche Außenwirkung, schaffen Atmosphäre durch Mimik, Gestik und Sprache, aber auch durch Geräusche und Gerüche.

Kritische Raumforschung zeichnet sich hierbei dadurch aus, dass sie sich eben nicht für den Raum an sich interessiert, sondern primär dafür, *wie* Raum konstruiert wird und welche Rolle er in sozialen Prozessen und für Kritik und Wandel spielt (Lefebvre 2006 [1974]; Harvey 1973). Sie erfordert also die Untersuchung der Prozesse, durch die Güter und AkteurInnen angeordnet und in spezifischer Weise miteinander verknüpft werden. Eine solche Perspektive verschiebt das Analyseinteresse hinsichtlich institutioneller Interaktion und Normwandel auf (1) die Bedingungen und Effekte von Raum-Produktion, (2) und auf die Frage, welche AkteurInnen (bzw. Interessen oder Positionen) in welchen Räumen wie repräsentiert sind und (3) wie sie diese im Umkehrschluss durch aktives und zielgerichtetes Handeln (Management) selbst konstituieren. Hier wird angenommen, dass Raumkonstitution ein Prozess der Produktion aber auch des Konfliktaustrags um soziale und politische Ordnungen ist, um den Verlauf, die Durchlässigkeit und die Bedeutung von Grenzen. Die Annahme, dass auch nicht-hegemoniale AkteurInnen räumliche Strukturen zwischen internationalen Institutionen nutzen bzw. aktiv gestalten, um sich – z.B. durch den Transfer von Wissen und Expertise – in internationalen Verhandlungen Gehör zu verschaffen und somit potentiell zum (Neu-)Design internationaler Institutionen beitragen, kulminiert als konzeptionelle Verbindung von *agency* und Struktur somit in einem kritisch-relationalen Raumbegriff, der die Umstrittenheit der Raumbildung anerkennt. Dieser Raum ist gleichermaßen sozial konstruierte und sozial relevante historisch-institutionelle Sphäre und interaktive ideelle Dimension: er ist das Produkt konkreter sozialer Praktiken.[13]

Der Raum internationaler Institutionen bildet sich also stets sowohl strukturalistisch-formal, aber auch durch ideelle und differentielle Relationen von AkteurInnen ab (vgl. auch Günzel 2008: 222).[14] Insofern scheint es angemessen, die Priorisierung strukturalistisch-formaler Bindungen zwischen internationalen Teilordnungen zugunsten einer Berücksichtigung

---

13 Aber eben nicht im deterministisch empiristischen Sinne wie ein Großteil der Literatur, die sich im Anschluss an die einschlägige Vorarbeit von Soja (1989) dem *spatial turn* zurechnet, sich aber mit realräumlichen Orten befasst und damit letzten Endes auf den geometrischen Ursprung von Raumdebatten zurückläuft.
14 Ein ähnliches Gegensatzpaar entwickelten De Certeau (2006 [1980]) und Merleau-Ponty (2003 [1961]); zum Konnex von Organisation und Raum aus systemtheoretischer Perspektive vgl. Drepper (2003).

übergreifender sozial-politischer Felder[15] aufzugeben. Inter-institutionelle Räume werden damit nicht mehr als etwas Äußeres gegenüber sozialen/ politischen Prozessen oder als Bereiche der Stagnation begriffen, sondern als Orte der Akkumulation und (Re-)Produktion materieller, ideeller und symbolischer Ressourcen und Bedeutungen.[16] Dies bedeutet für die Analyse institutioneller Wechselwirkung, dass eine Beeinflussung von Teilordnungen des heterarchischen Ordnungssystems auch jenseits der formalen und nach Effizienzkriterien beurteilten Übertragung von Normen denkbar scheint. Die Ausgangsvermutung ist, dass die Interessen und Identitäten von AkteurInnen in einer Teilordnung auch von der Positionierung, von den Regeln und Argumenten in anderen Teilordnungen beeinflusst sind. Voraussetzung für die Verknüpfung dieser Teilordnungen und für die Übertragung materieller und ideeller Ressourcen zwischen ihnen ist gleichwohl eine aktive *agency*, die darauf baut, dass sich die beteiligten AkteurInnen der Möglichkeit der Verknüpfung unterschiedlicher Teilordnungen bewusst sind (vgl. auch Holzinger et al. 2007: 16).[17] Besonders solche AkteurInnen, die sich in Personalunion in unterschiedlichen Funktionen in verschiedenen Kontexten bewegen (beispielsweise als staatliche Delegierte bei internationalen Verhandlungen, als aktives Mitglied einer Nichtregierungsorganisation und als Vorsitzende eines Gremiums der Vereinten Nationen) könnten hier Handlungsspielräume schaffen und als GrenzgängerInnen auftreten. Institutionen sind in dieser Hinsicht räumliche Felder der Kontestation, die NormunternehmerInnen dazu nutzen, alternative Vorschläge zur Gestaltung gemeinschaftlicher Beziehungen (z.B. die angemessene Verteilung von prozeduralen und substanziellen Rechten und Pflichten für bestimmte Akteursgruppen innerhalb einer Institution) jenseits des *status quo* zu entwickeln, vorzubringen und zu verhandeln. Hier schließt sich also die Frage an, auf der Grundlage welcher Wissensbe-

---

15 Der Begriff des Feldes wurde bereits von Bourdieu zur Beschreibung relationaler Beziehungen verwendet (Bourdieu 1998: 48-52). Allerdings entsteht der physische Raum bei Bourdieu nicht durch Anordnung, sondern er ist vielmehr Ausdruck der relationalen Anordnungen des sozialen Raums (Löw 2001: 182). Vgl. auch das »organisatorische Feld« bei DiMaggio/Powell (1983).

16 Vgl. der »gelebte Raum« bei Lefebvre (2006 [1974]: 336); und die »gesellschaftlichen Raumverhältnisse« bei Belina/Michel (2008: 25).

17 Während die Rede vom Management institutioneller Interaktion impliziert, dass ein zielgerichtetes und bewusstes Handeln vorliegt, ist es aus raumsoziologischer Sicht auch möglich, dass unbewusstes Handeln oder Handeln unter Bedingungen von Nicht-Wissen oder selektiver Wahrnehmung Raum-konstituierend wirkt. Gemein ist beiden Perspektiven allerdings, dass nicht-intendierte Handlungsfolgen grundsätzlich berücksichtigt werden können.

stände Verknüpfungen zwischen den Institutionen absichtsvoll hergestellt werden.[18] So geht es bei einer Analyse normativen Wandels im internationalen System, die auf die Bedeutung institutioneller Interaktion fokussiert, um die Untersuchung von Spannungen und Grenzveränderungen, die durch materielle und immaterielle, formale und informelle Wechselwirkungen zwischen Räumen entstehen. Durch das Management solcher Interaktionen tragen AkteurInnen – so die Argumentationslinie – zur Gestaltung neuer Räume bei. Wie Oran Young formuliert: »Institutional interplay becomes a matter of politics when actors engaged in specific interactions seek consciously to make use of overlaps to achieve identifiable goals« (Young 2002: 137). Erst durch diese analytische Wendung ist es möglich, unterschiedliche – und doch gleichzeitig wirkende – Ausprägungen von Macht (Barnett/Duvall 2005; Okereke et al. 2009) zu erfassen, die die Wechselwirkung zwischen Institutionen gestalten und gleichzeitig von dieser geprägt werden. Das (Neu-)Design von Institutionen ist dann nicht mehr primär als Ergebnis Effizienz-orientierter Bemühungen oder der konsistenten Übertragung/Anwendung von Normen und Prozeduren zu betrachten, sondern als Resultat von *politics* (inklusive nicht-intendierter Handlungsfolgen): Raum und damit auch Wechselbeziehungen institutioneller Interaktion sind *per se* politisch.

Zusammenfassend wird argumentiert, dass die Interdependenz internationaler Institutionen durch soziale Wechselbeziehungen konstituiert ist und ständig rekonfiguriert wird. Die Perspektive auf institutionelle Interaktion und Normwandel verharrt somit nicht bei einer deskriptiven Bestandsaufnahme zur Frage, in welchen räumlichen Positionen und Mandatsverhältnissen sich AkteurInnen befinden. Sie fragt hingegen, wie Akteure jene relationalen Räume aktiv konstituieren, um hierdurch alternative (diskursive) und emanzipatorische Machtressourcen zu generieren, d.h. ihre relativen Interessen besser zu artikulieren, durchzusetzen und Normwandel voran zu treiben. Hierdurch wird institutionelle Interaktion, beispielsweise in multilateralen Verhandlungen überhaupt erst hervorgebracht. Die Produktion und Gestaltung inter-institutioneller Strukturen sind dabei umkämpft. So interessiert in der hier gewählten Perspektive also vor allem die (plausible) Ursächlichkeit diskursiver Räumlichkeit für

---

18 Hier wird noch einmal deutlich, dass die AkteurInnen, die durch eine solche raumsoziologische Perspektive in den Blick genommen werden können, immer schon über eine SprecherInnenposition verfügen (und damit nicht der Gruppe der *Subalternen* zugehören). In anderen Worten: Der Zugang zu den sozialen Gütern, die angeordnet bzw. in Beziehung zueinander gesetzt werden sollen, ist Voraussetzung für die Möglichkeit, an der Gestaltung von Räumen beteiligt zu sein.

politischen Wandel. Denn nur »wenn der Raumbegriff selbst und nicht nur das Handeln als bewegt gefasst wird, [...] [können] auch Veränderungen von Räumen verstanden werden« (Löw 2001: 65).

3.2 Raum, Relation und Sprache

So wirken Raum und Zeit nicht in einem rationalistischen Sinn ausschließlich *a priori*. Zwar müssen sich AkteurInnen immer auch zu einer objektivierten Raum-Zeit-Struktur verhalten (Harvey 2008 [1990]).[19] Allerdings können die scheinbar aprioristischen historisch, kulturell, sozial bedingten Grundstrukturen stets re- und dekonstruktiert werden, wodurch ihr relativistischer und idealer Gehalt hervordringt. Raum und Zeit werden zu sozialen Konstrukten. Gleichzeitig scheinen sie dem oder der jeweils betroffenen (sprechenden) AkteurIn möglicherweise unhintergehbar, weil sie mit seiner Identität untrennbar verwoben sind und sozial differenzierend, also relativierend wirken (zum letzten Punkt Harvey 2008 [1990]: 37). Die Selbst- und Fremdbeschreibung bzw. die Attribuierung einer bestimmten Akteursgruppe generiert »a new social kind« (Barnett/Duvall 2005: 61). Die jedem Sprechakt implizite Selbstbeschreibung ist demnach (über Sprache, Text, symbolische Artefakte) auch identitätsstiftende Selbstsymbolisierung (Drepper 2003: 112). In jedem Fall müssen die Elemente einer retrospektiven Projektion, aus der sich eine Identitätsdarstellung immer nur speisen kann, tatsächlich artikuliert, also öffentlich benannt und dargestellt werden, um die ihnen zugrunde liegende Relativität der Bezugssysteme ausdrücken zu können.[20] Insofern können sich durch Bezugnahme auf historische Ereignisse und Narrative auch diskursive Pfadabhängigkeiten konkretisieren.

Zudem ist die Anschlussfähigkeit von Deutungsmustern nicht absolut, sondern stets vermittelt, beispielsweise durch die Erwartungshaltung, die aus der faktischen Hierarchie sozialer Strukturen erwächst (vgl. Drepper 2003: 111). Letzten Endes existieren Selbstbeobachtungen und Selbstbeschreibungen »nur im Ereigniszusammenhang des Systems« (Luhmann

---

19 Die scheinbar allgemeingültige (verobjektivierte) Strukturierung des gesellschaftlichen Raum-Zeit-Struktur kann selbst aber auch wiederum Gegenstand von Kritik und Wandel sein, so bei Rosa (2005).

20 Vgl. die von Lacan inspirierte Annahme Bhabhas, dass eine Individualisierung des Subjekts als Handelnder erst retroaktiv bzw. durch *Nachträglichkeit* entsteht, wenn es seinen Platz in der symbolischen Ordnung eingenommen hat und aufgefordert wurde zu sprechen (in: Do Mar Castro Varela/Dhawan 2005: 98).

1997: 883).[21] Die Selbstbeobachtung und ihr Ausdruck in Sprache – durch die wiederum die faktische Existenz hierarchischer Sozialbeziehungen und damit Identität konstituiert wird – funktioniert also nicht ohne den normativen und performativen systemischen Bezugspunkt (der auch als Gesamtheit aller anderen Elemente gesehen werden kann). So erfolgt die Formulierung von bestimmten sozialen und politischen Forderungen stets aus der SprecherInnenposition innerhalb einer hierarchisierten Ordnungsstruktur. Beide ergeben sich letzten Endes nur aus dem Anderen, bilden gemeinsam schließlich den sozialen Raum.

In einer solchen diskurstheoretischen Lesart ist die Bildung sozialer Räume unauflöslich mit der sprachlichen Anordnung von Subjektpositionen (*spacing*) und wechselseitiger Bedeutungszuschreibung (Syntheseleistung) verbunden. Institutionen und die in ihnen geronnenen Diskurse heben nach diesem Verständnis somit die intellektualistische Unterscheidung von Sprechen und Handeln auf (vgl. hierzu Krämer 2001). In dieser Lesart entsteht ein diskursiver Raum durch die Gleichzeitigkeit von Platzierung (von Körpern) und Verknüpfung (Relationenbildung). Hieraus folgt das Argument, dass die Wechselbeziehungen internationaler Institutionen nur durch versprachlichte relationale Räume angemessen erfasst werden können. Sie sind letzten Endes durch gezieltes sprachliches Handeln konstituiert. So ist es nicht angemessen, einen relationalen Raum auf die Topologie seiner materiellen Elemente zu reduzieren. Vielmehr geht es um ein räumliches Bewegungs*feld*, in dem sich die Träger materieller und nicht-materieller Eigenschaften und Darstellungen (auch Symbole) zueinander und über Organisationsgrenzen hinweg positionieren, sich selbst und andere als Subjekte definieren. In der Konsequenz geht es somit zum einen darum, den oder die sprachbegabte(n) *AkteurIn im* Raum bzw. in der Raumzeit als wesentlichen »Träger der Realität« (Günzel 2006: 40) anzusehen. Zum anderen sollen aber auch die durch die sprachlichen Handlungen des oder der AkteurIn hervorgerufenen Bewegungen der *Räume selbst* (diskursive Konstitution/Verknüpfung, Verlagerung/Ausschluss etc.) erfasst werden.[22] So werden die normativen wie auch pragmatischen Grundlagen formaler Ordnungsstruktur durch Politisierung bzw. durch

---

21 Ähnlich die »verkörperte Sprache« der »asymmetrisch positionierten Körperwesen« bei Krämer (2001: 270).

22 Nicht-substanzialistisch bzw. nicht-empiristisch ist mein Zugriff dabei lediglich in dem Sinne, dass er nicht nur auf die physikalische Welt (und ihre örtlichen Räume) fokussiert. In einem kartesischen Sinne, wonach das *Denkende* (*res cogitans*) ideelle Substanz ist, wäre er sehr wohl als solcher zu bezeichnen – ein Raum kann demnach per definitionem nicht 'leer' sein. Erst vor diesem Hintergrund ist

inter-institutionelle kommunikative Möglichkeitsräume herausgefordert.[23] AkteurInnen können dabei aus dem sprachlichen und materiellen Reservoir des spezifischen formalen Raums schöpfen, können diesen aber auch transzendieren, indem sie beispielsweise auf Erfahrungen und Argumente aus anderen organisationalen Kontexten zurückgreifen. So konstituiert sich der Raum der Interaktionsbeziehungen zwischen unterschiedlichen Institutionen/Organisationen in der Gesamtschau erst durch aktive Verknüpfungen der AgentInnen, die sich unter vorstrukturierten Bedingungen zusammenfinden (vgl. Löw 2001: 158). Die Zusammenschau dieser Dimensionen konkretisiert die räumliche Struktur einer Organisation letzten Endes als Wirklichkeit (Lefebvre 2006 [1974]: 336). Insofern wäre die rationalistische Rede von der *Überlappung internationaler Institutionen* die statisch-topologische Beschreibung für einen relationalen Raum, der gleichwohl erst aus den sozialen und argumentativen Operationen zur Platzierung und Verbindung von Gütern und AkteurInnen (Subjekt- und SprecherInnenpositionen) entsteht.

Diese Prozesse entwickeln sich nicht zuletzt in internationalen Verhandlungen. Das durch Verhandlungen bestimmte (Neu-)Design internationaler Institutionen – und der damit evtl. einhergehende Normwandel – kann somit als Raum(re-)produktion konzipiert werden.

3.3 Die Räumlichkeit internationaler Verhandlungen in den Vereinten Nationen

Ein Beispiel hierfür sind die Vereinten Nationen (VN), die einen relationalen Raum darstellen, in dem materielle und symbolische Güter und AkteurInnen in einer spezifischen Art angeordnet werden und diese Strukturen selbst im Handeln (re-)produzieren. Territorial-räumliche Bezüge der VN bestehen nicht nur hinsichtlich der Zielkontexte ihrer Programmumsetzung, sondern auch bezüglich der Orte und Gebäude ihrer Hauptquartiere und der Veranstaltungsorte von VN-Verhandlungen. Gleichzeitig ent-

---

es möglich, mich einerseits vom empiristischen *spatial turn* abzugrenzen und meinen Ansatz andererseits der phänomenologischen Erfassung von Räumlichkeit zuzuordnen. Physische Gesetzmäßigkeiten und physikalische Ereignisse wirken in dieser Lesart vor allem als »Bildhintergrund« (Lefebvre 2006 [1974]: 330). Sie haben über soziale und kulturelle Vermittlung unterschiedliche Effekte für verschiedene gesellschaftliche Gruppen. Über Verletzlichkeit und Anpassungsfähigkeit sind natürliche und soziale Räume verbunden (vgl. Wallbott 2012).

23 Zur räumlichen Dimension von Widerstand auch Castells (1983: 4).

wickelt sich eine deterritoriale Räumlichkeit in dem Sinne, dass die Anordnungen und Verknüpfungen in grenzüberschreitenden Regeln eingeschrieben und durch Ressourcen abgesichert sind (vgl. die Ausführungen zum Strukturbegriff in Löw 2001: 171). In den Gremien der VN, in ihren Unterprogrammen und Konventionen verbinden sich je eine normative Grundausrichtung und spezifische inhaltliche Programmatik mit einem bestimmten bürokratischen Apparat. Staatliche wie nicht-staatliche AkteurInnen, die innerhalb dieses Raums mit bestimmten Kompetenzen wie z.B. formalen Zugangsrechten ausgestattet (angeordnet) sind, begegnen sich hier. Gleichzeitig konstituieren die unterschiedlichen AkteurInnen den Raum der VN durch sprachliche Äußerungen und Handlungen, indem sie sich attribuieren und den ihnen (selbst- und fremd-) zugeschrieben Habitus (diplomatisches Verhandeln, Kritik, Beratung, Agenda-Formulierung, Sitzungsleitung und Konsultation etc.) realisieren. So nehmen sich die Mitgliedstaaten, Nicht-Regierungsorganisationen, die Verhandlungsleiter, das Sekretariat usw. wechselseitig wahr als derart situierte/ angeordnete AkteurInnen (Syntheseleistung).

Nach innen wie nach außen wird der Raum der VN darüber hinaus durch ein Konglomerat konzeptioneller Symbole und Codes repräsentiert. Nach innen wirken beispielsweise intertextuelle Bezüge – z.B. Verweise auf frühere Resolutionen – sowie diplomatische Rhetorik und Habitus ritualisierend und kohärenzsteigernd. Nach außen repräsentieren die Flagge und Eröffnungs- und Schlusszeremonien bei großen Konferenzen den Raum der VN, ebenso wie der wiederkehrende sprachliche Aufbau offizieller Dokumente und ihre spezifische Codierung. Zudem agieren und bewegen sich AkteurInnen mit den ihnen eigenen Symbolen in diesem Raum. Durch Bedeutungszuschreibungen von Teilnehmern und Beobachtern sowie repetitive Handlungs-Routinen wird somit ein bestimmtes Bild der VN konstruiert und reproduziert (vgl. beispielsweise die Verhandlung der Rechte indigener Gruppen unter Abgrenzung zu lokalen Gemeinschaften im Zusammenhang mit der Wald- und Klimapolitik der VN sowie den Wandel der Bedeutung von *Indigenität*; hierzu Wallbott 2016; Wallbott 2019).

Dass der organisationale Raum der VN, gekennzeichnet durch die formale Gleichstellung seiner staatlichen Mitglieder, erst durch bestimmte relationale Wahrnehmungsstrukturen z.B. der Über- und Unterordnung der Mitglieder sowie Sprechakte komplettiert wird (vgl. auch Barnett/Duvall 2005: 52; Towns 2012), kann sehr knapp am Beispiel der Afrikanischen Gruppe in den Verhandlungen zum Nagoya-Protokoll illustriert werden. Das Protokoll ist ein Instrument der Konvention zur Biologischen Vielfalt (CBD) der VN, wurde 2010 verabschiedet und regelt den Zugang zu genetischen Ressourcen und die Verteilung der Gewinne, die aus ihrer Nutzung erfolgen (vgl. Wallbott et al. 2014). In den Verhandlungen forderte die Afrikanische Gruppe, an solchen Gewinnen beteiligt zu werden, die durch Nutzung derjenigen natürlichen Ressourcen entstehen, die in Kolonialzeiten entnommen worden waren (und fortan *ex situ* gelagert wurden, beispielsweise in Botanischen Gärten oder Gendatenbanken).[24] Die Selbstbeschreibung aus einer als schwach gerahmten Verhandlungsposition heraus (wenig Ressourcen, Betroffene kolonialer Ausbeutung) vermittelt das Bild eines faktisch hierarchischen internationalen Staatssystems, getragen durch das Bewusstsein für dessen historische Bedingtheit, die relative Wahrnehmung des zeitlichen Nachhalls zurückliegender Ereignisse und deren Wirkmächtigkeit im kollektiven Gedächtnis der *Unterworfenen*. Die Ent-Kolonialisierung hat zwar einerseits die strukturell-systemische Position der ehemaligen Kolonien verändert. Andererseits wirken die wahrgenommenen Über- und Unterordnungsverhältnisse der Kolonialzeit und die während dieser Zeit geschaffenen Fakten (z.B. entnommene Ressourcen) aber im interpretativen System – »through which they understand their interests and desires« (Barnett/Duvall 2005: 54) – und in den Argumentationsmustern der jungen Nationalstaaten in einer Art kontinuierlicher „Geschichtlichkeit" (Weidenhaus 2015) nach.[25]

Es kann argumentiert werden, dass die Anerkennung dieser Forderung eine Ausweitung des normativen Kernbestands der Konvention um eine Norm historischer Verantwortung bedeutet hätte. Dabei wurde die Argumentation der Afrikanischen Gruppe wesentlich unterstützt durch gezieltes Interdependenz-Management u.a. zwischen der CBD und der Weltorganisation für geistiges Eigentum oder der Weltgesundheitsorganisation aber auch zwischen der CBD und panafrikanischen institutionellen Räumen, in denen sich die Mitglieder der Gruppe über den Reichweite und Bedeutung der relevanten Normen verständigten (für eine detailliertere

---

24 Hier zeigt sich bereits, dass auch ein relationaler Raumbegriff nicht als Ersatz, sondern vielmehr als Ergänzung zu einem geographischen Raumbegriff zu sehen ist. So verbindet die Afrikanische Gruppe in ihrer Argumentation die Problematisierung territorialer und funktionaler Souveränität bzw. deren historische Kontingenz mit einer real-örtlichen *in situ/ex situ*-Dichotomie zur Kategorisierung von Verhandlungsgegenständen.

25 Eine angemessene Beantwortung der Frage, ob die Identifizierung der eigenen strukturalen Position im Falle der Afrikanischen Gruppe in den Nagoya-Verhandlungen zu Resignation oder Akzeptanz des hierarchischen Verhältnisses führte, wie es eine neo-marxistische Rede von der Wirksamkeit struktureller Macht implizieren würde, kann an dieser Stelle aus Platzgründen nicht geleistet werden.

Betrachtung des Verhandlungsverlaufs und –ergebnisses vgl. Wallbott 2014a).

4. Schluss

In diesem forschungspragmatischen Beitrag wurde ein prozessualer und relationaler Raumbegriff als konzeptionelle und analytische Ergänzung zur Normenforschung und zum Forschungsprogramm zur institutionellen Interaktion eingeführt. Insbesondere letzteres befasste sich bisher recht formalistisch und funktionalistisch mit den Effekten einer fragmentierten globalen Polit-Architektur. Aber Wechselbeziehungen zwischen internationalen Institutionen finden eben nicht nur technokratisch-rational in präformierten Räumen statt. Und ebenso wenig erschöpft sich das analytische Potential des Forschungsprogramms zur institutionellen Interaktion in der Untersuchung manifester Konflikte zwischen verschiedenen Ordnungsstrukturen.

Vielmehr lohnt darüberhinausgehend die Untersuchung der Frage, wie AkteurInnen die Wechselwirkungen zwischen Institutionen politisieren, indem sie einen inter-institutionellen Argumentationsraum konstruieren, in dem sie Forderungen an die prozedurale und substanzielle Gestaltung institutioneller Ordnungen formulieren. Daher geht der in diesem Beitrag gewählte Raumbegriff über strukturalistische Systemansätze hinaus und integriert soziale, materielle, diskursive und ideelle Dimensionen von Räumlichkeit. So wird die intentionale Verbindung von Diskursivität, Symbolik und Materialität unterschiedlicher Räume dezidiert als Vehikel für die Verlautbarung und das Sichtbarmachen von Kritik und die Forderung nach Veränderung betrachtet. Denn Raum ist »nicht gegeben, sondern wird durch die Interaktion von Raumkörpern oder menschlichen Handlungen bestimmt« (Günzel 2006: 41; Belina/Michel 2008: 8). Die *Bedingungen der Entstehung und Neukonfiguration* räumlicher Strukturen durch *aktive Ordnungs- und Verknüpfungsleistungen* unterschiedlicher Akteursgruppen wird hierdurch zum Forschungsgegenstand. So ist zu untersuchen, wie AkteurInnen zur Konstituierung, zum Aufbau und zur Gestaltung von Räumen beitragen und wie sich hierdurch bestehende organisationale Grenzen verschieben. Der sich aus solch strategischem Handeln möglicherweise ergebende Normwandel wird also nicht als *output* einer abgeschlossenen Teilstruktur des fragmentierten Gesamtsystems betrachtet, sondern als Ergebnis ebenso wie Ausgangsbedingung der wechselseitigen Beeinflussung von Teilsystemen.

Dabei ist im Unterschied zur bisherigen Ausrichtung der neo-institutionalistischen Forschung nicht davon auszugehen, dass das strategische Management von Räumen und räumlichen Strukturen ausschließlich den *bereits Mächtigen* als Medium vorbehalten ist. Auch nicht-hegemoniale AkteurInnen sind potenziell in der Lage, Räume zu konstruieren und hierdurch ihre produktive diskursive Macht zu realisieren. Ebenso wenig allerdings sollte der Historizität von Strukturen und Machtbalancen jede Bedeutung abgesprochen werden. Im Gegenteil: Die Frage »ob Geschichte/Zeit oder Geographie/Raum prioritär seien« (Belina/Michel 2008: 23) ist meines Erachtens wenig zielführend, um soziale Prozesse und politische Entwicklungen zu erklären. Vielmehr geht es um eine Verbindung dieser beiden Dimensionen in der Hinsicht, dass institutionelle Räume eben immer gleichzeitig sozial und diskursiv konstruiert wie historisch kontingent und stets unabgeschlossen sind. Sie sind als ständig rekonfigurierte Struktur die Vorbedingung von Politik und somit untrennbar »in die Produktion von Geschichte verwickelt« (Massey 2008 [1992]: 117). Um diesen Ansatz, der wesentliche Elemente kritischer Normen- und Institutionalismusforschung vereint, weithin fruchtbar zu machen, möchte ich abschließend mögliche zukünftige kausalanalytische und normative Forschungsperspektiven skizzieren, wobei die Reflektion der eigenen Vorannahmen und Situiertheit der Forschenden stets mitbedacht werden sollten (vgl. die grundlegenden Ausführungen von Loges in diesem Band).

Zunächst ist auf Grundlage dieses Beitrags für die weitere empirische Forschung interessant, inwieweit Strategien der gezielten Delegitimierung und Kooptation bestimmter Akteursgruppen über verschiedene Räume hinweg gezielt koordiniert werden und wie sich verschiedene Institutionen bzw. die in ihnen handelnden AkteurInnen hinsichtlich der Öffnung oder Schließung für unterschiedliche Anspruchsgruppen beeinflussen. Diese Prozesse der Verengung von Diskursräumen könnten dann wiederum mit Analysen zur Ausweitung von Handlungsspielräumen in Beziehung gesetzt werden, um die Dynamik institutioneller Wechselwirkungen und Grenzziehungen zu *voice* und *vote* in Gänze zu erfassen.

Auch lässt der hier entwickelte Ansatz Raum für die kritisch-konstruktivistische Konnotation, dass Normen eine dynamische Qualität in der Hinsicht besitzen, dass Bedeutungszuschreibungen kontextabhängig und somit variabel sind (Wiener/Puetter 2009; Wiener 2008). So lässt sich die Untersuchungsfrage in die aktuelle Normenforschung einbinden, inwieweit die Bezugnahme auf argumentative Ressourcen aus anderen Teilordnungen der Global Governance-Architektur mit einem Bedeutungswandel dieser Norm einhergeht. Eine gehaltvolle normativ-theoretische Wendung kann die Forschung zur institutionellen Interaktion also nehmen, wenn sie fragt, wie Bedeutung im *Prozess* der institutionellen Wechselwirkung durch Syntheseleistung generiert wird, wie Normen in inter-institutionellen Räumen von welchen AkteurInnen mit welcher Autorität und auf der Grundlage welcher Interessen mit Bedeutung (neu) belegt werden und welche Spannungsverhältnisse sich hierbei zwischen der traditionellen Ausrichtung der sogenannten Zielorganisation und der Bedeutung der Norm in der Ursprungsorganisation unter Umständen ergeben (Wallbott 2016). Wie gestalten sich beispielsweise Aushandlungsprozesse, wenn die Norm zu Rechten indigener Völker in die Klimaverhandlungen der Vereinten Nationen eingebracht wird und auf die technokratischen Paradigmen internationaler Umweltpolitik trifft (Wallbott 2016)? Welche raumbildenden Dynamiken ergeben sich durch das Aufeinandertreffen symbolisch und narrativ unterschiedlicher Traditionen? Wie wirken sich Auslassungen und Selektivitäten auf die Robustheit von Normen aus? Darüber hinaus ist zu erörtern, was Normwandel, der durch institutionelles Interdependenz-Management angestoßen wurde, für die Legitimität und Effektivität von Regime-Komplexen bedeutet.

Schließlich kann die kritische Normenforschung wiederum von der vorgeschlagenen Agenda profitieren, da hierdurch die Auswirkungen unterschiedlicher professioneller Prägungen in den jeweiligen Teilordnungen für die Bedeutungszuschreibung in den Blick genommen werden (hierzu auch Wiener 2007: 12). In dieser Richtung verweist die Frage nach der Relevanz von biographischen Wissensbeständen und beruflichen Fachkulturen in Prozessen institutioneller Wechselwirkung auf einen möglichen analytischen Mehrwert (Wallbott 2014c), ebenso wie die Beantwortung der Frage, nach welchen Relevanzkriterien unterschiedliche kollektive Wissensbestände (z.B. traditionelles Wissen) über organisationale Grenzen hinweg erfolgreich mobilisiert werden.

Literatur

Barnett, Michael/Duvall, Raymond 2005: Power in International Relations, in: International Organization 59: 1, 39-75.

Belina, Bernd/Michel, Boris 2008: Raumproduktionen, in: Belina, Bernd/Michel, Boris (Hrsg.): Raumproduktionen. Beiträge der Radical Geography. Eine Zwischenbilanz, Münster, 7-34.

Bell, Stephen 2011: Do We Really Need a New 'Constructivist Institutionalism' to Explain Institutional Change? In: British Journal of Political Science 41: 4, 883–906.

Benvenisti, Eyal/Downs, George W. 2007: The Empire's New Clothes: Political Economy and the Fragmentation of International Law, in: Stanford Law Review 60: 2, 595-631.

Biermann, Frank/Betsill, Michele M./Gupta, Joyeeta/Kanie, Norichika/Lebel, Louis/ Liverman, Diana/Schroeder, Heike/Siebenhüner, Bernd 2009: Earth System Governance: People, Places and the Planet: Science and Implementation Plan of the Earth System Governance Project, Bonn.

Biermann, Frank/Zelli, Fariborz/Pattberg, Philipp/van Asselt, Harro 2010: The Architecture of Global Climate Governance: Setting the Stage, in: Biermann, Frank/ Pattberg, Philipp/Zelli, Fariborz (Hrsg.): Global Climate Governance Beyond 2012, Cambridge, MA, 15-24.

Biermann, Frank/Siebenhüner, Bernd/Bauer, Steffen/Busch, Per-Olof/Campe, Sabine/ Dingwerth, Klaus/Grothmann, Torsten/Marschinski, Robert/Tarradell, Mireia 2009: Studying the Influence of International Bureaucracies: A Conceptual Framework, in: Biermann, Frank/Siebenhüner, Bernd (Hrsg.): Managers of Global Change: The Influence of International Environmental Bureaucracies, Cambridge, MA, 15-74.

Bourdieu, Pierre 1998: Praktische Vernunft. Zur Theorie des Handelns, Frankfurt a. M..

Braithwaite, John/Drahos, Peter 2000: Global Business Regulation, Cambridge, MA.

Breitmeier, Helmut/Underdal, Arild/Young, Oran 2011: The Effectiveness of International Environmental Regimes: Comparing and Contrasting Findings from Quantitative Research, in: International Studies Review, 13: 4, 579-605.

Bürk, Thomas. 2006: Raumtheoretische Positionen in angloamerikanischen und deutschsprachigen sozial- und kulturwissenschaftlichen Publikationen seit 1997. Ein Literaturbericht. http://www.forschungsnetzwerk.at/downloadpub/lit-raumt heorie.pdf.

Busch, Marc L. 2007: Overlapping Institutions, Forum Shopping, and Dispute Settlement in International Trade, in: International Organization 61, 735-61.

Busch, Per-Olof/Jörgens, Helge 2007: Dezentrale Politikkoordination im internationalen System – Ursachen, Mechanismen und Wirkungen der internationalen Diffusion politischer Innovationen, in: Holzinger, Katharina/ Jörgens, Helge/ Knill, Christoph (Hrsg.): Transfer, Diffusion und Konvergenz von Politiken (Politische Vierteljahresschrift Sonderheft 38), 56-84.

Castells, Manuel 1983: The City and the Grassroots, London.

Coleman, Katharina P. 2013: Locating Norm Diplomacy: Venue Change in International Norm Negotiations, in: European Journal of International Relations 19: 6, 163-186.

Daase, Christopher/Deitelhoff, Nicole 2014: Zur Rekonstruktion globaler Herrschaft aus dem Widerstand. Internationale Dissidenz Working Paper 1, Frankfurt a.M..

De Certeau, Michel 2006 [1980]: Praktiken im Raum, in: Dünne, Jörg/Günzel, Stephan (Hrsg.): Raumtheorie. Grundlagentexte aus Philosophie und Kulturwissenschaften, Frankfurt a. M., 343-353.

Deitelhoff, Nicole 2006: Überzeugung in der Politik. Grundzüge einer Diskurstheorie internationalen Regierens, Frankfurt a. M..

DiMaggio, Paul J. /Powell, Walter W. 1983: The Iron Cage Revisited: Institutional Isomorphism and Collective Rationality in Organizational Fields, in: American Sociological Review 48: 2, 147-160.

Do Mar Castro Varela, María/Dhawan, Nikita 2005: Postkoloniale Theorie. Eine kritische Einführung, Bielefeld.

Drepper, Thomas 2003: Organisationen der Gesellschaft, Wiesbaden.

Drezner, Daniel W. 2009: The Power and Peril of International Regime Complexity, in: Perspectives on Politics 7: 1, 65-70.

Finnemore, Martha/Sikkink, Kathryn 1998: International Norm Dynamics and Political Change, in: International Organization 52: 4, 887-917.

Freistein, Katja/Liste, Philip 2011: "Ever-always-the-same": An Intertextual Approach towards International Institutions and the Politics of Foundation, unv. Ms..

Gehring, Thomas 2007: Einflussbeziehungen zwischen internationalen Institutionen im Spannungsfeld von Handel und Umwelt. Von gegenseitiger Störung zur institutionalisierten Arbeitsteilung zwischen internationalen Umweltinstitutionen und der Welthandelsorganisation, in: Jacob, Klaus/Biermann, Frank/Busch, Per-Olof/Feindt, Peter H. (Hrsg.): Politik und Umwelt (Politische Vierteljahresschrift Sonderheft 39), Wiesbaden, 94-114.

Gehring, Thomas/Oberthür, Sebastian 2009: The Causal Mechanisms of Interaction between International Institutions, in: European Journal of International Relations 15: 1, 125-156.

Gehring, Thomas/Oberthür, Sebastian 2011: Institutional Interaction: Ten Years of Scholarly Development, in: Oberthür/Stokke 2011, 25-58.

Gruber, Lloyd 2000: Ruling the World: Power Politics and the Rise of Supranational Institutions, Princeton, NJ.

Günzel, Stephan 2006: Physik und Metaphysik des Raums. Einleitung, in: Dünne, Jörg/Günzel, Stephan (Hrsg.): Raumtheorie. Grundlagentexte aus Philosophie und Kulturwissenschaften. Frankfurt a. M., 19-93.

Günzel, Stephan 2008: Spatial Turn – Topographical Turn – Topological Turn. Über die Unterschiede zwischen Raumparadigmen, in: Döring, Jörg /Thielmann, Tristan (Hrsg.): Spatial Turn. Das Raumparadigma in den Kultur- und Sozialwissenschaften, Bielefeld, 219-237.

Haas, Peter M./Levy, Marc A./Keohane, Robert. O. (Hrsg.) 1993: Institutions for the Earth: Sources of Effective International Environmental Protection, Cambridge, MA.

Harvey, David 1973: Social Justice and the City, Oxford.

Harvey, David 2008 [1990]: Zwischen Raum und Zeit: Reflektionen zur Geographischen Imagination, in: Belina, Bernd/Michel, Boris (Hrsg.): Raumproduktionen. Beiträge der Radical Geography. Eine Zwischenbilanz, Münster, 36-60.

Helfer, Laurence R. 2004: Regime Shifting: The TRIPS Agreement and New Dynamics of International Intellectual Property Lawmaking, in: The Yale Journal of International Law 29: 1, 1-83.

Holzscheiter, Anna, 2005: Discourse as Capability: Non-State Actors' Capital in Global Governance, in: Millennium – Journal of International Studies 33, 723-746.

Holzinger, Katharina/Jörgens, Helge/Knill, Christoph 2007. Transfer, Diffusion und Konvergenz. Konzepte und Kausalmechanismen, in: Holzinger, Katharina/ Jörgens, Helge/Knill, Christoph (Hrsg.): Transfer, Diffusion und Konvergenz von Politiken (Politische Vierteljahresschrift Sonderheft 38), Wiesbaden, 11-35.

Keim, Karl-Dieter 2003: Das Fenster zum Raum. Traktat über die Erforschung sozialräumlicher Transformation, Opladen.

Keohane, Robert O. 1989: Neoliberal Institutionalism: A Perspective on World Politics, in: Keohane, Robert O. (Hrsg.): International Institutions and State Power: Essays in International Relations Theory, Boulder, CO, 1-20.

Koremenos, Barbara/Lipson, Charles/Snidal, Duncan (Hrsg.) 2004: The Rational Design of International Institutions, Cambridge, MA.

Krämer, Sybille 2001: Sprache, Sprechakt, Kommunikation. Sprachtheoretische Positionen des 20. Jahrhunderts, Frankfurt a. M..

Krasner, Stephen 1983: Structural Causes and Regime Consequences: Regimes as Intervening Variables, in: Krasner, Stephen (Hrsg.): International Regimes, Ithaca, NY, 1-21.

Laclau, Ernesto 1990: New Reflections on the Revolution of Our Time, London.

Lefebvre, Henri 2006 [1974]: Die Produktion des Raums, in: Dünne, Jörg/Günzel, Stephan (Hrsg.): Raumtheorie. Grundlagentexte aus Philosophie und Kulturwissenschaften Frankfurt a. M., 330-342.

Luhmann, Niklas 1997: Die Gesellschaft der Gesellschaft, Frankfurt a. M..

Löw, Martina 2001: Raumsoziologie, Frankfurt a. M..

Massey, Doreen 2008 [1992]: Politik und Raum/Zeit, in: Belina, Bernd/Michel, Boris (Hrsg.): Raumproduktionen. Beiträge der Radical Geography. Eine Zwischenbilanz, Münster, 111-132.

Mayntz, Renate/Scharpf, Fritz W. 1995: Der Ansatz des akteurszentrierten Institutionalismus, in: Mayntz, Renate/Scharpf, Fritz W. (Hrsg.): Gesellschaftliche Selbstregelung und politische Steuerung. Frankfurt a. M., 39-72.

Merleau-Ponty, Maurice 2003 [1961]: Das Auge und der Geist. Philosophische Essays, Hamburg.

Miles, Edward L./Underdal, Arild/Andresen, Steinar/Wettestad, Jørgen/Skjærseth, Jon Birger/ Carlin, Elaine M. 2002: Environmental Regime Effectiveness: Confronting Theory with Evidence, Cambridge, MA.

Oberthür, Sebastian 2009: Interplay Management: Enhancing Environmental Policy Integration among International Institutions, in: International Environmental Agreements: Politics, Law and Economics 9: 4, 371-391.

Oberthür, Sebastian/Stokke, Olav Schram (Hrsg.) 2011a: Managing Institutional Complexity: Regime Interplay and Global Environmental Change, Cambridge, MA.

Oberthür, Sebastian/Stokke, Olav Schram 2011b: Introduction: Institutional Interaction in Global Environmental Change, in: Oberthür/Stokke 2011a, 1-23.

Oberthür, Sebastian/Stokke, Olav Schram 2011c: Conclusions: Decentralized Interplay Management in an Evolving Interinstitutional Order, in: Oberthür/Stokke 2011a, 313-341.

Okereke, Chukwumerije /Bulkeley Harriet/Schroeder Heike 2009: Conceptualizing Climate Change Governance Beyond the International Regime, in: Global Environmental Politics 9: 1, 58-78.

Ostrom, Elinor 2010: Polycentric Systems for Coping with Collective Action and Global Environmental Change, in: Global Environmental Change 20: 4, 550-557.

Pollack, Mark 2003: Engines of European Integration: Delegation, Agency, and Agenda Setting in the EU, New York, NY.

Rosa, Hartmut 2005: Beschleunigung. Die Veränderung der Zeitstrukturen in der Moderne, Frankfurt a. M..

Rosendal, G. Kristin 2001a: Impacts of Overlapping International Regimes: The Case of Biodiversity, in: Global Governance 7, 95-117.

Rosendal, G. Kristin 2001b: Overlapping International Regimes: The Case of the Intergovernmental Forum on Forests (IFF) between Climate Change and Biodiversity, in: International Environmental Agreements 1: 4, 447-468.

Scharpf, Fritz W. 2000: Interaktionsformen. Akteurzentrierter Institutionalismus in der Politikforschung, Opladen.

Schmidt, Vivien 2008: Discursive Institutionalism: The Explanatory Power of Ideas and Discourse, in Annual Review of Political Science 11, 303-326.

Schmidt, Vivien 2010: Taking Ideas and Discourses Seriously: Explaining Change through Discursive Institutionalism as the Fourth "New Institutionalism", in: European Political Science Review 2: 1, 1-25.

Schroer, Markus 2006: Räume, Orte, Grenzen. Auf dem Weg zu einer Soziologie des Raums, Frankfurt a. M..

Schroeder, Heike 2008: Analysing Biosafety and Trade through the Lens of Institutional Interplay, in: Young, Oran R./Chambers, W. Bradnee/Kim, Joy A./ten Have, Claudia (Hrsg.): Institutional Interplay: Biosafety and Trade, New York, NY, 49-70.

Schroeder, Heike 2010: Agency in International Climate Negotiations: The Case of Indigenous Peoples and Avoided Deforestation, in: International Environmental Agreements 10: 4, 317-332.

Selin, Henrik/VanDeveer, Stacy D. 2003: Mapping Institutional Linkages in European Air Pollution Politics, in: Global Environmental Governance 3: 3, 14-46.

Soja, Edward 1989: Postmodern Geographies: The Reassertion of Space in Critical Social Theory, London.

Stokke, Olav Schram 2000: Managing Straddling Stocks: The Interplay of Global and Regional Regimes., in: Ocean and Coastal Management 43: 2, 205-234.

Stokke, Olav Schram 2001: The Interplay of International Regimes: Putting Effectiveness Theory to Work (Fridtjof Nansen Institute Report 14), in: http://www.fni.no/doc%26pdf/FNI-R1401.pdf; 5.4.2012.

Towns, Ann E. 2012: Norms and Social Hierarchies: Understanding International Policy Diffusion "From Below", in: International Organization 66: 2, 179-209.

Victor, David G./Raustiala, Kal/Skolnikoff, Eugene B. 1998: The Implementation and Effectiveness of International Environmental Commitments: Theory and Practice, Cambridge, MA.

Wallbott, Linda 2012: Political in Nature: The Conflict-Fueling Character of International Climate Policies, in: Scheffran, Jürgen/Brzoska, Michael/Brauch, Hans Günter/Link, Peter Michael/Schilling, Janpeter (Hrsg.): Climate Change, Human Security and Violent Conflict: Challenges for Societal Stability, Berlin, 223-241.

Wallbott, Linda 2014a: Goals, Strategies and Success of the African Group in the Negotiations of the Nagoya Protocol, in: Oberthür, Sebastian/Rosendal, G. Kristin (Hrsg.): Global Governance of Genetic Resources. Access and Benefit Sharing after the Nagoya Protocol. New York, 114-131.

Wallbott, Linda 2014b: Indigenous Peoples in UN REDD+ Negotiations: "Importing Power" and Lobbying for Rights through Discursive Interplay Management, in: Ecology and Society 19: 1, 21.

Wallbott, Linda 2014c: 'Keeping Discourses Separate: Explaining the Non-Alignment of Climate Politics and Human Rights Norms by Small Island States in UN Climate Negotiations'. Cambridge Review of International Affairs 27: 4, 736-760.

Wallbott, Linda 2016: 'The Practices of Lobbying for Rights in the Anthropocene Era: Local Communities, Indigenous Peoples and International Climate Negotiations'. In Pattberg, Philipp/Zelli, Fariborz (Hrsg.), Environmental Politics and Governance in the Anthropocene. Institutions and Legitimacy in a Complex World. New York, 213-230.

Wallbott, Linda, Franziska Wolff and Justyna Pozarowska 2014: 'The negotiations of the Nagoya Protocol: Issues, coalitions and process'. In Oberthür, Sebastian und G. Kristin Rosendal (eds), Global Governance of Genetic Resources. Access and Benefit Sharing after the Nagoya Protocol. New York: Routledge, 33-59.

Wallbott, Linda 2019: Negotiating Human Rights in a Changing Climate. The Exploration of Spatiality of Norm Change in Global Politics. Tübingen.

Weidenhaus, Gunter 2015: Soziale Raumzeit, Frankfurt a. M.

Wiener, Antje 2007: Contested Meanings of Norms: A Research Framework, in: Comparative European Politics 5: 1, 1-17.

Wiener, Antje 2008: The Invisible Constitution of Politics: Contested Norms and International Encounters, Cambridge.

Wiener, Antje/Puetter, Uwe 2009: The Quality of Norms is What Actors Make of It: Critical Constructivist Research on Norms, in: Journal of International Law and International Relations 5: 1, 1-16.

Wunderlich, Carmen 2013: Theoretical Approaches in Norm Dynamics, in: Müller, Harald/Wunderlich, Carmen (Hrsg.): Norm Dynamics in Multilateral Arms Control: Interests, Conflicts, and Justice, Athens, GA, 20-50.

Young, Oran R. 1996: Institutional Linkage in International Society: Polar Perspectives, in: Global Governance 2: 1, 1-24.

Young, Oran R. 1999: The Effectiveness of International Environmental Regimes: Causal Connections and Behavioral Mechanisms, Cambridge, MA.

Young, Oran R. 2002: The Institutional Dimensions of Environmental Change: Fit, Interplay, and Scale, Cambridge, MA.

Zelli, Fariborz 2008: Regime Conflicts in Global Environmental Governance: A Framework for Analysis (Global Governance Working Paper Nr. 36), in: http://www.glogov.org/images/doc/WP36.pdf; 05.04.2012.

Zelli, Fariborz/Gupta, Aarti/van Asselt, Harro 2012: Horizontal Institutional Interlinkages, in: Biermann, Frank/Pattberg, Philipp (Hrsg.): Global Environmental Governance Reconsidered: New Actors, Mechanisms and Interlinkages, Cambridge, MA, 175-198.

Zimmermann, Lisbeth/von Staden, Andreas/Marciniak, Angela/Wallbott, Linda/Arndt, Friedrich 2013: Muss Ordnung sein? Zum Umgang mit Konflikten zwischen normativen Ordnungen, in: Zeitschrift für Internationale Beziehungen 20: 1, 35-60.

Zürn, Michael/Binder, Martin/Ecker-Erhardt, Matthias/Radtke, Katrin 2007: Politische Ordnung wider Willen, in: Zeitschrift für Internationale Beziehungen 14: 1, 129-164.

Meaning-in-use: Zum Verhältnis von Normativität und Normalität in der Normenforschung

Sassan Gholiagha, Hannes Hansen-Magnusson, Maren Hofius

1. Zur Frage des Verhältnisses von Normalität und Normativität

Die Frage nach dem Verhältnis zwischen Normalität und Normativität berührt ein Kernproblem der Untersuchung von Ordnung und Wandel in den Internationalen Beziehungen (IB), welche zu stellen konstruktivistische Ansätze möglich gemacht haben (Kratochwil 1989, Onuf 1989). Der analytische Fokus wurde weg von materiellen Interessen einer Maximierung von Sicherheit und Wohlstand zugunsten einer sozialen Ontologie verschoben. Forschende der IB stellten daraufhin zunehmend die Frage, wie und von wem internationale Politik gestaltet wird. Dies bedeutet, dass nicht allein Staaten, schon gar nicht als monolithisches Konzept, für internationale Politik maßgeblich sind, sondern Nichtregierungsorganisationen ebenso zu berücksichtigen sind wie die Rolle, die Individuen innerhalb von Organisationen bekleiden. Makrophänomene wie Staat, globale Ordnung, aber auch Normen erschließen sich nur durch eine Perspektive auf Mikrophänomene (Coulter 2001, Autessere 2014, Bueger 2014, Hofius 2016, Solomon/Steele 2017, Hansen-Magnusson 2020).

Die Parameter der neuen Ontologie sind allerdings bei weitem nicht eindeutig abgesteckt. Im Bereich der Normenforschung, die seit den frühen 1990er Jahren auf das Forschungstableau rückte, zeigt sich konstruktivistische Forschung uneins hinsichtlich der Herangehensweise an Fragen nach Ordnung und Wandel. Diese Debatte soll an dieser Stelle nicht im Detail wiederholt werden, da sie ausführlich von den HerausgeberInnen dieses Sammelbandes und auch von Bastian Loges (dieser Band) skizziert wurde. Wir schließen uns insbesondere der Kritik (Hopf 1998, Reus-Smit 2003, Fierke 2010) einer inkonsequenten Vermischung von sozialer Ontologie (Berger/Luckmann 1991 (1966)) und einer positivistischen Epistemologie an, die sich beispielsweise auf die Suche nach universellen Eigenschaften und Rahmenbedingungen für Akteurshandeln erschöpfte (Wendt

1992, 1998, Kritisch hierzu: Kratochwil/Ruggie 1986).[1] Derlei Inkonsistenzen wurden schon früh als Verdinglichung von Normen (Wiener 2003)
kritisiert. Derlei Ansätze sind nicht geeignet, das Verhältnis von Normalität und Normativität zu beleuchten, denn um Kriterien zur Messung des
Grades der Einhaltung von Normen aufstellen zu können, muss die Frage
bereits klar umgrenzte Vorstellungen von Normalität enthalten. Auf diese
Weise werden aber im ‚Forschungslabor' Bedingungen für die Wirklichkeit formuliert, für die die folgende Untersuchung Grade der Annäherung
verifiziert.[2]

Fast immer wird hierbei übersehen, dass involvierte AkteurInnen – egal
ob als Individuum oder Kollektiv – durch Interaktion bedeutungstragende
Praktiken miteinander in Bezug bringen und es zunächst im Wesentlichen
dieser Prozess ist, der eine Norm entstehen lässt. Ein geteiltes Verständnis
entwickelt sich durch die Objektivierung gemeinsamer Erfahrung im intersubjektiven Austausch. Interaktionspraktiken und Sprache tragen also
maßgeblich dazu bei, dass Verträge und Konventionen als Objektivierung
des Gemeinsamen entstehen können. Nicht umsonst wird in Bezug auf
Rechtsnormen in der Wiener Vertragsrechtskonvention in Artikel 32 die
Bedeutung der *travaux préparatoires*[3] für eine spätere Auslegung von Ver-
tragstexten betont (WVRK 1969).[4] Diese Art von relationaler Kontextgebundenheit, die das Normalisierende von Normen für die Forschung zugänglich macht, wird übersehen, wenn der Blick lediglich auf Einhaltung
und eine möglichst genaue Umsetzung gerichtet ist (Alkoby 2008).

An diese Kritik anschließend gehen wir über die konventionelle Definition von Normen hinaus. Katzenstein definiert Normen als »collective expectations for the proper behaviour of actors with a given identity« (Katzenstein 1996: 5). Sie entstehen erstens spontan als soziale Praxis, oder wer-

---

1 Die Kritik identifiziert einerseits einen *mainstream* bzw. *modern* oder auch *structural constructivism*, der zwar vorgibt, sich im Großen und Ganzen am soziologischen
Institutionalismus zu orientieren, aber in seiner Methodologie dem Positivismus
behavioristischer Ansätze verhaftet bleibt. Im Gegensatz hierzu wird die mit dem
linguistic turn verbundene Methodologie eines *critical* bzw. *consistent constructivism*
betont, welche die zentralen Forderungen der Dritten Debatte umzusetzen versucht.
2 Es gibt jedoch einige Ansätze, die dem entgegenwirken. Diese zeichnen sich durch
ein reflexives Forschungsverständnis aus, beispielsweise in Form von offenen Interviews, ethnographischen Beobachtungen oder Methoden des offenen Codierens.
3 Sie geben Auskunft darüber, wie der Prozess der Entwicklung verlaufen ist und
bieten maßgebliche Hinweise für nachfolgende Interpretationen.
4 Nichtsdestotrotz findet sich in der völkerrechtlichen Literatur bis auf wenige Ausnahmen (Brunnée/Toope 2010) ein rechtspositivistisches Normenverständnis.

den zweitens bewusst als politische Strategien beworben, oder drittens zur Lösung von Konflikten ausgehandelt. Denkbar ist auch eine Kombination dieser drei Möglichkeiten (Katzenstein 1996: 21). Gerade weil Normen zugleich sozial konstruiert als auch soziale Wirklichkeit konstruierend sind, müssen wir davon ausgehen, dass sie in ihrer Bedeutung inhärent umstritten sind (Wiener 2004: 200). So steht im Mittelpunkt dieses Beitrags der Umgang mit Bedeutung, bezeichnet als *meaning-in-use* (vgl. Weldes/Saco 1996: 373).[5] Mit *meaning-in-use* wird sowohl der Umgang mit bestehender Bedeutung in Praktiken bezeichnet als auch Praktiken, die neue Bedeutungen kreieren. *Meaning-in-use* fordert somit das tradierte Verständnis von Stabilität in den IB heraus[6] und untersucht Interaktionsprozesse vor dem Hintergrund der Annahme, dass gesellschaftliche Konstellationen wandelbar sind bzw. sich permanent einer Wandlung unterziehen. Dass solche Prozesse von Wandel nicht ohne Auseinandersetzung stattfinden, liegt auf der Hand. So hat Dirk von Gehlen im Februar 2012 in einem Artikel in der *Süddeutschen Zeitung* am Beispiel der Urheberrechtsdebatte deutlich gemacht, dass für Vertreterinnen und Vertretern beider Seiten in einer Debatte das als Norm erscheint, was für sie in ihrem Kontext normal ist, d.h. jenes Normenverständnis, mit dem sie aufgewachsen sind. Was also ,normal' erscheint, ist immer kontextgebunden. Zu Recht spricht von Gehlen hier bereits im Titel seines Kommentars von der »normativen Kraft des Faktischen« (von Gehlen 2012).

Der hier vorgestellte Ansatz betont exakt jenes Spannungsverhältnis zwischen Normalität und Normativität, indem er das Normative und die andauernde Suche nach dem Normalen in den Blick nimmt. Normen entstehen durch Interaktion und unterliegen einem letztlich niemals erfolgreichen Versuch der Verdinglichung und Essentialisierung, da beteiligte Akteure stets kulturell konnotierte Bedeutungselemente zu Begegnungen mitbringen (Klabbers 2006). Dies soll im Folgenden mit Bezug auf das Folterverbot demonstriert werden: Rechtsnormen sind praxisabhängig und

---

5 Diese inhärente Umstrittenheit basiert auf der doppelten Qualität von Normen als konstituierend und konstituiert zugleich. Normen sind, was Akteure aus ihnen machen (vgl. Wiener/Puetter 2009). Wichtig für dieses Verständnis ist auch die Überlegung, dass die Qualität von Normen von der ständigen Anwendung, dem *re-enactment*, abhängt (Turner 1982; Butler 1997). Der Begriff der Umstrittenheit ist in den letzten Jahren vermehrt aufgegriffen (Welsh 2013; Lantis/Wunderlich 2018; Sandholtz 2019; Deitelhoff/Zimmermann 2020; Hunt/Orchard 2020) und theoretisch weiterentwickelt worden (Wiener 2014; 2018).

6 Stabilität wird vor allem hinsichtlich des strukturellen Kontexts angenommen, beispielsweise Anarchie als Dauerzustand oder aber ein *a priori*-Rationalismus, der das Streben nach Sicherheit oder Wohlstand als handlungsleitend beschreibt.

sozio-kulturell konnotiert. Sie unterliegen trotz ihrer Verschriftlichung einem permanenten Wandel. Insofern bezeichnet der Begriff *normal* etwas temporär Gesetztes, das eine in einem bestimmten Kontext geltende Erwartungshaltung bezüglich des Verhaltens von AkteurInnen produziert, während *normativ* sich auf einen damit verbundenen, nicht unbedingt spannungsfreien Prozess bezieht, in dem es um (unterschiedliche) Sollens- oder Wunschvorstellungen der beteiligten AkteurInnen geht. Normativ beschreibt also ein Desiderat, an das sich gehalten werden soll, aber nicht zwingend gehalten werden muss.

Ziel dieses Beitrags ist es, den erkenntnistheoretischen Mehrwert des *meaning-in-use* Konzepts für die Normenforschung zu unterstreichen. Im folgenden Abschnitt wird daher zunächst *meaning-in-use* als zentrales Konzept vorgestellt. Im Anschluss daran werden zwei illustrierende Fallstudien zur Folterverbotsnorm skizziert: zum einen der Umgang mit Gefangenen in Guantanamo Bay, zum anderen die Rechtspraxis des Europäischen Gerichtshofs für Menschenrechte (EGMR). An diesen Fällen wird der durch *meaning-in-use* produzierte Erkenntniswert deutlich gemacht, nämlich der analytische Zugang zu sich ändernden Bedeutungszuschreibungen durch Praktiken bei *prima facie* eindeutig kodifizierten (Rechts-) Normen. Gerade im Bereich des Rechts, in dem Normen durch Verschriftlichung vermeintlich fixiert sind, sind Veränderungsprozesse andernfalls nicht plausibel erklärbar.

2. Meaning-in-use – eine Skizze

In der sogenannten Dritten Debatte (Wæver 1996) entwickelte sich eine Methodologie, die eine bewusste Reflexion über den Forschungsgegenstand forderte und sich zudem mehr oder weniger explizit an die Kritische Theorie anlehnte. Früh schon waren Friedrich Kratochwil und John Ruggie überzeugt, dass für die IB und Global Governance eine neue Forschungshaltung gefunden werden müsse: »the only viable option [consists of] opening up the positivist epistemology to more interpretive strains, more closely attuned to the reality of regimes« (Kratochwil/Ruggie 1986: 766). Ziele eines solchen Ansatzes, der maßgeblich von sprachphilosophischen und hermeneutischen Ansätzen geprägt sein würde (Kratochwil/ Ruggie 1986: 763, 765, Fn. 45, 771, Fn. 65), sind Erkenntnisse über die »constitution and functioning of regulatory international institutions. They can be used as well to generate insights into the very orders in which institutions are embedded« (Neufeld 1993b: 57). Neufelds Unterscheidung eröffnet die Möglichkeit praxeologischer Untersuchungen sowohl hinsichtlich organisationsinterner Vorgänge als auch kontextbezogener Entwicklungen über einen längeren Zeitraum. Grundlage eines solchen Forschungsansatzes ist die detaillierte Auseinandersetzung mit Sprache und bedeutungstragenden Praktiken, durch welche ein andauernder Prozess von Ordnungsgestaltung angeschoben wird.[7]

Im Kern dieses Ansatzes, der insbesondere durch sogenannte *Kritische KonstruktivistInnen* für die Forschungspraxis weiterentwickelt wurde, steht ein reflexives Verständnis von Diskurs, wonach in der Forschungspraxis sowohl bedeutungstragende als auch bedeutungsgenerierende Aspekte berücksichtigt werden müssen. Diskurse sind bedeutungstragend, wenn die »symbolic resources out of which the *meaningful* world is created« gemeint sind (Weldes/Saco 1996: 374, Hervorh. dort). Diskurse sind aber nicht nur bedeutungstragend, sondern zugleich bedeutungsgenerierend. Die Autorinnen schreiben: »Discursive practices, in turn, are the activities through which people create their world and populate it with objects, with subjects, with 'histories and dilemmas', and with dangers« (Weldes/Saco 1996: 374). Die Gleichzeitigkeit von Gegebenem und Entstehendem wird unter dem Konzept des *meaning-in-use* zusammengefasst (Weldes 1998). Bedeutungsgenerierende Prozesse laufen nicht automatisch ab, sondern sind Teil menschlicher Interaktion. Interaktion ist durch die symbolischen Ressourcen, die zur Verfügung stehen, kontextuell eingebettet (Fierke 2001). Gleichzeitig trägt Interaktion auch zur Neugestaltung des Kontextes bei, indem die Welt mit den schon genannten »objects«, »subjects«, »histories and dilemmas« und »dangers« (Weldes/Saco 1996: 374) angereichert wird.

Die Bedeutungszuschreibung umfasst eine Machtkonstellation, die sich in Kategorisierungen ausdrückt. Kategorisierungen tragen zu einer Einteilung und Unterscheidung von Elementen der sozialen Wirklichkeit bei. Sie kreieren Komponenten der Wirklichkeit, setzen sie miteinander in Bezug und hierarchisieren zugleich (Laffey/Weldes 1997: 218-220). Bedeutung entsteht damit durch ein Arrangement von Diskurselementen. Dieses Arrangement unterliegt einer grammatikähnlichen Regelhaftigkeit, die die Forschung rekonstruierend aufdecken kann, ohne dieser jedoch eine Kausalwirkung zuzuschreiben, wie es die positivistische Epistemologie des (Neo-)Liberalismus täte (als Beispiel hierfür vgl. Joerges 2005). So kann man feststellen:

---

7 Ausführlicher hierzu Hansen-Magnusson (2020: Kap. 1).

»It makes no sense to say that one term or element of a discourse 'causes' the meaning of another. Instead, it is the relationship between them, as shaped by the rules of a discourse (or grammar) that constitutes their meanings« (Weldes/Saco 1996: 373).

All dies wirft die Frage nach dem Verhältnis von Normen und Diskurs auf (vgl. auch Graf/Glaab/Engelkamp dieser Band). Aus unserer Perspektive entstehen Normen und ihre Bedeutungen im gesellschaftlichen Prozess. Dies gilt gleichermaßen für den Aspekt der inhärenten Umstrittenheit von Normen, wobei der Diskurs gleichsam den Raum der bedeutungstragenden Praktiken (also des Sprechens sowie des nonverbalen Tuns) umfasst (vergl. Holzscheiter 2014; 2017).

Gleichzeitig muss betont werden, dass Prozesse des Definierens und Kategorisierens nicht allein maßgeblich sind, sondern immer auch unmittelbar mit ihrer praktischen Umsetzung in Bezug stehen (Milliken 1999: 241). Erst dadurch ist es möglich, die Bedeutungsgenerierung zu erfassen. Michel Foucault (1977) hat aufgezeigt, wie die Norm ihre Normativität gerade erst durch die normalisierenden, wiederkehrenden Praktiken innerhalb einer Gesellschaft entfaltet. Sie wird deshalb gleichwohl als *normal* wahrgenommen. Am Beispiel des Gefängnisses erläutert er in »Überwachen und Strafen«,[8] wie die alltägliche Praxis des Strafens durch Differenzierung und Hierarchisierung ein integriertes System entwickelt, das vom Individuum selbst übernommen und verstetigt wird und sich anschließend in Einrichtungen wie Schulen und Krankenhäusern wiederfindet.[9]

Meaning-in-use zielt deshalb auf die Emergenz von Diskursen und damit verbundene menschliche Praxis ab (für eine kritische Diskussion des Ansatzes vgl. Schillinger/Niemann dieser Band und Niemann/Schillinger 2017). Der Ansatz eröffnet neue Fragemöglichkeiten: wie beispielsweise normalisieren sich Kategorien und damit verbundene Prozesse? Wie werden sie hergestellt und wiederverwendet (Laffey/Weldes 1997: 213)? Zu-

---

8 Es wird im Folgenden auf die englische Ausgabe von 1977 verwiesen.

9 Es muss angemerkt werden, dass Foucault zwar die subtilen Mechanismen individueller Praktiken anerkennt, aber die Frage, wie Wandel überhaupt ermöglicht wird sowie welchen Effekt dieser hat, nicht betrachtet. In ihrer Kritik poststrukturalistischer Forschung geht Fierke (2001) auf eben diesen Punkt ein: »They [Poststrukturalisten] do not sufficiently account for how critical action becomes possible against a disciplining power that primarily reproduces state power and marginalizes alternatives« (Fierke 2001: 121). In Anlehnung an Fierke und im Gegensatz zu Foucault beziehen wir jedoch insbesondere die Veränderungen des Moments durch den Blick auf die Verwendung von Sprache und sich wiederholende Praktiken mit ein.

gleich ist es aber auch notwendig zu betonen, dass Untersuchungen kontextgebunden bleiben. Die Forschung hat es mit einem andauernden Konstruktionsprozess zu tun, der keinen Abschluss findet (Neufeld 1993a, Doty 1997, Cox 2008). Ergebnisse sind als Zwischenergebnisse eines Forschungsprozesses zu verstehen, der von einer inhärenten Offenheit geprägt ist, wie es auch für den eigenen Untersuchungsgegenstand gilt: Bedeutung ist nie endgültig stabil, sondern bleibt letztendlich offen für Veränderung.

Aus diesem Grund kann auch nicht davon ausgegangen werden, dass eine Norm per se mit Bedeutung aufgeladen ist, die es zu entdecken gilt. Interaktionsprozesse sind grundsätzlich von Indexikalität (Garfinkel 1967) geprägt, was die *ex ante* Annahme eines geteilten Verständnisses von Normalität schwierig macht (Wiener 2009). Selbst wenn Normen durch Verträge und Konventionen vermeintlich fest-*geschrieben* sind, bedarf es eines andauernden Interpretationsvorgangs, um zu einer vorübergehenden Klärung zu gelangen (Klabbers 2006, Howse/Teitel 2010). Die AkteurInnen treten dem Text nicht unvoreingenommen gegenüber, sondern sind dabei maßgeblich von ihrem zuvor erworbenen Fundus an Standpunkten geprägt, der als *background knowledge*, *normative baggage* oder *Horizont* (Neufeld 1993b, Adler 2005, Pouliot 2008, Wiener 2008, 2010, Hansen-Magnusson 2020) bezeichnet werden kann. Dieser Vorgang der Textinterpretation, der nun erfolgt, ist ein aktiver sprachlicher Prozess, der gewissermaßen das *in-use*-Moment betont. VölkerrechtlerInnen, die sich mit *interactive international law* beschäftigen, unterstreichen die Wichtigkeit von derlei Interaktionsprozessen, da sie maßgeblich zu einer gemeinsamen Verständigung beitragen (Alkoby 2008, Brunnée/Toope 2010).[10] Der Text einer Konvention oder eines Vertrages, der der Interaktion folgt, repräsentiert die mediale Externalisierung gemeinsamer Verständigung. Anders als es der positivistisch orientierte Mainstream der Global Governance-Forschung jedoch betonen würde, ist dies weder der Endpunkt einer Normentwicklung noch der Beweis für eine endgültige Bedeutungs-fest-schreibung [sic]. Vielmehr ist der Text nun Teil jener symbolischen Ressourcen, mit denen Wirklichkeit weiterführend hervorgebracht werden kann. Das Arrangement der Diskurselemente kann Änderungen unterworfen sein, wodurch sich wiederum Bedeutungsänderungen ergeben. Praktiken unterscheiden sich, möglicherweise kommt es zu neuen Versuchen einer Festschreibung, so dass der Prozess der Bedeutungsgenerierung nicht als abgeschlossen betrachtet werden kann.

---

10 Der Ansatz ist auch auf den Bereich der Internationalen Politischen Ökonomie übertragbar, z.B. bei Park/Vetterlein (2010).

Im Folgenden wird nun anhand zweier illustrativer Fallbeispiele der oben skizzierte Ansatz des *meaning-in-use* weiter ausgeführt. Dabei liegt der Fokus im ersten Fallbeispiel zum Umgang mit Gefangenen in Guantanamo Bay auf den Praktiken von Akteuren (monologisch). Der Fokus des zweiten Fallbeispiels zur Diskussion um das Folterverbot in der Europäischen Menschenrechtskonvention liegt auf den Aushandlung von Bedeutung (dialogisch). Beides zusammen genommen erlaubt so eine umfassendere Analyse von *meaning-in-use* im Kontext der Debatte um Folter und Folterverbot.

3. Zur Normalisierung der Folterpraxis

Insbesondere in Bezug auf das häufig perzipierte Spannungsverhältnis zwischen dem verschriftlichten Recht und sozialer Praktiken verdeutlicht ein Rückgriff auf Foucaults Konzept der Disziplinarmacht die Verflechtung von Normalität und der normativen Qualität von Normen. Diese wird sichtbar, da er den analytischen Fokus auf normalisierende Praktiken lenkt, welche einen kontinuierlichen Prozess der Normalisierung anstelle einer ontologisch gegebenen Normalität abbilden. Normalisierende Praktiken als *meaning-in-use* sind demnach das verbindende Element zwischen Normalität und Normativität. So zeigt Foucault auf, wie Individuen, die durch alltägliche Praxis eine Disziplin verinnerlicht haben, als Richter des Normalen agieren, auf deren Schultern gleichwohl »the universal reign of the *normative* is based« (Foucault 1977: 304, Hervorh. dort). Das Normative entspricht hier stets dem kontingenten Resultat eines Aushandlungsprozesses, welcher sich durch das Definieren und Kategorisieren von Objekten auszeichnet. Durch solche Praktiken kann sich dann ein sogenanntes Gegenrecht zum ordentlichen Recht etablieren (Foucault 1977: 222, 224), welches die Bedeutung des Rechts einem Wandel unterzieht.[11]

Der folgende Abschnitt soll am Beispiel des US-Gefangenenlagers Guantanamo Bay in Kuba verdeutlichen, wie die dortigen Menschenrechtsverletzungen und Verstöße gegen das Humanitäre Völkerrecht unter der

---

11 Wie genau Foucault die Unterscheidung zwischen Recht und entstehendem Gegenrecht unternimmt, bleibt unklar; weiterhin ist nicht erwähnt, durch welche Prozesse das ordentliche Recht entsteht. Die unscharfe Trennung zwischen den beiden Begriffen mag jedoch beabsichtigt sein, zieht man in Betracht, dass das Gegenrecht sich genau in all jenen grauen Zwischenräumen entfaltet, welche von der binären Gut-Böse-Einteilung des Rechts nicht erfasst werden (vgl. Foucault 1977: 180).

Bush-Administration (als auch in abgemilderter Form unter der Obama-Administration) durch die Perpetuierung eines normativ wie institutionell dichten Netzwerkes (Johns 2005: 618) von Regulationen und eigens errichteten Tribunalen, Kommissionen und Gremien möglich waren. Die von der Bush-Administration minutiös niedergeschriebenen und eingeführten Praktiken wie die Verhörmethoden (*coercive interrogation*) erlaubten, international geltendes (Humanitäres) Völkerrecht durch ihre spezifische Auslegung in Guantanamo vor dem Hintergrund eines *Ausnahmezustandes* zu unterlaufen und eine über ihren Kontext hinaus geltende Normumdeutung des Folterverbots vorzunehmen.[12] So gelang es, vormals rechtswidrige Praktiken innerhalb des internationalen Rechts als das geltende, normativ notwendige Recht zu etablieren.[13]

3.1 Regulierung ohne Rechte

»The plight of the Guantánamo detainees is less an outcome of law's suspension or evisceration than of elaborate regulatory efforts by a range of legal authorities. The detention camps are above all works of legal representation and classification. They are spaces where law and

---

12 Vgl. hierzu auch die Wirkung, die die Praktiken der Bush Regierung für autoritär geführte Regime seit 2002 hatten. Unter dem Vorwand des *War on Terror* fanden Letztere eine Legitimierungsquelle für ihre bis dato international geächteten Verhör- bzw. Foltermethoden.

13 Es mag durchaus berechtigt sein, die Anwendung Foucaults in Guantanamo zu hinterfragen, gleichen doch dort die Praktiken einer absolut aufgezwungenen Gewalt anstelle einer sich selbst-erzwingenden Disziplin, die in aller Stille operiert. Das Gegenteil ist der Fall in Guantanamo, denn »the obsession with torture does not breed in darkness, in the secret shadows of the state; it flowers in the threshold between the legal and the extra-legal«, so Derek Gregory (2006: 420). Dennoch wäre eine frühzeitige Verwerfung Foucault'scher Überlegungen hier nicht angebracht. Gerade die Herausarbeitung von Praktiken wie die zusätzliche Regulierung oder Normierung nach Foucault können darüber Aufschluss geben, wie Guantanamo Bay in einem liberal-demokratischen Staat wie den USA überhaupt möglich werden und durch die institutionelle Verstetigung von Praktiken eine punktuelle Normalisierung erfahren konnte. Zu einer weiteren Anwendung Foucault'scher Konzepte im Falle Guantanamos vgl. auch Neal (2006), der mithilfe der Methode der Archäologie die Verstetigung von Binärstrukturen wie *Normalität* vs. *Ausnahme* offenlegt und kritisiert, welche sich in der wissenschaftlichen Debatte u.a. in Agambens viel zitiertem Werk »Ausnahmezustand« (2005) niederschlagen.

liberal proceduralism speak and operate *in excess*« (Johns 2005: 614, Hervorh. dort).

Als der US-Marinestützpunkt auf Guantanamo Bay in den 1990er Jahren noch als Internierungslager für haitianische und kubanische Flüchtlinge genutzt wurde, nannte Gerald Neuman es 1996 eine »anomalous zone« (Ahmad 2009: 1709), da die damalige US-Regierung den Asylanten schon in dieser Zeit jedweden Rekurs auf verfassungsrechtlichen Schutz verwehrte. Seit Januar 2002, als die Bush-Administration im Zuge ihrer Militärkampagne in Afghanistan hunderte Verdächtige als vermeintliche Al Qaeda-Mitglieder nach Guantanamo Bay einfliegen und internieren ließ, wurde das Argument, Guantanamo gleiche einem rechtsfreien Raum, insbesondere von JuristInnen immer wieder verwendet.

Diese Einschätzungen basieren darauf, dass die Bush-Administration 2001 den Gefangenen den Kriegsgefangenstatus verwehrte und so die Gültigkeit der dritten Genfer Konvention unterband. Stattdessen wurden sie als *enemy* oder *unlawful combatants* eingestuft – ein Terminus, der laut Ahmad eine „rechtliche Erfindung" (2009: 1705) darstellt bzw. ein völkerrechtlich nicht anerkannter Begriff ist (Venzke 2009). Seit März 2009 wurde dieser Begriff jedoch unter der Obama-Administration wieder zurückgenommen. Dies gilt ebenso für die Verwerfung aller Folter-Memos. Das erste Mal 1942 im Fall *Ex Parte Quirin* durch den US Supreme Court verwendet, fand der Begriff *unlawful combatant* dann wieder vermehrt durch Rechtsakte wie den im September 2001 gefassten Beschluss des Kongresses *Authorization for Use of Military Force Against Terrorists* (AUMF) sowie die im November 2001 folgende *Presidential Military Order: Detention, Treatment, and Trial of Certain Non-Citizens in the War against Terrorism* Legitimierung. Während im Jahre 2004 der Supreme Court in *Rasul v. Bush* schon einmal den Gefangenen bestätigte, sie hätten ein Recht auf eine gerichtliche Rechtsprüfung ihrer Inhaftierung (*habeas corpus writ*), verstrichen weitere vier Jahre, inklusive des vom Kongress verabschiedeten *Military Commission Act 2006*,[14] bis der Supreme Court 2008 in *Boumediene v. Bush* die Praxis als verfassungswidrig erklärte.

Innerhalb dieser Zeit war Guantanamo weder eine rechtsfreie Zone noch waren die Inhaftierten, wie Agamben es sagt, »legally unnameable and unclassifiable beings« (in Gregory 2006: 407). Ganz im Gegenteil – darauf verweist Fleur Johns – wurden (und werden weiterhin) die Gefange-

---

14 Hier stellte sich der Kongress auf die Seite der Bush-Administration und verweigerte jedem als *enemy combatant* erklärten Inhaftierten das Recht auf richterliche Haftprüfung vor zivilen US-Gerichten.

nen einer Klassifizierung unterzogen, nicht nur durch die Einstufung als *enemy combatant* (Johns 2005: 617). Wie Foucault in *Überwachen und Strafen* die Praktik der *normierenden Sanktion* beschreibt, so zeigt Gregory (2006) auf, wie der *Fortschritt* eines Inhaftierten in Guantanamo Bay nach dem Grad der Kooperation gemessen wird: je nachdem, wie kooperativ sich der Gefangene zeigt, steigt er in der Hierarchie auf oder ab und erhält mehr bzw. weniger Privilegien. Diese Einteilung schlägt sich wiederum in dem Ort der Internierung nieder, d.h. die bestehenden Zell-Blöcke *Camp Deltas* etwa, in denen die *enemy combatants* untergebracht sind, verfügen über unterschiedliche Stufen von Einschränkungen und Vorrechten (Gregory 2006: 414-415).

Des Weiteren geht es in Guantanamo grundsätzlich darum, das Bild eines von allen Beteiligten möglichst entfernten, auf Fakten basierten Prozesses aufrecht zu erhalten, während dieser von einer inhärent normativen Struktur, also mit Referenzen zur Verteidigung von liberal-demokratischen Rechten, umgeben ist (Johns 2005). Zweifelsohne, so belegen es die Memoranden – die sogenannten *Torture Memos* – von den beratenden Anwälten des Weißen Hauses oder des US-Verteidigungs- oder Justizministeriums, haben hochrangige Individuen wie Verteidigungsminister Rumsfeld geltendes (Humanitäres) Völkerrecht durch die Zulassung von bis dato in den USA untersagten Foltermethoden[15] mit Verweis auf deren Notwendigkeit zur Verteidigung dieser Rechte stark gedehnt (Bybee 2002). Unter der Bedingung der Notwendigkeit hatte Assistant Attorney General Jay Bybee argumentiert, den expliziten Einsatz von Verhörmethoden zu erlauben und Folter nur im engsten Sinne auszuschließen. So definierte er Folter nur als der »most severe pain«, der mit »death, organ failure, or serious impairment of body functions« einhergehe und/oder mentalem Leiden über Monate oder Jahre gleichkomme (Bybee 2002: 6).

Es ist signifikant zu sehen, wie allgegenwärtig und genau ausgearbeitet die angewandten Techniken und Mechanismen der inhumanen Behandlung und Folter der *detainees* waren und so zu einem elaborierten »governance regime« (Ahmed 2009: 1683) entwickelt wurden, welches von allen drei Gewalten im Prozess fortgesetzt wurde und zur Normalisierung dieser neuen Rechtsauslegung führte. Zunächst erfolgte die Einstufung eines Gefangenen als *enemy combatant* bei der Gefangennahme nach einem

---

15 Vgl. z.B. das *Memorandum for Commander, Joint Task Force 170*, das verschärfte Verhörmethoden vorsah, die durch das berüchtigte *Bybee Memo* (*Standards for Conduct for Interrogation under 18 U.S.C. 2340-2340A*) rechtlich auf den Weg gebracht wurden.

»elaborate, multi-stage screening and evaluation process« (Johns 2005: 617). Zudem wurden Institutionen wie die *Military Commissions* einberufen oder das *Administrative Review Board* sowie das *Combatant Status Review Tribunal* eingerichtet. Bei letzterem wurden Standardskripte für die Anhörung eines Gefangenen für dessen Statusbestimmung vorgeschlagen, um das »Management innerhalb des Verteidigungsministeriums zu verbessern« (Department of Defence 2004: 4). Das neu eingerichtete *Office of Detainee Affairs* im Pentagon, das beauftragt wurde, die Behandlung der Inhaftierten zu bewerten, ist nach den Worten des Principal Deputy des Under Secretary of Defense for Policy, C. Ryan Henry, vor allem als Versuch zu verstehen, eine »coherent and seamless policy on detainees« zu haben (zitiert in Porth 2004: para 7).

Johns spricht gar von einem in der Exekutive perzipierten »institutional demand for standardization« (Johns 2005: 630), wenn sie den Pressebericht des Secretary of the Navy, Gordon England, zum alljährlichen Begutachtungsverfahren (*administrative review process*) der Inhaftierten in 2004 wiederholt:

> »'[W]e do have some guidelines; ... the boards do have some guidelines', he assured the audience, '[e]very board doesn't have a different standard'. He continued: '[I]t will be a judgment based on facts, data available ... the best decision a reasonable person can make in this situation. [...]. '[I]t's what is the situation today and going forward in terms of a threat to America. And that is what we will decide, and that's what the decision will be based on.'« (Johns 2005: 630)

Weitgehend losgelöst von der individuellen Entscheidung erscheint so das Vorgehen bzw. die Behandlung der Gefangenen als rational, begründet in der Notwendigkeit, die Sicherheit Amerikas zu wahren. Diese Entscheidungen entsprechen einer Logik, die die Lage eines bewaffneten Konflikts – jenseits der Gültigkeit der III. Genfer Konvention – als puren Fakt essentialisiert, daraufhin einen außergewöhnlichen Notstand ausruft und somit die Ausübung von Autorität, inklusive Folter, legitimiert. Das Ergebnis ist nicht nur eine Normalisierung des Notstandes, dessen administrative Praktiken vor allem auf zuvor genehmigten Memoranden wie die sogenannten *Torture-Memos* fußen. Es ist gleichzeitig eine Normalisierung des Gegenrechts. Dies bedeutet, dass die spezifische Auslegung der Definition von Folter durch Berater des Präsidenten George W. Bush oder des Verteidigungsministeriums wie Assistant Attorney General Jay Bybee sich in *routinierten* Praktiken vor Ort niederschlugen. Es folgte somit der Versuch einer Festschreibung dieser Interpretation in Guantanamo Bay im Sinne des *meaning-in-use* Konzepts.

Foucaults Beschreibung der Macht der Norm hilft uns zu verstehen, wie die punktuelle soziale Fixierung von bestimmten Praktiken ein kodifiziertes Recht herausfordern und anschließend im Rahmen einer permanenten Ausnahme wie dem *nationalen Notstand* Recht durch Gegenrecht regulieren kann. Eine Insel, die also zunächst als rechtliches Niemandsland deklariert wird, ist im Grunde keineswegs außerhalb des Rechts. Vielmehr ist sie gefüllt mit gesetzlicher Regelung, die sich allerdings außerhalb der Parameter des regulären Rechts befindet: so wird argumentiert, dass andere Rechte gälten, da es sich bei den Gefangenen nicht um Zivilisten (sic), sondern um *unlawful combatants* handele. Letztlich hilft uns Foucault das Paradoxon zu verstehen, wie ein *place of rightlessness* in einem Kontext emergieren kann, der keinesfalls *lawless* ist.[16] Das durch soziale Praktiken entstehende und sich (ständig) wandelnde Gegenrecht muss also nicht im Gegensatz zu Recht verstanden werden – sei es das einer nationalen Verfassung oder solches, das als verbindliches Völkerrecht gilt. Es repräsentiert vielmehr die Praxis der politischen Entscheidung über eine oder mehrere Rechtsnormen, kurz: Es steht für eine momentane Auslegung der Rechtsnormen, die durch die Regulierung politisch autorisierter Individuen sichtbar wird. Recht und Gegenrecht arbeiten demnach in Johns Worten »*in tandem with* [one another]« (Johns 2005: 634). Recht ist somit nicht selbst-definierend, sondern eine Bedeutungsstruktur[17] (vgl. Cover 1983), die sich durch die Deutung von Akteuren qua Praxis konstituiert.

Gegenrecht (re)definiert demnach den Inhalt dieser Bedeutungsstruktur durch die Präzision und Genauigkeit spezifischer Praktiken. Übertragen auf das *meaning-in-use* Konzept zeigt eine Berufung auf Foucault daher, wie die Bedeutung einer Norm durch die Anwendung minutiöser Praktiken verändert und mit (neuem) Inhalt gefüllt werden kann. So kann es, wie am Beispiel des Umgangs mit sogenannten *illegal combatants* in Guantanamo Bay zu erkennen ist, dazu kommen, dass sogar innerhalb einer *jus cogens*-Norm wie dem Folterverbot dieser Charakter in der Praxis durch zusätzliche Regulierung unterlaufen wird und dennoch die Neudefinierung in einem bestimmten Kontext als das *Normale* angesehen wird. Dies bedeutet jedoch nicht, dass das Folterverbot an sich, d.h. der Normtyp hinterfragt wird. Inhärent umstritten ist die Auslegung, also das *meaning-in-use*.

---

16 Vergleiche Gregory (2006: 412).
17 Recht wird von Cover (1983: 12) als »system of meaning rather than an imposition of force« definiert, vgl. insbesondere Ahmad (2009: 1693), der sich auf Covers *Nomos and Narrative* bezieht.

3.2 Meaning-in-use, das Verbot der Folterpraxis und die Rechtsprechung des EGMR

Die im vorangegangenen Abschnitt beschriebenen Versuche der US-Administration der Normalisierung spezifischer Praktiken finden sich ähnlich gelagert auch in den Verhandlungen bezüglich der Rechtspraxis des Europäischen Gerichtshofs für Menschenrechte (EGMR). Auch hier lässt sich ein seitens der politischen Akteure vorgenommener Versuch identifizieren, mit Rückgriff auf tatsächliche oder wahrgenommene Bedrohungen durch Terrorismus eine anderweitige Bedeutungszuschreibung der Folterverbotsnorm vorzunehmen. Interessant hierbei ist, dass sich solche Prozesse in einigen liberalen Demokratien nachweisen lassen, also gerade dort, wo solche Prozesse nach *mainstream*-KonstruktivistInnen nicht zu erwarten sind (Jepperson et al. 1996; Risse et al. 1999). Dass aber eine *liberal community of states* nicht vorausgesetzt werden kann, hat bereits Andrea Liese anhand der Fallbeispiele Großbritanniens, Israels und den USA gezeigt (Liese 2009).[18]

Im Folgenden soll anhand eines spezifischen Falls vor dem Europäischen Menschengerichtshofs (EGMR) nachgezeichnet werden, wie die gleiche Norm des Folterverbots in unterschiedlichen Kontexten unterschiedliche Bedeutungszuschreibungen erfährt. Es lässt sich parallel zu Liese (2009) der Versuch identifizieren, anhand von Stellungnahmen und Gerichtsverhandlungen die Absolutheit des Folterverbots *anders zu verstehen und zu interpretieren* und damit zugleich ein neues Anwendungsverständnis herzustellen. Auch mit Blick auf die oben genannte detaillierte Auseinandersetzung mit Sprache und bedeutungsvollen Praktiken erscheint der Blick auf die Rechtspraxis des EGMR und die im Folgenden vorgenommene detaillierte Analyse von Argumenten innerhalb der Gerichtsverfahren und Argumentationsmuster des Gerichtes selber als lohnendes Anwendungsbeispiel. Anders ausgedrückt geht es um die Frage, wie das Folterverbot durch staatliche Akteure in ihrem Interaktionsprozess miteinander *re-*

---

18 Auch in Deutschland hat es eine solche Debatte bereits im Rahmen der staatlichen Maßnahmen gegen die RAF gegeben. Eine neuere Diskussion entbrannte nach der Androhung von Gewalt in einem Verhör mit dem mittlerweile verurteilten Entführer von Jakob Metzler; vgl. Spiegel Online (2004). In einem anschließendem Verfahren vor dem EGMR, das 2010 entschieden wurde, stellte der Gerichtshof fest, dass die Gewaltandrohung in der Tat ein Verstoß gegen § 3 der EGMR dargestellt hatte (Gäfgen v. Germany. Verfügbar hier: http://hudoc.echr.coe.int/eng?i=001-99015O).

enacted wird.[19] In den konkreten Fällen geschieht dies durch Abschiebeversuche mit Hinweis auf die nationale Sicherheit und eine geänderte Sicherheitslage durch den globalen Terrorismus. Zugleich zeigt die Analyse, dass das Konzept des *meaning-in-use* ein besseres Verständnis der Umstrittenheit von Normen herstellen kann, welche formal fest in den völkerrechtlichen, europäischen und nationalen Menschenrechtsregimen als *jus cogens*-Normen etabliert sind. Darüber hinaus wird durch die Analyse die bereits erwähnte Kontextabhängigkeit von Normen deutlich.

3.3 Das Folterverbot im Kontext der Europäischen Menschenrechtskonvention (EMRK)

Zunächst einmal soll kurz die rechtliche Grundlage innerhalb der EMRK (1950) dargestellt werden. In § 3 EMRK heißt es: »Niemand darf der Folter oder unmenschlicher oder erniedrigender Strafe oder Behandlung unterworfen werden.« Von Relevanz ist hier ebenfalls § 15 EMRK, der das »Abweichen im Notstandsfall« beschreibt und in dessen Absatz 2 festgelegt wird, dass vom absoluten Folterverbot in keinem Fall abgewichen werden kann. Dies beinhaltet explizit Kriegs- und Notstandssituationen, wie wir sie zumindest medial oder politisch im so genannten *War on Terror* finden.

Bevor auf den im Detail zu analysierenden Fall *Saadi v. Italy* eingegangen werden kann, bedarf es einer kurzen Darstellung der Rechtsgeschichte des § 3 und seiner Auslegung. Die Möglichkeit, dass § 3 EMRK auch Verpflichtungen jenseits des Geltungsbereiches der Konvention mit sich bringt, verdeutlichte der Gerichtshof in *Soering v. United Kingdom*[20] 1989. Hier findet sich einer der deutlichsten Kommentare zum Stellenwert von § 3 in der EMRK:

»This absolute prohibition of torture and of inhuman or degrading treatment or punishment under the terms of the Convention shows

---

19 Wiener spricht hier von »re/enacting of the normative structure of meaning-in-use« (Wiener 2009: 176).

20 Im Fall *Soering* befasste sich der EGMR erstmals mit der Frage der Auslieferung an Drittstaaten, wenn dort der auszuliefernden Person Maßnahmen drohten, die unter § 3 EMRK fielen. Soering war in den USA des Mordes angeklagt, ihm drohte die Todesstrafe. Unter Berufung auf § 3 EGMR argumentierte er, dass die lange Wartezeit (bis zu 8 Jahre) vor Vollstreckung der Todesstrafe unmenschliche Behandlung bzw. Strafe darstellte (Janis et al. 2008: 215-216).

that Article 3 (art 3) enshrines one of the most fundamental values of the democratic society making up the Council of Europe.«[21]

Dass diese Verpflichtungen auch dann gelten, wenn Bedrohungen durch den internationalen Terrorismus *prima facie* mit den Rechten, die unter der EMRK gewährt werden, abgewogen werden müssen, verdeutlichte der EGMR nochmals 1996 in *Chahal v. United Kingdom*:[22]

> »The Court is well aware of the immense difficulties faced by States in modern times in protecting their communities from terrorist violence. However, even in these circumstances the Convention prohibits in absolute terms torture or inhuman or degrading treatment or punishment, irrespective of the victim's conduct. ... In these circumstances the activities of the individual in question, however undesirable or dangerous, cannot be a material consideration.«[23]

Ein weiterer Diskurs über die Bedeutungszuschreibung findet hinsichtlich der Frage nach negativen und positiven Pflichten statt, die sich aus dem absoluten Folterverbot für Staaten ergeben. Eine negative Pflicht aus § 3, also selbst nicht zu foltern, lässt sich relativ eindeutig aus dem Artikel selbst und aus der allgemeinen Rechtsprechung hierzu ableiten. Die aus § 3 abzuleitenden Verpflichtungen, aktiv Folter sowie inhumane und degradierende Behandlungen zu unterbinden und zu verhindern, leiten sich aus einer Reihe von Fällen vor dem EGMR ab (Palmer 2006).

4. Herausforderungen durch die Bedrohung durch Terrorismus - Changed Meaning and Changed Use?

Während in den Guantanamo- und Abu Ghraib-Fällen die Frage nach der Bedeutung von Folter an sich im Fokus stand, ist die Rechtsprechung des EGMR zu § 3 vor allem mit der Definition des Gültigkeitsbereichs der Norm befasst (wie Verhörmethoden, Prügelstrafe, Haftbedingungen, Auslieferungen und Bedingungen im Empfängerland, Abwägungsfragen mit anderen Rechten der Konvention). Ein starres Normenverständnis kann diese unterschiedlichen Anwendungsfälle mit jeweils eigenen Auslegun-

---

21 *Soering v. United Kingdom* [1989] 11 EHRR 439, para 88.
22 Im Fall von *Chahal* ging es um die Auslieferung mit der Begründung, Chahals Anwesenheit in Großbritannien stelle aufgrund seiner politischen Aktivitäten eine Gefährdung der nationalen Sicherheit dar (Janis et al. 2008: 219-220).
23 *Chahal v. United Kingdom* [1996] 23 EHRR 413, paras 79-80.

gen nur bedingt nachvollziehen. Erst durch ein Akteurs- und kontextba-
siertes Normenverständnis werden die andauernden Auslegungsdebatten
vor dem EGMR empirisch wie theoretisch greifbar.

Im Folgenden soll anhand des bereits erwähnten Falls *Saadi v. Italy*[24]
aus dem Jahr 2008 gezeigt werden, dass Interaktionsprozesse maßgeblich
sind für die Emergenz und Bedeutungszuschreibung von Normen. In den
beschrieben Fall wie auch in *Saadi v Italy* geht es letzten Endes auch um
den Versuch von Regierungen, die Sicherheit und das Leben der eigenen
Bevölkerung im Kontext der *Bedrohung der nationalen Sicherheit* höher zu
bewerten als die Sicherheit der abzuschiebenden Person. Hier findet also
wiederum eine wie bereits oben angesprochene Kategorisierung statt, die
jedoch in der konkreten Situation seitens des Gerichts nicht nur hinterfragt, sondern abgelehnt wird. Der Fall lässt sich einerseits im Rahmen
von Abschiebefällen und gleichermaßen im Kontext von Bedrohungen der
nationalen Sicherheit verstehen. Letzteres ist insbesondere seit den An-
schlägen vom 11. September 2001 relevant, schien bis dato doch ein übergreifender Konsens bezüglich des Folterverbotes zu existieren. Jedoch hat
Nowak in seiner Analyse des absoluten Folterverbots auf globaler Ebene
festgestellt:

>»The global threat of terrorism at the beginning of the 21st century and
>the counter-terrorism strategies of the United States, many European
>and other governments, seem to challenge this universal consensus.«
>(Nowak 2005: 674)

Diese Herausforderung hat unter anderem dazu geführt, dass Regierungen
versucht haben, die Bedeutung des absoluten Verbots von Folter zu re-in-
terpretieren, und zwar mithilfe der Rechtsprechung des EGMR. Dem voran gingen diskursive Interventionen (Fierke/Wiener 1999: 674; Milliken
1999) von Regierungsvertretern. So forderte Charles Clarke, Home-Se-
cretary unter Tony Blair, in einer Rede vor dem Europäischen Parlament
im Jahr 2005 eine genaue Überprüfung der in der Konvention verbrieften
Rechte. Moeckli argumentiert diesbezüglich:

>»The main target of the British government's effort 'to rebalance' the
>European Convention on Human Rights (ECHR), it turned out, was
>Article 3, the prohibition of torture and inhuman or degrading treat-
>ment.« (Moeckli 2005: 534-535)

---

24 Eine Einordung des Falles in den Kontext einer möglichen Entwicklung der
    EKMR hin zu einer kosmopolitischen Rechtsordnung bietet Alec Stone Sweet
    (2012).

In *Chahal* hatte die britische Regierung argumentiert, dass angesichts der terroristischen Bedrohung die nationale Sicherheit mit dem Risiko einer unwürdigen Behandlung eines Nicht-Staatsbürgers bei Auslieferungsverfahren abzuwägen sei. Während in *Soering* sich zumindest auf den ersten Blick eine Grundlage für eine solche Abwägung finden lässt, zeigt *Chahal* deutlich die Zielsetzung des Gerichtshofs, dies genauer zu regulieren (Palmer 2006: 447). Die Entscheidung des EGMR zeigt dann auch deutlich, dass die RichterInnen keinen Raum für eine solche *balancing exercise* sahen. Das Urteil in *Soering* als Folie nutzend, argumentierte der Gerichtshof:

> »It should not be inferred from the Court's remarks concerning the risk of undermining the foundations of extradition ... *that there is any room for balancing the risk of ill-treatment* against the reasons for expulsion in determining whether a State's responsibility under Article 3 (art 3) is engaged.«[25]

Eben jene Ablehnung einer Abwägung wurde erneut in *Saadi v. Italy*[26] debattiert. Der Kläger war ein tunesischer Staatsbürger, den Italien nach Tunesien ausliefern wollte. Herr Saadi, seinerzeit wegen terroristischer Akte angeklagt, war wegen krimineller Verschwörungen verurteilt worden. Nach seiner Entlassung aus der Haft wollte Italien ihn deportieren. Zeitgleich wurde der Kläger in Tunesien von einem Militärgericht in seiner Abwesenheit zu 20 Jahren Gefängnis wegen terroristischer Aktivitäten verurteilt. Die tunesische Regierung garantierte Italien nach Anfrage, dass Herr Saadi einen fairen Prozess erhielte und keine unwürdige Behandlung befürchten müsse.[27]

Nachdem die britische Regierung bei *Chahal* gescheitert war, intervenierte sie basierend auf § 36(2) EMRK als *third party*. Die Argumente der britischen Regierung sind deshalb von besonderem Interesse, als sie direkt die in *Soering*[28] und *Chahal* etablierten Prinzipien anzweifelte. In den Einreichungen der britischen Regierung lassen sich vier Argumente identifizieren (Moeckli 2008: 541-544): Das erste Argument bezog sich auf das Recht auf Leben (§ 2 der Konvention). Die Regierung argumentierte hier,

---

25 *Chahal v. United Kingdom* [1996] 23 EHRR 413, para 81; (unsere Hervorhebung).
26 *Saadi v. Italy* [2008] 24 B.H.R.C. 123.
27 Eine umfassende Darstellung des Falls sowie der Bekundungen der tunesischen Regierung findet sich in *Saadi v. Italy* [2008] 24 B.H.R.C. 123, paras 9-55.
28 Auch im Fall von *El-Masri v. The Former Yugoslav Republic of Macedonia* bezog sich der EGMR auf *Soering* und die Verantwortung des abschiebenden Staates (eine Analyse findet sich bei Nollkaemper (2012)).

dass bessere Maßnahmen notwendig und die Verpflichtung des Staates, seine Bürgerinnen und Bürger zu schützen, von Bedeutung sein müsse.[29] Das zweite Argument bezog sich auf die *implied positive obligation*. In den Worten der britischen Regierung:

>»Yet in the field of implied positive obligations the Court had accepted that the applicant's rights must be weighed against the interests of the community as a whole.«[30]

Die weiteren Argumente stellten beide Herausforderungen für den vom Gerichtshof eingeschlagenen Weg bei *Chahal* dar:

>»In the first place, the threat presented by the person to be deported must be a factor to be assessed in relation to the possibility and the nature of the potential ill-treatment. Secondly, national security considerations must influence the standard of proof required from the applicant. In other words, if the respondent State adduced evidence that there was a threat to national security, stronger evidence had to be adduced to prove that the applicant would be at risk of ill-treatment in the receiving country.«[31]

Während das § 2-Argument mit Ausnahme einer abweichenden Meinung von Judge Mijye unter Bezugnahme auf *Osman v. United Kingdom*[32] vom EGMR ignoriert wurde, äußerte sich der Gerichtshof deutlicher zu der Frage der Abwägung: »without directly addressing the nature of the obligation, the Grand Chamber refused to draw a distinction« (Moeckli 2005: 542).

>»[The Court] must therefore reaffirm the principle stated in the Chahal judgment ... it is not possible to weigh the risk of ill treatment against the reasons put forward for the expulsion in order to determine whether the responsibility of a State is engaged under Article 3, even where such treatment is inflicted by another State.«[33]

Auffällig ist hier die gewählte Formulierung des Gerichts: »[The Court] *must reaffirm* ...« (unsere Hervorhebung), in der deutlich wird, dass sich der EGMR zu einer erneuten Klarstellung gezwungen sah. Gleichermaßen lehnte der EGMR die Abwägung zwischen individuellen Rechten und na-

---

29 *Saadi v. Italy* [2008] 24 B.H.R.C. 123, para 119.
30 *Saadi v. Italy* [2008] 24 B.H.R.C. 123, para 120.
31 *Saadi v. Italy* [2008] 24 B.H.R.C. 123, para 122.
32 *Osman v. United Kingdom* [2000] 29 EHRR 245.
33 *Saadi v. Italy* [2008] 24 B.H.R.C. 123, para 138.

tionaler Sicherheit sowie unterschiedlicher Beweispflichten ab. *Chahal* zitierend, stellte der Gerichtshof fest, dass aufgrund der Absolutheit von dem in § 3 festgelegten Folterverbots schlichtweg kein Raum für Abwägungen bestand.[34] Zusammenfassend kann also argumentiert werden, dass auch die jüngeren Versuche liberaler Demokratien ein neues *meaning-in-use* des Folterverbots im europäischen Rechtsraum zu etablieren, vorerst gescheitert sind. Dieses Scheitern lässt sich zum einen dadurch erklären, dass der EGMR ein gewisses Interesse hat, eine Kontinuität seiner Rechtsprechung aufrecht zu erhalten.[35] Andererseits wird in den Urteilen des Gerichts auch ein klares Bekenntnis zu unveräußerlichen Menschenrechten deutlich. Nichtsdestotrotz gilt auch hier, was Andrea Liese mit Blick auf die internationale Rechtsentwicklung festgestellt hat, nämlich die Tatsache, dass Akteure sich zwar einerseits an das Folterverbot gebunden fühlen, aber die Bedeutung von Folter an sich und die Reichweite des Verbots dennoch umstritten bleiben (Liese 2009: 45). Zugleich erlaubt die Anwendung des *meaning-in-use* Konzepts ein besseres und tiefergehendes Verständnis von Prozessen der Norminterpretation und Normanwendung.

Es zeigt sich also, dass der bereits angesprochene analytische Zugang zur Untersuchung von Wandel auch im konkreten Fall einen Erkenntnisgewinn mit sich bringt. Darüber hinaus ist dargelegt worden, dass die aus den theoretischen Überlegungen im ersten Abschnitt dieses Beitrags formulierte Annahme der Relevanz sozialer Praktiken sowie des Kontexts von Normen auch im konkreten Fall Bestand hat.

5. Fazit

Dieser Beitrag hat sich mit dem Verhältnis von Normativität und Normalität in der IB-Normenforschung auseinandergesetzt. Eine analytische Annäherung fand durch eine Perspektive des *meaning-in-use* statt. Die Prämisse dieses Ansatzes betont die Wichtigkeit sprachlicher und nicht-sprachlicher Interaktion für die Entstehung von Bedeutung von Normen. In Abgrenzung zu Forschungsansätzen, die vorrangig Fragen der *Compliance* untersuchen, kann hier nicht davon ausgegangen werden, dass Normalität ein

---

34 *Saadi v Italy* [2008] 24 B.H.R.C. 123, para 139.
35 Der Gerichtshof folgt hier also dem *stare decidis*-Grundsatz, was bedeutet, dass nachfolgende vorangegangenen Gerichtsentscheidungen nicht widersprechen dürfen.

inhärentes Merkmal von Normen ist, welches beispielsweise auf Grundlage eines Verschriftlichungsprozesses letztgültig fixiert wurde.

Das Konzept des *meaning-in-use* betont vielmehr die Prozesshaftigkeit von Normen und ihrer Bedeutungen. Diese Eigenschaft von Normen, einem andauernden Entstehungs- und Entwicklungsprozess ausgesetzt zu sein, wurde anhand von zwei Fallbeispielen illustriert, die sich mit der Norm des Folterverbots auseinandergesetzt haben. Die Verschiebung von Normalität und Normativität des Folterverbots fand im Fall des US-Gefangenenlagers in Guantanamo Bay durch eine Re-Interpretation von Folter, im Fall der angesprochenen Fälle vor dem EGMR durch eine Re-Interpretation der Anwendungsbreite und Zielsetzung des Folterverbots in der Europäischen Menschenrechtskonvention statt. Zusammengenommen verweisen beide Fälle auf die Wirkungseffekte einer Neuinterpretation von Normen im Kontext der Bedrohung durch den internationalen Terrorismus. Während im Fall von Guantanamo durch eine zunächst gelungene Neuinterpretation eine neue Normalität geschaffen wird, zeigt die Fallgeschichte vor dem EGMR die entgegengesetzte Perspektive auf, also das Scheitern einer Neuauslegung.

Auf diese Weise ermöglicht *meaning-in-use* ein tiefergehendes Verständnis des Verhältnisses von Normativität und Normalität, welches sich weniger als spannungsgeladen denn als ein Miteinander darstellt. Daraus ergeben sich aus unserer Perspektive vier Konsequenzen.

Erstens rücken Praktiken und soziale Interaktion in den Mittelpunkt der Betrachtung eines kritischen Forschungsansatzes (Shapcott 2008: 334) jenseits von *Compliance* und formaler Validität[36]. Daher ermöglicht die hier erläuterte Perspektive Normenforschung *jenseits* positivistischer Rechtsvergleiche und dem Fokus auf Implementation und *Compliance*. In dieser Hinsicht steht der Beitrag dann auch stellvertretend für einen Pluralismus von Normenforschungen, wie ihn in diesem Sammelband u.a. Bastian Loges skizziert. Der Beitrag ist den monistischen, kontext-sensiblen Forschungsansätzen zuzurechnen (Jackson 2011).

Zweitens müssen Forschende methodologisch der Einsicht nachkommen, dass Praktiken stets ein »surplus of meaning« (Doty 1997: 377) besitzen, die sich sowohl dem menschlichen Streben nach Fixierung als auch einer angeblich stabilen (Sprach-)Struktur entziehen. Dies ist als doppelte Hermeneutik seit mindestens zwei Jahrzehnten auch in den IB bekannt (Guzzini 2000; Jackson 2006) und führt letztlich zu einem reflexiven Um-

---

36 Nicht ohne Grund gab es im vergangenen Jahrzehnt den sogenannten «practice turn»; siehe hierzu Neumann 2002, Pouliot 2008, Bueger/Gadinger 2008, 2018.

gang mit Wissen: Anstatt zu Letztbegründungen führt die Untersuchung jeweils zu Zwischenerkenntnissen und erfährt keinen endgültigen Abschluss. Als Forschende, die für diese Thematik sensibilisiert sind, erheben wir zum einen nicht den Anspruch, einen Universalismus entdeckt zu haben. Zum anderen haben wir in den empirischen Beispielen so gut wie möglich versucht, Vordeutungen der Fälle zu unterlassen bzw. Heuristiken offen anzusprechen. Es wäre dann an Anderen oder an uns selbst, dies in einer weiteren Forschungsrunde zu hinterfragen.[37]

Was bei erster Betrachtung einen ungleich höheren Forschungsaufwand mit sich bringt, sehen wir aber, drittens, als eine Stärke des *meaning-in-use* Ansatzes. Er ermöglicht nämlich neue Fragestellungen und trägt dazu bei, vermeintlich gesichertes (Lehrbuch-)Wissen zu erschüttern. Es lässt sich nun nämlich die Frage stellen: Wie ist es möglich, dass die Verschiebung der Parameter des Folterverbots in liberalen Demokratien stattfindet (und dies kein Alleinstellungsmerkmal von Diktaturen, »Schurkenstaaten« und dergleichen ist)? Hiermit wird der Forschung eine Möglichkeit der Anknüpfung an Theoriedebatten eröffnet. Viertens wird für die Klärung dieser und ähnlich gelagerter Fragen zudem die Wichtigkeit inter- oder transdisziplinärer Forschung unterstrichen: Auch in den Rechtswissenschaften findet, analog zu den IB, häufig eine Analyse der formalen Validität statt, d.h. der kodifizierten Rechtsnorm, aber seltener eine Auseinandersetzung mit ihrer Entstehungsgeschichte und Interpretation (siehe aber Birkenkötter 2020 und Krisch/Corradini/Reimers 2020).

Literatur

Adler, Emanuel 2005: Communitarian International Relations: The Epistemic Foundations of International Relations, London.

Agamben, Giorgio 2005: State of Exception, Chicago, IL.

Ahmad, Muneer I. 2009: Resisting Guantanamo: Rights at the Brink of Dehumanization, in: Northwestern University Law Review 103: 4, 1684-1764.

---

37 Eine Debatte hierzu fand vor einiger Zeit in der *ZIB* statt (Engelkamp et al. 2012, Ulbert 2012, Deitelhoff/Zimmermann 2013; Engelkamp et al. 2013; Hofius et al. 2014). Yanow (2009: 278-279) spricht sogar von der Notwendigkeit eines dritten hermeneutischen Moments zur Deutung und Beurteilung eines Forschungsgegenstands, um die Position der Forschenden reflexiv miteinzubeziehen (vgl. auch Hofius 2020: 176).

Alkoby, Asher 2008: Theories of Compliance with International Law and the Challenge of Cultural Difference, in: Journal of International Law and International Relations 4: 1, 151-198.

Autesserre, Séverine 2014: Going Micro. Emerging and Future Peacekeeping Research, in: International Peacekeeping 21: 4, 492–500.

Berger, Peter/Luckmann, Thomas 1966: The Social Construction of Reality, London.

Birkenkötter, Hannah 2020: International Law as a Common Language Across Spheres of Authority?, in: Global Constitutionalism, 9: 2, 318–342.

Boerzel, Tanja A. 2001: Non-Compliance in the European Union: Pathology or Statistical Artefact?, in: Journal of European Public Policy 8: 5, 803-824.

Boerzel, Tanja A./Risse, Thomas 2002: Die Wirkung internationaler Institutionen. Von der Normanerkennung zur Normeinhaltung, in: Jachtenfuchs, Markus/Knodt, Michèle (Hrsg.): Regieren in internationalen Institutionen, Wiesbaden, 141-181.

Brunnée, Jutta/Toope, Stephen J. 2010: Legitimacy and Legality in International Law, Cambridge.

Bueger, Christian 2014: Pathways to Practice: Praxiography and International Politics, in: European Political Science Review 6: 3, 383–406.

Bueger, Christian/Gadinger, Frank 2008: Praktisch Gedacht! Praxistheoretischer Konstruktivismus in den Internationalen Beziehungen, in: Zeitschrift für Internationale Beziehungen 15: 2, 273–302.

Bueger, Christian/Gadinger, Frank 2018: International Practice Theory, 2nd edition, Houndmills, Basingstoke, Hampshire.

Burchill, Scott/Devetak, Richard/Linklater, Andrew/Paterson, Matthew/Reus-Smit, Christian/True, Jacqui (Hrsg.) 2003: Theories of International Relations, 2. Auflage, Basingstoke.

Butler, Judith 1997: Excitable Speech: A Politics of the Performative, New York, NY.

Bybee, Jay S. 2002: Memorandum from Jay S. Bybee, Assistant Attorney Gen., Office of Legal Counsel, U.S. Department of Justice, to an Alberto R. Gonzales, Counsel to the President, Re: Standards of Conduct for Interrogation Under 18 U.S.C. §§ 2340–2340A (Aug. 1, 2002), in: http://www.nytimes.com/ref/international/24MEMO-GUIDE.html?_r=0; 19.1.2021.

Chayes, Abram/Chayes, Antonia 1995: The New Sovereignty: Compliance with International Regulatory Agreements, Cambridge, MA.

Coulter, Jeff 2001: Human Practices and the Observability of the 'Macro-Social', in: Schatzki, Theodore R./Knorr-Cetina, Karin/von Savigny, Eike (Hrsg.): The Practice Turn in Contemporary Theory, New York, NY, 29-41.

Cover, Robert 1983: The Supreme Court 1982, Foreword: Nomos and Narrative, in: Harvard Law Review 97: 4, 4-68.

Cox, Robert W. 2008: The Point is not Just to Explain the World but to Change it, in: Reus-Smit, Christian/Snidal, Duncan (Hrsg.): The Oxford Handbook of International Relations, Oxford, 84-93.

Deitelhoff, Nicole/Zimmermann, Lisbeth 2013: Aus dem Herzen der Finsternis: Kritisches Lesen und wirkliches Zuhören der konstruktivistischen Normenforschung, in: Zeitschrift für Internationale Beziehungen 20: 1, 61–74.

Deitelhoff, Nicole/ Zimmermann, Lisbeth 2020: "Things We Lost in the Fire: How Different Types of Contestation Affect the Robustness of International Norms." International Studies Review 22: 1, 51–76.

Doty, Roxanne L. 1997: Aporia: A Critical Exploration of the Agent-Structure Problematique in International Relations Theory, in: European Journal of International Relations 3: 3, 365-392.

Dunne, Tim/Kurki, Milja/Smith, Steve (Hrsg.) 2010: International Relations Theory: Discipline and Diversity, 2. Auflage, Oxford.

Engelkamp, Stephan/Glaab, Katharina/Renner, Judith 2012: In der Sprechstunde. Wie (kritische) Normenforschung ihre Stimme wiederfinden kann, in: Zeitschrift für Internationale Beziehungen 19: 2, 101–128.

Engelkamp, Stephan/Glaab, Katharina/Renner, Judith 2013: Ein Schritt vor, zwei Schritte zurück? Eine Replik auf Nicole Deitelhoff und Lisbeth Zimmermann, in: Zeitschrift für Internationale Beziehungen 20: 2, 105–118.

EMRK 1950: Europäische Menschenrechtskonvention vom 4. November 1950, Rom.

Fabian, Johannes 1990: Power and Performance. Ethnographic Explorations through Proverbial Wisdon and Theater in Shaba, Zaire, Madison, WI.

Fierke, Karin M. 2001: Critical Methodology and Constructivism, in: Fierke, Karin/ Jørgensen, Knud E. (Hrsg.): Constructing International Relations: The Next Generation, Armonk, NY, 115-135.

Fierke, Karin M. 2010: Constructivism, in: Dunne, Tim/Kurki, Milja/Smith, Steve (Hrsg.): International Relations Theory: Discipline and Diversity, Oxford, 177-194.

Fierke, Karin M./Jørgensen, Knud E. (Hrsg.) 2001: Constructing International Relations: The Next Generation, Armonk, NY.

Fierke, Karin M./Wiener, Antje 1999: Constructing Institutional Interests: EU and NATO Enlargement, in: Journal of European Public Policy 6: 5, 721-742.

Finnemore, Martha 2000: Are Legal Norms Distinctive?, in: Journal of International Law & Politics 32: 3, 699-705.

Finnemore, Martha/Sikkink, Kathryn 1998: International Norm Dynamics and Political Change, in: International Organization 52: 4, 887-917.

Foucault, Michel 1977: Discipline and Punish: The Birth of the Prison, New York, NY.

Garfinkel, Harold 1967: Studies in Ethnomethodology, Cambridge.

Gehlen, Dirk von 2012: Die normative Kraft des Faktischen, in: Süddeutsche Zeitung, 6.2.2012, 11.

Gregory, Derek 2006: The Black Flag: Guantánamo Bay and the Space of Exception, in: Geografiska Annaler: Series B, Human Geography 88: 4, 405-427.

Guzzini, Stefano 2000: A Reconstruction of Constructivism in International Relations, in: European Journal of International Relations 6: 2, 147-182.

Hansen-Magnusson, Hannes 2020: International Relations as Politics among People. Hermeneutic Encounters and Global Governance, Abingdon and New York.

Hofius, Maren 2016: Community at the Border or the Boundaries of Community? The Case of EU Field Diplomats, in: Review of International Studies 42: 5, 939–967.

Hofius, Maren 2020: Towards a 'Theory of the Gap': Addressing the Relationship Between Practice and Theory, in: Global Constitutionalism 9: 1, 169–182.

Hofius, Maren/Wilkens, Jan/Hansen-Magnusson, Hannes/Gholiagha, Sassan 2014: Den Schleier lichten? Kritische Normenforschung, Freiheit und Gleichberechtigung im Kontext des "Arabischen Frühlings", in: Zeitschrift für Internationale Beziehungen 21: 2, 85-105.

Holzscheiter, Anna 2014: Between Communicative Interaction and Structures of Signification: Discourse Theory and Analysis in International Relations, in: International Studies Perspective 15: 2, 142-162.

Holzscheiter, Anna 2017: Was vom arguing übrigblieb...: Der Nachhall der kommunikativen Wende in den Internationalen Beziehungen, in Zeitschrift für Internationale Beziehungen 24: 1, 143–159.

Hopf, Ted 1998: The Promise of Constructivism in International Relations Theory, in: International Security 23: 1, 171-200.

Howse, Robert/Teitel, Ruti 2010: Beyond Compliance: Rethinking Why International Law Really Matters, in: Global Policy 1: 2, 127-136.

Hunt, Charles T./Orchard, Phil (Hrsg.) 2020: Constructing the Responsibility to Protect: Contestation and Consolidation. Abingdon, Oxon.

Jachtenfuchs, Markus/Knodt, Michèle (Hrsg.) 2002: Regieren in internationalen Institutionen, Wiesbaden.

Jackson, Patrick Thaddeus (2006): Making Sense of Making Sense: Configurational Analysis and the Double Hermeneutic. Interpretation and Method: Empirical Research Methods and the Interpretive Turn. D. Yanow and P. Schwartz-Shea. Armonk, NY: 264-280.

Jackson, Patrick Thaddeus (2011): The Conduct of Inquiry in International Relations: Philosophy of Science and Its Implications for the Study of World Politics. London; New York.

Janis, Mark W./Kay, Richard S./Bradley, Anthony W. 2008: European Human Rights - Text and Materials, 3. Auflage, Oxford.

Jepperson, Ronald L./Wendt, Alexander/Katzenstein, Peter J. 1996: Norms, Identity, and Culture in National Security, in: Katzenstein, Peter J. (Hrsg.): The Culture of National Security: Norms and Identity in World Politics, New York, 33-75.

Jileva, Elena 2004: Do Norms Matter? The Principle of Solidarity and the EU's Eastern Enlargement, in: Journal of International Relations and Development 7: 1, 3-23.

Joerges, Christian 2005: Confronting Memories: European "Bitter Experiences" and the Constitutionalization Process. Constructing Europe in the Shadow of its Pasts, in: German Law Journal 6: 2, 245-254.

Johns, Fleur 2005: Guantánamo Bay and the Annihilation of the Exception, in: European Journal of International Law 16: 4, 613-635.

Katzenstein, Peter J. 1996: Introduction: Alternative Perspectives on National Security, in: Katzenstein, Peter J. (Hrsg.): The Culture of National Security: Norms and Identity in World Politics, New York, NY, 1-32.

Katzenstein, Peter J. (Hrsg.) 1996: The Culture of National Security: Norms and Identity in World Politics, New York, NY.

Klabbers, Jan 2006: The Meaning of Rules, in: International Relations 20: 3, 295-301.

Kratochwil, Friedrich 1989: Rules, Norms, and Decisions: On the Conditions of Practical and Legal Reasoning in International Relations and Domestic Affairs, Cambridge.

Kratochwil, Friedrich/Ruggie, John G. 1986: International Organization: A State of the Art on an Art of the State, in: International Organization 40: 4, 753-775.

Krisch, Nico/Corradini, Francesco/Reimers, Luci Lui. 2020: Order at the Margins: The Legal Construction of Interface Conflicts over Time, in Global Constitutionalism, 9: 2: 343–363.

Laffey, Mark/Weldes, Jutta 1997: Beyond Belief: Ideas and Symbolic Technologies in International Relations, in: European Journal of International Relations 3: 2, 193-237.

Lantis, Jeffrey S./Wunderlich, Carmen 2018: Resiliency Dynamics of Norm Clusters: Norm Contestation and International Cooperation, in Review of International Studies 44: 3, 570–593.

Legro, Jeffrey W. 1997: Which Norms Matter? Revisiting the 'Failure' of Internationalism, in: International Organization 51: 1, 31-63.

Liese, Andrea 2009: Exceptional Necessity: How Liberal Democracies Contest the Prohibition of Torture and Ill-Treatment when Countering Terrorism, in: Journal of International Law and International Relations 5: 1, 17-48.

Milliken, Jennifer 1999: The Study of Discourse in International Relations: A Critique of Research and Methods, in: European Journal of International Relations 5: 2, 225-254.

Moeckli, Daniel 2005: Saadi v. Italy: The Rules of the Game Have Not Changed, in: Human Rights Law Review 8: 3, 534-548.

Neal, Andrew W. 2006: Foucault in Guantánamo: Towards an Archaeology of the Exception, in: Security Dialogue 37: 1, 31-46.

Neufeld, Mark 1993a: Interpretation and the 'Science' of International Relations, in: Review of International Studies 19: 1, 39-61.

Neufeld, Mark 1993b: Reflexivity and International Relations Theory, in: Millennium: Journal of International Studies 22: 1, 53-76.

Neumann, Iver B. 2002: Returning Practice to the Linguistic Turn: The Case of Diplomacy, in: Millennium - Journal of International Studies, 31: 3, 627–651.

Niemann, Holger/Schillinger, Henrik 2017: Contestation 'All the Way Down'? The Grammar of Contestation in Norm Research, in: Review of International Studies 43: 1: 29-49.

Nollkaemper, André 2012: The ECtHR Finds Macedonia Responsible in Connection with Torture by the CIA, But on What Basis?, in: http://www.ejiltalk.org/the-ecthr-finds-macedonia-responsible-in-connection-with-torture-by-the-cia-but-on-what-basis; 19.1.2021.

Nowak, Manfred 2005: Challenges to the Absolute Nature of the Prohibition of Torture and Ill-Treatment, in: Netherlands Quarterly of Human Rights 23: 4, 674-688.

Onuf, Nicholas G. 1989: World of Our Making. Rules and Rule in Social Theory and International Relations, New York, NY.

Palmer, Stephanie 2006: A Wrong Turning: Article 3 ECHR and Proportionality, in: Cambridge Law Journal 65: 2, 438-452.

Park, Susan/Vetterlein, Antje (Hrsg.) 2010: Owning Development. Creating Global Policy Norms in the IMF and the World Bank, Cambridge.

Porth, Jacquelyn S. 2004: Pentagon Creates New Policy Office to Review Detainee Issues, in: http://www.iwar.org.uk/news-archive/2004/07-16.htm; 20.1.2021.

Pouliot, Vincent 2008: The Logic of Practicality: A Theory of Practice of Security Communities, in: International Organization 62: 2, 257-288.

Puetter, Uwe/Wiener, Antje 2009: Quality of Norms is What Actors Make of It: Critical-Constructivist Research on Norms, in: Journal of International Law and International Relations 5: 1, 1–16.

Reus-Smit, Christian 2003: Constructivism, in: Burchill, Scott/Devetak, Richard/Linklater, Andrew/Paterson, Matthew/Reus-Smit, Christian/True, Jacqui (Hrsg.): Theories of International Relations, Basingstoke, 188-212.

Reus-Smit, Christian/Snidal, Duncan (Hrsg.) 2008: The Oxford Handbook of International Relations, Oxford.

Risse, Thomas/Ropp, Stephen C./Sikkink, Kathryn 1999: The Power of Human Rights: International Norms and Domestic Change, Cambridge.

Ruby, Jay (Hrsg.) 1982: A Crack in the Mirror: Reflexive Perspectives in Anthropology, Philadelphia, PA.

Sandholtz, Wayne 2019: Norm Contestation, Robustness, and Replacement, in Journal of Global Security Studies, 4: 1, 139–146

Schatzki, Theodore R./Knorr-Cetina, Karin/von Savigny, Eike (Hrsg.) 2001: The Practice Turn in Contemporary Theory, New York, NY.

Shapcott, Richard 2008: Critical Theory, in: Reus-Smit, Christian/Snidal, Duncan (Hrsg.): The Oxford Handbook of International Relations, Oxford, 327-345.

Smith, Steve/Booth, Ken/Zalewski, Marysia (Hrsg.) 1996: International Theory: Positivism & Beyond, Cambridge.

Solomon, Ty, Brent J. Steele 2017: Micro-Moves in International Relations Theory, in: European Journal of International Relations 23: 2, 267–291.

Spiegel Online 2004: Ehrenwerte Motive, mildes Urteil, in: http://www.spiegel.de/pa norama/daschner-prozess-ehrenwerte-motive-mildes-urteil-a-333706.html; 19.1.2021.

Steyn, Johan 2004: Guantanamo Bay: The Legal Black Hole, in: International & Comparative Law Quarterly 53: 1, 1-15.

Stone Sweet, Alec 2012: A Cosmopolitican Legal Order: Constitutional Pluralism and Rights Adjucation in Europe, in: Global Constitutionalism - Human Rights, Democracy, and the Rule of Law 1: 1, 53–90.

Turner, Victor 1982: Dramatic Ritual/Ritual Drama: Performative and Reflexive Anthropology, in: Ruby, Jay (Hrsg.): A Crack in the Mirror. Reflexive Perspectives in Anthropology, Philadelphia, PA, 83-97.

Ulbert, Cornelia 2012: Vom Klang vieler Stimmen: Herausforderungen »kritischer« Normenforschung. Eine Replik auf Stephan Engelkamp, Katharina Glaab und Judith Renner, in: Zeitschrift für Internationale Beziehungen 19: 2, 129–130.

US Department of Defence 2004: Memorandum for the Secretary of the Navy: Order Establishing Combatant Status Review Tribunal, Washington DC.

Venzke, Ingo 2009: Legal Contestation about 'Enemy Combatants': On the Exercise of Power in Legal Interpretation, in: Journal of International Law and International Relations 5: 1, 157-184.

Wæver, Ole 1996: The Rise and Fall of the Inter-Paradigm Debate, in: Smith, Steve/ Booth, Ken/Zalewski, Marysia (Hrsg.): International Theory: Positivism & Beyond, Cambridge, 149-185.

Welsh, Jennifer 2013: Norm Contestation and the Responsibility to Protect, in: Global Responsibility to Protect 5, 365–396.

Weldes, Jutta 1998: Bureaucratic Politics: A Critical Constructivist Assessment, in: Mershon International Studies Review 42: 2, 216-225.

Weldes, Jutta/Saco, Diana 1996: Making State Action Possible: The United States and the Discursive Construction of 'The Cuban Problem', 1960-1994, in: Millennium: Journal of International Studies 25: 2, 361-395.

Wendt, Alexander 1992: Anarchy Is What States Make of It: The Social Construction of Power Politics, in: International Organization 46: 2, 391-426.

Wendt, Alexander 1998: On Constitution and Causation in International Relations, in: Review of International Studies 24: 5, 101-117.

Wiener, Antje 2004: Contested Compliance: Interventions on the Normative Structure of World Politics, in: European Journal of International Relations 10: 2, 189-234.

Wiener, Antje 2008: The Invisible Constitution of Politics: Contested Norms and International Encounters, Cambridge.

Wiener, Antje 2009: Enacting Meaning-in-Use: Qualitative Research on Norms and International Relations, in: Review of International Studies 35: 1, 175-193.

Wiener, Antje 2010: Normative Baggage in International Encounters: Contestation all the Way., in: Kessler, Oliver/Hall, Rodney Bruce/ Lynch, Cecilia/Onuf, Nicholas (Hrsg.) *On Rules, Politics, and Knowledge: Friedrich Kratochwil, International Relations, and Domestic Affairs*, Basingstoke, New York, Palgrave Macmillan, 202–212.

Wiener, Antje 2014: A Theory of Contestation, Berlin.

Wiener, Antje 2018: Contestation and Constitution of Norms in Global International Relations, Cambridge.

WVRK 1969: Wiener Vertragsrechtskonvention vom 23. Mai 1969, Wien.

Yanow, Dvora 2009: Dear Author, Dear Reader: The Third Hermeneutic in Writing and Reviewing Ethnography, in: Schatz, Edward (Hrsg.): Political Ethnography. What Immersion Contributes to the Study of Power, Chicago, London 2009, 275–302.

Die Politik sozialkonstruktivistischer Normenforschung und ihre poststrukturalistische Alternative

Judith Renner

1. Einleitung

Normen scheinen auf den ersten Blick etwas Gutes zu sein. Sie beschreiben Verhaltensweisen, die wir als normal oder auch als angemessen betrachten. Meist haben wir diese Normen von klein auf kennengelernt und fügen uns ihnen deshalb in vielen Fällen freiwillig. Ähnliche Grundgedanken scheinen auch dem *Mainstream*[1] der sozialkonstruktivistischen Normenforschung zugrunde zu liegen, denn auch er geht relativ unkritisch und affirmativ an diejenigen Normen heran, die er untersucht, und behandelt diese oft als gegebene Verhaltensstandards, deren Geltungsansprüche und Konsequenzen weitgehend unhinterfragt bleiben (vgl. etwa Klotz 1995; Finnemore/Sikkink 1998; Keck/Sikkink 1998; Risse, et al. 1999; Park 2005). Die zentralen Forschungsfragen, die sich ein großer Teil der sozialkonstruktivistischen Normenforschung stellt, drehen sich vor allem darum, wie scheinbar existente Normen sich global verbreiten können (zur Adaption globaler Normen auf lokaler Ebene siehe auch den Beitrag von Lisbeth Zimmermann in diesem Band) und welche Strategien sogenannte NormunternehmerInnen anwenden, um neue Staaten von als gut und gültig empfundenen Normen zu überzeugen.

Die affirmative Haltung der konstruktivistischen Normenforschung zieht Konsequenzen nach sich, da sie, indem sie die untersuchten Normen als gegeben nimmt, diese implizit als (gültige) Normen bestätigt und naturalisiert. Wird eine geteilte Bedeutung in der Forschung als *Norm* anerkannt und als solche untersucht, so wird ihr normativer und wünschenswerter Charakter kaum hinterfragt. Kritische Fragen hinsichtlich dieser Norm rücken tendenziell in den Hintergrund. Dazu gehören etwa Fragen nach der Plausibilität oder der Wünschbarkeit bestimmter Normen, ge-

---

1 Unter Mainstream der Normenforschung verstehe ich in diesem Beitrag vor allem diejenigen Beiträge, die sich, v.a. aus gemäßigt konstruktivistischer Perspektive, darauf fokussieren, die Diffusion und Wirkung von Normen zu erklären.

nauso wie Fragen nach möglichen negativen und unerwünschten Konsequenzen und der Macht, die von ihnen ausgeübt wird.

Kurz gesagt argumentiere ich im vorliegenden Beitrag, dass Normenforschung als politische Praxis zu verstehen ist. Sie wirkt – zumeist unreflektiert – an der Rekonstruktion und Stärkung bestimmter normativer Gefüge mit und vernachlässigt deren Kontingenz und vor allem deren (macht)politische Aspekte.

Dieser Beitrag zielt darauf ab, eine Alternative zur affirmativen Haltung konstruktivistischer Normenforschung zu entwickeln, indem er eine theoretische Perspektive vorschlägt, die einen dezidiert kritischen Blick auf globale hegemoniale Normen ermöglicht. Ein solch kritischer Blick ist meines Erachtens eine wichtige Ergänzung zur konstruktivistischen Normenforschung, da wir dazu tendieren, insbesondere diejenigen Dinge, die wir im Alltag und im Laufe unserer Sozialisierung als *gut* und *richtig* oder auch als *normal* kennenlernen, kaum noch zu hinterfragen, sondern unreflektiert zu akzeptieren und zu praktizieren. Die hier vorgeschlagene kritische Perspektive auf Normen im Allgemeinen und die globale Versöhnungsnorm im Besonderen soll dabei helfen, die akzeptierte Autorität und Gültigkeit dieser Normen zu hinterfragen und die Möglichkeit eröffnen, alternative Wege politischen Handelns denkbar zu machen (zur Umstrittenheit von Normen siehe auch die Beiträge von Gholiagha, Hansen-Magnusson und Hofius sowie Schillinger und Holger Niemann in diesem Band).

Als theoretische Grundlage für ein solches kritisches Projekt, so argumentiere ich, bietet sich die poststrukturalistische Diskurstheorie an, die als radikale und politische Form konstruktivistischen Denkens verstanden werden kann. Eine poststrukturalistische Perspektive geht davon aus, dass soziale Realität nicht gegeben, sondern immer sozial konstruiert ist. Somit kann auch Wissenschaft niemals objektiv und neutral sein (vgl. Cox 1981). Der politische Charakter sozialwissenschaftlicher Forschung ist unvermeidbar, da jegliche Forschung als politische Praxis verstanden werden muss, die durch ihre theoretischen Annahmen und ihre Forschungspraktiken bestimmte Aspekte sozialer Realität als gegeben annimmt und reproduziert, während sie andere zugleich hinterfragt. Was ich im Folgenden vorschlage ist daher kein Versuch, ein neutrales Programm zur Erforschung globaler Normen zu entwickeln. Stattdessen möchte ich eine Möglichkeit schaffen, scheinbar akzeptierte Normen kritisch zu beleuchten, sie zu denaturalisieren, ihre Geltungsansprüche zu hinterfragen und die Konsequenzen aufzudecken, die sowohl in der Wissenschaft als auch in der politischen Praxis oft übersehen werden.

Im ersten Teil dieses Beitrags setze ich mich kritisch mit der konstruktivistischen Normenforschung auseinander. Ich argumentiere, dass diese

Forschung insofern politisch problematisch ist, da sie – wenn auch vielleicht unbewusst und unwillentlich – die empirischen Normen, die sie untersucht, in ihrer Existenz als Norm als gegeben nimmt und sie damit implizit naturalisiert und bestätigt. Dieser Kritikpunkt ist dabei bereits aus einer poststrukturalistischen Perspektive formuliert, die ich im zweiten Teil des Beitrags als fruchtbare und vor allem kritische Alternative für die Normenforschung vorschlage. Poststrukturalistische Ansätze ermöglichen es, die Autorität und die Geltungsansprüche weitgehend akzeptierter Normen zu hinterfragen und ihre historische Kontingenz wie auch ihre diskursive Macht zu beleuchten. Sie konzeptualisieren globale Normen – wie alle anderen Aspekte sozialer Realität – als Bestandteile hegemonialer Diskurse, die bestimmte Handlungen als *gut, legitim* oder *normal* erscheinen lassen, während sie alternative Handlungsweisen *de*-legitimieren oder marginalisieren. Diese produktiven und repressiven Aspekte diskursiver Macht aufzudecken ist ein Kernanliegen der hier vorgeschlagenen poststrukturalistischen Normenforschung.[2]

Um die Vorgehensweise und die Möglichkeiten einer solchen poststrukturalistischen Normenforschung zu illustrieren, skizziere ich schließlich im dritten Teil des Beitrags die Herausbildung und Wirkung einer globalen *Versöhnungsnorm*. Diese ist vor allem im Kontext von *Transitional Justice* und *Postconflict Peacebuilding* hegemonial geworden und legt nahe, dass das Streben nach nationaler Versöhnung und die Schaffung von Wahrheits- und Versöhnungskommissionen ein *gutes* und *angemessenes* Verhalten nach Krieg und Unterdrückung sei. Aus poststrukturalistischer Perspektive lässt sich dies jedoch in Zweifel ziehen. Vielmehr argumentiere ich, dass die globale Versöhnungsnorm Teil eines historisch gewachsenen Diskurses ist, der das kontingente Resultat politischer Auseinandersetzungen und Artikulationsakte ist und der weder einen gegebenen Geltungsanspruch noch einen inhärenten moralischen Wert besitzt. Ein Blick auf die produktive und repressive Macht dieses Diskurses zeigt zudem, wie die Versöhnungspraxis weitgehend übersehene und möglicherweise unerwünschte Konsequenzen zeitigt, indem sie tendenziell de-politisierend auf Postkonfliktgesellschaften wirkt. Sie überschreibt die politischen Identitäten der Menschen in Postkonfliktgesellschaften und bringt damit politi-

---

2 Diese beiden Kernanliegen können gewinnbringend erweitert werden, indem man etwa auch Fragen nach Dominanz, Antagonismus oder auch Inklusion und Exklusion im Artikulationsprozess integriert. Der Umfang des vorliegenden Beitrags lässt dies leider nicht zu. Ich danke Antonia Graf für diese Hinweise.

sche Forderungen zum Schweigen, die von diesen Menschen erhoben werden.

2. Ein poststrukturalistischer Blick auf Normenforschung

Normen sind seit langem zentraler Untersuchungsgegenstand vieler konstruktivistischer ForscherInnen, und insbesondere die Frage nach der Verbreitung neuer Normen hat seit geraumer Zeit an Popularität gewonnen. Mittlerweile hat sich ein umfassender Literaturkanon entwickelt, der die Herausbildung sozialer Normen und die Bedingungen ihrer globalen Diffusion untersucht.[3]

Die Kritik dieses Beitrags fokussiert sich auf zwei prominente Erklärungsmodelle der Diffusionsforschung, die normativen Wandel zum großen Teil auf die Aktivitäten verschiedener transnationaler AkteurInnen, etwa NormunternehmerInnen, *Advocacy Networks* oder epistemische Gemeinschaften, zurückführen.[4] Das erste Modell nimmt an, dass Normen durch strategisches Handeln von NormunternehmerInnen verbreitet werden, deren festes Ziel es ist, bestimmte Normen bei neuen AkteurInnen, primär Staaten, zu etablieren. Neue Normen sind demnach »actively built by agents having strong notions about appropriate or desirable behaviour in their community« (Finnemore/Sikkink 1998: 896). Dafür, so die Annahme, greifen NormunternehmerInnen rational auf verschiedene politische Strategien zurück, etwa diskursives Framing, Druckausübung oder auch das Anprangern von normverletzenden Staaten (Risse/Sikkink 1999; Finnemore/Sikkink 1998; Keck/Sikkink 1998).

Das zweite Erklärungsmodell schlägt dagegen vor, dass nicht strategisches, sondern verständigungsorientiertes Handeln von NormunternehmerInnen und *echte* Überzeugungsprozesse der Schlüssel zum Verständnis normativen Wandels seien (vgl. etwa (Deitelhoff 2009; 2006; Payne 2001). Die hier verwendeten Überzeugungs- und Argumentationskonzepte bauen häufig auf einem Habermas'schen Modell sozialer Interaktion und Delibe-

---

3 Vgl. z. B. Finnemore/Sikkink 1998; Deitelhoff 2006; Price 1995; Florini 1996; Sandholtz 2008; Bailey 2008 .

4 Einige konstruktivistische ForscherInnen haben in den letzten Jahren allerdings auch alternative Ansätze entwickelt, die normativen Wandel vielmehr als kontingentes Produkt der Kämpfe und Auseinandersetzungen betrachten, die kontinuierlich um die Interpretation kollektiver Bedeutungen stattfinden und sich in jeglicher Art sozialer Interaktion manifestieren; siehe z.B. Sandholtz 2008; Wiener 2004; 2007a; 2007b.

ration auf und nehmen an, dass AkteurInnen nicht strategisch handeln, also auf der Basis stabiler Interessen, sondern vielmehr gemäß einer *argumentativen Rationalität* (Risse 2000: 2-14; Deitelhoff 2009: 35). Überzeugung, so wird angenommen, findet hier durch einen wahren Gesinnungswandel statt, der ohne Druck oder Zwang vonstattengeht. Die Normen, die in diesen Überzeugungsprozessen und *rationalen Diskursen* entstehen, seien dann die Produkte der »'noncoercive coercion' of the better argument« (Deitelhoff 2009: 43). Ob strategisches Framing oder wahre Überzeugung, an beiden Modellen lässt sich kritisieren, dass diese – wenn auch auf unterschiedliche Art und Weise – durch ihre Erklärungen eine weitgehend unreflektierte Politik betreiben, indem sie die Wünschbarkeit und normative Geltung von Normen unhinterfragt lassen oder diese aktiv legitimieren. Konstruktivistische NormenforscherInnen werden somit zu KomplizInnen einer ganz bestimmten Art von Realitätspolitik, die die untersuchten Normen, genauso wie die soziale Realität, die sie naturalisieren, reproduziert und stärkt.

Das erste, strategisch argumentierende Modell normativen Wandels nimmt die untersuchten Normen als gegeben und lässt die Frage offen, wie deren normative Bedeutungen konstruiert wurden, so dass zielgerichtetes, strategisches Handeln in ihrem Namen erst möglich wird. Dies bringt nicht nur eine unnötige analytische Einschränkung mit sich, da es der/dem Forschenden den Blick auf die historisch kontingente Natur und die konstitutive Wirkung normativer Bedeutungen verstellt (Price 1995: 87). Vielmehr verdeckt die Vernachlässigung der historisch kontingenten Entstehung von Normen auch deren inhärent politischen Charakter: Normen können als produktive Diskurse oder, besser, als Bestandteile derselben verstanden werden, die bestimmte Praktiken und Identitäten naturalisieren und legitimieren, während sie zugleich andere delegitimieren. Eine Untersuchung, die speziell auf den Konstruktionsprozess von Normen abzielt, würde es insofern ermöglichen, die historische Produktivität sozialer Normen zu erforschen und die versteckteren konstitutiven Effekte aufzudecken. Sie kann, in den Worten von Jenny Edkins, dabei helfen, die »politischen Technologien« (Edkins 1999: 9) zu entlarven, die durch Normen produziert und naturalisiert werden und heute gerne übersehen werden, da die Norm genauso wie die soziale Realität, die sie produziert, seit langem als *gültige* soziale Bedeutungen akzeptiert und als gegeben angenommen werden. Indem das strategische Erklärungsmodell annimmt, dass bestimmte Normen einfach da sind und strategisch von NormunternehmerInnen propagiert werden können, naturalisiert es diese Normen gewissermaßen in ihrer Existenz als Norm *an sich*, inklusive ihrer Geltungsansprüche. Dieses Prozedere hat insofern politische Implikationen, als es die normative Qualität einer historisch kontingenten Norm und damit auch die soziale Realität bestätigt, die durch sie produziert wird.

Ein noch stärkerer politischer Effekt kann hinsichtlich der Überzeugungsansätze beobachtet werden, da diese die untersuchte Norm nicht nur naturalisieren, sondern auch implizit legitimieren. Indem Überzeugungsansätze auf dem Habermas'schen Argumentationsmodell und dem Konzept des rationalen Diskurses aufbauen, um die Herausbildung und Institutionalisierung einer spezifischen Norm zu erklären, nutzen sie ein eigentlich normativ-kritisches Instrument, das versucht, ein ethisches Fundament für ein realweltlich begründbares Moralsystem anzubieten (Hanrieder 2008: 168). Moralisch begründbare und akzeptable Normen können demnach durch bestimmte prozedurale Bedingungen erreicht werden, nämlich Argumentation in einem rationalen Diskurs, der jeder/m einzelnen TeilnehmerIn den gleichen Zugang, die gleichen Machtpotenziale und Schutz vor Diskriminierung garantiert und Konsens durch die Überzeugungskraft des besten Arguments herbeiführt.

Die Übertragung dieses normativen Modells und seine Verwendung für die Erklärung empirischer Normentstehungsprozesse moralisiert diese Prozesse jedoch und legitimiert empirisch akzeptierte Normen *ex post* (Hanrieder 2008): Wenn empirische Prozesse der Normentstehung im Sinne von rationalen und gerechten Diskursen interpretiert werden, so werden *de facto* hervorgebrachte Argumente zu *guten* oder gar *besten* Argumenten und empirisch entstehende Normen werden zu moralisch akzeptablen und scheinbar gerechten Normen. Hier wird die untersuchte Norm also nicht nur naturalisiert, sondern implizit für legitim erklärt, da sie scheinbar im Rahmen eines rationalen Diskurses entstanden ist. Kritische Fragen hinsichtlich der Wünschbarkeit einer Norm oder auch hinsichtlich ihrer Macht und eventueller negativer Konsequenzen werden dadurch erschwert und zunächst in den Hintergrund gerückt.

Die normative Prädisposition konstruktivistischer Normenforschung mag nicht beabsichtigt sein. Dennoch betreibt diese Forschung eine ganz bestimmte Realitätspolitik, indem sie diejenigen Bedeutungen, die sie untersucht, naturalisiert und stärkt, und dadurch auch die größeren Wertbestände legitimiert und reproduziert, in die diese Bedeutungen eingebunden sind. Konstruktivistische Normenforschung bietet damit keinen neutralen, objektiven Blick auf die Welt, die sie untersucht; stattdessen ist sie an der Konstruktion von Wirklichkeit beteiligt und trägt zur Reproduktion und Normalisierung hegemonialer Wertbestände und Machtstrukturen bei (vgl. Engelkamp, et al. 2012).

3. *Poststrukturalismus als Alternative: Ein kritischer Blick auf globale Normen*

Die obige Kritik am zumeist unreflektierten politischen Charakter konstruktivistischer Normenforschung ist aus einer poststrukturalistischen Perspektive formuliert, die ich im Folgenden als alternative und kritische Herangehensweise für die Erforschung globaler Normen vorschlage. Die poststrukturalistische Diskurstheorie bietet sich insofern als Grundlage für ein alternatives Forschungsprogramm zur affirmativen Haltung konstruktivistischer Normenforschung an, als sie einen dezidiert kritischen Blick auf hegemoniale Normen ermöglicht.

Aus poststrukturalistischer Sicht repräsentieren Normen – genauso wie alle anderen sozialen Bedeutungen – Komponenten historisch kontingenter Diskurse, die durch soziale Praktiken, insbesondere Sprache, produziert und reproduziert werden. Was AkteurInnen als *richtig, angemessen* oder auch *normal* verstehen, wird von hegemonialen Diskursen vorgegeben, die bestimmte Praktiken konstituieren und naturalisieren und sie *gut* oder *angemessen* erscheinen lassen. Hegemoniale Diskurse sind aber keine neutrale Abbildung von Wirklichkeit, sondern werden in der poststrukturalistischen Forschung als hoch politisch betrachtet, da ihre Hegemonie nur auf Kosten anderer Versionen sozialer Realität bestehen kann, die zugleich ausgeschlossen, marginalisiert und delegitimiert werden. Soziale Realität und damit auch soziale Normen bergen insofern immer eine repressive Seite, die aufzudecken zentrales Anliegen poststrukturalistischer Forschung ist. Grundsätzlich legt eine poststrukturalistisch inspirierte Normenforschung ihren Fokus also nicht nur auf die Normen, die kritisch beleuchtet werden sollen, sondern auf die Diskurse, die diesen Normen zugrunde liegen und auf deren produktive und repressive Macht, d.h. ihre Fähigkeit, einerseits eine bestimmte Konstruktion sozialer Realität als *gut* oder auch *wahr* erscheinen zu lassen und andererseits alternative Werthaltungen und Interpretationen von Realität zu marginalisieren und zu delegitimieren (siehe genauer weiter unten). Zentrales Anliegen bei der Anwendung einer solchen Perspektive ist es, zu rekonstruieren, wie diese Diskurse entstehen und hegemonial werden, wie sie soziale Realität, z.B. Normen, produzieren und schließlich, welche Konsequenzen diese Konstruktionen für soziale Realität bzw. für die Weltpolitik mit sich bringen. Wie ein poststrukturalistisches Forschungsdesign für die kritische Untersuchung globaler Normen aussehen kann, skizziere ich auf den folgenden Seiten.

3.1 Poststrukturalistische Grundannahmen

Die poststrukturalistische Diskurstheorie kann als radikale und politische Form konstruktivistischen Denkens verstanden werden, die auf einer *anti-essentialistischen Ontologie* und einer *anti-fundationalen Epistemologie* (Torfing 2005: 13) aufbaut. Ontologisch verwirft sie die Annahme, dass soziale Realität auf eine stabile und gegebene Essenz zurückgeführt werden kann und geht stattdessen davon aus, dass Realität immer eine soziale Konstruktion ist, die durch Diskurse produziert und stabilisiert wird. Epistemologisch nimmt sie an, dass es keine gegebene und fixe *Wahrheit* über die Welt geben kann. *Wahrheit* ist immer nur im Kontext von und bedingt durch hegemoniale Diskurse möglich, die bestimmen, was als wahr oder falsch gelten kann (Torfing 2005: 14). In diesem Sinne muss auch Wissenschaft immer als politisches Projekt begriffen werden, das mit seinen *Wahrheiten* und *Erkenntnissen* auf bestimmten hegemonialen Diskursen aufbaut und diese stärkt und reproduziert.

Aus poststrukturalistischer Sicht ist *Diskurs* die zentrale konstitutive Kategorie sozialer Realität, da es nur in Diskursen und durch Diskurse möglich ist, Bedeutungen temporär zu stabilisieren und die materielle Umwelt bedeutungsvoll werden zu lassen (Epstein 2008: 2; Howarth/Stavrakakis 2000; Torfing 2005). Diskurse können nach Ernesto Laclau und Chantal Mouffe als relativ stabile Bedeutungsarrangements verstanden werden, als »structured totalit[ies]«, in denen Bedeutungen und soziale Identitäten in relationalen Bedeutungssystemen angeordnet werden. Laclau und Mouffe zufolge werden Diskurse in und durch Knotenpunkte stabilisiert, die durch sogenannte *leere Signifikanten*, semantisch vage soziale Ideale wie etwa *Demokratie, Gerechtigkeit*, oder – wie ich im Folgenden argumentiere – *Versöhnung* sprachlich repräsentiert werden. Solche leeren Signifikanten stabilisieren einen Diskurs, indem sie als Ankerpunkt für alle anderen Signifikanten des Diskurses fungieren und diese durch Äquivalenzbeziehungen an sich binden. Insgesamt werden Diskurse durch zwei gegenläufige sprachliche Logiken zusammengehalten: Die Logik der Äquivalenz, die den leeren Signifikanten mit den anderen Signifikanten des Diskurses in eine positive semantische Beziehung setzt, und die Logik der Differenz, die diese Signifikanten wiederum voneinander unterscheidet und die Spannung des diskursiven Systems aufrecht erhält (Laclau/Mouffe 2001: 127-134). Diese Logiken sind nicht nur für die Bedeutungsbildung, sondern auch für die Ab- und Ausgrenzungen eines Diskurses verantwortlich: was radikal vom leeren Signifikanten unterschieden und damit von seiner Äquivalenzkette abgegrenzt wird, wird als das oftmals illegitime *Andere* konstruiert und an die diskursiven Grenzen verbannt (Laclau 2007: 38).

Diskurse werden durch Artikulationen produziert und reproduziert, d.h. durch »any practice establishing a relation among elements such that their identity is modified as a result of the articulatory practice« (Laclau/ Mouffe 2001: 105). Nach Laclau und Mouffe enthält jede soziale Praxis, linguistisch wie nicht-linguistisch, eine artikulatorische Dimension, da jede soziale Handlung bestimmte Bedeutungen und Beziehungen zwischen Bedeutungen bestätigt und reproduziert, während andere zugleich hinterfragt und modifiziert werden (Laclau/Mouffe 2001: 113). Die AutorInnen unterscheiden zudem eine besondere Form von Artikulation, die sie hegemoniale Kämpfe nennen, und die insbesondere in Situationen sozialer Krise und extremer Umstrittenheit zur Artikulation neuer Diskurse führen. Solche hegemonialen Kämpfe werden durch politische Auseinandersetzungen ausgetragen, in deren Verlauf ein Signifikant zum neuen, hegemonialen leeren Signifikanten erhoben und mit anderen Signifikanten in eine Äquivalenzbeziehung gesetzt wird. Damit verbunden ist die Privilegierung dieses Signifikanten über konkurrierende Ideale und zugleich deren Ausgrenzung als illegitimes *Anderes* (Laclau/Mouffe 2001: 135-142; Laclau 2004: 318-321; Howarth 2004: 258-261).

Soziale Realität, also das, was wir als *objektiv wahr* oder *natürlich* verstehen, wird durch hegemoniale Diskurse produziert, die insofern mächtig sind, als sie eine bestimmte, historisch kontingente Interpretation sozialer Realität fixieren und institutionalisieren, während sie zugleich andere Versionen sozialer Realität ausschließen, unterdrücken und marginalisieren (Howarth/Stavrakakis 2000: 4; Torfing 2005: 14-15). In anderen Worten: Hegemoniale Diskurse machen einen Unterschied, da die soziale Realität, die von ihnen konstruiert wird, genauso gut auch anders konstruiert werden könnte (Epstein 2008: 9). Die produktive Macht hegemonialer Diskurse liegt demnach in ihrer Fähigkeit, eine diskursiv produzierte, dabei aber völlig kontingente soziale Realität, bestehend aus Subjekten, Objekten und Praktiken *objektiv wahr* und *gegeben* erscheinen zulassen.

Zugleich wird es uns aber auch nur möglich, eben diese Subjektpositionen einzunehmen und eben jene Praktiken auszuüben, die vom hegemonialen Diskurs zur Verfügung gestellt werden, während andere Subjektpositionen oder Praktiken als *unnatürlich*, *anormal* oder *schlecht* ausgeschlossen und delegitimiert werden. Die Macht eines hegemonialen Diskurses birgt also immer auch eine repressive Seite, und die Subjekte, Objekte und Praktiken, die im Diskurs produziert werden, sind nicht unproblematisch, da sie alternative Konstruktionen unterdrücken und marginalisieren. Die Hegemonie eines Diskurses basiert damit auf einem permanenten Kampf dieses Diskurses gegen andere Konstruktionen sozialer Realität, die immer wieder unterdrückt und delegitimiert werden müssen, um die Hegemonie eines Diskurses zu erhalten. In anderen Worten, Diskurse und alle soziale Objektivität, die von ihnen produziert wird, sind inhärent politisch; ihre Formierung impliziert die Ausübung von Macht und der Prozess ihrer Sedimentierung ist die Institutionalisierung von Machtbeziehungen (Howarth/Stavrakakis 2000: 9).

Die Anerkennung der inhärenten Kontingenz, Macht und Politik hegemonialer Diskurse hat entscheidende Konsequenzen dafür, wie wir soziale Realität, internationale Politik und auch Normen verstehen und analysieren. Erstens impliziert sie, dass soziale Realität und das, was wir als Normen begreifen, niemals als neutral betrachtet werden kann, sondern immer als Produkt mächtiger, aber kontingenter Diskurse zu verstehen ist, deren Hegemonie auf dem Ausschluss alternativer Konstruktionen basiert. Diese anderen, unterdrückten und zugunsten des hegemonialen Diskurses delegitimierten Versionen sozialer Realität – etwa die ausgeschlossenen Verhaltensstandards, die es nicht zur Norm geschafft haben, oder die Subjektpositionen, die durch den hegemonialen Diskurs überschrieben wurden – gilt es in einer kritischen Studie aufzudecken, um die Kontingenz und die Politik des hegemonialen Diskurses zu enthüllen und alternative Konstruktionen von Realität und legitimer sozialer Ordnung aufzuzeigen, die ebenso gut möglich gewesen wären.

Zweitens ist das Konzept der diskursiven Macht zentral für die Zuweisung von Verantwortung (vgl. Guzzini 2000; 2005: 511). Indem wir als WissenschaftlerInnen einen Diskurs als mächtig beschreiben und zugleich annehmen, dass wir, als AkteurInnen im sozialen Alltag durch unsere Sprache und unsere Praktiken an der (Re-)Produktion dieses Diskurses beteiligt sind, implizieren wir, dass wir einen Teil der Verantwortung dafür tragen, wie unsere soziale Realität *ist*. Wenn wir z.B. weitgehend akzeptierte Normen unseres eigenen Kulturkreises als gegeben nehmen und naturalisieren, dann stärken wir zugleich den Diskurs, in den diese Normen eingebunden sind und reproduzieren sein Machtgefüge, welches z.B. westliche Normen privilegiert, während Normen und Praktiken aus anderen kulturellen Kontexten delegitimiert und als *schlecht* aufgefasst werden. Auf der anderen Seite sind wir, als ForscherInnen, durch eine dezidiert kritische Forschungspraxis wie die poststrukturalistische Hegemoniekritik in der Lage, bewusst den politischen Charakter scheinbar gültiger und neutraler Normen aufzudecken, ihre Wirkung zu enthüllen und sie und den hegemonialen Diskurs, in den sie eingebunden sind, dadurch zu re-politisieren, d.h. wieder umstritten zu machen.

3.2 Skizze einer poststrukturalistisch inspirierten Normenforschung

Die poststrukturalistische Diskurstheorie bietet nun die Möglichkeit, das, was genuin als *globale Normen* bezeichnet wird, kritisch zu beleuchten, indem sie zwei zentrale Forschungsschritte vorschlägt: Erstens erlaubt sie es, den Geltungsanspruch scheinbar geteilter Normen zu hinterfragen, indem sie die Existenz von Normen und deren feststehenden Bedeutungen nicht als gegeben annimmt, sondern sie als Bestandteile historisch gewachsener, kontingenter Diskurse versteht, die das Resultat politischer und sozialer Auseinandersetzungen und Artikulationsprozesse sind und keinen inhärenten moralischen Wert besitzen. Die Kontingenz und Veränderbarkeit dieser Diskurse und damit die Kontingenz von Normen aufzuzeigen ist ein zentrales Anliegen der hier vorgeschlagenen poststrukturalistisch inspirierten Normenforschung.

Methodisch kann man dabei, wie von einigen kritischen ForscherInnen vorgeschlagen, etwa auf einen genealogischen Ansatz zurückgreifen, indem man die untersuchte Norm historisiert und diejenigen historischen Artikulationsprozesse rekonstruiert, durch die diese mit (wechselnden) Bedeutungen versehen und in den Stand eines autoritativen Wertes erhoben wurde (Milliken 1999; Price 1995). Wie Richard Price argumentiert, hilft ein genealogisches Vorgehen dabei, zu zeigen, dass

> *»what is most often found at the historical beginnings of things is not 'the moment of their greatest perfection, when they emerge dazzling from the hands of a creator'. Rather, that development of institutions often consists of rationally inexplicable events, 'fabricated in piecemeal fashion' out of the vicissitudes of history«* (Price 1995: 86).

Aufbauend auf dem oben skizzierten, von Laclau und Mouffe inspirierten Diskursverständnis schlage ich als Methode zur Textanalyse die Analyse der semantischen Beziehungen vor, die zwischen Signifikanten artikuliert werden. Wie Norman Fairclough darlegt, eignet sich diese Methode dazu, Äquivalenz- und Differenzbeziehungen zwischen Signifikanten zu rekonstruieren und zu analysieren, welche Bedeutungseinheiten in eine Äquivalenzbeziehung mit dem leeren Signifkanten gesetzt werden und welche zu ihm in Kontrast gesetzt und damit ausgegrenzt werden (Fairclough 2003: 87-98). Dabei geht es eben nicht nur darum, die *positive* Bedeutungsproduktion nachzuvollziehen, d.h. den historischen Artikulationsprozess, durch den eine Norm konstruiert und damit geschaffen wird, sondern auch um die repressive Seite dieses Prozesses, d.h. um die anderen, alternativen Werte und Signifikanten, die durch die Privilegierung eines Signifikanten unterdrückt und delegitimiert werden, indem sie vom Diskurs ausgeschlossen werden.

Zweitens ermöglicht eine poststrukturalistisch inspirierte Perspektive, den politischen Charakter globaler Normen zu untersuchen und aufzudecken, welche produktive und repressive Macht von ihnen ausgeübt wird. Als Bestandteile hegemonialer Diskurse sind normative Bedeutungen an der Produktion und Legitimierung einer ganz bestimmten Version sozialer Realität beteiligt und tragen dazu bei, dass bestimmte Praktiken als *gut* oder *normal* verstanden werden. Zudem stehen die scheinbar angemessenen Praktiken, die durch Normen konstituiert werden, nicht isoliert da, sondern sind etwa verknüpft mit anderen diskursiven Elementen, etwa bestimmten Vorstellungen des Subjekts, das diese Praktiken ausüben soll/kann. Normen sind also Bestandteil einer ganz bestimmten Realität, die durch den ihnen zugrunde liegenden Diskurs konstituiert wird, und die konstitutive Wirkung dieses Diskurses kann Bestandteil einer Normenforschung sein. Als Bestandteile hegemonialer Diskurse partizipieren diese Normen aber nicht nur an der produktiven, sondern auch an der repressiven Wirkung dieser Diskurse und delegitimieren andere Praktiken, Subjektpositionen und Objekte als *schlecht*, *unnatürlich*, oder überschreiben diese Konstruktionen. Die repressive Seite globaler Normen zu erforschen ist folglich ebenfalls zentraler Bestandteil einer kritischen Normenforschung. In dieser Hinsicht lässt sich bei einer kritischen Beleuchtung globaler Normen etwa fragen, welche Subjektpositionen mit diesen Normen verknüpft sind und naturalisiert werden, wie also die Subjekte konstituiert sind, die die jeweiligen Praktiken ausüben sollen und auch, wie zugleich andere Subjektpositionen überschrieben und marginalisiert werden.

Wie eine solche kritische Untersuchung globaler Normen aussehen kann, wird im Folgenden kurz am Beispiel der globalen *Versöhnungsnorm* illustriert.

4. *Kritische Normenforschung in der Praxis: Ein Blick auf die globale Versöhnungsnorm*

Die *nationale Versöhnung* von Postkonfliktgesellschaften anzustreben und zu fördern wird in der internationalen Politik weitgehend als erwünschtes und angemessenes Verhalten betrachtet, man könnte es also als akzeptierte Norm verstehen (vgl. Moon 2008). Die Versöhnungsnorm hat in den vergangenen zwanzig Jahren eine erstaunliche Karriere durchlaufen. Spätestens seit dem südafrikanischen Versöhnungsprozess Mitte der 1990er Jahre geht man davon aus, dass Versöhnung für Postkonfliktgesellschaften wünschenswert ist und dass Versöhnung durch sogenannte Wahrheits- und Versöhnungskommissionen (Truth and Reconciliation Commissions, TRCs) zu erreichen ist, in der die vermeintlichen Opfer und Täter vergangener Menschenrechtsverbrechen öffentlich *die Wahrheit* über ihre vergangenen Erfahrungen berichten und dadurch von ihren Traumata geheilt und schließlich versöhnt werden (Moon 2008; Humphrey 2002). Zahlreiche Postkonfliktländer haben in den vergangenen Jahren TRCs eingerichtet, darunter Sierra Leone, Liberia, Osttimor, Ghana und Serbien, um nur einige Beispiele zu nennen. Mittlerweile, so Claire Moon, ist das Streben nach nationaler Versöhnung durch Wahrheitskommissionen von einer möglichen zur allgemein *erwarteten* Reaktion auf Krieg und Unterdrückung geworden (Moon 2008: 2; vgl. auch Christodoulidis/Veitch 2007; Ben-Josef Hirsch 2007), die von diversen trans- und internationalen Akteuren oder NormunternehmerInnen wie dem International Center for Transitional Justice (ICTJ), den Vereinten Nationen oder auch der Europäischen Union als angemessene Antwort auf Gewalt und Unterdrückung propagiert und unterstützt wird (Renner 2013).

Aus Sicht der konstruktivistischen Normenforschung ließe sich hinsichtlich der Versöhnungsnorm nun fragen, wie diese Norm sich global verbreitet hat, welche NormunternehmerInnen am Diffusionsprozess mitgewirkt haben, ob Framing- oder Überzeugungsprozesse ausschlaggebend waren und unter welchen Umständen neue Postkonfliktländer die Versöhnungsnorm in ihren Friedensprozessen adaptieren. Die Geltungsansprüche und politischen Konsequenzen der Versöhnungsnorm lassen sich aus dieser Perspektive aber kaum zum Thema einer wissenschaftlichen Untersuchung machen, denn die Hinterfragung globaler Normen, ihrer Geltungsansprüche und ihrer Konsequenzen wird hier zum großen Teil ausgeblendet. Genau danach fragt aber eine poststrukturalistisch inspirierte Normenforschung.

Aus poststrukturalistischer Perspektive stellt die Versöhnungspraxis Teil eines globalen Versöhnungsdiskurses dar, der im Kontext von Postkonfliktpolitik hegemonial geworden ist und zur Technologisierung der Versöhnungspraxis geführt hat, d.h. zu ihrer Entpolitisierung, so dass diese Praxis relativ unumstritten in immer neue Postkonflikt-Kontexte getragen und dort routinemäßig implementiert wird. Eine kritische Untersuchung dieser Technologie und des Versöhnungsdiskurses zielt dann einerseits darauf ab, die Versöhnungsnorm zu denaturalisieren und zu zeigen, dass der Imperativ zur Versöhnung weder eine gegebene Bedeutung noch einen intrinsischen moralischen Wert besitzt, sondern Bestandteil eines kontingenten Versöhnungsdiskurses ist, dessen Hegemonie und Privilegierung auf der Delegitimierung anderer Konstruktionen beruht. Zweitens ist das Ziel einer kritischen Untersuchung, die Versionen sozialer Realität zu enthüllen, die durch den Versöhnungsdiskurs unterdrückt, überschrieben oder delegitimiert wurden.[5]

4.1 Versöhnung durch Wahrheit als kontingente Bedeutung – Die Artikulation von Versöhnung in Südafrika

Südafrika kann als der Ort betrachtet werden, an dem die globale Versöhnungspolitik, wie wir sie heute kennen, normativ autorisiert wurde, denn der südafrikanische Versöhnungsprozess, der im Kontext der Transition von der Apartheid zur Demokratie stattfand, gilt heute allgemein als Prototyp und vielversprechendes Vorbild für jegliche Versöhnungspolitik (vgl. etwa Moon 2008; Rotberg/Thompson 2000; Humphrey 2002; Ben-Josef Hirsch 2007). Am Beispiel Südafrikas lässt sich nun rekonstruieren, wie Versöhnung im Laufe der politischen Auseinandersetzungen um die Neuordnung Südafrikas als autoritativer leerer Signifikant artikuliert wurde, der mit anderen Signifikanten wie etwa *Heilen*, *Wahrheit-Sprechen*, *Opfer und Täter* in eine Äquivalenzbeziehung gesetzt und somit inhaltlich gefüllt wurde und wie zugleich Forderungen nach Gerechtigkeit und Bestrafung der Apartheid-FunktionärInnen mit Versöhnung kontrastiert und damit delegitimiert wurden. Zudem zeigt eine solche Analyse, dass die Vorstellung, Versöhnung sei wichtig und durch öffentliches Wahrheit-Sprechen erreichbar, in Südafrika so zunächst nicht existiert hat. Vielmehr war die Idee, Südafrika solle sich versöhnen, zunächst höchst umstritten und die Interpretation sowohl der Autorität als auch der Bedeutung von Versöhnung änderte sich kontinuierlich im Prozess der politischen Auseinandersetzung während der Transition.

Noch in den sehr frühen Tagen der Transition äußerte sich das sogenannte Kairos Dokument, das 1985 von einer Gruppe von Theologen verschiedener Konfessionen veröffentlicht wurde und kritisch zur politischen Situation des Landes Stellung nahm, äußerst skeptisch gegenüber dem Ziel der Versöhnung in Südafrika. In einer Gesellschaft, in der die brutale Unterdrückung der Schwachen durch die Starken an der Tagesordnung ist, sei die Idee einer Versöhnung dieser beiden Gruppen »a total betrayal of all that Christian faith has ever meant« (Kairos 2007). Was Südafrika vor

---

5 Aus Platzgründen kann die empirische Rekonstruktion in den folgenden Abschnitten dieses Beitrags nur skizzenhaft erfolgen. Für eine ausführliche Darstellung siehe Renner 2013: Kap. 2, 5.

jeder Versöhnung brauche, so die Kairos-Theologen, sei Gerechtigkeit und die Bestrafung derer, die am unterdrückerischen Regime mitgewirkt haben. Wenn überhaupt, so die Theologen, müsse *wahre Versöhnung* angestrebt werden und diese sei nur auf der Basis von Gerechtigkeit erreichbar (Kairos 2007; vgl. auch Moon 2008: 32-35).

In diesen Passagen konstruiert das Kairos Dokument Versöhnung auf zweierlei Art und Weise: Einerseits als illegitimes *Anderes* zu der gewünschten Gerechtigkeit durch Bestrafung und andererseits als legitimes Ziel (wahre Versöhnung), das in einer positiven semantischen Beziehung mit Gerechtigkeit steht und durch diese hervorgerufen wird. Obwohl die Kairos-Theologen mit ihren Forderungen und Artikulationen nicht allein waren, wurden die Rufe nach Gerechtigkeit und Bestrafung im Laufe der Zeit mit der Artikulation des Versöhnungsdiskurses und der Privilegierung von Versöhnung als hegemonialem leeren Signifikanten unterdrückt. Der entstehende Versöhnungsdiskurs propagierte Versöhnung als einzig *gutes* Ziel für das neue Südafrika und delegitimierte zugleich Forderungen nach Gerechtigkeit und Bestrafung, indem er alle Arten von Bestrafung im Rahmen dieses Diskurses im Sinne von Rache konstruierte (Wilson 2001; Moon 2008).

Während des weiteren Artikulationsprozesses im Laufe der Transition ist zu beobachten, wie *Versöhnung* Schritt für Schritt zum leeren Signifikanten, zum gemeinsamen Bezugspunkt und zur vagen politischen Vision der politischen Kontrahenten der Transitionsverhandlungen wurde. In den politischen Auseinandersetzungen der National Party (NP) unter Präsident Willem Frederik de Klerk einerseits und dem African National Congress (ANC) unter seinem Vorsitzenden Nelson Mandela andererseits, wurde Versöhnung von beiden Parteien immer mehr als zentraler politischer Schlüsselbegriff bemüht, der das gemeinsame Ziel repräsentieren und die jeweiligen politischen Forderungen der beiden Seiten rechtfertigen sollte. Dabei wurde der Begriff der Versöhnung mit ständig wechselnden Bedeutungen versehen, indem er mit verschiedenen Forderungen in Beziehung gesetzt wurde, die von den beiden Parteien vorgebracht wurden. So wurde Versöhnung alternierend herangezogen, um Forderungen nach politischen Verhandlungen und Kompromiss zwischen den AntagonistInnen Nachdruck zu verleihen, um die Freilassung politischer Gefangener zu rechtfertigen, um nach einem Ende der Apartheid-Gesetzgebung zu rufen, oder um für eine Machtteilung zwischen den Parteien zu plädieren (vgl. Renner 2013). De Klerk verwies etwa in seiner Eröffnungsrede vor dem Parlament 1990 auf die Notwendigkeit von Verhandlungen mit dem/der damaligen politischen GegnerIn und rechtfertigte diese Forderung mit dem Verweis auf Versöhnung:

>*Practically every leader agrees that negotiation is the key to reconciliation, peace and a new and just dispensation [...] Against this background I committed the Government during my inauguration to giving active attention to the most important obstacles in the way of negotiation*« *(de Klerk 1990)*.

1992 interpretierte er dann Versöhnung im Sinne der Freilassung politischer Gefangener:

>*In a spirit of reconciliation, we will now also release all prisoners falling outside those guidelines [...] who have committed crimes with a political motivation. This will apply to prisoners irrespective of their political affiliation. [...] [the legislation] will deal aquitably with those prisoners whose release can make a contibution [sic!] to reconciliation*« *(de Klerk 1992)*

Beide Zitate illustrieren, wie positive semantische Beziehungen, etwa *is the key to* oder *make a contribution to,* eine Äquivalenzbeziehung zwischen Versöhnung und den jeweiligen Forderungen herstellen und Versöhnung zugleich mit Bedeutung versehen. Dennoch unterscheiden sich diese Artikulationen deutlich von dem, was heute allgemein unter einer Versöhnungspolitik verstanden wird.

Fixiert wurde das vage Ideal der Versöhnung erstmals in der Interimsverfassung von 1993, wo es als Ziel einer Amnestieklausel festgeschrieben wurde. Von da an begann ein Prozess der Neuinterpretation von Versöhnung, der vor allem von der südafrikanischen Zivilgesellschaft vorangetrieben wurde, und im Rahmen dessen man zu dem Verständnis kam, das heute im globalen Diskurs vorherrscht: Durch die spezifischen Forderungen zivilgesellschaftlicher AkteurInnen in Bezug darauf, wie das Amnestiegebot der Verfassung umgesetzt werden sollte, wurde Versöhnung nun konstruiert als ein Aufarbeiten der Vergangenheit durch einen öffentlichen Wahrheitsprozess. Dieser sollte ohne Rache, also ohne die Bestrafung der *TäterInnen* vergangener Gewalt vonstattengehen und vielmehr auf Vergebung durch die *Opfer* der Gewalt und auf dem Heilen der Traumata von den vermeintlichen Opfern und TäterInnen durch gemeinsames Klagen aufbauen (für eine detaillierte Darstellung vgl. Renner 2013). So wurde zu dieser Zeit etwa argumentiert:

>*Forgiveness and reconciliation should thus be understood as the conclusions of a process of reconstructing the moral order that is more healthy than punishment [...]. A society cannot reconcile itself on the grounds of a divided memory. [...] It would thus be important to reveal the truth and so build a moral order [...] without truth and acknowledgement reconciliation is not possible*« *(Zalaquett 1997: 11-13)*.

Die semantischen Beziehungen, die hier zwischen Versöhnung und anderen Signifikanten hergestellt werden, stellen Versöhnung in eine Äquivalenzbeziehung zu *forgiveness, reveal the truth* und *acknowledgement* und kontrastieren es zugleich mit *punishment*. Diese Interpretation von Versöhnung wurde später durch die Sprache und die Praktiken der südafrikanischen TRC reproduziert und gefestigt. Zudem artikulierte die TRC die Subjektpositionen des *Opfers* und *Täters* vergangener Menschenrechtsverbrechen als ProtagonistInnen eines solchen Versöhnungsprozesses (vgl. im Detail Renner 2013: Kapitel 2; Moon 2008; Verdoolaege 2008).

Das obige Zitat spiegelt das Verständnis von Versöhnung wider, wie es heute global akzeptiert ist. Zugleich zeigt der Blick auf den Verlauf des Artikulationsprozesses von Versöhnung in Südafrika, dass diese Interpretation zu Beginn nicht existent war. Versöhnung war in der frühen Phase der Transition eine von vielen Forderungen, die hinsichtlich der Zukunft des Landes gestellt wurden, etwa neben Forderungen nach der Bestrafung der Regimemitglieder. Obwohl die Forderung nach Versöhnung nicht unumstritten war, wurde sie im Laufe der Transitionsverhandlungen privilegiert gegenüber den Forderungen nach Bestrafung, die im Sinne von (illegitimer und gefährlicher) Rache interpretiert und dadurch delegitimiert wurden. Zudem wurde unsere heutige Interpretation von Versöhnung im Sinne öffentlichen Wahrheit-Sprechens erst im Laufe der Zeit artikuliert durch die politischen Forderungen, die v.a. von der südafrikanischen Zivilgesellschaft hinsichtlich der Umsetzung der Amnestieklausel geäußert wurden. Unser heutiges Verständnis, Versöhnung sei in Postkonfliktsituationen wünschenswert und durch öffentliche Wahrheitsprozesse erreichbar, kann somit als kontingente Interpretation gesehen werden, statt als existente und scheinbar *gute* Norm, die heute oft unkritisch in Postkonfliktländer getragen wird.

4.2 Die Macht des globalen Versöhnungsdiskurses in lokalen Postkonflikt-Kontexten

Neben der Enthüllung der Kontingenz unserer heutigen Versöhnungsnorm zielt die poststrukturalistische Perspektive auch darauf ab, den politischen Charakter dieser Norm bzw. des ihr zugrunde liegenden Versöhnungsdiskurses zu erforschen und aufzuzeigen, wie dieser Diskurs eine ganz bestimmte Version sozialer Realität produziert und dabei andere Versionen überschreibt und marginalisiert. Der globale Versöhnungsdiskurs wird primär in Postkonfliktgesellschaften implementiert und es lässt sich daher besonders gut in solchen lokalen Kontexten untersuchen, wie dieser

Diskurs seine Macht entfaltet, indem er eine spezielle Versöhnungsrealität implementiert und dabei andere Interpretationen der Postkonfliktrealität unterdrückt. Dies werde ich im Folgenden knapp am Beispiel Sierra Leones illustrieren, wo der globale Versöhnungsdiskurs im Laufe der Verhandlungen des Lomé Friedensabkommens 1999 an Einfluss gewann.

Der globale Versöhnungsdiskurs wird primär durch globale AkteurInnen in lokale Postkonfliktkontexte gebracht, die ich an anderer Stelle als *globale Versöhnungskoalition* bezeichnet habe. Internationale Nichtregierungsorganisationen (NGOs) wie das *International Center for Transitional Justice*, das UN Hohe Kommissariat für Menschenrechte (OHCHR) und individuelle Mitglieder ehemaliger TRCs, primär aus Südafrika, fungieren als vermeintliche Versöhnungsexperten, bringen das *Wissen* über Versöhnung in Postkonfliktgesellschaften und helfen beim Aufbau und der Durchführung von TRCs (vgl. im Detail Renner 2013: Kap. 4, 5). Während diese globalen AkteurInnen durch ihren ExpertInnenstatus Definitions- und Handlungsmacht genießen und den Versöhnungsprozess gemäß globalen *best practice*-Standards gestalten, stellt der Versöhnungsdiskurs auch für die lokale Bevölkerung bestimmte Subjektpositionen bereit.

Wie oben bereits angedeutet, ist die Versöhnungspraxis des öffentlichen Wahrheit-Sprechens im Diskurs mit zwei bestimmten Subjektpositionen verknüpft, nämlich dem Opfer und dem Täter oder der Täterin vergangener Menschenrechtsverbrechen. Der Versöhnungsdiskurs konstituiert Versöhnung als einen Prozess, in dem die Opfer und TäterInnen vergangener Menschenrechtsverbrechen die Wahrheit über ihre Erfahrungen erzählen, ihre Traumata heilen und sich versöhnen (sollen) (vgl. Moon 2008; Renner 2013). Opfer und TäterIn sind also die Subjektpositionen, die den Menschen im Kontext des Versöhnungsprozesses zur Identifikation zur Verfügung gestellt werden.

Im Fall Sierra Leones lässt sich nun beobachten, wie die produktive Macht des Versöhnungsdiskurses die Individuen der Postkonfliktgesellschaft dort als Opfer und TäterIn vergangener Menschenrechtsverbrechen konstituierte, die vor allem ein Bedürfnis nach Versöhnung und therapeutischer Heilung haben. Die Identifikation der Menschen mit diesen Subjektpositionen und ihre Anerkennung als solche, geschah primär durch die Prozesse und Praktiken der Sierra Leonischen TRC (vgl. ausführlich Renner 2013: Kap. 5), als also die globale Norm *Versöhnung* durch öffentliche Wahrheitsprozesse in Sierra Leone implementiert wurde. Zwei Interpellationsmechanismen der TRC sind besonders auffällig: Einerseits verlangte die Teilnahme am öffentlichen Aufarbeitungsprozess von den Menschen, sich als Opfer oder TäterIn zu klassifizieren und drängte sie dadurch in diese Subjektpositionen. Um etwa die Anmeldeformulare der TRC auszufüllen, in denen es spezielle Sektionen für Opfer und Sektionen für TäterInnen gab, mussten die Menschen sich entscheiden, als was sie sich selbst sahen: als Opfer, TäterIn, oder eine Kombination aus beidem (SLTRC 2004b: Volume 1, 194-230). Die Interpellation der Menschen mit den neuen Subjektpositionen des Versöhnungsdiskurses erfolgte andererseits auch in den öffentlichen Anhörungen, wo die Kommissare der TRC die ZeugInnen immer wieder als Opfer und TäterInnen ansprachen und ihnen diese Identitäten explizit zuwiesen. So sagte etwa der Vorsitzende der TRC, Bischof Humper, in einer Anhörung zu einem Zeugen:

> *»You and your people became victims. And you endured and endured and it became non-endurable any longer! So you committed yourself to what ultimately came to be called CDF. So you became a member of CDF. Is that right? And CDF are perpetrators, so you are a perpetrator as well. You are a victim-perpetrator!« (Humper quoted in Kelsall 2005: 375).*

Die konstruktive Seite der diskursiven Macht, die die lokale Bevölkerung als Opfer und TäterInnen vergangener Menschenrechtsverbrechen konstituierte, hatte allerdings auch insofern einen repressiven Aspekt, als die neuen Subjektpositionen zugleich andere Subjektpositionen überschrieb, die in der Postkonfliktgesellschaft Sierra Leones bis dahin vorgeherrscht hatten (vgl. ausführlich Renner 2013: Kap. 5). In ihren eigenen Erzählungen bei den Anhörungen und Befragungen der TRC beschrieben die Menschen sich und ihre MitbürgerInnen zunächst nicht als Opfer und TäterInnen vergangener Menschenrechtsverbrechen, sondern vielmehr als Subjekte des Bürgerkrieges. Die Erzählungen der Vergangenheit handelten zunächst von RebellInnen, SoldatInnen, ZivilistInnen oder KollaborateurInnen, die auf der einen oder anderen Seite am Krieg beteiligt waren oder versuchten sich aus diesem herauszuhalten und von deren politischen Positionen. Die folgende Passage aus einer Aussage vor der TRC, in der der Zeuge über die zweite Phase des Krieges berichtet, illustriert diese Subjektpositionen gut:

> *»In this phase, the civilians were targets of both the rebels and soldiers. Rebels claimed that the civilians were disclosing their whereabouts to soldiers and soldiers accused the civilians of being rebel collaborators« (SLTRC 2004a: 175-176).*

Dieses Zitat illustriert, dass Opfer und TäterInnen in den Aussagen vor der TRC zunächst keine Rolle spielten. Stattdessen war es der Versöhnungsdiskurs selbst, der durch die Praktiken der TRC eine Neuinterpretation der Vergangenheit und Gegenwart ermöglichte und die Menschen als Opfer und/oder TäterInnen konstruierte.

Die Reinterpretation der Sierra Leonischen Bevölkerung als Opfer und/
oder TäterInnen vergangener Menschenrechtsverbrechen und die gleichzeitige Neutralisierung der Identitäten als *RebellIn*, *SoldatIn* oder *ziviler*
KollaborateurIn zog noch weitere Konsequenzen mit sich, da diese früheren
Identitäten aus dem Bürgerkriegsdiskurs mit bestimmten politischen Haltungen und Forderungen verknüpft waren. So hatte etwa die Revolutiona-
ry United Front (RUF) – nach eigener Aussage – gegen die Regierung *re-*
belliert, da Forderungen der Bevölkerung, etwa nach *Good Governance*, ökonomischer Gerechtigkeit, oder auch politischer Macht und Partizipation
über lange Zeit ungehört geblieben waren. Eben diese Forderungen hatten
der RUF zunächst auch Unterstützung und Rückhalt in der Bevölkerung
verschafft. Insgesamt wird der Bürgerkrieg Sierra Leones in der Literatur
häufig interpretiert als Folge langjähriger Korruption, Misswirtschaft und
Benachteiligung sowie politischer Exklusion vor allem der ländlichen Bevölkerung (Conteh-Morgan/Dixon-Fyle 1999: 127-128; Pham 2006: 86). Indem der Versöhnungsdiskurs, der durch die Versöhnungspraktik und die
Einrichtung der TRC ins Land gebracht wurde, nun die politischen Identitäten der Sierra Leonischen Bevölkerung überschrieb und sie mit den Subjektpositionen des Opfers und des/der TäterIn vergangener Menschenrechtsverbrechen ersetzte, neutralisierte er auch die politischen Forderungen, die von den Subjekten des Bürgerkrieges erhoben wurden, und ersetzte sie durch das eher apolitische Bedürfnis von Opfern und TäterInnen
nach Versöhnung und symbolischer Heilung.

Insgesamt, so lässt sich aus poststrukturalistischer Perspektive argumentieren, wirkte der Versöhnungsdiskurs also de-politisierend für die Postkonfliktgesellschaft Sierra Leones. Er konstruierte die Menschen als Opfer
und TäterInnen vergangener Menschenrechtsverbrechen, die vor allen
Dingen Versöhnung und therapeutische Heilung benötigen. Die politischen und ökonomischen Probleme und Forderungen, die von der Bevölkerung zuvor erhoben wurden und zum Teil auch Auslöser des Bürgerkrieges waren, werden dabei jedoch diskursiv überschrieben und dann politisch zugunsten symbolischer Restitutionsleistungen marginalisiert.

Letztendlich produziert der Versöhnungsdiskurs, der sich v.a. in der
Versöhnungsnorm materialisiert, durch seine produktive Macht die Bedingungen seiner eigenen Notwendigkeit: Er geht davon aus, dass Bürgerkrie-
ge und Konflikte Opfer und TäterInnen vergangener Menschenrechtsverletzungen hinterlassen, die vor allem ein Bedürfnis nach Heilung, Trost
und Versöhnung haben und somit einen Versöhnungsprozess notwendig
machen. Zugleich produziert der Versöhnungsprozess diese Subjekte und
ihre Bedürfnisse aber selbst und bietet die benötigten Leistungen, nämlich
Heilung und Versöhnung gleich symbolisch an, indem er TRCs mit öf-

fentlichen Wahrheitsprozessen, gemeinsamem Klagen und öffentlichem Trost inszeniert. Der Versöhnungsdiskurs macht Postkonfliktsituationen somit in gewisser Weise regierbar: Er definiert die Bedürfnisse und Probleme vor Ort im Sinne eines Mangels an Versöhnung und Heilung und liefert zugleich die Technologien, die diesen Mangel zu beheben scheinen. Zugleich überschreibt er politische Identitäten und soziale Forderungen und Probleme, die möglicherweise zum Ausbruch des Bürgerkriegs beigetragen haben, nun aber nicht politisch adressiert werden.

5. Schlussbemerkung

Die poststrukturalistische Perspektive auf das, was zuweilen als *globale Versöhnungsnorm* verstanden wird, sollte illustrieren, wie eine poststrukturalistisch inspirierte Untersuchung normativer Bedeutungen aussehen kann. Die poststrukturalistische Diskurstheorie ist sicherlich nicht der einzige Weg, den man für eine kritische Form der Normenforschung beschreiten kann. Dennoch versprechen die poststrukturalistische Perspektive und Lesart internationaler Normen andere Einsichten und Ergebnisse hinsichtlich deren Herausbildung und globaler Verbreitung.

Die poststrukturalistische Perspektive, die in diesem Beitrag vorgeschlagen wurde, führt zu einer anderen und kritischeren Bewertung der globalen Versöhnungsnorm als die oben skizzierten sozialkonstruktivistischen Ansätze, die nach den Prozessen und Bedingungen der Diffusion dieser Norm fragen und diese anhand von akteurszentrierten Modellen zu erklären versuchen. Indem sie ihr Augenmerk nicht nur auf die Norm der Versöhnung, d.h. den Verhaltensstandard des Wahrheit-Sprechens und TRC-Schaffens selbst legt, sondern versucht, den weiteren Diskurs zu erfassen, in den dieser Standard eingebettet ist, ermöglicht sie eine umfassendere Analyse und lenkt den Blick auch auf die Subjektpositionen von Opfer und TäterIn, die mit der Versöhnungsnorm verknüpft sind. Indem sie die produktive und repressive Macht des Versöhnungsdiskurses in den Blick nimmt, beleuchtet sie Konsequenzen, die einer traditionelleren sozialkonstruktivistischen Perspektive entgehen.

Insgesamt zieht die poststrukturalistische Perspektive die Annahme in Zweifel, die globale Versöhnungsnorm und die zugehörige angemessene Praxis, Versöhnung in Postkonfliktgesellschaften durch Wahrheitskommissionen und das Heilen von Opfern und TäterInnen zu fördern, sei eine notwendigerweise gute oder auch nur eine neutrale und unschuldige Praktik. Stattdessen, so lässt sich aus poststrukturalistischer Perspektive argumentieren, ist die Versöhnungsnorm eingebettet in den Versöhnungsdiskurs und ist somit KomplizIn seiner produktiven und repressiven Macht. Damit ist die Versöhnungsnorm als hoch politisch zu betrachten, da sie Konsequenzen zeitigt, die in der Politik und auch in der wissenschaftlichen Forschung oft übersehen werden, da *Versöhnung durch Wahrheit* meist unhinterfragt als gute, angemessene Friedenspraxis akzeptiert wird.

Literatur

Bailey, Jennifer L. 2008: Arrested Development: The Fight to End Commercial Whaling as a Case of Failed Norm Change, in: European Journal of International Relations 14: 2, 289-318.

Ben-Josef Hirsch, Michal 2007: Agents of Truth and Justice. Truth Commissions and the Transitional Justice Epistemic Community, in: Chandler, David/Heins, Volker (Hrsg.): Rethinking Ethical Foreign Policy: Pitfalls, Possibilities and Paradixes, London, 184-205.

Christodoulidis, Emilios A./Veitch, Scott 2007: Introduction, in: Veitch, Scott (Hrsg.): Law and the Politics of Reconciliation, Aldershot, 1-8.

Conteh-Morgan, Earl/Dixon-Fyle, Mac 1999: Sierra Leone at the End of the Twentieth Century. History, Politics, and Society, New York.

Cox, Robert W. 1981: Social Forces, States and World Orders: Beyond International Relations Theory, in: Millennium: Journal of International Studies 10: 2, 126-155.

de Klerk, Frederik Willem 1990: Address by the State President, Mr. FW de Klerk, DMS, at the Opening of the Second Session of the Ninth Parliament of the Republic of South Africa, Cape Town, 2 February 1990, in: http://www.artsrn.ualb erta.ca/amcdouga/Hist247/winter_2011/document%20analysis/de_klerk_address _1990.pdf, 2. September 2014.

de Klerk, Frederik Willem 1992: Letter from State President FW de Klerk to Nelson Mandela President of the ANC, 24 September 1992, in: http://www.anc.org.za/a ncdocs/history/transition/fwletter092492.html, previously available at this website.

Deitelhoff, Nicole 2006: Überzeugung in der Politik. Grundzüge einer Diskurstheorie internationalen Regierens, Frankfurt am Main.

Deitelhoff, Nicole 2009: The Discursive Process of Legalization: Charting Islands of Persuasion in the ICC Case, in: International Organization 63: 1, 33-65.

Edkins, Jenny 1999: Poststructuralism & international Relations. Bringing the Political Back in, London.

Engelkamp, Stephan/Glaab, Katharina/Renner, Judith 2012: 'In der Sprechstunde'. Wie (kritische) Normenforschung ihre Stimme wiederfinden kann, in: Zeitschrift für Internationale Beziehungen 19: 2, 101-129.

Epstein, Charlotte 2008: The Power of Words in International Relations. Birth of an Anti-Whaling Discourse, Cambridge, Massachussetts.

Fairclough, Norman 2003: Analysing Discourse. Textual Analysis for Social Research, London & New York.

Finnemore, Martha/Sikkink, Kathryn 1998: International Norm Dynamics and Political Change, in: International Organization 52: 4, 887-917.

Florini, Ann 1996: The Evolution of International Norms, in: International Studies Quarterly 40: 3, 363-389.

Guzzini, Stefano 2000: A Reconstruction of Constructivism in International Relations, in: European Journal of International Relations 6: 2, 147-182.

Guzzini, Stefano 2005: The Concept of Power: A Constructivist Analysis, in: Millennium: Journal of International Studies 33: 3, 495-521.

Hanrieder, Tine 2008: Moralische Argumente in den Internationalen Beziehungen. Grenzen einer verständigungstheoretischen 'Erklärung' moralischer Debatten, in: Zeitschrift für Internationale Beziehungen 15: 2, 161-186.

Howarth, David 2004: Hegemony, Political Subjectivity, and Radical Democracy, in: Critchley, Simon/Marchart, Oliver (Hrsg.): Laclau. A Critical Reader, London and New York, 256-276.

Howarth, David/Stavrakakis, Yannis 2000: Introducing Discourse Theory and Political Analysis, in: Howarth, David/Norval, Aletta J./Stavrakakis, Yannis (Hrsg.): Discourse Theory and Political Analysis. Identities, Hegemonies and Social Change, Manchester, 1-23.

Humphrey, Michael 2002: The Politics of Atrocity and Reconciliation. From Terror to Trauma, London & New York.

Kairos 2007: The Kairos Document, in: Doxtader, Erik/Salazar, Philippe-Joseph (Hrsg.): Truth and Reconciliation in South Africa. The Fundamental Documents, Claremont, 50-56.

Keck, Margaret W./Sikkink, Kathryn 1998: Activists Beyond Borders. Advocacy Networks in International Politics, Ithaca and London.

Kelsall, Tim 2005: Truth, Lies, Ritual: Preliminary Reflections on the Truth and Reconciliation Commission in Sierra Leone, in: Human Rights Quarterly 27: 2, 361-391.

Klotz, Audie 1995: Norms in International Relations. The Struggle Against Apartheid, Ithaca & London.

Laclau, Ernesto 2004: Glimpsing The Future, in: Critchley, Simon/Marchart, Oliver (Hrsg.): Laclau. A Critical Reader, London and New York, 279-328.

Laclau, Ernesto 2007: Emancipation(s), London.

Laclau, Ernesto/Mouffe, Chantal 2001: Hegemony and Socialist Strategy. Towards a Radical Democratic Politics, London.

Liberia 2003: Comprehensive Peace Agreement Between the Government of Liberia and the Liberians United for Reconcilation and Democracy (LURD) and the Movement for Democracy in Liberia (MODEL) and Political Parties, in: http://www.usip.org/files/file/resources/collections/peace_agreements/liberia_08 182003.pdf, 2 September 2014.

Milliken, Jennifer 1999: The Study of Discourse in International Relations: A Critique of Research and Methods, in: European Journal of International Relations 5: 2, 225-254.

Moon, Claire 2008: Narrating Political Reconciliation. South Africa's Truth and Reconciliation Commission, Plymouth, UK.

Park, Susan 2005: Norm Diffusion within International Organizations: a Case Study of the World Bank, in: Journal of International Relations and Development 8: 2, 111-141.

Payne, Rodger A. 2001: Persuasion, Frames and Norm Construction, in: European Journal of International Relations 7: 1, 37-61.

Pham, J. Peter 2006: The Sierra Leonean Tragedy. History and Global Dimensions, New York.

Price, Richard 1995: A Genealogy of the Chemical Weapons Taboo, in: International Organization 49: 1, 73-103.

Renner, Judith 2013: Discourse, Normative Change, and the Quest for Reconciliation in Global Politics, Manchester.

Risse, Thomas 2000: 'Let's Argue!': Communicative Action in World Politics, in: International Organization 54: 1, 1-39.

Risse, Thomas/Ropp, Stephen C./Sikkink, Kathryn (Hrsg.) 1999: The Power of Human Rights. International Norms and Domestic Change, Cambridge, MA.

Risse, Thomas/Sikkink, Kathryn 1999: The Socialization of International Human Rights Norms into Domestic Practices: Introduction in: Risse, Thomas/Ropp, Stephen C./Sikkink, Kathryn (Hrsg.): The Power of Human Rights. International Norms and Domestic Change, Cambridge, 1-38.

Rotberg, Robert I./Thompson, Dennis (Hrsg.) 2000: Truth v. Justice. The Morality of Truth Commissions, Princeton & Oxford.

Sandholtz, Wayne 2008: Dynamics of International Norm Change: Rules against Wartime Plunder, in: European Journal of International Relations 14: 1, 101-131.

SLTRC 2004a: SLTRC Report: Appendix 3 - Part Three - Transcripts of Thematic and Institutional Hearings, in: http://www.sierra-leone.org/Other-Conflict/APP ENDICES/Appendix%203%20Transcript%20of%20Public%20Hearings.pdf, 2 September 2014.

SLTRC 2004b: Witness to Truth: Report of the Sierra Leone Truth and Reconciliation Commission, in: http://www.sierra-leone.org/Other-Conflict/TRCVolume1. pdf, 2. September 2014.

Torfing, Jacob 2005: Discourse Theory: Achievements, Arguments, and Challenges, in: Howarth, David/Torfing, Jacob (Hrsg.): Discourse Theory in European Politics. Identity, Policy and Governance, Hampshire, 1-33.

Verdoolaege, Annelies 2008: Reconciliation Discourse, Amsterdam/Philadelphia.

Wiener, Antje 2004: Contested Compliance: Interventions on the Normative Structure of World Politics, in: European Journal of International Relations 10: 2, 189-234.

Wiener, Antje 2007a: Contested Meanings of Norms: A Research Framework, in: Comparative European Politics 5, 1-17.

Wiener, Antje 2007b: The Dual Quality of Norms and Governance beyond the State: Sociological and Normative Approaches to 'Interaction', in: Critical Review of International Social and Political Philosophy 10: 1, 47-69.

Wilson, Richard A. 2001: The Politics of Truth and Reconciliation in South Africa, Cambridge.

Zalaquett, José 1997: Why Deal with the Past?, in: Boraine, Alex/Levy, Janet/Scheffer, Ronel (Hrsg.): Dealing with the Past. Truth and Reconciliation in South Africa, Cape Town, 9-15.

Staatsnorm und Kongo-Intervention: Die Herstellung gescheiterter Staatlichkeit unter Interventionspersonal

Kai Koddenbrock

1. Einleitung

Internationale Versuche, den kongolesischen Staat zu stärken, benötigen ein klares Verständnis von zweierlei: dem Staat und der Demokratischen Republik Kongo.[1] Statebuilding muss wissen, was genau es bauen will. Dieses doppelte Erfordernis wird jedoch auf überraschende Weise eingelöst. So bezweifeln manche Analysen die Existenz des Kongos rundheraus: »Sie nennen es ein Land, tatsächlich ist es nur ein Zaire-förmiges Loch in der Mitte Afrikas« (Economist 1998) oder »Die Demokratische Republik Kongo existiert nicht« (Herbst/Mills 2009) sind zwei prominente Beispiele für diese Praxis. Rhetorische Aufhänger orientieren sich an den Erwartungen des Publikums. Für dieses Publikum scheint es fraglich zu sein, ob der Kongo überhaupt existiert.

Der souveräne Staat und das anarchisch oder hierarchisch strukturierte Staatensystem hingegen sind lange das konzeptionelle Kernstück der Internationalen Beziehungen (IB) gewesen. Souveränität und Staat wurden nicht nur selbstverständlich vorausgesetzt, sondern fungierten auch als zentrale Normen internationaler politischer Praxis. Politische Kollektive mussten Staaten werden, um auf der internationalen Bühne ernst genommen zu werden. Diese Sollens-Funktion des Staates zeigt seinen Norm-Charakter. Zugleich stellt der Staat schon immer eine der schwierigsten Herausforderungen für die politische Soziologie dar. Was in der internationalen politischen Praxis selbstverständlich ist, ist höchst umstritten in der akademischen Reflexion.

Wenn der Kongo nicht als inexistent angesehen wird, wird er zumeist als schwacher oder gescheiterter Staat gefasst. Die IB braucht den Staat,

---

1 Im Folgenden benutze ich aus Gründen der Lesbarkeit ‚Kongo' für die Demokratische Republik Kongo, obwohl die kolonialen Konnotationen in dieser Wortwahl ausgeprägt sind. Die argumentative Stoßrichtung des Aufsatzes sollte jedoch deutlich machen, dass mir an einer Problematisierung dieser post-kolonialen Wissensordnung gelegen ist.

während der gescheiterte Staat förmlich am Kongo haftet, wenn er in Beratungspapieren, akademischen Publikationen und Hilfspraktiken konzeptionalisiert wird. Diese Symmetrie soll im folgenden Aufsatz untersucht werden. Mit Hilfe jüngerer staatstheoretischer Konzepte werde ich argumentieren, dass der Staat als performativer Effekt sozialer Praktiken verstanden werden kann, der immer wieder hergestellt werden muss. Gleichzeitig ist der Staat eine einflussreiche Norm. Der Beitrag untersucht also die performative Wirkung der Staatlichkeitsnorm und der Praktiken der Zuschreibung von gescheiterter Staatlichkeit im Rahmen des Statebuildings. In einem zweiten analytischen Schritt werde ich auf Basis von semistrukturierten, qualitativen Interviews in Goma im Ostkongo und in New York ein Gedankenexperiment unternehmen, über die Staatsnorm hinauszudenken, denn Intervenierende im Kongo fassen den Kongo sowohl als gescheiterten Staat als auch als *etwas Anderes*, dessen Inhalt genauer zu bestimmen ist.

Sich der Staatsnorm zu entledigen, schafft Raum dafür, über alternative Antworten auf globale Herausforderungen nachzudenken und ermöglicht einen Blick darauf, dass nicht alles gescheitert ist in diesen scheinbar gescheiterten Staaten. Rationalität und zielgerichtetes Verhalten existieren auch im Kongo. Dieser Beitrag interveniert also in die metatheoretische Debatte um das Verhältnis von Norm, Diskurs und Praktik (vgl. Beiträge von Graf, Glaab und Engelkamp; Renner sowie Jacobi und Kuntz), die in diesem Sammelband verfolgt wird, und versucht sich zugleich an einer Kritik der Staatsnorm und ihrer Konsequenzen für die Selbstverständlichkeit von Intervention (siehe auch Koddenbrock 2016). Der Aufsatz versteht sich also ein Beitrag zur ‚kritischen Normenforschung', wie sie jüngst in der ZIB eingefordert wurde (Engelkamp et al. 2012) und in diesem Band weiterverfolgt wird.[2]

2. Konzeptionen des (gescheiterten) Staates

Aktuelle Probleme mit dem Konzept des gescheiterten Staates werden im Völkerrecht seit mehr als einem Jahrhundert diskutiert: Ist der Staat ein faktisches Machtzentrum oder eine soziale Konstruktion oder sogar beides? (vgl. Koskenniemi 2005: 232). Carl Schmitts Antwort auf diese Frage lautete, dass die Souveränität darin liege, über den Ausnahmezustand zu ent-

---

2 Zur Notwendigkeit, praxistheoretische Analysen auch materialistisch zu fundieren und dessen Bedeutung für den Kritikbegriff siehe Koddenbrock 2015..

scheiden. Martti Koskenniemi (2005) nennt dies den *pure-fact approach*. Aus dieser Perspektive entsteht Souveränität aus der Macht und Fähigkeit zur Entscheidung. Daraus folgt, dass Staatsbildung kein legaler oder konzeptueller Prozess ist, sondern einer von Machtkämpfen. Staaten beginnen zu existieren, wenn ein Kollektiv die Fähigkeit zur Selbststeuerung erlangt hat (Koskenniemi 2005: 272). Da diese Fähigkeit jedoch von anderen anerkannt werden muss, um wirkmächtig zu werden, stellt sich unmittelbar die Frage nach den Kriterien, anhand derer diese Fähigkeit evaluiert werden kann. Diese Kriterien sind nun zwingend dem Staat vorgängig und fußen auf einem »normativen Code« (Koskenniemi 2005: 274), der sowohl der Existenz der Souveränität als auch des Staates vorausgeht. Im Internationalen Recht oszilliert der Staat somit von Beginn an zwischen einem/ einer AkteurIn mit Fähigkeiten und einem normativen Konzept.

Trotz dieser Debatten im Völkerrecht und der Arbeiten poststrukturalistischer IB, die wiederholt die Staatsidee in Frage stellten (Ashley 1988; Campbell 1998; Weber 1998), fällt die Policy-Debatte immer wieder auf den *pure-fact approach* zurück, wenn es um sogenannte gescheiterte Staaten geht. Die Policy-Debatte im Bereich der Konfliktforschung, aber auch der Entwicklungspolitik, dreht sich aktuell zentral um die Frage der Institutionen und im gleichen Atemzug auch um die Staatlichkeit und ihr Scheitern (Paris 2004; Chandler 2010: 65-93; Autesserre 2012; Weltbank 2011; Koddenbrock 2016). *Schwache Staatlichkeit* ist zu einem *buzzword* in der westlichen Entwicklungspolitik geworden und *der Staat* wird wieder zum zentralen Akteur (Deutsches Institut für Entwicklungspolitik 2009). Jüngste OECD- und Weltbank-Berichte zeigen überdies, wie sehr die Idee des Staatsversagens mit einer funktionalistischen Perspektive auf den Staat als eine Art Akteur mit bestimmten Fähigkeiten verbunden ist und damit auf dem *pure-fact approach* beruht. Für die OECD hat ein schwacher Staat eine »weak capacity to carry out basic functions of governing a population and its territory, and lacks the ability to develop mutually constructive and reinforcing relations with society« (OECD 2011: 21). Der World Development Report 2011 der Weltbank definiert *fragility* als »periods when states or institutions lack the capacity, accountability, or legitimacy to mediate relations between citizen groups and between citizens and the state, making them vulnerable to violence« (Weltbank 2011: xvi). Diese beiden Auffassungen belegen, dass der Staat aktuell als *Akteur* mit bestimmten *Fähigkeiten* konzeptualisiert wird.

Die politische Soziologie und Anthropologie des Staates debattierte in den letzten Jahrzehnten immer wieder die »difficulty of studying the state« (Abrams 1988), indem die Komplexität von Staatsbildungsprozessen (Wilke und Schlichte 2000; Bliesemann de Guevara, 2012) untersucht wurde, aber immer auch die Unumgänglichkeit des Staates in der Untersuchung von Herrschaft unterstrichen wurde (Hansen und Stepputat 2001: 8). Aufgrund der konstituierenden Rolle des souveränen Staates für das internationale System setzte die IB lange den Staat in besonderem Maß unhinterfragt voraus. In den letzten 30 Jahren wurde diese zentrale Rolle des Staates als vorgängige und abgeschlossene Einheit globaler Politik jedoch kritisiert. Regime (Keohane 1985) und Normen (Finnemore/Sikkink 1998) rückten ebenso in den Blick wie internationale Organisationen als eigenständige Akteure (Barnett/Finnemore 2004).

Governance und *governmentality* sind heute zwei der zentralen Versuche, konzeptionelle Zugänge zur globalen Politik zu finden, die den Staat nicht als gegeben voraussetzen und damit performativ stützen (Sending/ Neumann 2006). Das Wachstum der EU-Forschung mit Begriffen wie *multi-level governance* hat ebenfalls zu Analysen beigetragen, die den Staat nicht mehr als ausschließliches Zentrum der Analyse setzen. Der sogenannte *practice turn* in den IB (Neumann 2002; Adler/Pouliot 2011; Bueger und Gadinger 2014; vgl. auch Graf, Glaab und Engelkamp in diesem Band) trägt zu dieser IB jenseits des Staates bei, denn Praktiken können von allen Arten von Akteuren vollzogen werden und stellen somit eine Abkehr vom Staatszentrismus dar.

Trotz dieser theoretischen Absetzbewegungen ist die Staatsnorm weiterhin äußerst einflussreich. Der gescheiterte Staat hat eine besondere Beziehung zur Staatsnorm, weil er diese Norm stabilisiert, indem er ihre Nichtbefolgung oder –umsetzung postuliert. Ein gescheiterter Staat befindet sich konzeptionell in einer schwierigen Situation: Er ist kein Staat, da er gescheitert ist. Er ist jedoch trotz seiner Schwächen ein gescheiterter *Staat*. Die Wahl dieser Terminologie für eine soziale Situation, in der Analysen die Abwesenheit des Staates konstatieren, zeigt, wie einflussreich die Staatsnorm bleibt. Sogar Nicht-Staaten werden Staaten genannt.

Aus einer praxistheoretischen performativen Sicht betrachtet wird der Staat kontinuierlich hergestellt – durch Praktiken. Ich werde im Folgenden nach einem kurzen Einblick in die Debatten um Praxistheorie und *performativity* analysieren (vgl. hierzu auch den Beitrag von Jacobi und Kuntz in diesem Band), wie dieses Herstellen des Staates als gescheiterter Staat unter Interventionspersonal, das im und über den Kongo arbeitet, funktioniert. Intervenierende stellen einerseits den Kongo her, indem sie ihre Beobachtungen der sozialen Realität des Kongos im Lichte der Staatsnorm und dem resultierenden Konzept des gescheiterten Staates interpretieren. Andererseits stellen sie den Kongo auf gänzlich andere Weise her, wenn sie aus einer Vogelperspektive auf den Kongo blicken. Plötzlich spielt die Staatsnorm eine untergeordnete Rolle. Stattdessen wird der Kongo begrifflich über die menschliche Natur, Wettbewerb und Zusammenarbeit oder die Rolle der Geschichte analysiert. Es wäre folglich vereinfachend, den Staat als schlicht selbst-verständlich unter Interventionspersonal zu analysieren. Manchmal ist er es, manchmal nicht. Der Stellenwert der Staatsnorm hängt somit auch von der Art und Weise ab, wie die Forscherin oder der Forscher den Staat *schreiben* (Weber 1990; vgl. auch Vrasti 2008).

Die folgende Analyse zeigt, dass die performative Herstellung des Kongos kein automatischer Prozess ist. Es gibt durchaus Wege, ihm zu entgehen und damit die Selbstverständlichkeit von westlicher Intervention und Statebuilding im Kongo zu unterlaufen. Die zwei unterschiedlichen Interpretationen, die ich unten anbiete, unterstreichen auch die zentrale Rolle des Forschenden in stärker ethnographisch arbeitenden Analysen des Staates. Wie die Interviewten perpetuiert auch die Analyse den Staat auf unterschiedliche Weise und kräftigt damit die Staatsnorm.

3. Performative Praxis und der Staat

Performativity in den IB hat zwei Quellen: Feministische IB, die sich weitgehend auf Judith Butlers Arbeiten zu *sex* und *gender* beruft (vgl. Weber 1998), und das wachsende Interesse an den *science and technology studies* und deren Auffassung von *performativity* (Mol 2002; Law/Urry 2004; Callon 2006; Barad 2007; MacKenzie et al. 2007). Aufbauend auf Butlers Interpretation von John Austins Sprechakttheorie (1962) sieht Cynthia Weber *performativity* als »the reiterative and citational practice by which discourse produces the effects that it names« (Weber 1998: 81). Auf Seiten der *science and technology studies* haben Michel Callon und Donald MacKenzie Studien dazu vorgelegt, wie die Ökonomie als Seinsbereich auch durch ökonomische Theorie oder Rechenmethoden hergestellt wird (Callon 1998; 2006; MacKenzie 2006). Sie lassen das *representationalist idiom* (Pickering 1994) hinter sich und argumentieren, dass man sich nicht auf die scheinbare Trennung von Realität und ihrer Repräsentation konzentrieren solle, sondern auf das, was *getan* werde. Dieses Tun wiederum könne erfolgreich sein oder scheitern.

> »The success (or the failure) of an act of language becomes clear only at the end of the tests to which it is put, through the cooperation it triggers, the oppositions and controversies that it generates. Statements can survive and prosper in one particular place and at one particular

time, and disappear in other places and at other times« (Callon 2006: 26).

Das Konzept des gescheiterten Staates beispielsweise ist sehr erfolgreich in der Politikwissenschaft. In der Anthropologie hingegen ist es seltener, möglicherweise weil die Anthropologie es als Teil ihres Selbstverständnisses betrachtet, kontextsensible und weniger universalistische Analysen der Ordnungsbildung weltweit vorzulegen. Das Konzept des gescheiterten Staats gedeiht also innerhalb des Netzwerkes der Politikwissenschaft bestehend aus Geldgebern, Personal, Zeitschriften, Statistiken etc., nicht jedoch in der Anthropologie (siehe auch Bueger/Bethke 2014).

Mithilfe von Callons oben stehendem Vorschlag, dass das Tun auch die Benutzung von Konzepten impliziert, nehme ich also an, dass der Kongo als gescheiterter Staat performativ hergestellt wird, indem das Konzept des gescheiterten Staates benutzt und in Zirkulation gehalten wird. Um meinen Zugang zum Staat als Effekt und Norm klarer zu machen, beziehe ich mich auf Michel Foucaults Vorschlag, den Staat einerseits als Effekt der analytischen Praktik zu verstehen, den Staat in soziale Prozesse hineinzulesen, und gleichzeitig als normativ vorzuziehende Form der politischen Organisation (Foucault 2006a: 416).

In seinen Vorlesungen zu Sicherheit, Territorium und Bevölkerung (Foucault 2006a) und zur Geburt der Biopolitik (Foucault 2006b) fasst Michel Foucault den Staat als performative Praktik:

> »Der Staat ist also ein Verständnisprinzip einer schon bestehenden Wirklichkeit, einer schon bestehenden Gesamtheit von Institutionen… Zweitens fungiert der Staat innerhalb dieser politischen Vernunft als ein Ziel, d.h. als etwas, das als Resultat von aktiven Interventionen, das durch diese Vernunft, diese Rationalität erreicht werden soll…. Der Staat ist also ein Verständnisprinzip des Seienden, aber er ist auch etwas, das sein soll.« (Foucault 2006: 416).

Für Foucault ist der Staat aber nicht nur dies, sondern auch ein Effekt, der aus »tausend verschiedenen Vorgängen« (Foucault 2006: 347) hervorgegangen ist. Bringt man diese beiden Thesen zusammen, so liegt es nahe, einen – wenn auch nicht den einzigen[3] - zentralen Vorgang, der zum Staats-Ef-

---

3 Materialistische Staatstheorie würde den Schwerpunkt auf soziale Kämpfe und hegemoniale Projekte legen. Marxistische IB versucht immer auch die Beziehung zwischen Staatsform und Kapitalismus im Blick zu behalten (siehe auch Koddenbrock 2015).

fekt führt, in der Anwendung des Staates als Verständnisprinzip und Norm zu sehen. Damit ist der Staat auch ein Effekt performativer Praktik.

Um nun also die Herstellung des Kongos als gescheiterter Staat zu untersuchen, übernehme ich Foucaults Vorschlag, den Staat als Effekt zu betrachten, der aus der kontinuierlichen Praktik resultiert, ihn in die soziale Situation im Kongo hineinzulesen und zu schreiben.[4] Aus dieser Sicht gibt es keine Dinglichkeit des Staates oder einen Staats-Akteur, an dem wir partizipieren können. Wir können nur an Praktiken teilnehmen, die den Staats-Effekt zur Folge haben. Aus der hier vertretenen Perspektive kann man an der Herstellung des Staates beteiligt sein, nicht aber am Staat selbst.

In einem einflussreichen Essay hat Timothy Mitchell diese Perspektive auf den Staat auf den Punkt gebracht:

> *»We should not ask 'Who is the state?' or 'Who dictates its policies?' Such questions presume what their answers pretend to prove: that some political subject, some who preexists and determines those multiple arrangements we call the state. The arrangements that produce the apparent separateness of the state create the abstract effect of agency, with concrete consequences.«* (Mitchell 1991: 90–91)

Mitchell schlägt also vor, den analytischen Fokus auf die »techniques that make the state appear to be a separate entity that somehow stands outside society« (Mitchell 1991: 91) zu verlagern.

Dieser Ansatz zieht eine Metaperspektive auf den Staat nach sich. Man könnte dies auch als eine Untersuchung der Möglichkeitsbedingungen des Staates bezeichnen. Aus dieser Perspektive sucht man nicht nach dem Staat an sich, sondern danach, wie seine Konstruktion und Trennung von der sozialen Welt sich technologisch und intellektuell vollzieht.

4. Failed State Kritik und der Kongo

Nach der ersten Welle von Analysen gescheiterter Staaten in den späten 1980ern und 1990ern (Jackson/Rosberg 1982; Helman/Ratner 1992; vgl. zur Kritik an diesen Ansätzen Bueger/Bethke 2014) entstand eine breite Kritik des Begriffs. Diese bezieht sich zumeist entweder auf die Unschärfe des Begriffs (Call 2011) und seine pathologisierenden Effekte (Bilgin/

---

4 Vgl. Kosmatopoulos (2011) für eine ähnliche Analyse in Bezug auf den Libanon und Heathershaw (2012) für grundsätzliche Überlegungen zu diesem Thema.

Morton 2002; Bøås/Jennings 2006; Koddenbrock 2013). Alternativ betonen die Kritikerinnen und Kritiker die überraschende Resilienz des Staates, insbesondere dort, wo er eigentlich als gescheitert identifiziert wurde, oder sie fokussieren die Produktion politischer Ordnung außerhalb des Staates. Letztere Perspektive kritisiert das Konzept des gescheiterten Staats als übermäßig ideal-typisch und schlägt vor, die *real governance* an denjenigen Orten zu studieren, die häufig als Horte gescheiterter Staaten aufgefasst werden (de Olivier Sardan 2008; Titeca/de Herdt 2011; Renders/Terlinden 2010; Trefon 2009; Baaz/Olsson 2011).

Trotz ihrer Versuche, das Label des gescheiterten Staates zu nuancieren, beschäftigen sich diese Autorinnen und Autoren jedoch selten explizit mit dem Konzept des Staates. Pierre Englebert, eine einflussreiche Stimme in puncto kongolesischer Staat, schreibt zum Beispiel:

> »*Not only does Congo endure against all odds, but the Congolese even profess a remarkable fervor in their attachment to the state. Paradoxically, where one would expect to observe the formation or the rise to salience of alternative identities, one sees a nearly unanimous profession of loyalty to decrepit Congo, whether among government supporters, rebels or other opposition groups*« *(Englebert 2003: 4).*

Englebert übersieht bei dieser Analyse, dass seine Quellen in diesem Fall von ihrer Liebe zum Kongo und zu seiner Einheit sprechen. Inwieweit sich diese Liebe zum Kongo mit ihrer Liebe zum Kongo als Staat deckt, bleibt völlig unklar. Der Kongo und der kongolesische Staat sind keine Äquivalente.[5] In den einflussreichsten Werken zu den langen Jahren der Herrschaft Mobutus von 1965 bis 1997 wird der Staat als etwas aufgefasst, dass *steigt* und *fällt* (Young/Turner 1985) und das gemäß dem Modell der Familie organisiert wird (Schatzberg 1988: 83-98). Auch hier ist die Tendenz zu konstatieren, in Begriffen des Staates zu denken, obwohl es keine unmittelbaren logischen Zwänge dafür gibt.

---

5 Englebert zitiert den damaligen kongolesischen Präsident Joseph Kabila mit einer Aussage, in der er nicht über den Staat, sondern über die Nation spricht, um seine These von der Resilienz des kongolesischen Staates zu untermauern. In der zitierten Passage berichtet Kabila über seine Gespräche mit Oppositionsführern im Jahr 2002: »We have been able to get along on a [shared] nationalistic [and] patriotic basis that takes account of the superior interests of the *nation*« (Englebert 2003: 5). Es bleibt unklar, wo Englebert hier einen Beleg für die Bedeutung des *Staates* für Kabila entdeckt.

5. Zwei Kongos

Mitchells Vorschlag, die Produktion des Effektes einer separaten Staatsentität zu untersuchen, verschafft uns ein wirksames Werkzeug, den Stellenwert der Staatsnorm in der Herstellung gescheiterter Staatlichkeit zu fassen. Wie Interventionspersonal kongolesische Politik analysiert wird nun zum Modus, durch den der Kongo zum gescheiterten Staat gemacht wird. Ich möchte jedoch noch einen Schritt weiter gehen. Anstatt nur zu zeigen, wie einflussreich die Staatsnorm ist und wie sehr sie das Denken in Begriffen gescheiterter Staatlichkeit perpetuiert, möchte ich die Debatte weiten und zeigen, dass es durchaus möglich ist, den Kongo nicht nur in Begriffen des Staates zu fassen. Weder ist die Staatsnorm unentrinnbar, noch ist es die ausdauernde Stabilisierung westlicher Interventionen in Orten, die ihrer scheinbar bedürfen.

Die Perpetuierung der Staatsnorm und die Herstellung der alternativen Vorstellung des Kongos finden an unterschiedlichen Orten, unter variierenden Akteuren und für vielfältige Publika statt. In diesem Kapitel konzentriere ich mich auf Interventionspersonal in Goma und New York. Eine Analyse von Beratungspapieren und Kongo-Expertisen habe ich andernorts vorgelegt (Koddenbrock 2012; 2014; 2016). Interventionspersonal in Goma und New York und kongolesische GesprächspartnerInnen in Goma brachten den Staat in den Interviews hervor, wenn sie direkt über ihre Einschätzung zur kongolesischen Politik gefragt wurden oder dazu, was denn der Kongo für sie sei. Als ich sie auf andere Weise zum Kongo gegen Ende des Interviews befragte, spielte der Staat keine Rolle. Sie legten das Staatskonzept nicht an das an, was sie als das Geschehen im Kongo präsentierten. Diese Erkenntnisse sollen dazu dienen, die Staatsnorm zu unterlaufen, ohne jedoch bereits *bessere* Alternative vorzustellen. Diese kritische Dekonstruktion der Staatsnorm dient dazu, die kontinuierliche Pathologisierung kongolesischer Politik zu unterminieren.

5.1 Kongo als gescheiterter Staat

Die folgende Analyse der Herstellung des Kongos als gescheiterter Staat fußt auf 66 Interviews, die ich in Goma und New York zwischen 2009 und 2011 führte.[6] Ein Großteil des Materials resultiert aus den zwei Fragen

---

6 Siehe Koddenbrock 2016 für eine umfassendere Analyse der Interventionspraxis im Kongo.

»Was ist der Kongo für sie?« und »Was denken Sie über kongolesische Politik?« Im Sinne der *grounded theory* kodierte ich die Antworten offen und stieß über mehrere Abstraktionsschritte hinweg zu den drei Modi der *Verstaatung* des Kongos vor, denen gemeinsam ist, dass sie den Kongo pathologisieren. Diese drei illustrativen Modi möchte ich *Reifizierung*, *Gegenüberstellung* und *Kontextualisierung* nennen. Reifizierung ist der am weitesten verbreitete Modus. Reifizierung bedeutet, dass der Staat schlicht vorausgesetzt und damit reifiziert wird. Dass im Kongo scheinbar kein Staat existiert, beweist dann sein Scheitern. In diesem Modus wird der Staat schlicht als natürliche und notwendige Form politischer Organisation angenommen und sein Fehlen im Kongo gesetzt. Der Modus der Gegenüberstellung funktioniert anders. Hier wird zunächst der ernsthafte Versuch unternommen, die sozialen und politischen Prozesse im Kongo analytisch und weniger wertend anzugehen. Plötzlich setzt sich jedoch der Staat als Norm und Verständnisprinzip durch und bewirkt einen erneuten *failed-state-effect* (Koddenbrock 2013). In dieser Gegenüberstellung fehlt die logische Verbindung zwischen der Beschreibung dessen, was im Kongo passiert, und dessen Pathologisierung als nicht-staatlich oder gescheitert-staatlich. Kontextualisierung bedeutet schließlich, dass die scheinbaren Defizite des kongolesischen Staates nicht schlicht behauptet, sondern in einen Kontext gesetzt werden. Es wird damit nicht angenommen, dass der Kongo vor allen Dingen aufgrund mangelnder Organisationsfähigkeit der Kongolesinnen und Kongolesen kein Staat ist, sondern erklärt dies vor allem mit materiellen, regional-globalen und auch historischen Umständen. Allen drei Modi ist gemein, dass sie den Kongo und seine sozio-politische Organisation pathologisieren, d.h. als prinzipiell interventionsbedürftig darstellen.

Zahlreiche Interviewte reifizieren und essentialisieren den Staat. Sie nehmen den Staat als natürliche Bedingung an, wenn sie Regierungspraxis im Kongo analysieren. Sie sind noch nicht fertig, wenn sie ihre Auffassung zur Regierung kundgetan haben, sondern zeigen ein starkes Bedürfnis, im Anschluss eine Aussage über den kongolesischen Staat zu treffen. Diese macht den Kongo schnell zu einem gescheiterten Staat. Der folgende Interviewausschnitt illustriert, wie der Staat als zentrales Verständnisprinzip für Regierungshandeln funktioniert. Langsame Entscheidungsfindung und parallele Kommandostrukturen werden als Indikatoren für einen schwachen Staat herangezogen, weil das Sein-Sollen des Staates dies auszuschließen scheint.

> *»The current situation is difficult. There has been some progress recently but obviously, until now, the expectations of the Congolese population were*

exaggerated and what the Congolese leaders achieved is without doubt even less than we hoped. The Congolese state remains extremely weak. The Congolese leaders take their time in making decisions especially with a view to security, which is essential to build state authority. We are in many areas incomplete…, although there is a Congolese army, at the moment there currently is no real Congolese army, there are men in, but it's also not a disciplined army in which there are several parallel chains of command.«[7]

Heterogene Regierungspraktiken wie parallele Kommandostrukturen in der Armee zeigen für diesen EU-Offiziellen einen schwachen Staat an. Dass die kongolesische Führung in puncto Sicherheit Entscheidungen langsam fällt, wird sofort im Lichte seiner Bedeutung für den Aufbau staatlicher Autorität betrachtet. Dies impliziert, dass nur durch den Staat Sicherheit dauerhaft gewährleistet werden kann. Der Staat operiert als allgegenwärtige Norm politischer Analyse. Er ist selbstverständlich. Es wird nicht erhärtet, warum der *Staat* als einziger/einziges dazu in der Lage sein soll, weil diese Behauptung unter westlichem Publikum keiner Untermauerung mehr bedarf.

Der folgende Ausschnitt aus einem Interview mit einem Berater der US-Regierung in Goma deutet in eine ähnliche Richtung. Er setzt den Kongo gleich zu Beginn als einen dysfunktionalen Para-Staat, um dann im zweiten Schritt das konkrete Regierungshandeln zu beschreiben. Warum er den ersten Teil benötigt, bleibt im Dunkeln.

» I think it's very difficult and you know Congo is a highly dysfunctional state given to it by the Belgians basically and reinforced strongly by Mobutu. They have a genuine para-state really. The norm of the institutions is that they find ways to make money off of the population, that's their imperative and they do not provide services, they do not act in the interest of the population, they act in their own interest to take from the population on a whole.«[8]

Anstatt die facettenreichen Charakteristika des kongolesischen Regierungshandelns zu beschreiben, operiert dieser Analyst ausschließlich im Rahmen des pathologisierenden Verständnisprinzips Staat. Diese stellt den Kongo als gescheiterten Staat her und führt somit zum *failed-state effect*.

Eine bedeutende Anzahl Interviewter ist grundsätzlich bereit, dem Regierungshandeln im Kongo eine gewisse Rationalität zuzugestehen, sie erliegen aber dennoch dem Charme der Staatsnorm und stellen den Kongo als gescheiterten Staat her. Im Unterschied zur Reifizierung wird der Staat

---

7 Interview Donor, Goma 3, 11. September 2009.
8 Interview Donor, Goma 1, 5. Oktober 2009.

im Modus der Gegenüberstellung nicht zu Beginn vorausgesetzt, sondern erst nachträglich nach einer grundsätzlich sachlichen Beschreibung dieser Analyse übergestülpt. In diesen Fällen steht die pathologisierende Benutzung der Staatsnorm in einem Spannungsverhältnis zu der stärker analytischen Herangehensweise an politische Prozesse im Kongo. Dass dieses Vorgehen an kognitive Dissonanz grenzen kann, zeigt folgendes Interview mit einem NGO-Manager:

> KK: »What is the Congo for you«?
> »A country with quite a few, I mean, an extremely fascinating, very complex country with plenty of non-... at first you think non-functioning structures, but somehow they do function but differently than you imagined. I mean, there are... it is not chaotic, there are ways of functioning and structures of power, which here... which work very well here, which are not always the ones one would like or expects.«[9]

Dieser NGO-Manager drückt zunächst sein deutliches Unbehagen über die dominierende pathologisierende Analytik aus. Er konzediert, dass es effektives Regierungshandeln im Kongo gibt, auch wenn es manchmal den Erwartungen der westlichen Intervent*nnen widerspricht. Dies ist ein analytisches Vorgehen. Trotz dieser Offenheit, kongolesischem Handeln eine Form von Vernunft zuzugestehen, rekurriert der Manager zu einem späteren Zeitpunkt plötzlich auf die Staatsnorm und macht den Kongo damit zu einem gescheiterten Staat. Als er über die Herausforderungen referiert, denen sich westliche Intervention im Kongo stellen muss, fragt er:

> »How do I build a functioning state from this pile of cow shit? You have that in Afghanistan, in Iraq, you have it here, you have it in many of these failed states. How, how do I do statebuilding?«[10]

Damit werden die *funktionierenden Strukturen*, die manchmal der Erwartungen der westlichen Intervent*innen zuwiderlaufen, plötzlich zu einem *Misthaufen*, der den Kongo als gescheiterten Staat ausweist, so wie der Irak und Afghanistan. Diese pathologisierende Abkürzung zeigt wenig logische Verbindung zu dem oben Gesagtem. Dies ist eins der Kernmerkmale des Staats als Norm und Verständnisprinzip: Intervent*innen heften das *failed-state*-Label plötzlich an ihre Beobachtungen. Dies zeigt den Stellenwert der Staatsnorm, denn die Interviewten scheinen sich nicht gegen ihre Benut-

---

9 Interview NGO, Goma 2, 22. September 2009.
10 Interview NGO, Goma 2, 22. September 2009.

zung wehren zu können, auch wenn sie es ursprünglich versucht haben mögen.

Der dritte Modus, den *failed-state-effect* zu produzieren, sieht den kongolesischen Staat einerseits als gescheitert oder schwach an, sucht jedoch unmittelbar nach Erklärungen für diesen Zustand, die über die ausschließliche Verantwortung der jetzigen, scheinbar unfähigen Regierung hinausgehen. Im Modus der Kontextualisierung findet eine ständige Suchbewegung nach den Ursachen für das Scheitern des Staates statt.

KK: »And what are the current main challenges for the Congo?«
»It's to restore or even install some state authority and then security. There are so many things that need to happen at once. Because, you know, you need to have security but you need to have a justice system but then, you know, what happens to people after they've gone through the justice system. The prisons. I mean it's just like, it's just so many things that need to happen at the same time.«[11]

KK: »Do you have the impression that the state has no authority actually?«
»No, not no authority, but it's too weak in too many places. But it has also to do with the size and the resources. And sometimes, for example, I've been to the northeast and, I don't think it's a sort of, I think sometimes it's just the geography of it. It's so far away and it will be so expensive. It hasn't been a priority. But I don't think it's something like someone sat in Kinshasa and decided, we are not gonna care about this area. It's more, you know, it's just the way it happens.«[12]

Diese UN-Mitarbeiterin nimmt hier zwar einerseits den Staat und seine Autorität als selbstverständlich notwendig an, entlässt die Regierung aber teilweise aus der Verantwortung für das Fehlen des staatlichen Gewaltmonopols. Diese Herangehensweise unterscheidet sich dadurch von denjenigen der Reifizierung und der Gegenüberstellung, dass sie in einer gewissen analytischen Unsicherheit verharrt. Der Staatsnorm wird nicht automatisiert gehuldigt, sondern die Ursachen für die politische Ordnung im Kongo bleiben potenziell vielfältig und nicht zwangsläufig durch westliche Intervention behebbar.

---

11 Interview UN HQ, New York 5, 23. September 2011.
12 Interview UN HQ, New York 5, 23. September 2011.

5.2 Kongo vom Mars betrachtet

Der obige Abschnitt hat drei verschiedene Formen aufgezeigt, den *failed-state-effect* unter Interventionspersonal hervorzurufen. Der Staat als Norm und Verständnisprinzip verschaffte sich während der Interviews Einlass in die Kongo-Analyse westlicher Intervent*innen, obwohl ich nicht nach dem Staat gefragt hatte. Als ich realisierte, dass der Staat einen solch überwältigenden Einfluss auf das Denken der Intervent*innen hat, entschied ich mich, eine Frage zu stellen, die Anreize dafür bot, neue analytische Pfade zu beschreiten. Ich versuchte, die Anreize zu freiem Assoziieren zu erhöhen, indem ich den Intervent*innen in New York und Goma folgende Frage stellte: »Stellen Sie sich vor, sie säßen auf dem Mars und ET säße neben ihnen. Sie schauen hinab auf die Erde, sie sehen, was da unten passiert. Sie sehen den Kongo und die AkteurInnen dort. Wie würden sie dies dem sehr intelligenten ET, der wie gesagt neben ihnen sitzt, beschreiben oder erklären?«

Mit dieser Frage zielte ich darauf ab, keine Terminologie zu verwenden, die die Antwort der Interviewten übermäßig stark beeinflussen könnte. Die Frage enthält die Erde, den Kongo und dortige Akteur*innen. Dies sind die einzigen Entitäten, die ich vorschlug. Wie reagierten die Befragten nun auf diese Einladung zum Gedankenexperiment? Wie zu erwarten war, gab es eine Vielfalt an Antworten auf diese Frage. Alle der 31 Interviewten, denen ich diese Frage stellen konnte, verzichteten jedoch überraschenderweise darauf, die Begriffe *Staat* oder *gescheiterter Staat* für ihre Erklärung zu verwenden. Grundlegendere Begriffe wurden gewählt, um der Frage nach der Erde, dem Kongo und den AkteurInnen dort zu begegnen. Während dies nicht beweist, dass die Staatsnorm deplatziert ist, weist dies doch darauf hin, dass es möglich ist, über den Kongo zu reflektieren, ohne ihn zu einem gescheiterten Staat machen zu müssen.

Trotz dieser unterwarteten Staatenlosigkeit begreifen die meisten der Interviewten den Kongo dennoch als Problem. Auch in Reaktion auf die Einladung, jenseits ausgetretener Pfade zu denken, wird der Kongo vor allem pathologisiert. Es kommen jedoch neue Entitäten und Praktiken in den Blick: die menschliche Natur, die Rolle der Geschichte, die Interaktion zwischen Kollektiven im Allgemeinen oder im Kongo im Speziellen.

Für manche der Interviewten musste die Antwort auf die Marsfrage mit einer Reflexion über die menschliche Natur beginnen. Auf der einen Seite zeige das, was *dort unten* passiere, die *Fähigkeit zur Gewalt*[13] des Menschen und es beweise, dass »everybody is able to do the best and the worst«.[14] Auf der anderen Seite könnten Menschen wählen zwischen »competition and cooperation«[15] im Umgang miteinander. Dieser letzte Punkt leitet über zu dem sehr prominenten Fokus auf der Interaktion zwischen menschlichen Kollektiven. Ein ehemaliger UN-Untergeneralsekretär fasste dies so:

> *Well, it depends on how much political science E.T. has digested. I would probably tell E.T.: look these people over the centuries they had built social mechanisms that didn't exclude conflict but that kept conflict at a manageable level because it was conflict with wars of poor. And so even when you were the big kid on the block you were never that big. Now these people they have their own contact with the world where wealth is of different order and magnitude. And it changes the whole dynamics between power and powerlessness. Not that there was a balance in the sense of the balance that exists in democratic countries but there was a balance which was created by the limitation of means so to speak. Now, let's say, if you have control of valuable resources on the global market you have access to a level of wealth that nobody would have imagined a 100 years ago. And so your power for the good but unfortunately also for the bad increases exponentially and the stakes become much higher. And that means that the traditional mechanisms that used to sort of balance and regulate social relations are under stress. And the world of wealth thinks it can just throw in its new sophisticated structures, the rule of law, judges and courts and parliaments and all will live happily ever after. But it's not that simple.*«[16]

Der ehemalige UN-Untergeneralsekretär erwähnt den Staat mit keinem Wort. Er bezieht sich auf Machtdynamiken und benutzt eine gradlinige Unterscheidung zwischen einer *Welt des Reichtums* und einer *Welt der Armut*. Man könnte argumentieren, dass er hier in Grundzügen eine recht klassische Modernisierungstheorie vorlegt. Die Konflikt- und Gesellschaftstheorie, die aus diesen Aussagen destilliert werden könnten, ist jedoch wesentlich globaler und ökonomischer als die dominante Perspektive des gescheiterten Staates. Meine Frage legte natürlich eine globale Perspektive auf den Kongo nahe. Im Unterschied dazu wird deutlich, wie reduziert

---

13 Interview NGO Goma 8, 30. September 2009, Interview NGO Goma 9, 17. September 2009.
14 Interview NGO Goma 18, 17. September 2009.
15 Interview UN HQ 8, 9. Dezember 2011.
16 Interview mit Jean-Marie Guéhenno, ehemaliger UN-Untergeneralsekretär, New York, 11. November 2011.

und lokal die Anwendung des Staats als Verständnisprinzip im Kongo ist. Dieser Staat scheint ein Vergrößerungsglas zu sein, durch das der lokale Kontext wahrgenommen und in den Fokus gerückt und damit verständlich gemacht wird. Der Staat als Verständnisprinzip offeriert jedoch nicht den nötigen Weitwinkel, um die Szenerie in umfassenderen und grundlegenden Begriffen darzustellen.

Andere Interviewte beschrieben die Vorgänge im Kongo als einen natürlichen Konflikt der Kulturen, die es schon immer gab. Manchmal dominiere eine Kultur, manchmal eine andere.[17] Ein französischer humanitärer Helfer erklärte mir den Kongo folgendermaßen:

»Ce que je lui expliquerais, c'est que dans ce monde, quelque soient les pays, il y a toujours une élite qui gouverne et qui en générale s'en met un peu plein les poches. Parmi cette élite, il y a des gens qui ont vraiment le sens de service et qui ont envie d'aider les autres, même si ils s'en mettent aussi dans la poche, et d'autres qui sont là que pour s'en mettre dans la poche et qui s'en foutent. Quand c'est le cas, il peut y avoir une conjonction d'intérêts d'entreprises multinationales de finance, de politique, de conglomérats militaire-industriels, une conjonction d'intérêts qui fait que tous ces gens-là qui ont le pouvoir vont avoir intérêt un moment à exploiter une région. Et à s'allier avec les gens locaux qui ont les mêmes. Et c'est ça, c'est ça! Je lui expliquerais un peu ça, donc tout le désastre de la période postcoloniale, c'est ça! C'est la faute à la fois des élites africaines et des élites européennes et américaines qui se sont alliées pour exploiter très clairement les richesses de l'Afrique, c'est, je veux dire c'est la criante vérité. C'est très simple.«[18]

---

17 Interview, Donor Goma 2, 9. Oktober 2009.
18 Interview, NGO Goma 18, 17 September 2009, Übersetzung auf Deutsch durch den Autor: »Ich würde ET erklären, dass es in dieser Welt, egal in welchem Land, immer eine Elite gibt, die regiert und die sich die Taschen vollmacht. Innerhalb dieser Elite gibt es Leute, die einen Sinn für den Dienst am Menschen haben und die anderen wirklich helfen wollen, auch wenn sie sich dennoch die Taschen füllen. Und es gibt andere, die sich nur die Taschen voll machen und denen alles andere egal ist. Wenn letzteres der Fall ist, kann es eine Interessenallianz zwischen multinationalen Finanzunternehmen, der Politik und militärisch-industriellen Konglomeraten geben, eine Allianz der Interessen, die bewirkt, dass alle diese Leute, die die Macht haben, ein Interesse daran haben, eine Region auszubeuten. Und sich mit lokalen Leuten zu verbinden, die das gleiche Interesse haben. Das ist es, das ist es! Das würde ich ihm so ungefähr erklären, also das ganze Desaster der postkolonialen Ära, das ist es! Es ist die Verantwortung der afrikanischen, europäischen und amerikanischen Eliten, die sich zusammengetan haben, um den Reichtum Afrika auszubeuten. Das ist, möchte ich sagen, die schreiende Wahrheit. Es ist sehr einfach.«

Erneut fehlt der Staat. Stattdessen bietet dieser humanitäre Helfer eine Analyse globaler Eliten- oder Klassenherrschaft und -ausbeutung an.

Neben diesen Theorien kollektiver Interaktion dominierten zwei weitere Aspekte die Antworten der Interviewten auf die Mars-Frage: Die Rolle der Geschichte und die Wechselbeziehung zwischen den Kongolesinnen und Kongolesen und der sogenannten internationalen Gemeinschaft.

Die Geschichte wird als eine Geschichte der Einmischung,[19] des Missbrauchs[20] begriffen oder als verflucht durch den Kalten Krieg[21] oder König Leopolds[22] und Mobutus Herrschaft.[23] Dagegen könnten VertreterInnen des Staates als Norm- und Verständnisprinzip argumentieren, dass die Geschichte implizit in ihrer Diagnose des gescheiterten Staates enthalten ist, da seine Geschichte ein Grund für das Scheitern des kongolesischen Staates war. Es macht jedoch einen Unterschied, ob man die Geschichte in den Mittelpunkt stellt oder sich der funktionalistischen und institutionalistischen Perspektive des gescheiterten Staates bedient. Es würde beispielsweise westliche Intervent*innen zum Zögern bringen, wenn die kongolesische Geschichte als eine Geschichte konstanter Einmischung von außen begriffen würde, denn westliche Intervention schreibt genau diese Geschichte fort. Indem auf den dysfunktionalen Staat fokussiert wird, gerät diese historische Kontinuität aus dem Blick.

Die Interaktion zwischen westlichen Intervent*innen und den Kongolesinnen und Kongolesen in den Vordergrund zu stellen, macht einige interessante konzeptionelle Spannungen deutlich. Ein Angestellter der UN-Friedensmission MONUSCO nimmt beispielsweise an, dass »without attention from the West, the Congo will collapse«.[24] Damit artikuliert er die weitverbreitete Annahme des selbstverständlichen Nutzens westlicher Intervention. Ein Angestellter des US-State Departments argumentiert hingegen:

>»The people in Congo themselves who are getting on with their lives who, and there is a lot of them, you know, there is 70 million of them now and 10 million neighbours in Rwanda and another 15 million in Uganda and more around the edges who in the day-to-day basis have direct impact on this country and on what's happening and how it's changing. And they, I think

---

19 Interview NGO Goma 7, 16 September 2009.
20 Interview NGO Goma 9, 17 September 2009.
21 Interview Kongolese Goma 3, 15 September 2009.
22 Interview UN HQ New York 7, 12 October 2011.
23 Interview Kongolese Goma 3, 15 September 2009.
24 Interview MONUSCO Zivilist Goma 5, 2 Oktober 2009.

*they often view all these outsiders who come and help or trying out to help
with a little, lots of scepticism. A lot of them are very smart about why the
outsiders are there and how to make the most out of the outsiders being there
for the period that they'll be there. So they are looking to get what they can
out of it on a short term basis.*«[25]

Ein ehemaliger kongolesischer Senator, der nun NGO-Chef in Goma geworden ist, unterstreicht diesen Punkt, als er von seiner Beziehung zu den
westlichen, in diesem Fall deutschen Intervenen berichtet:

*»Quand je demande l'argent des allemands, c'est vrai, quand je dis aux al-
lemands je les aime, c'est vrai puisqu'ils nous donnent de l'argent veut dire
je les aime, il veut dire je vous accepte. [...] donc l'essentiel c'est de savoir,
on ne peut pas ne pas faire ça pour avoir leur argent. Donc c'est tout à fait
commercial et intéressé.*«[26]

All diese Blicke vom Mars konzentrieren sich auf unterschiedliche Aspekte
globalen und kongolesischen Soziallebens. Sie bieten Lesarten an, die das
kongolesisch-globale Geschehen konzeptionell fassen, ohne den Staat als
Norm und Verständnisprinzip zu privilegieren. Dennoch sind diese Auffassungen zu Konflikt, kollektiver Interaktion und Geschichte nicht gänzlich von der Hand zu weisen. Es würde zu interessanten analytischen Re-
sultaten führen, wenn diese Überlegungen weiterverfolgt würden. Es ist
nicht a priori entschieden, dass politische Analyse in Begriffen von Staatlichkeit und ihrem funktionalistischen Scheitern diesen Alternativen über-
legen ist.

Auf einer rein logischen Ebene ist es nicht überzeugender, den Kongo
als gescheiterten Staat herzustellen denn als Situation globaler Klassenkol-
lusion oder als Ort strategischer Interaktion zwischen kongolesischen Sozi-
alunternehmern und westlichen Gebern, die Anerkennung und Legitimität benötigen. Der Kongo ist eine multiple Realität. Der kongolesische
Staat ist nur eine davon. Die Annahme, dass westliches Statebuilding das
Ei des Kolumbus für den Kongo darstelle, ist auch selbst-referentieller
Trend, dem westliche Interventionsakteure zu folgen beschlossen haben.

---

25 Interview Donor Goma 1, 5 Oktober 2009.
26 Interview NGO Goma 16, 15 September 2009. Übersetzung auf Deutsch durch
    den Autor: »Wenn ich die Deutschen nach Geld frage, es stimmt, wenn ich ihnen
    sage, dass ich sie mag, was stimmt, weil sie uns Geld geben, bedeutet *ich mag euch*
    eigentlich *ich akzeptiere euch* [...]. Man muss wissen, dass man das nicht machen
    kann, wenn man ihr Geld haben möchte. Diese Aussage ist also klar kommerziell
    und mit einem Hintergedanken.«

6. Fazit

Der Staat war immer schon ein wichtiger Grundpfeiler der Internationalen Beziehungen und ist aktuell die zentrale konzeptionelle Basis westlicher Intervention im Kongo. In diesem Beitrag habe ich aufbauend auf einem performativen Verständnis der Praxistheorie eine Perspektive auf den Staat eingenommen, die ihn als Norm und Verständnisprinzip begreift. Indem Kongo-Intervent*innen auf den Staat zurückgreifen, stellen sie den Kongo als gescheiterten Staat her. In einem zweiten Schritt habe ich die Staatsnorm unterlaufen, indem ich gezeigt habe, dass der Kongo auch sinnvoll analysiert werden kann, ohne als gescheiterter Staat pathologisiert zu werden.

Mithilfe der drei Modi den *failed-state-effect* hervorzurufen - Reifizierung, Gegenüberstellung und Kontextualisierung - habe ich schließlich argumentiert, dass Intervent*innen den Staat entweder als gegeben annehmen oder ihren nuancierten Analysen kongolesischer politischer Praktiken keinen größeren Stellenwert einräumen. Diese Herangehensweisen haben den gleichen Effekt: Sie pathologisieren den Kongo und perpetuieren den *failed-state-effect*, der von der potentiell vielfältigen und auch vernünftigen sozialen Welt im Kongo abstrahiert. Damit legitimiert er westliche Intervention.

Wenn Intervenierende im Rahmen eines Gedankenexperimentes den Kongo vom Mars analysieren, benutzen sie plötzlich ein staatenloses Vokabular. Die Interaktion von Kollektiven, die Rolle der Geschichte und die Beziehung zwischen Kongolesinnen und Kongolesen und den Intervent*innen geraten in den Vordergrund und der Staat als Norm und Verständnisprinzip verliert an Bedeutung. Diese zwei analytischen Schritte heben hervor, dass die Staatsnorm keineswegs unentrinnbar ist.

Methodologisch betrachtet unterstreicht diese ethnographische Herangehensweise an die Herstellung des Staates unter Interventionspersonal, wie zentral ForscherInnen selbst für die Konzeption des Kongos im Rahmen der Argumentation sind. Ich habe versucht, die Fragen auf möglichst offene Weise zu stellen, sie zu interpretieren und im Zuge der Niederschrift in einen bestimmten Kontext zu setzen. Die Transparenz über meine Vorgehensweise dient dazu, meine Einbezogenheit in die Entwicklung des Arguments zu unterstreichen.

Die aktuelle praxistheoretische Debatte ermöglicht, über diskursorientiere Forschung in einem Punkt hinauszugehen: Es gelingt, das aktive Tun, auch das von Individuen, für die wiederholte Reproduktion von Praktiken und Effekten wie dem Staats- oder dem *failed-state*-Effekt in den Blick zu nehmen. Das Verhalten des Individuums wird nicht a priori von einer oft überwältigenden diskursiven Struktur vorherbestimmt, sondern Unterschiede und sich wandelnde Handlungen werden analysierbar.

Diesen theoretischen Freiheitsgewinn durch die Praxistheorie ermöglicht also ein Fokus auf die momentane Artikulation und prozesshafte Herstellung fraglicher Entitäten, wohingegen diese Entitäten oder Normen in der Normenforschung bereits gegeben sind. Durch seine argumentative Struktur wurde der Kongo in diesem Kapitel auf zwei verschiedene Arten und Weisen hergestellt – eine gescheitert, die andere staatenlos. Es mag weitere Kongos geben. Ihre Verbreitung hängt davon ab, wer was und wie viel in sie investiert. Der Kongo muss nicht auf ewig das Objekt westlichen Statebuildingverlangens bleiben.

Literatur

Abrams, Philipp 1988: Notes on the Difficulty of Studying the State, in: Journal of Historical Sociology 1: 1, 58–89.

Adler, Emanuel/Pouliot, Vincent 2011. International Practices; in: International Theory 3: 1, 1–36.

Ashley, Richard 1988: Untying the Sovereign State: A Double Reading of the Anarchy Problematique, in: Millennium - Journal of International Studies 17: 2, 227–262.

Barad, Karen 2007: Meeting the Universe Halfway: Quantum Physics and the Entanglement of Matter and Meaning, Durham, NC.

Baaz, Maria E./Olsson, Ola 2011: Feeding the Horse: Unofficial Economic Activities within the Police Force in the Democratic Republic of the Congo, in: African Security 4: 4, 223–241.

Bilgin, Pinar/Morton, Andrew 2002: Historicising Representations of 'Failed States': Beyond the Cold-War Annexation of the Social Sciences?, in: Third World Quarterly 23: 1, 55–80.

Bøås, Morten/Jennings, Kathleen 2006: Insecurity and Development: The Rhetoric of the 'Failed State', in: The European Journal of Development Research 17: 3, 385–395.

Bueger, Christian/Bethke, Felix 2014: Actor-Networking the 'Failed State' – An Inquiry into the Life of Concepts, in: Journal of International Relations and Development 17: 1, 30-60.

Bueger, Christian/Gadinger, Frank 2014: International Practice Theory: New Perspectives, London.

Call, Charles 2011: Beyond the 'Failed State': Toward Conceptual Alternatives, in: European Journal of International Relations 17: 2, 303–326.

Callon, Michel 2006: What Does it Mean to Say that Economics is Performative? (CSI Working Paper Nr. 5), in: http://halshs.archives-ouvertes.fr/docs/00/09/15/9 6/PDF/WP_CSI_005.pdf; 6.8.2013.

Campbell, David 1998: National Deconstruction: Violence, Identity and Justice in Bosnia, Minneapolis, MN.

Bliesemann de Guevara, Berit (Hrsg.) 2012: Statebuilding and State-Formation: The Political Sociology of Intervention, London.

de Olivier Sardan, Jean-Pierre 2008: Researching the Practical Norms of Real Governance, London.

Deutsches Institut für Entwicklungspolitik 2009: User's Guide on Measuring Fragility, Bonn.

Engelkamp, Stephan/Glaab, Katharina/Renner, Judith 2012: 'In der Sprechstunde'. Wie (kritische) Normenforschung ihre Stimme wiederfinden kann, in: Zeitschrift für Internationale Beziehungen 19: 2, 101-129.

Englebert, Pierre 2003: Why Congo Persists: Sovereignty, Globalization and the Violent Reproduction of a Weak State (QEH Working Paper, Nr. 95), Oxford.

Finnemore, Martha/Sikkink, Kathryn 1998: International Norm Dynamics and Political Change, in: International Organization 52: 4, 887–917.

Foucault, Michel 2006a: Sicherheit, Territorium und Bevölkerung. Geschichte der Gouvernementalität, Frankfurt/Main.

Foucault, Michel 2006b: Die Geburt der Biopolitik. Geschichte der Gouvernementalität, Frankfurt/Main.

Hansen, Thomas Blom/Stepputat, Finn 2001: Introduction, in: Hansen, Thomas/Stepputat, Finn (Hrsg.): States of Imagination: Ethnographic Explorations of the Postcolonial State, Durham, NC, 1-40.

Heathershaw, John 2012: Conclusions-Neither Built nor Formed-The Tranformation of Post-Conflict States and International Intervention, in: de Bliesemann Guevara, Berit (Hrsg.), Statebuilding and State-Formation: The Political Sociology of Intervention, London, 246–259.

Helman, Gerald/Ratner, Steven 1992: Saving Failed States, in: Foreign Policy 89, 3–20.

Herbst, Jeffrey/Mills, Greg 2009: There Is No Congo, in: Foreign Policy 18.3.2009.

Jackson, Robert/Rosberg, Carl 1982: Why Africa's Weak States Persist: The Empirical and the Juridical in Statehood, in: World Politics 35: 1, 1–24.

Keohane, Robert 1985: After Hegemony: Cooperation and Discord in the World Political Economy, Princeton, NJ.

Koddenbrock, Kai 2012: Recipes for Intervention-Western Policy Papers Imagine the Congo, in: International Peacekeeping 19: 5, 1-16.

Koddenbrock, Kai 2013: The Failed-State Effect: Statebuilding and State Stories from the Congo, in: Chandler, David/Sisk, Timothy (Hrsg.): A Routledge Handbook on Statebuilding, London, 118-129.

Koddenbrock, Kai 2014: Malevolent Politics: International Crisis Group Reporting and the Dilemmas of Rule in the DR Congo, in: Third World Quarterly 35: 4, 669-685

Koddenbrock, Kai 2015: Strategies of Critique in IR: From Foucault and Latour towards Marx, in: European Journal of International Relations 21: 2, 243-266.

Koddenbrock, Kai 2016: The Practice of Humanitarian Intervention, London.

Koskenniemi, Martti 2005: From Apology to Utopia: The Structure of International Legal Argument, London.

Kosmatopoulos, Nikolas 2011: Toward an Anthropology of State Failure: Lebanon's Leviathan and Peace Expertise, in: Social Analysis, 55: 3, 115–142.

Law, John/Urry, John 2004: Enacting the Social, in: Economy and Society 33: 3, 390–410.

MacKenzie, Donald/Muniesa, Fabian/Siu, Lucia (Hrsg.) 2007: Do Economists Make Markets? On the Performativity of Economics, Princeton, NJ.

Merlingen, Michael 2007: Everything Is Dangerous: A Critique of `Normative Power Europe', in: Security Dialogue 38, 435–453.

Mitchell, Timothy 1991: The Limits of the State: Beyond Statist Approaches and Their Critics, American Political Science Review 85: 1, 77–96.

Mol, Annemarie 2002: The Body Multiple: Ontology in Medical Practice, Durham, NC.

Neumann, Iver 2002: Returning Practice to the Linguistic Turn: The Case of Diplomacy, in: Millennium - Journal of International Studies 31: 3, 627–651.

OECD 2011: Supporting Statebuilding in Situations of Conflict and Fragility: Policy Guidance, Paris.

Paris, Robert 2004: At War's End: Building Peace after Civil Conflict, Cambridge.

Passoth, Jan-Hendrik/Rowland, Nicholas 2010: Actor-Network State, in: International Sociology 25: 6, 818–841.

Pickering, Andrew 1994: After Representation: Science Studies in the Performative Idiom, in: PSA: Proceedings of the Biennial Meeting of the Philosophy of Science Association, 413–419.

Renders, Marleen/Terlinden, Ulf 2010: Negotiating Statehood in a Hybrid Political Order: The Case of Somaliland, in: Development and Change 41: 4, 723–746.

Schatzberg, Michael 1988: The Dialectics of Oppression in Zaire, Bloomington, IN.

Schlichte, Klaus/Wilke, Boris 2000: Der Staat und einige seiner Zeitgenossen. Zur Zukunft des Regierens in der "Dritten Welt", in: Zeitschrift für Internationale Beziehungen 7: 2, 359–384.

Sending, Ole/Neumann, Iver 2006: Governance to Governmentality: Analyzing NGOs, States, and Power, in: International Studies Quarterly 50: 3, 651–672.

Titeca, Kristof/ de Herdt, Tom 2011: Real Governance beyond the Failed State: Negotiating Education in the Democratic Republic of the Congo, in: African Affairs 110: 439, 213–231.

Trefon, Théodore 2009: Public Service Provision in a Failed State: Looking Beyond Predation in the Democratic Republic of Congo, in: Review of African Political Economy 119, 9–21.

Vrasti, Wanda 2008: The Strange Case of Ethnography and International Relations, in: Millennium - Journal of International Studies 37: 2, 279–301.

Weber, Cynthia 1991: "Writing" the State: Political Intervention and the Historical Construction of State Sovereignty (Dissertation), Phoenix, AZ.

Weber, Cynthia 1998: Performative States, in: Millennium - Journal of International Studies 27: 1, 77–95.

Weltbank 2011: World Development Report 2011: Conflict, Security, and Development, Washington, DC.

Young, Crawford/Turner, Thomas 1985: The Rise and Decline of the Zairian State, Madison, WI.

Interviews, die im Text zitiert werden:

Donor Goma 1, 5. Oktober 2009

Donor Goma 2, 9. Oktober 2009

Donor Goma 3, 11. September 2009

Kongolese Goma 3, 15. September 2009

NGO Goma 2, 22. September 2009

NGO Goma 6, 15. September 2009

NGO Goma 7, 16. September 2009

NGO Goma 8, 30. September 2009

NGO Goma 9, 17. September 2009

NGO Goma 16, 2. Oktober 2009

NGO Goma 18, 17. September 2009

NGO Goma 19, 18. September 2009

MONUSCO Zivilist Goma 5, 2. Oktober 2009

UN HQ New York 5, 23. September 2011

UN HQ New York 7, 12. Oktober 2011

UN HQ New York 8, 9. December 2011

UN-Untergeneralsekretär, New York, 11. November 2011

Verständigung mit Hilfe analytischer Distanz – Normenforschungen im Ausblick[1]

Katharina Glaab, Antonia Graf und Stephan Engelkamp

1. Vogelperspektive

Dieser Sammelband zeigt einmal mehr, dass Normenforschung in den IB ein heterogenes Feld ist und eine Vielzahl unterschiedlicher Perspektiven unter ihrem Dach zusammenbringt. Gleichzeitig können aber Tendenzen ausgemacht werden, die für den Fortschritt in der (kritischen) Normenforschung kennzeichnend sind. Die Ansätze in den einzelnen Beiträgen reichen dabei von neo-institutionalistischen Ansätzen über wissens- und raumsoziologische Untersuchungen bis hin zu poststrukturalistischen Vorschlägen. Gemeinsam ist ihnen allen, dass sie die Notwendigkeit sehen, sich kritisch mit dem sogenannten Mainstream der konstruktivistischen Normenforschung metatheoretisch auseinanderzusetzen, um die vorgeblichen Unterschiede näher zu beleuchten und ein komplexeres Bild der Forschungslandschaft zu ermöglichen. Dafür stellt der Wille zur Reflexion der eigenen epistemologischen und ontologischen Herangehensweisen einen zentralen Bezugspunkt dar.

Die kritische Auseinandersetzung mit unterschiedlichen Normenforschungsansätzen stand im Zentrum dieser Publikation. Ziel war es über die eigenen Forschungsperspektiven hinaus zu einem Austausch zwischen den verschiedenen Lagern beizutragen. Die AutorInnen dieses Sammelbandes haben diese Unterschiede zu einem fruchtbaren Austausch genutzt, der es ermöglicht, Pfade in der Normenforschung weiter zu entwickeln oder auch neue zu entdecken. Daher lagen die Schwerpunkte bei diesem Band auf der expliziten Reflexion der metatheoretischen Grundlagen sowie den normativen Implikationen einer theoretisch-pluralistischen Normenforschung. Während die Beiträge des ersten Teils eine metatheoretische Perspektive einnahmen, die zu einer Verständigung über wissenschaftstheoretische Grundlagen der IB-Normenforschung beitragen möchte, widmeten sich die Beiträge im zweiten Teil dieses Bandes theoretischen

---

1 Für seine überaus hilfreichen und konstruktiven Hinweise und Kommentare danken wir Bastian Loges.

Alternativen und Weiterentwicklungen zur bestehenden konstruktivistischen Normenforschung. Die Beiträge sprechen aus einer Vielzahl unterschiedlicher Perspektiven über disziplinäre Grenzen und Lager-Logiken zueinander. In diesem Schlusskapitel möchten wir zum einen die Erkenntnisse der vorhergehenden Kapitel und ihren Beitrag zu einer kritischen Normenforschung in Deutschland diskutieren, zum anderen aber auch Forschungsperspektiven für weitergehende Arbeiten im Bereich der Normenforschung und ihres kritischen Potenzials skizzieren.

Ausgangspunkt dieser Diskussion ist die Diagnose von Bastian Loges, der nicht von »der konstruktivistischen Normenforschung« im Singular spricht, sondern die Heterogenität unterschiedlicher Perspektiven betont. Trotz einer großen Offenheit gegenüber verschiedenen Forschungsperspektiven ist diese Heterogenität der Normenforschungen, so Loges, von gegensätzlichen metatheoretischen Grundlagen, aber auch Hindernissen gekennzeichnet. In seinem Überblick über metatheoretische Zugänge weist er auf das Auseinanderklaffen von ontologischen Annahmen und methodologischer Umsetzung hin, die einem fruchtbaren Dialog von Forschungsansätzen zu Normen oftmals entgegenstehen.

In Anlehnung an Jackson (2011) haben Graf, Glaab und Engelkamp in ihrem Kapitel mit dem Begriff des Vehikels analytische Distanz zu den Forschungskonzepten Norm, Diskurs und Praktik eingenommen und mit drei Fragen deren metatheoretische Implikationen reflektiert. Erstens haben sie gefragt, welche Beziehung der Forschenden zur Welt vorliegt. Mit anderen Worten heißt das: orientieren sich die Forschenden an einer ko-konstitutiven Einheit von Geist und Welt (monistisch) oder begreifen sie Geist und Welt als getrennte Einheiten im dualistischen Sinne. Zweitens untersuchten sie, welche Beziehung zwischen theoretischem Wissen und empirischer Beobachtung besteht. Vereinfacht ausgedrückt ist dies die Frage danach, ob Forschende Wissen aufgrund messbarer Beobachtungen generieren können (phänomenologisch) oder ob sie davon ausgehen, dass es sich bei Wissen prinzipiell um ein nicht beobachtbares Phänomen handelt (transfaktualistisch). Daraus folgt die Möglichkeit, auch aus prinzipiell nicht beobachtbaren Phänomenen Wissen zu generieren (Jackson 2011: 35-36). Zudem haben sie sich drittens angesehen, welche Methoden und Verfahren der Erkenntnisgewinnung angewandt werden. Entlang der Dimensionen monistisch-dualistisch, phänomenologisch-transfaktualistisch sowie anhand der verwendeten Methoden wurden die Unterschiede und Gemeinsamkeiten der drei Vehikel Norm, Diskurs und Praktik idealtypisch verglichen.

Die im vorangegangenen Abschnitt skizzierten drei Fragen nach Jackson (2011) werden im Folgenden kursorisch dazu verwendet, die jeweils spezifischen Reflexionen der im Band versammelten Beiträge zu diskutieren. Es ist somit das Ziel dieses letzten Kapitels, im Hinblick auf Wissens- und Bedeutungsgenerierung zum konstruktiven Dialog zwischen den Lagerfeuern beizutragen und mögliche neue Wege in der Normenforschung zu benennen. Die Nutzung potenzieller Synergien zwischen den Ansätzen scheitert nämlich häufig an Missverständnissen über ontologische und epistemologische Annahmen der Forschung. In dieser Hinsicht ist es der Einstieg in die metatheoretische Debatte, der die Sprachfähigkeit zwischen Lagern und somit erst die Möglichkeit zur Kritik generiert. Die inhaltliche Diskussion wird mit einer metatheoretischen Lesart bereichert, die sich produktiv auf die Verständigung auswirken kann. Die Umsetzung eines reflexiven Ansatzes ist nicht nur in der Normenforschung, sondern potenziell auch in anderen Bereichen politikwissenschaftlicher Forschung sinnvoll, wo die Nutzung bestimmter Vehikel Übersetzung und Dialog verhindern.

Aus Gründen der Komplexitätsreduktion können an dieser Stelle nicht alle oben skizzierten Fragen bezogen auf jeden Beitrag ausführlich diskutiert werden. Stattdessen thematisieren wir mögliche Strategien der metatheoretischen Reflexion, zeigen Aspekte in der kritischen Normenforschung auf, unter denen sich die einzelnen Beiträge versammeln lassen und gehen darauf ein, in welcher Weise diese wiederum geeignet sind, zu anderen Beiträgen zu sprechen. Im Ergebnis zeigt sich, dass die Heterogenität der Normenforschung in der metatheoretischen Reflexion gespiegelt wird. Eine eindeutige Verortung in der Jackson-Matrix ist auch deshalb nicht immer möglich, eben weil die Normenforschung pluralistischer und vielfältiger ist als die Matrix dies adäquat erfassen könnte. Es ist daher weniger die Ordnungsfunktion, die diesen Band ausmacht, als vielmehr die Thematisierung potenziell fruchtbarer Lösungen für den Umgang mit Heterogenität, die ihren Ursprung in unterschiedlichen Ontologien und Epistemologien haben.

Im Wesentlichen lassen sich vier Aspekte der kritischen Reflexion benennen, die sich mit Hilfe einer metatheoretischen Perspektive herausarbeiten lassen. Der erste Aspekt schlägt sich in einem spezifischeren Umgang mit Intersubjektivität nieder, der die Reflexion darüber selbst zum Modus Operandi macht. Zweitens werden die Bedingungen und Konsequenzen von Umstrittenheit von Normen in den Blick genommen. Die dritte Neuerung würden wir als Tendenz beschreiben, den Ort der Konstitutionalisierung oder auch Materialisierung von Normen stärker in den Blick zu nehmen. Der vierte Aspekt manifestiert sich in einer Sensibilisierung für Wissensproduktionsprozesse, die über die Konstatierung der poststrukturalistischen oder postkolonialen Kritik hinausgeht und die Möglichkeiten zur konkreten Umsetzung in der Forschung in den Blick nimmt. Alle vier Aspekte werden durch eine metatheoretische Sprache artikuliert und weisen somit gleichermaßen eine ontologische wie auch epistemologische Reflexion aus.

2. Reflektierte Intersubjektivität

Kennzeichnend für die Tendenz zur reflektierten Intersubjektivität ist, dass Forschende sich selbst als Teil der Welt verstehen, zu der eine wechselseitige Beziehung besteht und auf die sich das Erkenntnisinteresse richtet. Dies wird allerdings nicht als Unmöglichkeit zur Generierung belastbaren (robusten, objektiven) Wissens verstanden. Stattdessen thematisieren reflexive Prozesse die subjektive Dimension im Forschungsprozess als eine Möglichkeit zur Transparenz, mit der Subjektivität und maßvolle Generalisierung gleichermaßen realisiert werden können.

Exemplarisch für eine reflektierte Intersubjektivität in diesem Band können die drei metatheoretischen Beiträge von Daniel Jacobi und Friederike Kuntz, von Eva Herschinger und Frank Sauer sowie von Antonia Graf, Katharina Glaab und Stephan Engelkamp angesehen werden. Der Spannung zwischen monistischer ontologischer Ebene und epistemologischer Orientierung begegnen Jacobi und Kuntz mit dem Plädoyer für eine dreifache Kontingenz, die neben der Hinwendung zum Sozialen auch die Historizität der Norm berücksichtigen möchte und diese als Produkt einer performativen Matrix denkt, mit Hilfe derer Wissen erfasst werden könne. Hierbei setzen die AutorInnen kritisch bei der Modellierung von Intersubjektivität an: der *social turn* als Politisierung internationaler Politik werde in der Normenforschung vielfach mit dem Konzept der Intersubjektivität modelliert, dessen Struktur jedoch dualistisch geprägt ist und »das Soziale« letztlich in die Bewusstseinsprozesse prä-existierender AkteurInnen einschreibt. Zwar führe die Hinwendung zur sozialen Qualität internationaler Politik den Gedanken der Kontingenz und Historizität des Sozialen ein. Allerdings könnten Normen in dieser Perspektive nicht länger als geteilter Standard von Angemessenheit, sondern als kontingente, historisch bestimmte Matrix der (Re-)Produktionsmöglichkeiten von sinnhafter Wirklichkeit re-konzeptualisiert werden. Um diese dualistische Struktur zu überwinden, plädieren die AutorInnen für ein offeneres Beobachtungsmodell, das die ständige Instabilität der Norm berücksichtigt.

Bei Herschinger und Sauer wird der reflektierte Umgang mit Interdisziplinarität deutlich, indem auf das Wechselspiel von AkteurIn und Struktur in Normentstehungs- und Wandlungsprozessen fokussiert wird. Sie kombinieren pragmatisch inspirierte Handlungstheorie und poststrukturalistisch informierte Diskurstheorie, um ein grundsätzlich dualistisch angelegtes Wechselspiel von AkteurIn und Struktur für die Analyse zu nutzen. Die AutorInnen argumentieren Struktur und Agency seien niemals als abgeschlossen zu betrachten. Vielmehr seien beide in ihrer nur temporär stabilen, prozesshaften Gestalt fassbar und konstituieren sich wechselseitig durch die Verbindungen, die zwischen ihnen entstehen. Zur Analyse schlagen die AutorInnen die Konzepte Dislokation und Krise vor. In Abkehr zu dualistisch-ontologischen Konzepten als Relation zwischen Normstruktur und Agency wollen die AutorInnen durch den handlungs- und diskurstheoretisch informierten Alternativzugriff »ein Vokabular entwickeln, das dem ko-konstitutiven Verhältnis von AkteurIn und Struktur besser Rechnung trägt und [um] der bisherigen Normenforschung eine alternative Forschungspraxis zur Seite zu stellen [...].« Dadurch werden, so die AutorInnen, andere Fragen an das empirische Material ermöglicht, da Agency nicht mehr als Effekt eines kausalen Wirkmechanismus verstanden wird. Dies wird mit einer rekonstruktionslogischen Perspektive möglich und fragt danach, wie genau ein bestimmtes Handeln zustande kam. Somit zeigt sich in beiden Beiträgen auf unterschiedliche Weise die Rolle von Intersubjektivität, die durch einen veränderten Zugang – hier dreifache Kontingenz, dort Dislokation und Krise – eine Analyse ermöglicht, wobei die Untersuchung bei möglichst großer Differenziertheit dennoch auf gesellschaftliche Wissensvorräte eingehen kann.

Das Kapitel von Antonia Graf, Katharina Glaab und Stephan Engelkamp hebt die Heterogenität der Normenforschungen hervor und setzt die intersubjektive Teilbarkeit von Forschungsobjekten mit dem jeweiligen Konzept in Relation. Indem der Text mit Hilfe des Begriffs Vehikel Distanz zum Forschungsobjekt schafft, kann er gleichermaßen darauf hinweisen, in welcher Weise Forschungsobjekte sozusagen lagerspezifisch konstituiert werden. Insofern nimmt der Text in den Blick, wie metatheoretische Unterschiede die Dialogfähigkeit zwischen unterschiedlichen Lagern beeinflussen. Anhand der Verwendung der Vehikel Norm im Vergleich zu Diskurs und Praktik zeigen sie auf, wie mit allen drei Konzepten Bedeutungen auf unterschiedliche Art und Weise fixiert werden und so den ontologischen Status dessen, was untersucht werden soll, transformieren und formen. Die AutorInnen zeigen, dass Bedeutungszuweisungen und deren Fixierung Einfluss auf die Konstitution der Forschungsgegenstände haben und zudem – meist implizit – unterschiedliche Annahmen über die Möglichkeit zu ihrer Erforschung, ihres Wahrheitsgehaltes und ihrer Veränderlichkeit in sich bergen.

3. Thematisierung von Bedingungen der Umstrittenheit

Während Umstrittenheit grundlegend für das konstruktivistische Forschungsprogramm ist, gehen neue Ansätze vermehrt den Weg, auch die Bedingungen dieser Umstrittenheit in den Blick zu nehmen. Die Reflexion von Umstrittenheit richtet sich dabei nicht nur auf die Norm an sich, sondern auch auf die notwendige Rezeption und Ko-Konstitution der Norm durch AkteurInnen, die ihren normativen Gehalt erst wirksam werden lässt. Eine metatheoretische Betrachtung kann die Bedingungen von Umstrittenheit jenseits ihrer empirischen Qualität ins Blickfeld rücken. Denn während Umstrittenheit selbst meist in Anbetracht der epistemologischen Dimension konstatiert wird, sind die ontologischen Konsequenzen weit weniger häufig ein Thema. Die AutorInnen dieses Bandes weisen jedoch in ihren Beiträgen auf den Zusammenhang hin und ermöglichen durch eine theoretische Reflexion der Bedingungen von Umstrittenheit, über deren normativen Gehalt nachzudenken.

Henrik Schillinger und Holger Niemann setzen sich in ihrem Beitrag mit Antje Wieners Vorschlag eines konsistent-konstruktivistischen Normenkonzepts des meaning-in-use auseinander. Durch die Infragestellung des »meaning in use« von bisherigen Grundannahmen des »shared understanding« (Katzenstein 1996) ermöglicht das Konzept eine kritische Diskussion von Umstrittenheit und ihren Implikationen. Schillinger und Niemann würdigen zum einen den kritischen Wert des Ansatzes, der die Konzeption von Normen als Fakten problematisiert, den analytischen Blick systematisch auf Normen als Praktiken lenkt und konkrete Vorschläge für demokratisches Regieren jenseits des Staats macht. Somit werden über die Dimension der kulturellen Geltung von Normen die Kontextgebundenheit von Norminterpretationen erfasst und die Umstrittenheit von Normen als Konsequenz einer Vervielfachung von Interpretationskontexten hervorgehoben. Ihre metatheoretische Perspektive betont, dass meaning-in-use die intrinsische Verbindung von Normalität und Normativität im Normenbegriff in die analytische Betrachtung einbezieht. Zum anderen diskutieren die Autoren, inwieweit dem Konzept der Umstrittenheit eine »Politik der Realität« (Zehfuss 2002) zugrunde liegt und damit implizite Vorannahmen und Setzungen beinhaltet, die Umstrittenheit als genuine Qualität von Normen letztlich doch wieder infrage stellen. Die Bedeutung der Norm werde somit in den Grenzen eines kulturellen Kontextes stabilisiert: über kulturelle Praktiken jeweils kontextspezifisch fixierte Normbedeutungen bestimmen das Normenverständnis und damit implizit das Verhalten von Individuen, die in diesen Kontexten sozialisiert wurden. Damit geht der Ansatz, so die Autoren, zumindest implizit von stabilen Identităten aus, also einer Identität der Identität. Diese Vorannahmen über Normen und ihre Umstrittenheit führen zu einem widersprüchlichen Legitimitätsverständnis, das gleichzeitig auf dem Vorliegen und Nichtvorliegen von Umstrittenheit basiert bzw. auf Umstrittenheit als Grundnorm demokratischer Legitimität und Hindernis für demokratische Gemeinschaft. Mit ihrer Analyse befördern die Autoren somit eine Debatte, inwieweit das Konfliktpotenzial von Umstrittenheit durch Dialog reduzier- oder überwindbar ist bzw. dass Umstrittenheit bei der Norminterpretation eher ein Hindernis für den Konstitutionalisierungsprozess darstellt.

Auch Sassan Gholiagha, Hannes Hansen-Magnusson und Maren Hofius gehen in ihrem Beitrag von der inhärenten Umstrittenheit von Normen aus, die in der Ko-Konstitution von Struktur und Agency begründet sei. Hier steht also der Umgang mit Bedeutung als meaning-in-use im Fokus. Das Konzept des meaning-in-use erlaube eine Perspektive einzunehmen, die Normen vor allem als prozedural und relational kontextgebunden auffasst. Der Beitrag verfolgt die Frage des Verhältnisses von Normalität und Normativität und argumentiert, dass die Interaktion von sprachlichen und nicht-sprachlichen Praktiken die Bedeutung von Normen bestimmt. Normen werden durch die Anwendung minutiöser Praktiken verändert und mit neuem Inhalt gefüllt. Aus metatheoretischer Perspektive verortet sich der Beitrag in einem monistischen Forschungsansatz und weist ein reflexives Verständnis von Diskurs auf, wonach in der Forschungspraxis sowohl bedeutungtragende als auch bedeutungsgenerierende Aspekte berücksichtigt werden. Die AutorInnen illustrieren dies am Beispiel der Re-Interpretation von Folter und dem Folterverbot im US-Gefangenenlager in Guantanamo Bay und der europäischen Menschenrechtskonvention, wo sich die Parameter des Folterverbots und damit Normalität und Normativität verschoben haben. Hier zeigt sich ein Spannungsfeld innerhalb kritischer Ansätze: während Schillinger und Niemann in Wieners Konzept einen impliziten Dualismus finden, betonen Gholiagha, Hansen-Magnusson und Hofius die monistische Dimension von meaning-in-use als prozedural und kontextgebundenes Verständnis von normativem Wandel. Beide Beiträge weisen jedoch durch ihre metatheoretischen Überlegungen darauf hin, dass eine Evaluation der Bedingungen von Umstrittenheit auf die Heterogenität der Kontexte hinweisen kann.

4. Orte der Aneignung

Eine dritte Tendenz weist auf die Wichtigkeit der Reflexion über Kontexte und räumliche Modi der Normaneignung hin. Verwandt mit der oben genannten Diskussion zu Bedingungen von Umstrittenheit betonen AutorInnen hier jedoch noch stärker die physischen und materiellen Dimensionen der Aneignung. Somit erweitern sie die weitreichende akademische Diskussion um Umstrittenheit, Normenadaptation oder Sozialisierung mit einer metatheoretischen Perspektive, die nicht nur die empirische Frage nach der Geltung von Normen stellt, sondern über die räumliche und materielle Verortung eine differenzierte normative Bewertung ermöglicht.

Lisbeth Zimmermann fragt nach der Manifestation von Normen vor dem Hintergrund der lokalen Adaption von Normen wie Demokratie und Rechtstaatlichkeit. Sie weist darauf hin, dass, wenn es nicht um deren möglichst vollständige Verbreitung geht, Spielräume für den Streit um und für die Aneignung von globalen Normen geschaffen werden können und sollten. Abweichend von einem Großteil der Normendiffusions- und Normenkontestationsliteratur betont sie prozedurale Aspekte von Aneignungsprozessen sowie konkrete Praktiken der Aneignung und Lokalisierung von Normen. Mit Bezug auf die demokratietheoretischen Arbeiten von Seyla Benhabib und James Tully argumentiert Zimmermann für eine Perspektive, die durch den Blick auf den prozeduralen Aspekt lokaler Aneignungsprozesse auch deren Bewertung ermöglicht und die demokratische Legitimität von Aneignungen durch die beteiligten Akteure erhöhen könne. Aus einer solchen Perspektive erscheine es wichtig, Aneignungsprozesse zu ermöglichen und ihre demokratische Qualität weiter zu verbessern, sowohl innerhalb von Postkonfliktstaaten als auch zwischen Demokratie- und Rechtstaatlichkeitsförderern und lokalen AkteurInnen. Diese phänomenologische Herangehensweise, die Normen in ihrer konkreten Manifestation im Prozess ihrer Aneignung in den Blick nimmt, ermöglicht theoretische Aussagen und gleichzeitig normative Bewertungen im Hinblick auf die *scope conditions* des empirischen Falls.

Linda Walbotts Untersuchung institutioneller Interaktion und internationaler Verhandlungen verbindet neuere Ansätze der Regimeforschung mit einer raumspezifischen Akzentuierung. Ihr Ziel ist es, ein alternatives raumsoziologisches Konzept zum Management institutioneller Interdependenz zu entwerfen, dessen definitorisches Element in der Verbindung von diskursiver Agency und emergenter räumlicher Struktur liegt, wobei Raum als das Produkt sozialer Praktiken gefasst wird. Walbotts These, dass auch schwache Akteure handlungsmächtig sein können, illustriert sie beispielhaft an den internationalen VN-Verhandlungen der Afrikanischen Gruppe zum Nagoya-Protokoll. Indigene Gruppierungen werden als NormunternehmerInnen konzeptualisiert, die von Fragmentierung und konkurrierenden Normen (und den darin manifesten Konflikten) durch die Stärkung normativer und politischer Verbindungen zwischen unter-

schiedlichen Regimen profitieren. Normative Interaktion tritt nach Wal-
bott dann auf, wenn substanzielle oder operative Normen die Grundlagen
einer anderen Institution validieren oder ihnen widersprechen. Bestehende
Theorien zum institutionellen Wandel werden hier um ein kritisches
Raumkonzept erweitert, um so Dimensionen beobachtbar zu machen, die
sich mit den formalen normativen Grundlagen von Institutionen auseinandersetzen. Basierend auf einem transfaktualistischen Wissenschaftsverständnis geht es dabei auch dezidiert um das Sichtbarmachen von Kritik
und Widerstand, indem Diskursivität, Symbolik, Materialität und Räumlichkeit von AkteurInnen intentional und strategisch verbunden werden.

5. Sensibilisierung für Wissensproduktion

Eine weitere Tendenz ist eine größere Sensibilität für Prozesse der Wissensproduktion und schließt an vorangegangene Debatten zur Entwicklung
poststrukturalistischer bzw. postkolonialer Kompetenz an. Diese richtet
einen kritischen Blick auf das Verhältnis von Wissen und Macht in Nor-
menwandel- oder Aneignungsprozessen. Eine metatheoretische Annäherung sensibilisiert für die Bedingungen und normativen Implikationen,
die sich durch eine Reflexion zum ontologischen Status von Normen ergeben. Dies äußert sich etwa in einer größeren Aufmerksamkeit für die Frage, wer bestimmte Vorstellungen artikuliert. Der Umgang mit dem Anderen erhält somit einen besonderen Stellenwert und wird in der Analyse
aufgewertet. Indem die AutorInnenschaft stärker in den Blick genommen
wird, verschiebt sich auch der Geltungsbereich normativer Ansprüche und
toleriert das, was anders scheint, als kontextbezogene Wissensproduktion.
Mit dieser Verschiebung des ontologischen Status ändert sich gleichzeitig
auch die Rezeption zentraler Topoi, etwa von Entwicklung, Versöhnung
oder des Staats.

Judith Renner rekurriert auf die veränderte Rezeption eines zentralen
Topos, indem sie eine Alternative zur Untersuchung der globalen Versöhnungsnorm vorschlägt. Sie problematisiert aus poststrukturalistischer Perspektive, dass Versöhnung und die Schaffung von Wahrheits- und Versöhnungskommissionen nicht automatisch ein gutes und angemessenes Verhalten nach Konflikt und Unterdrückung darstellen. Die Versöhnungsnorm ist in ihrem Beitrag Ergebnis hegemonialer diskursiver Formationen
und Resultat politischer Auseinandersetzungen, die weder einen vornhe-
rein gegebenen Geltungsanspruch noch einen inhärenten moralischen
Wert besäßen. In der Konsequenz könne sie als politische Praktik depoliti-
sierend auf Postkonfliktgesellschaften wirken und andere politische Forde-

rungen verstummen lassen. In ihrem Beitrag plädiert Renner dafür, diese Wirklichkeitspolitik zu dekonstruieren, um danach alternative diskursive Artikulations- und Handlungsmöglichkeiten zu rekonstruieren.

Kai Koddenbrocks Beitrag hinterfragt den Staat als wirkmächtige Norm anhand einer Studie zum Kongo. Mit Hilfe von ExpertInneninterviews geht Koddenbrock der Frage nach, wie VN- und NRO-Akteure den Kongo als gescheiterten Staat konstruieren. Dabei geht er in seiner Analyse über die Feststellung der Wirkmächtigkeit der Staatsnorm hinaus, indem er aufzeigt, dass es durchaus möglich ist, den Kongo nicht nur in Begriffen von Staatlichkeit zu fassen. Der Staat wird dabei konzeptionell als performativer Effekt sozialer Praktiken, aber auch als einflussreiche Norm gefasst. Koddenbrock zeigt auf, dass die von ihm Interviewten den Kongo als gescheiterten Staat pathologisieren und so den Staats-Effekt reifzieren. Allerdings weist der Autor darauf hin, dass der Stellenwert der Staatsnorm auch von dem Forscher oder der Forscherin abhängt. So zeigt seine Analyse, dass seine InterviewgeberInnen dann eine andere Perspektive zum Kongo einnahmen, wenn sich seine Frageperspektive radikal änderte. In dieser Fragesituation spielte der Staat als analytische Kategorie plötzlich keine dominante Rolle mehr. Koddenbrock reflektiert diese Erkenntnis insbesondere in Hinblick auf die kritische Bedeutung von Normenforschung. Somit interveniert sein Beitrag in die metatheoretische Debatte um das Verhältnis von Norm, Diskurs und Praktik (vgl. Beiträge von Graf, Glaab und Engelkamp; Renner sowie Jacobi und Kuntz) und übt sich zugleich an einer Kritik der Staatsnorm und ihrer Konsequenzen für die Selbstverständlichkeit von Intervention.

6. Ausblick: Neue Wege in der Normenforschung

Die Beiträge in diesem Band sind im besten Sinne heterogen, was die thematische Bandbreite oder theoretischen Ansätze betrifft. Sie verdeutlichen, dass die AutorInnen dieses Bandes auf der langen Tradition der konstruktivistischen Normenforschung aufbauen, aber – geprägt durch andere Formen der wissenschaftlichen Sozialisierung – diese ebenso weiterdenken. Wir haben in diesem Band argumentiert, dass eine metatheoretische Auseinandersetzung mit der eigenen Forschung ein wichtiger Startpunkt ist, um nicht nur Unterschiede und Ähnlichkeiten auszumachen, sondern dadurch auch eine Basis zum Dialog zwischen diesen Perspektiven zu bieten. Angesichts der Heterogenität der Normenforschung kann eine metatheoretische Verortung der unterschiedlichen Forschungsbeiträge nicht immer klar und eindeutig vorgenommen werden. Doch das Vokabular einer metatheoretischen Perspektive ermöglicht zunächst die Reflexion über die der Forschung zugrunde liegenden eigenen Annahmen und eröffnet damit gleichzeitig Möglichkeiten, sich mit der Kommunikationsfähigkeit der unterschiedlichen Ansätze der konstruktivistischen Normenforschungen auseinanderzusetzen. Nach der auf Jackson (2011) und Schaber und Ulbert (1994) fußenden Diskussion weisen die Beiträge dieses Sammelbandes teils recht unterschiedliche Epistemologien und methodologische Ansätze auf, teilen aber gleichzeitig durch die konstruktivistische Herkunft recht ähnliche ontologische Zuordnungen. Unsere metatheoretische Einordnung der Beiträge zeigt, dass sich neuere Normenforschung in Deutschland von konstruktivistischen VorgängerInnen vor allem dadurch unterscheidet, dass sie sich stärker von einem dualistischen Weltbild distanziert. In diesem Fall würde die analytische Trennung zwischen Epistemologie und Ontologie aufgehoben und als eins betrachtet werden. Gleichzeitig bleibt eine eindeutige Verortung der Beiträge anhand der metatheoretischen Dimensionen schwierig und weist auf die Vielfältigkeit der kritischen Normenforschungen hin, die sich einer eindeutigen Zuordnung entziehen. Dies hat zur Konsequenz, dass der Umgang mit Heterogenität in diesem Band ein zentrales Thema ist. Es zeigt sich, dass die Reflexion der eigenen Forschungsposition unabdingbar wird und in den Beiträgen die Aspekte zur reflexiven Intersubjektivität und einer stärkeren Sensibilität für Prozesse der Wissensproduktion betont werden. Die Aspekte, die Bedingungen von Umstrittenheit herausstellen und die konkreten Orte der Normrealisierung in den Blick zu nehmen, weisen zudem darauf hin, dass Schlüsselbegriffe der konstruktivistischen Normenforschung nicht nur empirisch beleuchtet, sondern auch theoretisch weiterentwickelt werden können, indem sie kontextualisiert werden.

Ob Verständigung und damit letztendlich Erkenntnisfortschritt zwischen den unterschiedlichen Ansätzen in der konstruktivistischen Normenforschung realisiert werden kann, ist auch damit verbunden, inwieweit die unterschiedlichen Ansätze in der Forschungslandschaft fruchtbar gemacht werden können. Es ist anzunehmen, dass anhaltender Dialog und produktive Reibung die Normenforschung weiterbringen. Schließungen der IB-Debatte zu Normen im Sinne einer Lager-Logik wären demensprechend nicht wünschenswert. Die eigene Verortung einer ForscherIn in einer bestimmten wissenschaftlichen Tradition oder eines Lagers, für die die metatheoretische Betrachtung eine – wenn auch komplexe – Sprache zur Verfügung stellt, sollte vielmehr bei der Kommunikation mit anderen ForscherInnen nicht nur im Bereich der Normenforschung hilfreich sein. Dies ist der Fall, wenn die eigene Position nicht unumstößlich gesetzt, sondern auch offen für neue Einflüsse ist und wandelbar bleibt. Dieser Band ist in diesen offenen Dialog eingetreten und hat metatheoretisches Werkzeug herausgearbeitet, um die feinen Unterschiede und Überschneidungen benennen zu können.

Die neuen Wege in der IB-Normenforschung, die die AutorInnen dieses Sammelbandes beschreiten, weisen sich durch eine Offenheit gegenüber wissenschaftlichen Ansätzen und Konzepten jenseits der disziplinären Grenzen aus. Indem sie historische, soziologische oder philosophische Ansätze nutzen, eröffnen sie eine Perspektive auf eine konstruktivistische IB-Normenforschung, die eine neue Bewertung normativer Phänomene ermöglicht. Aber vor allen Dingen sind diese Wege weiterhin heterogen, auf unterschiedliche Weise kritisch und zeichnen sich durch den Willen zur Reflexion über die zugrunde liegenden Differenzen aus. Sie markieren eine Weiterentwicklung in der Normenforschung und sind ein Ergebnis vorangegangener Auseinandersetzungen. Neben dem ausgeprägten Willen zur Reflexion des eigenen Tuns zeigen sie darüber hinaus eine gewisse Offenheit für die Gleichzeitigkeit bestimmter methodologischer Positionen, die erst mit Hilfe dieser Reflexion plausibel werden und im besten Sinne eine differenziertere Diskussion spiegeln, die über Jacksons (2011) analytische Vier-Felder Heuristik hinausgeht. Im Ergebnis zeigt sich in den vorliegenden Beiträgen ein neuer Umgang mit der Normativität der Norm, die sowohl Forschungsgegenstand als auch Analyseergebnis ist und erhebliche Effekte nicht nur für die Artikulation von sondern, auch den Umgang mit Kritik verspricht.

Damit lassen sich selbstredend nur sehr begrenzt Lagergrenzen überwinden. Allerdings lässt es sich sehr gut mit der Heterogenität der konstruktivistischen Normenforschungen leben, wenn dies einen Austausch über neue Forschungsperspektiven auf Normen in den IB ermöglicht. Für die zukünftige Forschung heißt dies dann auch, dass dieser Austausch auf metatheoretischer Ebene weiter in die empirische Forschung getragen werden muss. In bester interdisziplinärer Manier ermöglicht die metatheoretische Reflexion über die eigenen lagerspezifischen Annahmen dann nicht nur Rauchzeichen zu erkennen und einen Dialog zwischen unterschiedlichen Ansätzen herzustellen, sondern schafft tatsächlich neue Konzepte und Perspektiven, die erst im Zusammenspiel dieser unterschiedlichen Lager erdacht werden können. Der Sammelband zeigt, dass die deutsche Normenforschung das kreative Potenzial hat, um diese neuen Wege auszubauen und bereits einen guten Teil des Weges beschritten hat.

Literatur

Jackson, Patrick Thaddeus 2011: The Conduct of Inquiry in International Relations: Philosophy of Science and its Implications for the Study of World Politics, London.

Katzenstein, Peter J. 1996: Introduction. Alternative Perspectives on National Security, in: Katzenstein, Peter J. (Hrsg.): The Culture of National Security. Norms and Identity in World Politics, New York, 1–32.

Schaber, Thomas/Ulbert, Cornelia 1994: Reflexivität in den Internationalen Beziehungen, in: Zeitschrift für Internationale Beziehungen 1: 1, 139–169.

Zehfuss, Maja 2002: Constructivism in International Relations. The Politics of Reality, Cambridge.